Fritz Helmedag

Warenproduktion mittels Arbeit

Fritz Helmedag

Warenproduktion mittels Arbeit

Zur Rehabilitation des Wertgesetzes

Vierte, überarbeitete und ergänzte Auflage

Metropolis-Verlag
Marburg 2024

Der Einband zeigt das von Max Klinger geschaffene Wandgemälde „Arbeit = Wohlstand = Schönheit“. Die Allegorie schmückt seit 1918 die Stirnseite des Sitzungssaals der Stadtverordneten im Chemnitzer Neuen Rathaus.

Bibliografische Information Der Deutschen Nationalbibliothek
Die Deutsche Nationalbibliothek verzeichnet diese Publikation in der Deutschen Nationalbibliografie; detaillierte bibliografische Daten sind im Internet über <https://portal.dnb.de> abrufbar.

Metropolis-Verlag für Ökonomie, Gesellschaft und Politik GmbH
https://www.metropolis-verlag.de

Vierte, überarbeitete und ergänzte Auflage 2024

ISBN 978-3-7316-1574-3

Ridendo dicere verum.

HORAZ

Here is that great principle which is the corner-stone of all tenable Political Economy; which granted or denied, all Political Economy stands or falls. Grant me this one principle, with a few square feet on the sea-shore to draw my diagrams upon, and I will undertake to deduce every other truth in the science.

THOMAS DE QUINCEY

Inhaltsverzeichnis

Vorwort zur vierten Auflage

Neben kleineren Zusätzen und Überarbeitungen umfassen die Ergänzungen in dieser Auflage drei längere Passagen. Im Kapitel über David Ricardo habe ich den Abschnitt „2.3.4 Komparative Kostenvorteile und Beschäftigung“ eingefügt. Ricardos Illustration des Handels zweier Güter zwischen zwei Ländern dient nach wie vor als zentrales Argument, um die Vorteilhaftigkeit der internationalen Arbeitsteilung zu belegen. Dabei wird regelmäßig davon abstrahiert, dass beide Partner nur profitieren, wenn bestimmte Tauschgrenzen eingehalten werden. Das von Ricardo unterstellte 1 : 1-Verhältnis der *terms of trade* liegt zwar in dieser Spanne und kann sogar als Gleichgewicht in dominanten Strategien interpretiert werden. Die Verteilung des Tauschgewinns entspricht aber nicht den nationalen Arbeitsproduktivitäten. Deshalb stelle ich ein Fairnesskriterium vor, das in dieser Hinsicht für Leistungsgerechtigkeit sorgt. Solche Überlegungen lassen sich auch auf die Behandlung heterogener Arbeit übertragen.

Ferner untersuche ich die Beschäftigungswirkungen, wenn der Absatz der vermehrten Produktion nach Spezialisierung nicht ‚automatisch‘ gewährleistet ist. Hierfür wird eine autonome Nachfrage fixiert, die durch vorgegebene Profite in den Ländern zum Ausdruck kommt. Dann führt die internationale Arbeitsteilung zu einem geringeren Personaleinsatz sowie einer schrumpfenden Lohnsumme in der Lebensmittelerzeugung für die Arbeiter. Diese Ergebnisse widerlegen die auf Ricardos Theorem gestützte pauschale Behauptung, der grenzüberschreitende Wirtschaftsverkehr erhöhe immer den Nutzen aller Beteiligten.

Das Kapitel über Marx wurde um den Abschnitt „2.4.3 Maximale Profitrate? Optimaler Reallohn!“ erweitert. Wie die Überschrift andeutet, trete ich der Auffassung entgegen, wonach das Marxsche System durch eine Obergrenze der Profitrate gekennzeichnet sei. Vielmehr beruht die öfter aufs Tapet gebrachte Herleitung auf einer höchst restriktiven Prämisse. Abgesehen von dem betrachteten extremen Ausnahmetatbestand ist der Aufschlaggröße in Wahrheit kein Limit gesetzt. Außerdem bestätigt sich die vorher gewonnene Erkenntnis, dass Mehrwert- und Profitrate unter den obwaltenden Umständen zusammenfallen müssen, damit sich überhaupt eine gesellschaftliche Arbeitsteilung herausbildet und etabliert. Dabei ist im Hinterkopf stets der Unterschied zwischen Brutto- und Nettoprofit zu beachten. Vom Rohgewinn, dem Gesamteinkommen aus Unternehmertätigkeit und Vermögen, sind die Aufwendungen für Zinsen und Ressourcen abzuziehen, um den Reingewinn zu erhalten.

Anschließend greife ich die schon im Zusammenhang der komparativen Kostenvoreile vorgenommene Zweiteilung der Wirtschaft in einen Primär- und Sekundärsektor auf. Allerdings geschieht diese Separierung nicht anhand der physischen Eigenschaften der repräsentativen Waren, sondern durch die jeweilige Finanzierungsherkunft: Mit Arbeitsvergütungen gekaufte Objekte werden *ipso facto* zu Lohn- oder Basisgütern, während die aus anderen Quellen gespeiste Nachfrage sich aufgrund dieser Tatsache auf Luxus- oder Surplusartikel richtet.

Das Modell bringt ans Licht, welche Aufgabe eine uniforme Profitrate erfüllt: Die (dimensionslose) Verwertungsgröße hängt in Marxscher Terminologie vom „Wert der Arbeitskraft“ (in moderner Ausdrucksweise: den realen Lohnstückkosten) ab und verteilt das Mehrprodukt auf die Sektoren, welche ihre benötigten Vorleistungen in Eigenregie herstellen. Im Endeffekt kommt es nicht auf eine möglichst hohe Profitrate an (und schon gar nicht auf ein Maximum). Vielmehr ist das Niveau entscheidend, welches für den Gewinnausgleich auf offenen Märkten sorgt. Die Balance der divergierenden Interessen stellt sich bei einer Profitrate von 100 % ein. Es herrscht dann in den Worten von Marx „kapitalistischer Kommunismus“.

Den dritten Teil dieser Studie habe ich um das Kapitel „3.5 Wertgesetz und Wirtschaftspolitik“ angereichert. Zunächst wird dort die am Ende des zweiten Teils erlangte Einsicht verallgemeinert, wonach die hundertprozentige Profit- oder Mehrwertrate zu den ‚stilisierten Fakten‘ der modernen Wirtschaftsweise gehört. Diesbezüglich hält der Lohngutsektor, der mit den Einkommen der abhängig Beschäftigten seine Geschäfte macht, das Heft in der Hand. Die gewinnmaximierenden Akteure dieser Branche streben nach einer Profitrate in Höhe von 100 % und realisieren diese Marke durch eine entsprechende Lohnpolitik. Im Gleichgewicht übernimmt die Sekundärsparte diesen Wert. Somit bestätigt sich die wissenschaftliche Großtat von David Ricardo, der die Hierarchie in der Ökonomie erkannt hat: Der in der Basisindustrie determinierte Aufschlag auf die vertikal integrierten Arbeitskosten bestimmt in der freien Konkurrenz zugleich den *mark-up* im Surplussektor.

Da nach der hier vertretenen Auffassung ein ökonomisches Gesetz logisch richtig sein muss und an der Realität nicht scheitern darf, ist ein Blick auf die Wirklichkeit geboten. Der zweite Abschnitt des Kapitels liefert eine empirische Evidenz, wonach die Verwertungsrate von 100 % bzw. reale Lohnstückkosten von 50 % quasi als Fokalpunkte fungieren, welche die Wirklichkeit nahezu perfekt abbilden. Es ist daher berechtigt, das zugrundeliegende Modell für die Ableitung einer wohlfahrtsfördernden Wirtschaftspolitik heranzuziehen.

Eine Steuersatzzunahme berührt die Löhne und Profite der Basisindustrie nicht, steigert jedoch die Verdienste im Sekundärsektor, wenn der Staat das Einnahmenplus für zusätzliche, in dieser Abteilung erstellte Leistungen ausgibt. Diese Wiedereinspeisung kompensiert die höhere Steuerbelastung der privaten Bezüge vollständig, d. h. das verfügbare *Gesamt*einkommen bleibt gleich. Aus Sicht eines *Homo oeconomicus* fällt die Bilanz für einzelne Zensiten dennoch negativ aus, sofern sie nicht oder zu geringfügig von den Segnungen eines größeren Budgets profitieren.

Staatsausgaben auf Kredit stimulieren *ceteris paribus* ebenfalls die Wertschöpfung. Ein Durchschnittssteuersatz unter 50 % könnte sogar die Selbstfinanzierung der Neuverschuldung erlauben. Allerdings ist es bedenklich, reguläre Einnahmen zur kreislaufverengenden Tilgung statt für mehr öffentliche Güter einzusetzen. Hierfür bietet ein tragfähiges *deficit spending* den Extravorteil, dass eine gewachsene autonome Staatsnachfrage bei gegebenem Steuersatz die Summe der Nettoeinkommen erhöht.

Die in diesem Buch vorgenommene Rehabilitierung der Arbeitswerttheorie hat weitreichende Konsequenzen für das mikro- und makroökonomische Lehrgebäude. Zudem ergeben sich wirtschaftspolitische Schlussfolgerungen, die weit verbreiteten Glaubenssätzen widersprechen und mit anderslautenden Erklärungen und Empfehlungen aufwarten. Vor diesem Hintergrund hat sich inzwischen das dieser Schrift vorangestellte Diktum von Thomas De Quincey bewahrheitet: Eine verifizierte Arbeitswerttheorie besitzt fundamentale Bedeutung für die Leistungsfähigkeit der Politische Ökonomie. Es wäre prima, wenn die gewonnenen Einsichten und Perspektiven aufgeschlossene Personen dazu bewegten, dem Wertgesetz die verdiente Anerkennung zu zollen. Zum Erfolg dieses Projekts trägt hoffentlich das zweite Motto bei, in dem Horaz empfiehlt, das Aufklärungsgeschäft mit heiterer Miene zu erledigen.

Chemnitz, im April 2024 F. H.

Vorwort zur dritten Auflage

Dieses Buch erschien erstmals 1992, die zweite Auflage folgte schon zwei Jahre später. In der kurzen Vorbemerkung habe ich damals der Hoffnung auf eine hinreichend kräftige Restnachfrage Ausdruck verliehen, die tatsächlich dafür gesorgt hat, dass die Monographie seit einiger Zeit vergriffen ist. Der fällig gewordene Neudruck eröffnete die Gelegenheit, Schreibfehler auszumerzen, hier und da Formulierungen zu ändern und diesen oder jenen Passus zu ergänzen. Näheres zum Aufbau und dem Inhalt der Untersuchung bietet das anschließende Vorwort zur ersten Auflage. [...][1]

Anfangs haben einige Anhänger der Lehre Piero Sraffas versucht, die geübte Fundamentalkritik an dessen 1960 erschienenen Schrift „Production of Commodities by Means of Commodities“ zu widerlegen – dazu später mehr. Doch die von diesen ‚Neoricardianern‘ vorgelegten Rechtfertigungsversuche entpuppten sich als Scheinargumente. Die im Folgenden nachgewiesene Gültigkeit der Arbeitswertlehre unter den Bedingungen ‚freier‘ Konkurrenz und mit Arbeit als nicht kapitalistisch produziertem menschlichem Primärinput hat allen Anfechtungen Stand gehalten. Das Wertgesetz eignet sich überdies als tragfähige Basis für beschäftigungstheoretische Überlegungen.

Im Übrigen ist unterdessen fraglich, ob man in Sraffa den scharfen Gegenspieler zu Marx sehen darf, wie das manche tun. Denn ab 1994 sind die in der Wren Library am Trinity College Cambridge verwahrten Manuskripte und Skizzen aus Sraffas Nachlass zugänglich und sogar im Internet einsehbar. In dem Material finden sich Stellen, die Bezüge zu den Marxschen Reproduktionsschemata und der Arbeitswerttheorie aufweisen. So heißt es in der Einleitung eines Sammelbandes, der mehrere

---

[1] Eckige Klammern mit Auslassungspunkten im Abdruck der Originalfassung verweisen auf Kürzungen. Hier ist der Link auf die Homepage meines ehemaligen Lehrstuhls weggefallen, wo die meisten Aufsätze aus meiner Feder als PDF-Dateien abrufbar waren. Jetzt sind die Beiträge unter https://www.tu-chemnitz.de/wirtschaft/vwl2/personal/helmedagold.php verfügbar.

Abhandlungen zur Interpretation der schriftlichen Hinterlassenschaft enthält:

> „The role of Marx in the construction of Sraffa's 1960 book turns out to be more profound than could previously have been guessed before the opening of the Sraffa Archive, and Sraffa's reference to Marx's value theory persists even after the publication of the book.“[2]

Andere sehen das freilich anders, „...there is no compelling evidence“, schreibt kein Geringerer als der ‚General Editor of the unpublished papers and correspondence of Piero Sraffa‘, „that Sraffa started from Marx's schemes of reproduction or from his labour theory of value.“[3] Vielmehr sei es eine besonders begrüßenswerte Leistung, dass die vielfältigen Probleme, denen Sraffa während der langen Ausreifungszeit seiner „Warenproduktion“ begegnet ist, dort gar nicht angesprochen werden:

> „The scientific community ought to be grateful to Sraffa that he did not give in to the difficulties he encountered, but eventually mastered the task in spite of all the toil and trouble this involved and the moments of despair he experienced.“[4]

Tatsächlich glaubte mancher Abweichler von den ausgetretenen Pfaden – Schreiber dieses ursprünglich ebenfalls –, mit Sraffas „Prelude to a Critique of Economic Theory“ eine überzeugende Alternative zum neoklassischen Mainstream in Händen zu halten. Es glückte sogar einigen Neoricardianern, nicht zuletzt im Zuge der 68er Studentenbewegung, auf volkswirtschaftliche Professuren berufen zu werden. Allerdings erwiesen sich Hoffnungen als trügerisch, dass mit Sraffas Gegenentwurf zur herrschenden Lehre schließlich auch einer zielführenden Wirtschaftspolitik, etwa zur Bekämpfung der Massenarbeitslosigkeit, der Weg geebnet werde. Von wegen: Die ‚Offenheit‘ des Sraffaschen Ansatzes erwies sich als gravierendes Manko. Beispielsweise lieferten weder er noch sei-

---

[2] Bellofiore, R., Carter, S., Introduction, in: Towards a New Understanding of Sraffa, Insights from Archival Research, hrsg. v. Bellofiore, R., Carter, S., Palgrave Macmillan 2014, S. 1-8, S. 7.

[3] Kurz, H. D., Don't treat too ill my Piero! Interpreting Sraffa's papers, in: Cambridge Journal of Economics, Bd. 36 (2012), S. 1535-1569, S. 1543. Das gesamte Heft der Zeitschrift ist den „New Perspectives on the Work of Piero Sraffa“ gewidmet.

[4] Kurz, H. D., Don't treat ..., a.a.O., S. 1553.

ne Epigonen eine theoretisch fundierte Begründung, wie sich eine Lohnsatzerhöhung auf die Eigenschaften der gewählten Technik konkret auswirkt. Für Neoklassiker ist die Angelegenheit hingegen klar: ‚Kapital' substituiert stets die teurere Arbeit. Ob richtig oder falsch, mit einer solchen Aussage *wird* Politik legitimiert. Stattdessen erlaubt das Sraffa-System quasi alles: Die orthodoxe Sichtweise kann im Prinzip genauso zutreffen wie ihr Gegenteil. Was soll man mit solchen argumentativen Beliebigkeiten im Streit der Meinungen anfangen? Letzten Endes hat der Neoricardianismus die kritische Ökonomik in eine Sackgasse geführt.

Vor diesem Hintergrund wundert es nicht, dass die Jünger Sraffas sich mehr und mehr von der Theorieentwicklung ab- und der Dogmengeschichte zugewandt haben. Dabei sind seit Öffnung der Zettelkästen des Meisters neben den seit Langem üblichen hagiographischen Exzessen zunehmend exegetische Kleinkriege zu beobachten, die manchmal geradezu skurrile Züge aufweisen. In der Sache führt das selbstverständlich nicht weiter.

In Deutschland sind inzwischen die neoricardianischen Professoren kaum noch im aktiven Dienst und ihre Lehrstühle sind durchwegs neoklassisch nachbesetzt worden. In diesem Licht steht die heterodoxe Volkswirtschaftslehre (nicht nur) hierzulande schlechter da als vor 25 Jahren. Dies ist eine traurige Feststellung, denn die etablierte Doktrin leidet unter einer höchst bescheidenen Erklärungskraft, wenn nicht sogar wohlfahrtsschädliche Fehlinformationen propagiert werden.[5] Es wäre demnach dringend erforderlich, dass angesichts der weltweit grassierenden ökonomischen Probleme an den einschlägigen Fakultäten weniger Apologetik und mehr Sachverstand waltete. Hierfür ist das Verständnis der Funktionsweise des modernen Wirtschaftens unabdingbar. Diese Schrift möchte die Erlangung und Verbreitung dieses Wissens befördern, so dass sich eines schönen Tages die Dinge vielleicht doch zum Besseren wenden. […]

Chemnitz, am 5. Mai 2018 F. H.

---

[5] Vgl. als Überblick Ehnts, D. H., Helmedag, F., The Present State of Economics: Errors and Omissions Excepted, in: Feraboli, O., Morelli, C. (Hrsg.), Post-Crash Economics, Plurality and Heterodox Ideas in Teaching and Research, Palgrave Macmillan 2018, S. 149-172.

Vorwort zur ersten Auflage

Richtig: Wie der Untertitel präzisiert, geht es in dieser Schrift *nicht* um die x-te ‚Widerlegung' der Arbeitswertlehre. Im Gegenteil. Es wird zutage gefördert werden, dass *allein* die Aufteilung des gesellschaftlichen Mehrprodukts im Verhältnis zum jeweiligen Arbeitsaufwand in den einzelnen Zweigen der Wirtschaft das Gleichgewicht freier Konkurrenz begründet. Wahrscheinlich ruft diese Aussage bei jenen, die mit der modernen ökonomischen Theorie vertraut sind, zumindest ein Grinsen hervor; selbst bekennende Marxisten zögern seit einigen Jahren nicht mehr, das Versagen der Wertlehre als Produktionspreistheorie zu unterstreichen.

Den zeitgenössischen Bezugspunkt dieses Verdikts liefert Sraffas „Warenproduktion mittels Waren". Bei Existenz eines Überschusses weichen die in diesem System ermittelten Preise von den (Arbeits-) Werten ab. Tatsächlich beruht Sraffas Theorie auf einer unbelegten Hypothese darüber, welchem Bildungsgesetz Preise im Konkurrenzgleichgewicht gehorchen. Bezeichnenderweise hat die ökonomische Forschung bislang auf die Prüfung verzichtet, ob diese Kalkulationsregel überhaupt die *Anforderungen* einer arbeitsteiligen, kapitalistischen Wettbewerbswirtschaft meistert. Nach dem hier durchgeführten Test versteht nur die Wertrechnung ihr Handwerk. Da die Fragestellung rein logischer Natur ist, d. h. weder einen empirischen noch einen normativen Aspekt aufweist, gibt es Anlass zur Hoffnung, einen Beitrag zur endgültigen Klärung dieser zentralen Problematik der ökonomischen Theorie leisten zu können.

Trotzdem ist es wohl unvermeidbar, mit der verfochtenen Position Emotionen zu wecken. Die Wertlehre gilt als Kampftheorie der Arbeiterklasse und ist stark ideologiebefrachtet. Aus dem in dieser Studie versammelten Material ließe sich aber viel eher ableiten, die Wertlehre sei – insofern sie denn als argumentative Unterfütterung sozialer Interessen benutzt wird – eine Theorie der *Leistungsgesellschaft*. In diese Richtung gehende Interpretationen spielen in den nachstehenden Ausführungen freilich keine Rolle: Zunächst kommt es darauf an, mit den Mitteln folgerichtigen Denkens zwischen konkurrierenden Entwürfen abzuwägen, die im gleichen analytischen Rahmen in ihren Ergebnissen divergieren. Eine nach Kräften vorurteilsfreie Untersuchung ist daher angesagt.

Das Buch gliedert sich – wie einst das präcaesarische Gallien – in drei Teile. Der Schwerpunkt des ersten liegt auf erkenntnistheoretischem Gebiet. Erhebt man Wahrheit bzw. Wahrheitsfähigkeit zum Kriterium der Qualität wissenschaftlicher Aussagen, so stellen die dort ausgebreiteten Überlegungen – der Natur der Sache nach – das schwächste Stück der Arbeit dar. Weder der ‚richtige' Gegenstand noch die ‚adäquate' Methode der Wirtschaftstheorie lassen sich definitiv bestimmen.

Allerdings entpuppt sich das gängige Verfahren, das Erkenntnisobjekt der ökonomischen Theorie durch ein *formales* Prinzip zu umreißen, als missglückt. Eine *Konkretisierung* des Wirtschaftlichen tut not: Das empfohlene Kriterium des ökonomischen Tausches verspricht, festeren Halt zu bieten. Dem Geld gebührt in diesem Kontext ein hoher Rang. Darum werden dessen Entwicklung und Wesen erörtert.

Aus der inhaltlichen Spezifikation ergeben sich für die Wirtschaftstheorie sowohl methodische als auch forschungsstrategische Konsequenzen: In den Brennpunkt rückt die Aufdeckung der Struktur einer durch ökonomischen Tausch integrierten, arbeitsteiligen Gesellschaft; ein Thema, das die Klassiker unter der Überschrift ‚Wertlehre' abhandelten. Ihr obliegt es, das *Grundgesetz* der ökonomischen Theorie zu formulieren.

Der zweite Teil ist eher lehrgeschichtlicher Natur. Piero Sraffa gilt mit Recht als einer der scharfsinnigsten Denker der Ökonomik. Sein Einfluss trug dazu bei, dass Wittgenstein, *der* Logiker dieses Jahrhunderts, schließlich seine im „Tractatus" vertretene Position aufgab. Auf den Konstruktionsfehler in Sraffas Lehrgebäude stößt man demgemäß nicht in den höheren Stockwerken, sondern im Fundament. Die ersten Seiten seines ‚epochemachenden' Werkes enthalten die klassischen Maximen der Produktionspreisbildung. Vor diesem Hintergrund wirkt es lohnend, bei den Klassikern nachzuschauen, wann und aus welchen Motiven sie sich von ihrem ursprünglichen Erklärungsmuster, der Arbeitswertlehre, lösten.

Wie ans Licht gebracht wird, lag zu der Kursänderung auf das scheinbar leichtere Gelände der Produktionspreistheorie kein triftiger Grund vor. Vor allem Ricardos Weizenwirtschaft und die Wert-Preis-Transformation, die v. Bortkiewicz bahnbrechend propagiert hat, werden einer schärferen Kontrolle als üblich unterzogen. Beide Male können die in der Literatur anzutreffenden Interpretationen dieser Konzeptionen nicht bestätigt werden. Sogar in der einsektoralen Kornökonomie erlangt die Profitrate keineswegs die Bedeutung, die ihr ansonsten beigemessen wird. Die Produktionspreise, welche v. Bortkiewicz berechnet, tragen ebenfalls Eigenschaften in sich, die den Prämissen ihrer Ableitung widersprechen. Auf diesem Schauplatz demonstrieren Arbeitswerte erstmals ihre Stärke.

Im dritten Teil richtet sich das Interesse hauptsächlich auf die Analyse. Zunächst wird das Sraffasche System durchleuchtet, insbesondere werden seine ‚Eigentümlichkeiten' unter die Lupe genommen. Sraffas Ansatz offenbart sich bereits in der Situation der Einzelproduktion – die selbst von Kritikern der neoricardianischen Theorie als problemlos eingeschätzt wird – als verfehlt. Das Gleiche bewahrheitet sich für die Kuppelproduktion. Dieser Produktionstypus hat nicht zuletzt deshalb Furore gemacht, weil in seinem Rahmen der Werttheorie der letzte Streich versetzt werden sollte: Angeblich sei es unter solchen Verhältnissen denkbar, dass der Mehrwert trotz positiver Preise und einer positiven Profitrate *negativ* werden könne – eine Irrlehre, denn das Wertgesetz trifft generell zu. Abschließend wird angedeutet, inwieweit seine Gültigkeit auf weiterführende Fragen ausstrahlt.

Von den Personen, die mich bei der Erstellung dieser Untersuchung mit Rat und Tat unterstützten, bin ich namentlich Herrn Dr. Helmut Leitzinger zu Dank verpflichtet. Er fertigte nicht nur die Abbildungen an, sondern vermittelte mir darüber hinaus im Verlauf der Jahre die Erfahrung, dass es eine Sache ist, im $\mathbb{R}^n$ Purzelbäume zu schlagen, eine andere hingegen, die harte Landung auf dem $\mathbb{R}^2$ zu vermeiden.

Die Fakultät für Wirtschaftswissenschaften der Rheinisch-Westfälischen Technischen Hochschule Aachen hat eine frühere Fassung dieser Studie als Habilitationsschrift angenommen. Den Berichterstattern, Prof. Dr. Ulrich Brösse, Prof. Dr. Harald Dyckhoff und Prof. Dr. Karl Georg Zinn danke ich für zahlreiche wertvolle Hinweise und Kommentare. [...] Verbliebene Fehler und Irrtümer gehen zu meinen Lasten.

Aachen, im März 1992 F. H.

1. Teil: Werttheorie als Grundlagenforschung der Ökonomik

1.1 Wirtschaft und Wirtschaften: Eine kritische Würdigung

Erkenntnistheoretische Reflexionen in den Wirtschaftswissenschaften unterliegen konjunkturellen Zyklen: Nach einer Phase der Depression mehren sich die Bemühungen, durch eine Rückbesinnung auf Grundsätzliches Orientierungshilfen zu gewinnen. Bezeichnenderweise haben sich diese Anstrengungen meist auf *methodologische* Probleme konzentriert: In den variantenreich präsentierten Überlegungen geht es darum, *wie* man dem Erkenntnisobjekt ‚Wirtschaft' verlässliche Aussagen abringen könne. Die *vorgelagerte* Frage, wo genau das Forschungsfeld des Faches liege, fand weitaus weniger Aufmerksamkeit, geschweige denn eine überzeugende Antwort.

An die Bestimmung des Gegenstandsbereichs einer Disziplin lassen sich keine Maßstäbe logischer oder faktischer Wahrheit anlegen. Es handelt sich um ein Votum, das sich an seiner *Zweckmäßigkeit* zu bewähren hat. In unserem Fall erweist sich diese vor allem an der forschungsstrategischen *Perspektive*, die durch einen geeigneten Begriff des Wirtschaftens eröffnet wird. Solche Betrachtungen bilden in der ökonomischen Theorie mithin nicht den Beginn wissenschaftlicher Arbeit, sondern sie markieren ein (vorläufiges) Ende.

Deswegen entsteht regelmäßig ein Dilemma, sobald im Rahmen einer akademischen Ausbildung Anfänger mit ausgewählten Kapiteln der Erkenntnistheorie vertraut gemacht werden sollen: Ihnen fehlt das Material, das mittels epistemologischer Verfahren geordnet und eingeschätzt werden kann. Die Ausführungen stoßen daher manchmal auf Unverständnis, und es werden gelegentlich Zweifel am Sinn des Ganzen laut. Zudem wird im Verlauf des weiteren Studiums selten auf die eingangs vorgestellten Prinzipien der Wissensbeurteilung zurückgegriffen. Dies muss beim gegenwärtigen Stand der Dinge nicht unbedingt Anlass zur Klage geben: Gewiss wäre es hie und da eher motivationshemmend, die mit viel

Fleiß erworbenen Lehren strengen erkenntnistheoretischen Belastungsproben zu unterwerfen.

Ähnlich verhält es sich mit dem Begriff der Wirtschaft und des Wirtschaftens. In Lehrbüchern und im Lehrbetrieb wird anfangs zumeist ein Konzept von Wirtschaften unterbreitet, das angeblich das Terrain der Wirtschaftswissenschaften einzäune. Später wird mehr oder weniger geflissentlich darüber hinweggegangen, ob der vorgetragene Stoff wirklich den gesetzten Rahmen ausfüllt. Dieses Versäumnis kann als Reflex einer kognitiven Dissonanz gedeutet werden: Die Formel für Wirtschaft und Wirtschaften stimmt weder für das ablaufende Lehr- und Forschungsprogramm, noch eignet sie sich, die Spannweite des Wirtschaftens auszurechnen.

Häufig manifestiert sich die Diskrepanz zwischen Anspruch und Wirklichkeit in einem Appell an die Intuition: Es wird versucht, die Wirtschaft anhand von Vorgängen und Sachverhalten, die man ‚vom Gefühl her' als wirtschaftlich empfindet, induktiv einzufangen. Diese Methode ist vielleicht aus didaktischen Gründen angebracht, man darf es dabei aber nicht belassen. Die Wesensangabe eines Gegenstandes durch Aufzählung seiner denkbaren Verwendungen oder Erscheinungsformen bleibt zwangsläufig oberflächlich und unvollkommen. Bei der Erörterung des Geldes wird sich diese Einsicht bestätigen. Sofern gewisse Phänomene einem ‚Urbild' von Wirtschaften zugeordnet werden können, sollte es durch hinreichend intensives Nach-Denken möglich sein, den Gegenstand der Wirtschaftstheorie, die Wirtschaft, *abstrakt* zu fassen.

> „Wenn man eine Wissenschaft als Erkenntnis darstellen will", hat uns Immanuel Kant diesbezüglich ins Stammbuch geschrieben, „so muß man zuvor das Unterscheidende, was sie mit keiner anderen gemein hat, und was ihr also eigentümlich ist, genau bestimmen können; widrigenfalls die Grenzen aller Wissenschaften ineinanderlaufen, und keine derselben, ihrer Natur nach, gründlich abgehandelt werden kann."[1]

Wer als Ökonom diesen klugen Ratschlag beherzigen möchte, kommt an einer Klärung des Begriffs Wirtschaft nicht vorbei. Der einfachste Weg hierfür besteht – scheinbar, wie gleich deutlich werden wird – darin, die Literatur zu konsultieren. Um die Brauchbarkeit der Definitionen oder Begriffsbestimmungen einschätzen zu können, werden sie auf ihre *prak-*

---

[1] Kant, I., Prolegomena zu einer jeden künftigen Metaphysik, die als Wissenschaft wird auftreten können (1783), hrsg. v. Schmid, R., Leipzig 1944, S. 25.

tische Tauglichkeit hin geprüft, d. h. wir wenden Lebens- (und Forschungs-)erfahrung an, um ihre Güte zu testen. Aus den aneinandergefügten Elementen wird sich schließlich die *Differentia specifica* des Wirtschaftlichen abzeichnen, die es erlaubt – so die These –, das Operationsgebiet der Ökonomik enger zu umreißen als die üblichen Charakterisierungen.

Wagen wir im ersten Anlauf unser Glück mit der Befragung eines Nachschlagewerkes. Im Deutschen Universalwörterbuch lesen wir unter dem Stichwort Wirtschaft: „Gesamtheit der Einrichtungen und Maßnahmen, die sich auf Produktion und Konsum von Wirtschaftsgütern beziehen …“[2] Dadurch schreitet man nur spärlich voran. Allerdings lässt sich wenig später erschließen, dass ein Wirtschaftsgut ein Gut ist, „… das der Befriedigung menschlicher Bedürfnisse dient“[3]. Demnach ist die Wirtschaft die Summe aller Institutionen und Aktionen im Zusammenhang mit der Erzeugung und des Verbrauchs von Gütern, die *menschliche Bedürfnisse befriedigen.*

Diese Erläuterung kann für den Laien brauchbar sein, um ihm zu einer ungefähren Vorstellung zu verhelfen, worauf sich der Begriff Wirtschaft erstreckt. Fachleute, also Menschen, die sich länger und intensiv mit der theoretischen Durchdringung der Wirtschaft *ex professo* beschäftigt haben (sollten), werden (gezwungen sein) ein Fragezeichen (zu) setzen.

Schieben wir zunächst einmal den Konsum und die Produktion zur Seite. Der zweite Satzteil macht nach kurzem Grübeln stutzig: Er gibt vor, die ‚Wirtschaft‘ richte sich ausnahmslos auf die Befriedigung menschlicher Bedürfnisse. Zur Wirtschaft gehören jedoch keineswegs die Herstellung und der Genuss all dessen, was Nutzen stiftet.

Das Verfassen einer wissenschaftlichen Abhandlung mag z. B. das Wohlbefinden steigern – und sei es nur beim Autor –, dennoch fällt es nicht in den Gegenstandsbereich der Wirtschaft, wenn das Manuskript schließlich in den Ofen wandert. Bereitet die Mutter dem Sohn eine Geburtstagstorte zu, liegt gleichfalls keine Tätigkeit vor, die dem Gebiet der Wirtschaft zuzuordnen ist. Trotzdem deckt die Umschreibung beide Beispiele ab. Freilich wäre es unangemessen, von einem Wörterbuch die strenge Präzision zu erwarten, welche die Fachliteratur bieten sollte.

---

[2] Duden, Deutsches Universalwörterbuch, hrsg. v. Drosdowski, G., Mannheim / Wien / Zürich 1983, S. 1447, Ziffer 1 (Im Original kursiv und mit Abkürzungen).

[3] Ebenda.

Greifen wir daher zu einem im deutschsprachigen Raum weitverbreiteten wirtschaftswissenschaftlichen Lehrbuch, Günther Wöhes „Einführung in die Allgemeine Betriebswirtschaftslehre". „*Wirtschaft*", heißt es da, „ist der Inbegriff aller planvollen menschlichen Tätigkeiten, die unter Beachtung des ökonomischen Prinzips (Rationalprinzips) mit dem Zweck erfolgen, die – an den Bedürfnissen der Menschen gemessen – bestehende Knappheit der Güter zu verringern."[4] Unterziehen wir diese Abgrenzung, die sinngemäß in vielen Lehrbüchern auftaucht, einer Musterung.

Wirtschaften äußere sich in jenen ‚rationalen' Handlungen, die *planmäßig* vonstattengehen und dem ökonomischen Prinzip gehorchen. Dieses präsentiert sich in zwei Ausprägungen. Das *Maximalprinzip* verlangt eine geeignete Kombination gegebener Ressourcen, um einen möglichst großen Erfolg zu garantieren. Laut dem *Minimalprinzip* gilt es, ein bestimmtes Resultat mit dem kleinsten erforderlichen Mitteleinsatz zu erreichen. Eine solche Aktivität impliziert, dass sich das rationale Tun lohnt: Wer aus einem Fluss Wasser zur Reinigung einer Brille schöpft, hat wenig Grund, der Minimierung des Wasserverbrauchs Aufmerksamkeit zu schenken. Das ‚allgemeine Vernunftprinzip' oder ‚Rationalprinzip', demgemäß *jedes* zweckdienliche menschliche Agieren darauf gerichtet sein soll, ein feststehendes Ziel mit dem geringsten Aufwand zu realisieren[5], trifft höchstens *subjektiv* auf alle Lebenssituationen zu. Ebenso wenig maximieren sämtliche Rundfunkgebührenzahler die vor dem Fernsehgerät verbrachten Stunden.

Eine Vorgehensweise nach dem ökonomischen Prinzip setzt *notwendigerweise* Knappheit der Mittel bzw. Verwertbarkeit des Ergebnisses voraus. Zu Ende gedacht besagt die Maxime lediglich, der Vollzug habe *zielorientiert* zu geschehen: Wer einen Berg besteigen möchte, leistet diesem Projekt durch das Graben eines Lochs keinen Vorschub. Natürlich kommen unter Umständen verschiedene Pfade in Betracht, die lichte Höhe zu erklimmen und vielleicht wird die kürzeste und schnellste Aufstiegsroute gewählt, – ist das aber eine ‚ökonomische' Entscheidung?

Die von Wöhe gebrachte Definition von Wirtschaft enthält als weiteres konstituierendes Merkmal explizit die Überwindung von Knappheit, die im Grunde genommen bereits im ‚ökonomischen Prinzip' angelegt ist. Den Stellenwert der Knappheit hebt eine andere, oft kopierte, traditi-

---

[4] Wöhe, G., Einführung in die Allgemeine Betriebswirtschaftslehre, 21. Aufl., München 2002, S. 2.

[5] Vgl. ebenda, S. 1.

onelle Kennzeichnung der Wirtschaftswissenschaft hervor: „Economics is the science, which studies human behaviour as a relationship between ends and scarce means which have alternative uses.“[6] Diese Charakterisierung verzichtet auf die Annahme irgendeiner spezifischen Rationalität im menschlichen Verhalten – in der Tat weist Robbins solcherlei Auffassungen zurück: „... our economic subjects can be pure egoists, pure altruists, pure ascetics, pure sensualists or – what is more like – mixed bundles of all these impulses.“[7]

Bemerkenswerterweise hat Robbins seine Erläuterung der Ökonomik im Jahre 1932 erstmals veröffentlicht – während der Weltwirtschaftskrise. Folgt man seinem Vorschlag, so ist die Große Depression als ein im Kern nicht-ökonomisches Problem zu klassifizieren: Wohl selten waren die Mittel weniger knapp; unfreiwillige Arbeitslosigkeit und brachliegende Kapazitäten geben ‚der Wirtschaft‘ jener Zeit das Gepräge. Nach Robbins’ Sprachregelung stellen Konjunkturen und Krisen kein Objekt der ökonomischen Analyse dar – eine Konzeption, die dem Lehr- und Forschungsprogramm der Volkswirtschaftslehre nicht gerecht wird.

Vor diesem Hintergrund erstaunt es nicht, dass seit Längerem Kritik an der gängigen Deutung der Wirtschaft zu hören ist[8] und mittels schlagender Beispiele illustriert wird: „Daß die stillende Mutter über knappe Mittel zum Zwecke der Bedürfnisbefriedigung disponiert“, bemerkt Dieter Schneider mit treffendem Sarkasmus, „ist ebenso wenig zu bestreiten wie bei den Überlegungen des Kannibalenhäuptlings, ob er den gefangenen Missionar aufspießen und dörren oder weichkochen lassen will.“[9]

Möchte die Ökonomik wirklich ‚nur‘ die Lehre von der Wirtschaft sein, ist sie zwangsläufig überlastet, wenn sie bloß auf ein formales Prinzip rekurriert: Unter der Hand gerät sie zur sozialen All-Wissenschaft. Wegen der großen Streuung des Rationalprinzips rückt das gesamte

---

[6] Robbins, L., An Essay on the Nature and Significance of Economic Science (1932), 2. Aufl., London 1952, S. 16.

[7] Ebenda, S. 95.

[8] Siehe etwa Albert, H., Ökonomische Ideologie und politische Theorie, Göttingen 1954, S. 25.

[9] Schneider, D., Geschichte betriebswirtschaftlicher Theorie, München / Wien 1981, S. 10. In der unter dem Titel „Allgemeine Betriebswirtschaftslehre“ erschienenen zweiten Auflage dieses Werkes tritt der Kannibalenhäuptling nicht mehr auf. Vgl. Schneider, D., Allgemeine Betriebswirtschaftslehre, 2. Aufl. der Geschichte betriebswirtschaftlicher Theorie, München / Wien 1985, S. 18.

(halbwegs) bewusste Leben ins Schussfeld, das sich immer ‚irgendwie' als ‚Wahl zwischen Alternativen' oder als ‚Disposition über knappe Mittel zum Zwecke der Bedürfnisbefriedigung' interpretieren lässt. Die eigentliche Wirkungsstätte der Ökonomik bleibt dabei im Dunkeln: Paul ‚wirtschaftet' nicht, falls er Paula statt Pauline zur Betrachtung seiner Briefmarkensammlung einlädt. Und die Auserkorene denkt gleichfalls nicht (immer) in ökonomischen Kategorien, sofern sie ihr Einverständnis signalisiert. Man kommt um eine *materielle* Einfriedung des typisch Wirtschaftlichen nicht herum.

Symptomatisch für die fehlende Umgrenzung der Forschung sind ‚ökonomische' Theorien des Zähneputzens, der Heirat, des Kinderkriegens, der Kriminalität usw.[10]

> „Mittlerweile", stellt Stobbe fest, „existieren auch Untersuchungen über die Ökonomik des Kirchenbesuchs, des Scrabble-Spiels, der Geisteskrankheit, der Körperverletzung und der Herabsetzung des Lehrdeputats von Fakultäten; es gibt eine ökonomische Theorie des Schmuggels, des Straßenraubs und des ehelichen Seitensprungs; und die Nachfrage nach Kindern in landwirtschaftlichen Haushalten wurde ebenso erforscht wie die Frage, warum der amerikanische Tourist im Ausland betrogen wird. Die Grenze zur Satire wird dabei manchmal hart gestreift (‚… the person who dies with a perfect liver may have forgone a number of drinks during the course of his life that could have contributed significantly to his own welfare: a liver in good order is useless if the heart goes first') …"[11]

Freilich wird Grenze zur Satire wird nicht bloß *gestreift*, es handelt sich um (unfreiwillige) Komik.[12] Solche Glasperlenspiele sind Resultat der bewusstlosen Anwendung eines rein formalen, inhaltlich beliebigen Kalküls, mit dem sich alle Entscheidungssituationen des Menschen ohne

---

[10] Standardreferenz zu dieser Entwicklung ist McKenzie, R. B., Tullock, G., The New World of Economics – Explorations Into Human Experience, 2. Aufl., Homewood 1978, deutsch: Homo Oeconomicus, Ökonomische Dimensionen des Alltags, Frankfurt a. M. / New York 1984.

[11] Stobbe, A., Volkswirtschaftslehre II, Mikroökonomik, Berlin u. a. 1983, S. 9 Fn. Zur deutschen Übersetzung des englischsprachigen Zitats im Zitat siehe S. 160 der deutschen Ausgabe von McKenzie, R. B., Tullock, G., Homo …, a.a.O.

[12] Vgl. die glänzende Persiflage zu diesem Komplex von Lehner, H., Meran, G., Möller, J., De Statu Corruptionis, Entscheidungslogische Einübungen in die Höhere Amoralität, Konstanz / Litzelstetten 1980.

Rücksicht auf ihre Natur über einen Leisten schlagen lassen. Zwar ist unbestreitbar, dass die vorstehend genannten Beispiele eine wirtschaftliche Dimension aufweisen *können*, allerdings suchen die angeblichen Ökonomen auf einem Terrain, auf dem sie nichts verloren haben und deswegen auch nichts entdecken werden. Das Phänomen des ‚ökonomischen Imperialismus'[13] wird grassieren, solange Wirtschaftswissenschaftler nicht wissen, wo sich ihre angestammte Heimat befindet.

Das Herumirren in der Fremde wäre nicht weiter bedenklich, wenn die Ökonomen dort keine bleibenden Schäden verursachten: Man könnte lediglich beklagen, dass wissenschaftliche Ressourcen – wozu der zur Verfügung stehende Raum in den Fachzeitschriften zählt – vergeudet werden. Freilich vermitteln Ökonomen den sozialwissenschaftlichen Schwesterdisziplinen mitunter den Eindruck, oder versuchen wenigstens, ihn zu erwecken, als besäßen sie die prinzipiell stärkere *Methode.* Selbst die hartnäckigsten Schwierigkeiten ließen sich erfolgreich von ihrer mathematischen Artillerie ins Visier nehmen und durchdringen. Für eine ganze Palette gesellschaftswissenschaftlicher Problemkomplexe werden langersehnte exakte(re) Ergebnisse in Aussicht gestellt. Den Zugriff gewähre ‚der' ökonomische Ansatz, welcher in einer Optimierungsaufgabe unter Nebenbedingungen münde.[14]

Teilweise ist jedoch die anfängliche Euphorie wieder einer nüchternen Betrachtungsweise gewichen. Alle Fortschritte der Optimierungsverfahren – so begrüßenswert sie sind – führen nicht weiter, sofern Rätsel gelöst werden, die sich nicht stellen. Zudem erfolgt die Abhandlung häufig in einer dermaßen allgemeinen Form, welche jede praktische Verwertung ausschließt.[15] Der geballte Einsatz an Mathematik hat keineswegs den

---

[13] Vgl. den Sammelband Radwitzky, G., Bernholz, P. (Hrsg.), Economic Imperialism, The Economic Approach Applied Outside the Field of Economics, New York 1987.

[14] Das Gleichsetzen der Ökonomik mit der Optimierung unter Nebenbedingungen propagierte Samuelson, P. A., Foundations of Economic Analysis (1947), erweiterte Ausgabe, Cambridge (Mass.) / London 1983. In seiner Nobelpreisrede hat er diese Auffassung unterstrichen. Vgl. Samuelson, P. A., Maximum Principles in Analytical Economics, in: Samuelson, P. A., Collected Scientific Papers, Bd. 3, Cambridge (Mass.) 1972, S. 2-17.

[15] Das Paradebeispiel hierfür sind die in der Entscheidungstheorie zu maximierenden Nutzenfunktionen, die kaum spezifiziert werden, wenn sie überhaupt zu spezifizieren sind. Kritische Bemerkungen zur Nutzenmessung finden sich in Helmedag, F., Fortschrittsillusionen in der Ökonomik: Die Neue Handelstheorie, in: Zur Zu-

Erkenntniszuwachs eingebracht, den sich die Mehrzahl der Wirtschaftstheoretiker wechselseitig bescheinigen.

> „Contrary to the hopes of its practitioners“, schrieb Joan Robinson in ihrer Einleitung zu der von Vivian Walsh und Harvey Gram verfassten (ausgezeichneten) Lehrgeschichte, „the apparent precision of mathematics has generated vagueness. Mathematical operations are performed upon entities that cannot be defined; calculations are made in terms of units that cannot be measured; accounting identities are mistaken for functional relationships; correlations are confused with causal laws; differences are identified with changes; and one-way movements in time are treated like movements to and fro in space. The complexity of models is elaborated merely for display, far and away beyond the possibility of application to reality.“[16]

Mit der Wiedergabe dieses Zitats soll keine blinde Attacke gegen die Anwendung der Mathematik geritten werden: Sie ist zweifellos ein unersetzbares Werkzeug für den nach Präzision strebenden Wirtschaftstheoretiker; auch in dieser Schrift kann auf ihren Beistand nicht verzichtet werden. Die Mathematik ist – wie das ökonomische Prinzip – inhaltlich neutral. Ebenso begegnet uns ein Messer zunächst nur als eine mit einem Heft versehene Klinge; ausschlaggebend ist, wozu es ge- oder missbraucht wird.[17]

Wie eingangs erwähnt, wird gelegentlich versucht, durch eine intuitiv-induktive Stoffsammlung zu konkretisieren, was die Ökonomik inhaltlich bearbeite. So bemüht sich Artur Woll in seinem im deutschsprachigen Raum viel benutzten Lehrbuch der Allgemeinen Volkswirtschaftslehre „... durch eine Beschreibung der Volkswirtschaftslehre ... zu verdeutli-

---

kunft des Wettbewerbs, In memoriam Karl Brandt (1923-2010) und Alfred E. Ott (1929-1994), hrsg. v. Enke, H., Wagner, A., Marburg 2012, S. 39-55. Im Übrigen haben viele Zielfunktionen nicht das vom Rationalprinzip angenommene Steigungsverhalten. Vgl. die kompakte Darlegung von Bartels, H. G., Was ist dran am Rationalprinzip?, in: das wirtschaftsstudium (wisu), 17. Jg. (1988), S. 135-137.

[16] Robinson, J., Introduction, in: Walsh, V., Gram, H., Classical and Neoclassical Theories of General Equilibrium New York / Oxford 1980, S. xi-xvi, S. xi.

[17] Hans Peter hat einen ähnlichen Vergleich in Bezug auf ‚die‘ Theorie gezogen: „Die Theorie ist neutral. Sie wirkt wie eine Lupe, die zu erkennen befähigt, was dem unbewaffneten Auge entgehen muß. Sie ist wie ein Messer; aber es kommt auf die Hand an, die es führt.“ Peter, H., Einführung in die politische Ökonomie, Stuttgart / Köln 1950, S. XVI.

chen, worin die wissenschaftliche Beschäftigung des Ökonomen besteht."[18] Anschließend unterbreitet er den auf Eucken zurückgehenden Fragenkanon, was, wofür, wann, wie und wo produziert werde.[19] Auf ein ähnliches Vorgehen stößt man in *dem* internationalen Lehrbuch-Bestseller von Samuelson:

> „Jede Gesellschaft – sei es die eines kollektivistischen Staats, die eines Stammes von Südsee-Insulanern, die einer kapitalistischen Industrienation, die einer Schweizer Familie Robinson, die eines Robinson Crusoe oder gar die eines Bienenvolkes – ist mit drei fundamentalen und gegenseitig abhängigen Problemen konfrontiert."[20]

Samuelsons Aufgabenkatalog ist gegenüber Euckens Programm ein wenig ausgedünnt; nun geht es ‚nur' noch darum, was, wie und für wen produziert werde.[21] Jedoch präsentieren alle exemplarisch genannten Autoren früher oder später eine Klammer, die ihre jeweiligen Leitthemen umspannen soll: Eucken etwa erhebt das *Planen* zum hervorstechenden Attribut des Wirtschaftens:

> „Zu allen Zeiten und überall vollzieht sich das menschliche Wirtschaften in Aufstellung und Durchführung von Wirtschaftsplänen. Auf Plänen beruht also alles wirtschaftliche Handeln."[22]

Samuelson hingegen identifiziert im ‚Gesetz der Knappheit' – ähnlich wie schon Robbins – das allüberwölbende Dach der Volkswirtschaftslehre.[23] Bei Woll erfährt der Leser zu guter Letzt desgleichen, „worin die wissenschaftliche Beschäftigung des Ökonomen besteht", denn: „Wirtschaften heißt, nach bestimmten Kriterien Wahlentscheidungen zu treffen ... Wer wirtschaftet, muß entscheiden, worauf er verzichtet."[24]

Es springt ins Auge, dass alle Autoren ihren ‚Eingangsschlenker', die Betonung der *Produktion* als Element des Ökonomischen, ziemlich sang-

---

[18] Woll, A., Volkswirtschaftslehre, 15. Aufl., München 2007, S. 4.

[19] Vgl. Eucken, W., Die Grundlagen der Nationalökonomie, 5. Aufl., Godesberg 1947, S. 5 ff.

[20] Samuelson, P. A., Volkswirtschaftslehre, Bd. 1, 7. Aufl., Köln 1981, S. 33.

[21] Vgl. ebenda, S. 33 f.

[22] Eucken, W., a.a.O., S. 127.

[23] Vgl. Samuelson, P. A., Volkswirtschaftslehre, a.a.O., S. 36.

[24] Woll, A., a.a.O., S. 28.

und klanglos begradigen. Das ist verständlich; Menschen fabrizieren bei näherem Hinsehen manches unter vielerlei Umständen: auch weniger ergiebige Definitionen einer Wissenschaft. Nicht immer sind dies Früchte einer ökonomischen Tätigkeit. In dem Hinweis auf die Erzeugung steckt trotzdem ein guter Teil Wahrheit, der aber ohne nähere Angabe, wann die Produktion ökonomischen Stellenwert erlangt, wenig hilfreich ist. Dasselbe gilt für die Etikettierung der Wirtschaftswissenschaft als Entscheidungslehre schlechthin. Streng genommen lässt sich unter diesem Aspekt, genauso wie aus der Perspektive der Knappheit, das gesamte menschliche Leben sehen.[25]

Die üblichen Umschreibungen des Wirtschaftens hinterlassen einen noch blasseren Eindruck, sofern man bedenkt, dass es weitere Wissenschaften gibt, welche die Zieltauglichkeit der Mittel studieren. So untersucht die Technik die praktische Verwertbarkeit der Erkenntnisse anderer Disziplinen, namentlich die der Naturwissenschaften. Schon Lionel Robbins hat diese Überlappungsmöglichkeit der allgemeinen Charakterisierung von Wirtschaft und Technik erkannt, freilich glaubte er, ihr entrinnen zu können. Die technische Problematik tauche auf, falls *ein* Ziel mit verschiedenen Mitteln erreicht werden könne, die wirtschaftliche dann, wenn *mehrere* Ziele und mehrere Mittel miteinander konkurrierten.[26]

So elegant diese Auflösung *prima facie* wirkt, Unzufriedenheit stellt sich ein, sobald man sie auf praktische Fälle anwenden möchte. In einer Kiesgrube eröffnen sich eine Reihe von Möglichkeiten – von der Schubkarre bis zum Fließband – das Gestein zu transportieren. Obwohl das Ziel eindeutig feststeht, wird zwischen den technischen Alternativen anhand *ökonomischer* Kriterien gewählt.

Gelegentlich wird das wirtschaftliche Prinzip sogar zur Maxime sakraler Handlungen erklärt:

> „Wenn der römische Bauer der Kaiserzeit dem Gott der Saaten, Saturnus, und den anderen Göttern opferte und im übrigen an der altüberkommenen primitiven Technik festhielt, so handelt er doch ganz nach

---

[25] Von systemtheoretischer Warte wurde die These vertreten, Knappheit sei kein Verhältnis zu Sachen. Stattdessen gestatte es diese systeminterne Formel, Bedürfnisse ohne Rücksicht auf eine besondere Situation auszudrücken und zu erörtern. Die Knappheit nehme durch Steigerung der wirtschaftlichen Leistungsfähigkeit nicht ab, sondern zu. Vgl. Luhmann, N., Knappheit, Geld und die bürgerliche Gesellschaft, in: Jahrbuch für Sozialwissenschaft, Bd. 23 (1972), S. 186-210.

[26] Vgl. Robbins, L., a.a.O., S. 35.

> dem wirtschaftlichen Prinzip. Er erwartet von den Göttern die Gegenleistung, das Opfer geschah als Teil der wirtschaftlichen Aufwendungen."[27]

Gewiss ist es nicht völlig abwegig, das Verhalten mancher Gläubigen als Vorleistung (im Diesseits) in der Erwartung eines satten Zinses (im Jenseits) zu deuten – ökonomische Theorien des Himmels und der Hölle lassen grüßen. Es wäre aber prinzipiell zu kurz gegriffen, die Daseinsbewältigung überhaupt, einschließlich des metaphysischen Moments menschlicher Existenz als Quelle normativer Regeln, über alle Zeiten hinweg als einen Anwendungsfall des *wirtschaftlichen* Prinzips zu betrachten.[28]

Hiermit sollen Verbindungen zwischen Ökonomik und Metaphysik keineswegs bestritten werden.[29] Dieser facettenreiche Zusammenhang lässt sich jedoch nicht lediglich mit dem Rationalprinzip erschließen, das überdies auf das wirtschaftliche Prinzip eingeengt wird. Die Opfergaben des römischen Bauern sperren sich einer rein ökonomischen Deutung. Sie sind Teil eines *Gabenverkehrs*, dessen Vorschriften von denen des Tausches abweichen. Selbst wenn man das Opfer nicht als eine Abgabe auslegt, einen Tribut des Menschen an die Gottheit, sondern zwischen Mensch und Gott ein wechselseitiges Leistungsverhältnis erblickt, bleibt das Opfer stets einem *Ritus* unterworfen; einem Regelwerk, das diktiert, wann welche Opfer und wie darzubringen sind. – Später dazu mehr.

Die gängigen Ausführungen lassen offen, welche Merkmale das Erkenntnisobjekt der Wirtschaftswissenschaft von den Gegenstandsbereichen der Nachbarfächer abheben. Sogar ‚große' Ökonomen scheinen sich dessen nicht bewusst (gewesen) zu sein.[30] Unter dieser Vagheit leiden

---

[27] Eucken, W., a.a.O., S. 329.

[28] Im Übrigen ist es bemerkenswert, dass Eucken bei seiner Erläuterung des wirtschaftlichen Prinzips auf die von ihm in den Vordergrund gerückten *Wirtschaftspläne* rekurriert: „Stets nämlich und überall", lautet seine im Original durchgehend gesperrt gedruckte Formulierung, „suchen die Menschen in ihren wirtschaftlichen Plänen und damit in ihren Handlungen einen bestimmten Zweck mit einem möglichst geringen Aufwand an Werten zu erreichen." Eucken, W., a.a.O., S. 328. Freilich kennzeichnen sich wirtschaftliche Pläne gerade durch das wirtschaftliche Prinzip.

[29] Vgl. dazu Zinn, K. G., Politische Ökonomie, Apologien und Kritiken des Kapitalismus, Opladen 1987, S. 34 ff.

[30] „Vielleicht liegt aber ein Problem strenger ökonomischer Wissenschaft darin, daß bedeutende Ökonomen sich nicht über die Grenzen des Gültigkeitsbereichs ihrer

desgleichen jene Disziplinen, die sich in ihrem Titel mit der Beifügung Wirtschaft dekorieren: *Cum grano salis* bewegt sich die Wirtschaftsgeschichte ohne ökonomische Uhr durch die Zeit, die Wirtschaftsgeographie ohne ökonomischen Kompass über den Raum und die Wirtschaftsinformatik ohne ökonomische Nachricht an zahlreiche einschlägige Lehrstühle.

> „Auf diesem Wege", stellt Landshut zutreffend fest, „kommt dann etwa die Wirtschaftsgeschichte dazu, mit ihren der Theorie entliehenen Leitbegriffen ohne jede Klärung ihres spezifischen Bedeutungsgehaltes überall ein besonderes ‚Wirtschaftsleben' ausfindig zu machen und wie Faust Helena in jedem Weibe, so ‚Kapital' und ‚Unternehmungen' überall wiederzufinden."[31]

Um nicht die unscharfe Idee zu reproduzieren, die im Allgemeinen mit dem Wort Wirtschaft einhergeht, wird zunächst seine *konkrete* Bedeutung im Wandel der Epochen porträtiert. Dies schafft die Grundlage, welche die *abstrakte* Bestimmung des Begriffs Wirtschaft trägt.

Theorie im klaren waren …" Faber, M., Manstetten, R., Der Ursprung der Volkswirtschaftslehre als Bestimmung und Begrenzung ihrer Erkenntnisperspektive, in: Schweizerische Zeitschrift für Volkswirtschaft und Statistik, 124. Jg. (1988), S. 97-121, S. 115.

[31] Landshut, S., Historische Analyse des Begriffs des „Ökonomischen" (1969), in: Wehler, H.-U. (Hrsg.), Geschichte und Ökonomie, Köln 1973, S. 40-53, S. 51.

1.2 Zum Bedeutungswandel des Wortes Wirtschaft

Lehrgeschichtliche Darstellungen der Volkswirtschaftslehre erwecken meist den Eindruck, die Geschichte dieser Wissenschaft sei eine Aneinanderreihung von Irrtümern.[1] Es wird so getan, als hätten die ökonomischen Denker, ausgehend von der Antike bis in die Gegenwart, stets ein und dasselbe Sujet bearbeitet. Wissenschaftlicher Fortschritt äußere sich darin, im Zuge fortgesetzter begrifflicher Verfeinerungen und der Benutzung ausgefeilterer formaler Verfahren immer bessere Antworten auf eine seit den Anfängen vorhandene Problematik zu erhalten. Diese ‚absolutistische'[2] Attitüde nimmt eine Konstanz und Kontinuität des Erkenntnisobjekts Wirtschaft an, ohne jemals aufzudecken, nach welchen Kriterien der Erkenntnisfortschritt beurteilt wird.

Das Verfahren verleitet dazu, partielle ‚wirtschaftliche' Aussagen eines Autors aus dem Kontext herauszutrennen und ihn zu einem ‚Vorläufer' der modernen Wirtschaftslehre zu stempeln, der ‚natürlich' noch nicht ganz so weit war, wie wir heute – angeblich – sind. Eine solche Anschauung unterstellt eine kumulative Wissensvermehrung; folglich wäre es nur eine Frage der Zeit und des Schweißes, bis alle ökonomischen ‚Geheimnisse' entschlüsselt seien.

In Wirklichkeit hat der Begriff Wirtschaft eine gravierende Bedeutungsveränderung durchgemacht, die beachtet werden muss, wenn man die Leistungen der Altvordern würdigt. Es ist nicht legitim, ihr Denken unmodifiziert mit unseren heutigen Vorstellungen von Wirtschaft zu konfrontieren. Sie lebten in Phasen, in denen der Gehalt des Wortes Wirtschaft ein anderer war als der, den wir heute mit ihm verknüpfen.

Diese Akzentverschiebung korrespondiert mit den beiden Revolutionen, welche die menschliche Produktionsweise (bisher) prägen: die neolithische und die Industrielle. In einer Wildbeutergesellschaft kann nicht von einer Wirtschaft die Rede sein, die, wenn auch nur in entfernter Weise, das vereinigt, was wir heute darunter verstehen. Der ökonomische Aspekt menschlicher Lebensbewältigung gewinnt erst viel später merklichen Einfluss und Eigengesetzlichkeit. Dies besagt keineswegs, das Stu-

---

[1] Vgl. Landshut, S., a.a.O., S. 50.

[2] Vgl. Winch, D., Das Aufkommen der Volkswirtschaftslehre als Wissenschaft 1750-1870, in: Cipolla, C. M., Borchardt, K. (Hrsg.), Europäische Wirtschaftsgeschichte, Bd. 3, Die Industrielle Revolution, Stuttgart / New York 1985, S. 335-377, S. 355.

dium der Jäger- und Sammlergesellschaften wäre für den Wirtschaftswissenschaftler unergiebig – im Gegenteil.[3]

Es geht im Anschluss nicht darum, auf wenigen Seiten einen ungefähr zehntausendjährigen Zeitraum wirtschafts- und sozialgeschichtlich zu sezieren.[4] Die nachstehenden Ausführungen sollen vielmehr einige Schlaglichter auf Phänomene werfen, welche für die hier zu sondierenden Zusammenhänge wichtig erscheinen. Dazu werden zwei große Epochen geschieden: Die Zeit von der neolithischen bis zur Industriellen Revolution, der Kürze halber ‚traditionelle' Ära genannt, und die ‚moderne' Periode, d. h. der Zeitraum ab der Industriellen Revolution bis zur Gegenwart.

1.2.1 Wirtschaften im traditionellen Sinn

Im Althochdeutschen hatte das Wort Wirtschaft die Bedeutung ‚Bewirtung, Gastmahl'. Seit dem 16. Jahrhundert gebraucht man es für die Gastwirtschaft, etwa seit dem 17. Jahrhundert für die gesamte Hauswirtschaft.[5] Wirtschaft leitet sich von ‚Wirt' ab, was ursprünglich so viel wie ‚Pfleger' heißt. Diese Vokabel meint den sich für jemanden einsetzenden, Schutz gewährenden, sorgenden Inhaber des Hauses: den Hausvater.[6]

An diesen Personenkreis adressiert Xenophon (um 430-354 v. Chr.) sein Werk „Oikonomikos". Darin unterbreitet er Ratschläge, welche Maßnahmen geeignet seien, das Hauswesen zu fördern. Xenophon ordnet Mann und Frau bestimmte Rollen zu und gibt Hinweise für den Ackerbau und die Viehzucht.[7] Des Weiteren hebt Xenophon die Vorteile der Ar-

---

[3] Vgl. mit zahlreichen Literaturangaben Schaaff, H., Kritik der eindimensionalen Wirtschaftstheorie: Zur Begründung einer ökologischen Glücksökonomie, Thun / Frankfurt a. M. 1991, S. 122 ff.

[4] Eine solche Tour d'horizon bieten Helmedag, F., Weber, U., Entwicklungslinien und Schwankungen des Sozialprodukts im Überblick, in: Wirtschaftswissenschaftliches Studium (WiSt), 33. Jg. (2004), S. 80-87.

[5] Vgl. Stoltenberg, H. L., Zur Geschichte des Wortes Wirtschaft, in: Jahrbücher für Nationalökonomie und Statistik, Bd. 148 (1938), S. 555-561.

[6] Vgl. Brunner, O., Die alteuropäische „Ökonomik", in: Zeitschrift für Nationalökonomie, Bd. 13 (1950), S. 114-139, S. 117 f.

[7] Vgl. Xenophon, Die sokratischen Schriften, Stuttgart 1956, S. 238 ff. (Die Hauswirtschaftslehre); vgl. zudem Vogel, G., Die Ökonomik des Xenophon, eine Vorarbeit für die Geschichte der griechischen Ökonomik, Erlangen 1895 und Singer, K., Oikonomia: An Inquiry into Beginnings of Economic Thought and Language, in:

beitsteilung hervor, wobei er, wie Marx kommentiert, „... mit seinem charakteristisch bürgerlichen Instinkt schon der Teilung der Arbeit innerhalb einer Werkstatt näherrückt."[8] Hier ist nicht beabsichtigt, das Werk von Xenophon zu würdigen und ihn als (vielleicht ersten) Verkünder der produktivitätsfördernden Arbeitsteilung zu feiern.[9] Stattdessen soll belegt werden, dass die antiken Vorläufer andere Aufgaben lösen wollten und wir daher nicht berechtigt sind, an ihre Antworten die Maßstäbe anzulegen, die an unseren Problemen geeicht sind.

Das Gesamtsystem der Philosophie im antiken, mittelalterlichen und frühneuzeitlichen Sinn umfasste Logik, Metaphysik, Physik und Ethik. Die Ethik gipfelte in einer Tugendlehre des Menschen, Hausherrn und Staatsmannes; dementsprechend verzweigte sie sich in eine Lehre von Einzelmenschen – von den Scholastikern als Monastik bezeichnet –, ferner in die Ökonomik als die Lehre vom *ganzen* Hause sowie schließlich in die Lehre von der Polis, die Politik.[10]

In der Ökonomik werden nicht nur die Tätigkeiten im Hause und die hierzu gerechneten in der Landwirtschaft thematisiert, sondern auch die zwischenmenschlichen Beziehungen, das Verhältnis zwischen Mann und Frau, Eltern und Kindern, Herrn und Gesinde.[11] Insbesondere Aristoteles betont das herrschaftliche Element in der Hausführung; das Familien-

---

Kyklos, Bd. 11 (1958), S. 29-57. Bemerkenswerterweise stammt vom ältesten bekannten ökonomischen Autor ebenfalls eine Denkschrift mit dem bezeichnenden Titel „Mittel und Wege, dem Staat Geld zu verschaffen". Vgl. Xenophon, Ökonomische Schriften, Berlin 1992, S. 140 ff. Zur Beseitigung der Finanzmisere Athens schlug der ehemalige Reitergeneral in Spartas Diensten vor, den Silberbergbau und damit die Geldproduktion zu verstaatlichen. Zur aktuellen Diskussion der öffentlichen Verschuldung siehe Helmedag, F., Mit der Schuldenbremse zum Systemcrash, in: Perspektiven der Wirtschaftswissenschaften, hrsg. v. Gesmann-Nuissl, D., Hartz, R., Dittrich, M., Wiesbaden 2014, S. 123-137.

[8] Marx, K., Das Kapital, 1. Bd., Der Produktionsprozeß des Kapitals (1867), in: Marx Engels Werke, Bd. 23, Berlin 1977, S. 388.

[9] Wie jedoch schon aus obiger Fußnote 7 hervorgeht, wird Schumpeters Bemerkung, auf Xenophon nicht einzugehen, da dessen Werk ausschließlich zu den Abhandlungen über Hauswirtschaftsführung gehöre, dem Autor nicht gerecht. Vgl. Schumpeter, J. A., Geschichte der ökonomischen Analyse, Bd. 1, Göttingen 1956, S. 93 Fn.

[10] Brunner, O., Die alteuropäische ..., a.a.O., S. 123.

[11] Vgl. Brunner, O., Hausväterliteratur, in: Handwörterbuch der Staatswissenschaften, Bd. 5, Stuttgart / Tübingen / Göttingen 1956, S. 92 f.

oberhaupt steht im Zentrum, im ‚Oikos' waltet Ungleichheit.[12] Insoweit ist – trotz aller grundlegenden Unterschiede sonst – eine Ähnlichkeit zum modernen Betrieb vorhanden, der nach innen ebenfalls hierarchisch strukturiert ist.

Die Ökonomik befasst sich hauptsächlich mit dem ‚guten Leben' in der privaten Welt; nur am Rande gehören zu ihr Überlegungen, Reichtum durch Tausch zu erwerben: die Chrematistik. Dort, nicht in der Ökonomik, finden sich Ausführungen über den Preis, das Geldwesen, den Zins und die Rente. Aber der Wunsch nach Reichtum entfaltete seinerzeit keine eigenständige Dynamik, es wurde ausschließlich als Mittel zum Zweck, dem guten Leben im Hause, toleriert und gutgeheißen.[13] Sobald das Reichtumsstreben nicht mehr lediglich der Ergänzung der Autarkie des Hauses dient, sondern zum Selbstzweck zu werden droht, d. h. auf Gelderwerb durch Handel abzielt, gilt es als verwerflich.[14] Die Chrematistik erörtert mithin die Frage, inwieweit der Handel in den von Ethik und Politik gesetzten Schranken gestattet ist. In der Antike lässt sich zwar ein nennenswerter Markttausch beobachten, doch er übt keinen merklichen Einfluss auf die Sozialstruktur aus.[15] Die ökonomische Aktivität, wie man heutzutage formulieren würde, war ethisch-moralisch begrenzt. Die Scholastik hat später gleichermaßen unter einem metaphysischen Vorzeichen ‚wirtschaftliche' Probleme beleuchtet, z. B. den ‚gerechten' Preis.

Die skizzierte antike Bedeutung von Wirtschaft lebt heute noch fort: Spricht im ländlichen Bereich der Bauer von seiner ‚Wirtschaft', meint er „... den Gesamtkomplex seiner haus- und landwirtschaftlichen Tätigkeit,

[12] Vgl. Hüther, M., Die „Sattelzeitgerechte" Entstehung der Nationalökonomie. Ein Beitrag zur Dogmengeschichte, in: Jahrbücher für Nationalökonomie und Statistik, Bd. 205 (1988), S. 150-162, S. 152 f.

[13] Vgl. Faber, M., Manstetten, R., a.a.O., S. 105.

[14] Vgl. Brunner, O., Die alteuropäische ..., a.a.O., S. 116.

[15] „Trotz intensiver Handelstätigkeit und einer ziemlich entwickelten Verwendung von Geld befand sich das griechische Geschäftsleben insgesamt zur Zeit des Aristoteles noch in den allerersten Anfängen des Markthandels." Polanyi, K., Ökonomie und Gesellschaft, Frankfurt a. M. 1979, S. 150. Zum Stellenwert von Märkten in antiker Zeit siehe Belshaw, C. S., Traditional Exchange and Modern Markets, Englewood Cliffs 1965; Herskovits, M. J., Economic Anthropology – A Study in Comparative Economics, New York 1952; Polanyi, K., Arensberg, L. M., Pearson, H. W. (Hrsg.), Trade and Market in the Early Empires, Glencoe 1957 und North, D. C., Structure and Change in Economic History, New York / London 1981.

den Oikos, der ohne die darin wohnenden Menschen, die Hausfrau, die mitarbeitenden Familienangehörigen, das Gesinde nicht denkbar ist."[16] In diesem Sinn war der Begriff Wirtschaft bis etwa zur Mitte des 18. Jahrhunderts besetzt. Bis dahin trat die Ökonomie als ein eigenständiger, autonomer Bereich menschlicher Daseinsbewältigung nicht in Erscheinung. Um diese Zeit jedoch …

> „… kommt ein Prozeß zum Abschluß und wird in seinen Auswirkungen allseitig erkennbar, der in seinen Wurzeln allerdings viel weiter zurückreicht. Es handelt sich um nichts weniger als um den Zerfall des von den Griechen geschaffenen Welt- und Menschenbildes, das bis in diese Zeit geherrscht hatte, um den Zerfall des ‚Kosmosgedankens' …"[17]

Äußerliches Zeichen ist das größer werdende Gewicht der Aufspaltung von Haushalt und Betrieb:

> „Der Problembereich, den die Hausväterliteratur so extensiv behandelte, bestand nun nicht mehr, er wurde ausgelagert in den Freiraum der Gesellschaft. So wie allgemein die Aufklärung den Aufbruch der bürgerlichen Intelligenz aus dem privaten Lebensbereich beschreibt, genauso wurde die Frage der wirtschaftlichen Bedürfnisbefriedigung aus der privaten Sphäre in die gesamtgesellschaftliche überwiesen. Der Begriff Ökonomik verlor seinen Inhalt, weil dieser nicht mehr existierte, er wurde überflüssig und damit zugleich frei für eine Neubesetzung."[18]

In dieser Zeit erhält das Wort ‚wirtschaftlich' den Beigeschmack von sparsam, haushälterisch, erst später – etwa zu Beginn des 20. Jahrhunderts – sollte es den Gehalt von ‚rentabel' erlangen.[19] Dazwischen liegt eine Veränderung der ‚wirtschaftlichen' Aktivität von vorher nicht da gewesenem Ausmaß, denn während des 18. Jahrhunderts steigt die reale Produktion der Industrie auf das Vierfache: „Dieses Wachstum und die zunehmende bürgerliche Umwelt, in der es stattfand, macht das Wesen der Industriellen Revolution aus."[20] In diese Zeit fällt die Geburtsstunde der Politischen Ökonomie als akademische Disziplin. Die neue Wirt-

---

[16] Brunner, O., Die alteuropäische …, a.a.O., S. 117.

[17] Ebenda, S. 127.

[18] Hüther, M., a.a.O., S. 154.

[19] Brunner, O., Die alteuropäische …, a.a.O., S. 118.

[20] Lilley, S., Technischer Fortschritt und die Industrielle Revolution 1700-1914, in: Cipolla, C. M., Borchardt, K. (Hrsg.), a.a.O., S. 119-163, S. 137.

schaft und die Wandlung des Begriffs Wirtschaft gehen Hand in Hand mit der Herausbildung einer *Volkswirtschaft*, d. h. des Bewusstwerdens einer Vernetzung der Einzelwirtschaften. Wenden wir uns dieser Periode näher zu.

1.2.2 Wirtschaft in ihrer modernen Bedeutung

Gelegentlich wird die Auffassung verfochten, die Nationalökonomie habe sich als *Nebenwirkung* der Industriellen Revolution etabliert. „Für so unterschiedliche Betrachter der Geschichte der Wirtschaftswissenschaften wie Alfred Marshall und Karl Marx“, stellt Winch fest, „war die Entwicklung der Volkswirtschaftslehre ein Nebenprodukt der Abfolge von Agrar- und industriellen Revolutionen, die ab 1750 über ganz Europa hinwegzogen.“[21] Eine solche weitreichende These – unabhängig davon, ob sie von Marx und Marshall wirklich geteilt wurde[22] – verdient eine nähere Prüfung. Stünden industrielle Revolution und Entstehung der Volkswirtschaftslehre in diesem eindeutigen Ursache-Wirkungsverhältnis, ließe sich daraus auf eine Eigenständigkeit der Industriellen Revolution von geistesgeschichtlichen Strömungen schließen. Dies ist in der Tat eine oft anzutreffende Meinung. Darf man ihren Anhängern glauben, lautet die einfache Gleichung: Bevölkerungswachstum plus Dampfmaschine gleich Industrielle Revolution. In Wahrheit ist die Formel komplizierter.[23]

Die Bezeichnung *Industrielle* Revolution suggeriert, die Umstürzung und die Expansion der gewerblichen Produktion hätten die moderne Wirtschaftsweise angekurbelt. Demnach überflutete die erste Welle der ökonomischen und sozialen Transformation vor allem den industriellen Sektor.

Mit einer solchen Einlassung wird verschüttet, dass der Industriellen eine *agrarische* Revolution vorausgegangen ist.[24] Noch zu Beginn des

---

[21] Winch, D., a.a.O., S. 333. Hüther teilt diese Ansicht ebenfalls. Vgl. Hüther, M., a.a.O., S. 156.

[22] So lassen sich die von Hüther angegebenen Stellen nicht ohne Weiteres in dem von ihm genannten Sinn interpretieren. Vgl. ebenda.

[23] Vgl. zum Folgenden auch Helmedag, F., Industrielle Revolution(en): Transformationsprozesse des Kapitalismus, in: Wirtschaftsdienst, 99. Jg. (2019), S. 210-215.

[24] Vgl. Bairoch, P., Die Landwirtschaft und die Industrielle Revolution 1700-1914, in: Cipolla, C. M., Borchardt, K. (Hrsg.), a.a.O., S. 297-332.

18. Jahrhunderts waren 75-80 % der Arbeitskräfte in der Landwirtschaft beschäftigt. Die Nahrung seinerzeit war hauptsächlich pflanzlichen Ursprungs. Man brauchte rund acht pflanzliche Kalorien, um eine tierische zu erzeugen. In Deutschland vollzog sich die agrarische Revolution ungefähr von 1790-1800, circa 100 Jahre nach der in England, das die Vorreiterrolle übernahm.[25] Dort herrschte einerseits eine günstige Ausgangskonstellation wegen des fehlenden Zunftzwanges[26], andererseits verfügte England über ergiebige Kohlevorkommen, die etwa Holland fehlten, das gleichfalls um die Jahrhundertwende als potenzieller Kandidat in Betracht kam, der Industriellen Revolution die Bresche zu schlagen.

Die agrarische Revolution, d. h. die Rodung zusätzlicher Flächen, der Einsatz neuer Geräte, die Verwendung von Pferden als Zugtiere und die Aufgabe des zweijährigen Fruchtwechsels, war in mehrerlei Hinsicht *Vorbedingung* für die Industrielle Revolution: Die rasch steigende Produktivität in der Landwirtschaft lieferte nicht nur die nötigen Nahrungsmittel, um eine wachsende Bevölkerung zu versorgen, sondern setzte auch Arbeiter frei, die sich nun der gewerblichen Wirtschaft andienten. Die Bevölkerungsexplosion in jener Zeit rechtfertigt das Etikett einer *demographischen* Revolution, welche die agrarische begleitete.

Ein Großteil der Unternehmer sowie des investierten Geldkapitals – das allerdings pro Kopf gerechnet im sekundären Sektor anfänglich erheblich geringer war als in der Landwirtschaft – entstammte dem ländlichen Bereich.[27] Die Umwälzungen in der Agrikultur waren denen der Industrie mindestens ebenbürtig; jedenfalls stellten jene eine unabdingbare Voraussetzung für diese dar. Zudem wird des Öfteren die Dimension der technischen Veränderungen zu Beginn der Industriellen Revolution übertrieben.

Tatsächlich lässt sich keine so plötzliche und tiefgreifende Umkrempelung der technischen Verfahren registrieren, wie der Name Industrielle *Revolution* nahelegt. Vielmehr wurden zunächst zum Teil schon relativ alte Methoden benutzt, die allerdings fortwährend verfeinert wurden. Es ist zwar richtig, dass andere Energiequellen menschliche und tierische Muskelkraft zu substituieren begannen, aber es wäre verfehlt, dabei vor allem an die Dampfkraft zu denken: „Die ersten Fabriken hatten ein

---

[25] Vgl. ebenda, S. 302.

[26] Vgl. Kromphardt, J., Analysen und Leitbilder des Kapitalismus von Adam Smith bis zum Finanzmarktkapitalismus, Marburg 2015, S. 59.

[27] Vgl. Bairoch, P., a.a.O., S. 328.

Menschenalter hinter sich gebracht, ehe Dampf in großem Ausmaß nutzbar gemacht wurde.“[28] *Wasserkraft* drehte die Achsen, und der Bau solcher Antriebe hatte ein hohes Niveau erreicht.[29]

Im Übrigen war die 1712 patentierte, durch James Watt umgestaltete ‚Feuermaschine‘ von Thomas Newcomen erst 1784 in der Lage, eine Kreisbewegung abzugeben. Und es ist die große Frage, wann Dampfmaschinen in nennenswertem Maße befeuert worden wären, hätte nicht der fünfte – ‚böse‘ – Lord Byron einem Fabrikbesitzer den Wasserzufluss willkürlich gestört. Deswegen suchte dieser – Not macht erfinderisch! – im Jahre 1786 sein Heil in der Dampfmaschine.[30]

Die Karriere der Dampfmaschine illustriert eindrucksvoll die These, wonach die Industrielle Revolution anfänglich keineswegs allein durch technische Neuerungen auf den Weg gebracht wurde. „Es handelte sich um einen unregelmäßigen und schrittweisen Prozeß … Die dampfbetriebene Fabrik bescherte uns nicht den Kapitalisten; der Kapitalist bescherte uns die dampfbetriebene Fabrik.“[31] Die Innovationen wurden in Angriff genommen, wenn sie vor dem Hintergrund des bereits vorhandenen

---

[28] Lilley, S., a.a.O., S. 121.

[29] In diesem Zusammenhang ist es aus wissenschaftsgeschichtlicher Sicht lehrreich, die Leistung von John Smeaton zu erwähnen, dem es durch experimentelle Bestimmung des Wirkungsgrades alternativer Bauformen von Wasserrädern gelang, die Behauptung der Mathematiker zu entkräften, wonach unterschlächtige Wasserräder oberschlächtigen überlegen seien. Vgl. Paulinyi, A., Die industrielle Revolution, in: Troitzsch, U., Weber, W. (Hrsg.), Die Technik, Stuttgart 1987, S. 232-281, S. 255 f.

[30] Vgl. Lilley, S., a.a.O., S. 121. Ebenso zeigt die exemplarische Erforschung der Technikgenese weiterer Schlüsselprodukte, dass das technische Potenzial nicht so rasch ausgeschöpft wurde, wie das zuweilen geglaubt wird. Vielmehr mussten sich z. B. der Dieselmotor und die Schreibmaschine gegen konservative Unternehmer, die gelegentlich fast schon als Bremser auftraten, und gegen eine abwartende Nachfrage behaupten. Vgl. Knie, A., Das Konservative des technischen Fortschritts – Zur Bedeutung von Konstruktionstraditionen, Forschungs- und Konstruktionsstilen in der Technikgenese, Wissenschaftszentrum Berlin 1989 (FS II 89-101). Überdies wirkten sich die umfassenden, bis 1800 geltenden Patentrechte Watts doppelt hinderlich auf die zügige Diffusion der Dampfmaschine aus: Erstens waren die zu zahlenden Prämien beachtlich, zweitens hatte sich Watt praktisch alle weiteren Nutzungs- und Einsatzmöglichkeiten in seine Patentrechte aufnehmen lassen, ohne sie zu realisieren. Vgl. Paulinyi, A., a.a.O., S. 263.

[31] Marglin, S., Was tun die Vorgesetzten? Ursprünge und Funktionen der Hierarchie in der kapitalistischen Produktion, in: Duve, F. (Hrsg.), Technologie und Politik, Bd. 8, Die Zukunft der Arbeit 1, Reinbeck bei Hamburg 1977, S. 148-203, S. 186.

Know-how erfolgversprechend erschienen.[32] „Es ist keine Beleidigung für Newcomen, wenn man sagt, daß der Stand des technischen Wissens um die Jahrhundertwende derartig war, daß, sobald der Bedarf dringend genug wurde, sobald die Leute anfingen zu versuchen, Dampf zum Pumpen nutzbar zu machen, *irgend jemand* Erfolg haben mußte."[33]

Grundlegende Erfindungen schlummerten zum Teil Jahrhunderte, ehe sie in größerem Stil hervorgeholt und verbessert wurden. So stößt man in den Notizbüchern Leonardo da Vincis auf Skizzen einer Drehbank und die Seidenzwirnmaschine war etwa in Italien schon gut hundert Jahre in Gebrauch, bis T. Lombe sie erstmals 1709 in einer englischen Fabrik einsetzte.[34]

Die *mittelalterliche* Technik hingegen kann nicht als Fortschreibung prinzipiell bereits bekannter Verfahren angesehen werden: „Der echte Bruch in der Entwicklung der Technik fand zu Beginn des Mittelalters statt, nicht im 18. Jahrhundert."[35] Ortscheit und Kummet, das Ruder der Schiffe, der Kompass – mittelalterliche Kreationen, die jedoch erst erheblich später auf breiter Front im Produktionsniveau zum Tragen kamen. Der teilweise außerordentlich hohe Stand technischer Kunstfertigkeit äußerte sich vor der Industriellen Revolution im Bau von Musikdosen,

---

32 Ähnlich resümiert Marx: „Daher stellt sich die Menschheit immer nur Aufgaben, die sie lösen kann, denn genauer betrachtet wird sich stets finden, dass die Aufgabe selbst nur entspringt, wo die materiellen Bedingungen ihrer Lösung schon vorhanden sind oder wenigstens im Prozeß ihres Werdens begriffen sind." Marx, K., Zur Kritik der Politischen Ökonomie (1859), in: Marx Engels Werke, Bd. 13, Berlin 1978, S. 1-160, S. 9 (Vorwort).

33 Lilley, S., a.a.O., S. 135. Was die Dampfmaschine anbelangt, hatte Denis Papin 1690 den labormäßigen Nachweis erbracht, dass sie funktioniert, und er fuhr 1707 auf seinem ersten Dampfschiff von Kassel nach Münden. Eine ausführliche Geschichte der Dampfmaschine mit zahlreichen technischen Details liefert Matschoss, C., Die Entwicklung der Dampfmaschine, 2 Bände, Berlin 1908.

34 Vgl. Mathias, P., Wer entfesselte Prometheus? Naturwissenschaft und technischer Wandel von 1600-1800, in: Industrielle Revolution, hrsg. v. Braun, R. u. a., Köln 1972, S. 121-138, S. 129.

35 Lilley, S., a.a.O., S. 122. Zu Beginn der Neuzeit wurde in Europa die Feuerwaffe konzipiert, worauf sich die militärische Übermacht Europas gründete. Insofern besteht eine enge Wechselwirkung zwischen Perfektionierung der Kriegstechnik und Verbreitung des Kapitalismus. Vgl. dazu Zinn, K. G., Kanonen und Pest, Über die Ursprünge der Neuzeit im 14. und 15. Jahrhundert, Opladen 1989. Dieses Werk birgt auch reichlich Material zum Stand der mittelalterlichen Technik.

automatischen Schachspielern und sonstigem ergötzlichen Zeitvertreib[36] – niemand dachte daran, die Produktionsweise umzustürzen.

Das Beispiel Chinas belegt desgleichen, dass eine hochentwickelte Technik eine zwar notwendige, aber keine hinreichende Voraussetzung für eine industrielle Revolution abgibt. Angesichts der herausragenden Leistungen der Chinesen auf vielen Gebieten erhebt sich die Frage, warum die industrielle Revolution zu ihrem Siegeszug nicht vom Ostchina des späten europäischen Mittelalters aus angetreten ist. Handel und Gewerbe standen dort in hoher Blüte, um 600 gelang der Buchdruck – rund 900 Jahre vor dem schöpferischen Einfall Gutenbergs – kurz darauf wurde Pulver gemischt.[37] Bereits im 11. Jahrhundert brannte man in manufakturähnlichen kaiserlichen Betrieben Porzellan, die Seeschifffahrt orientierte sich am Kompass, 1290 war der mit 1300 km bis heute längste Kanal der Erde von Peking nach Hangtschou gegraben – und: Das Reich der Mitte führte vor 1300 die erste Papiergeldwährung der Welt ein.[38]

Dennoch bewirkten die chinesischen Errungenschaften in Wissenschaft und Technik keine fundamentale Modifikation der Produktionsweise. Dem Weg zur Moderne fehlte der geistige Nährboden:

> „Die Antwort auf die Frage, warum der scheinbar nahe Durchbruch zur Industrialisierung in China ausblieb, scheint weniger bei der starren Einseitigkeit der agrarischen Bodennutzung für Reisbau und bei dem Rückstand des Ferneigenhandels zu liegen, als vielmehr in sozialen und psychologischen Bedingungen. Der Buddhismus pries die weltflüchtige Beschaulichkeit und der sich durchsetzende Neukonfuzianismus wirkte durch seine Betonung der Familiengemeinschaft als Hemmnis des Fortschritts."[39]

---

[36] Vgl. Siegenthaler, H., Industrielle Revolution, in: Handwörterbuch der Wirtschaftswissenschaft, Bd. 4., Stuttgart / Tübingen / Göttingen 1978, S. 142-159, S. 158. Eine tabellarische Übersicht der Erfindungen bringt Mathes, M. (Hrsg.), Geschichte der Technik, Düsseldorf 1983.

[37] Die Araber nannten das Pulver ‚chinesischer Schnee', es darf nicht mit dem Schwarzpulver verwechselt werden. Vgl. Zinn, K. G., Kanonen ..., a.a.O., S. 122 f.

[38] Vgl. Zorn, W., Wirtschaftsgeschichte, in: Handwörterbuch der Wirtschaftswissenschaft, Bd. 9, Stuttgart / Tübingen / Göttingen 1980, S. 55-82, S. 72 f. Vgl. zur Eigenart und zum Rang der chinesischen Wissenschaft das maßgebliche Werk von Needham, J., Science and Civilization in China, 7 Bände, Cambridge 1954 ff. (Reprint 1972 ff.).

[39] Zorn, W., a.a.O., S. 73.

Die Steigerung der menschlichen Fertigkeiten, die zunehmende Beherrschung der Natur und die vertiefte Kenntnis ihrer Gesetze ruft nicht zwangsläufig einen epochalen gesellschaftlichen Wandel hervor. Wer die Industrielle Revolution schlüssig erklären will, kommt nicht umhin, auf ihre *hinreichende* Bedingung zu verweisen: die Platz greifende Emanzipation der Menschen von den traditionellen, metaphysischen, insbesondere religiösen Leitbildern. Die Aufklärung, der Siegeszug von Reformation und Rationalismus, die Veränderung in den Köpfen, setzte jetzt ein Handeln in rosiges Licht, dem bislang der Ruch der Verwerflichkeit anhaftete. Das konnte nur auf der Grundlage eines neuen, jedoch ebenfalls ethisch abgestützten Verhaltenskodex gelingen.

Die Aufklärung sensibilisierte für die Ungerechtigkeit auf dieser Welt und unterminierte ihre traditionelle Begründung. Die Leibnizsche Theodizee büßte an Glaubwürdigkeit ein, Gott hatte eine schlechte Presse: „Die gnadenlose Anklage gegen Gott hatte zugleich dem christlichen Dogma die Überzeugungskraft genommen, so dass das Gebot der Nächstenliebe den Eigennutz nicht mehr moralisch zu desavouieren vermochte.“[40]

Dem Vergewisserung suchenden Menschen wurde eine Alternative geboten, die seinen individuell-ökonomischen Ehrgeiz rechtfertigte: der Utilitarismus. Künftig gilt es als legitim, auf einen Mechanismus zu vertrauen, dem die attraktive Eigenschaft innewohnen soll, durch die Vorteilsgier jedes Einzelnen den Wohlstand – vielleicht nicht aller, so doch der größten Zahl – zu fördern.

Der Einzelne darf nun – mit gutem Grund! – die alten, verbrauchten ethisch-moralischen Kategorien abstreifen; er handelt fortan nicht mehr schuldhaft, sofern er ausschließlich seinem privaten, materiellen Vermögen frönt und diesen Neigungen nachgibt. Im Brennpunkt der Wirtschaftsgesinnung steht anstatt der mittelalterlichen, natürlich begrenzten „Idee der Nahrung“[41] der Besitz von – *Geld*:

> „Erobern heißt hier im Gebiete des materiellen Strebens erwerben: eine Geldsumme vergrößern. Und nirgends findet das Unendlichkeitsstreben, findet das Machtstreben ein seinem innersten Wesen so sehr gemäßes Feld der Betätigung wie in dem Jagen nach dem Gelde, diesem völlig abstrakten, aller organisch-natürlichen Begrenztheit enthobenen Wert-

---

[40] Hüther, M., a.a.O., S. 159.

[41] Vgl. Sombart, W., Der moderne Kapitalismus, Bd. 1, 2. Aufl., München / Leipzig 1916, S. 34.

> symbole, dessen Besitz dann immer mehr auch als Machtsymbol erscheint."[42]

Das Ökonomische gewinnt eine neue Qualität. Endlich fügt sich das immer schon latent vorhandene, jedoch bislang als unmoralisch verachtete individuelle Trachten nach Eigentumsmehrung, ohne anzuecken, in den Entwurf der aufkeimenden Wirtschaftsgesellschaft:

> „Der Gedanke, daß unsere rationalistische und kapitalistische Gegenwart einen stärkeren Erwerbstrieb besitzt als andere Epochen, ist eine kindliche Vorstellung ... Wenn der Erwerbstrieb an sich universell ist, so fragt es sich, unter welchen Verhältnissen er legitimierbar und rational temperierbar ist, derart, daß er rationale Gebilde schafft, wie sie kapitalistische Unternehmungen sind."[43]

Die traditionelle Welt war ständisch: Sowohl das gute Leben im Hause in der Antike als auch die zünftige Existenz im Mittelalter erzeugten eine für das Individuum kaum überwindbare Schranke der wirtschaftlichen Aktivität. Jetzt entfaltet das Ökonomische eine eigene Dynamik, der Prozess kennt aus Sicht des Einzelnen kein in sich liegendes Ende: Gewinnstreben, Akkumulation abstrakten Reichtums – das Wirtschaftliche verdrängt das Gesellschaftlich-Politische mehr und mehr von Platz eins des sozialen Lebens.

Der ökonomische Erfolg im Diesseits wird sogar zu seinem Garanten im Jenseits erhöht.[44] Wirtschaften wächst über die bloße Bereitstellung der Mittel zu einem vorgegebenen Zweck hinaus und rückt in das Zentrum der Daseinsbewältigung; der Wirtschaftende schickt den Gebrauchswert in die Kulisse und ruft den Tauschwert an die Rampe:

> „Auf der einen Seite emanzipiert sich das Ökonomische als etwas Besonderes vom Prozeß der Herstellung und der Erarbeitung, d. h. von allem ‚Technischen' ... Ob die Arbeit eine ergiebige war, ob sie produktiv war, darüber wird erst auf dem Markt entschieden ... Und zweitens wird das Ökonomische frei von aller Haushaltung ... der Haushalt als

---

[42] Sombart, W., Der moderne ..., a.a.O., S. 328.

[43] Weber, M., Wirtschaftsgeschichte, München / Leipzig 1923, S. 303.

[44] Vgl. die bahnbrechende Arbeit von Weber, M., Die protestantische Ethik und der Geist des Kapitalismus (1904/05), in: Die protestantische Ethik I, hrsg. v. Winckelmann, J., 4. Aufl., Hamburg 1975, S. 27-277.

> solcher, die private Einteilung der Bedarfsdeckung fällt außerhalb des Bereichs der Ökonomie."[45]

Wirtschaften erlangt eine vorher nicht gekannte Wichtigkeit, es wird eigenständiges Motiv, es bestimmt zunehmend das Handeln der Menschen; Menschen, die sich nicht länger metaphysisch an die Kandare gelegt fühlen, sondern erwerbswirtschaftlich geleitet und orientiert sind – und das mit gutem Gewissen. *Diese* Energiequelle schob die Industrielle Revolution an und brachte sie in Schwung.[46] Die Durchzählung vermeintlich einander ablösender industrieller Revolutionen – nach der ersten folgte eine zweite, jetzt erleben wir angeblich sogar die vierte … – demonstriert die Unterschätzung dieses Moments. Jenen, die im Zug der Zeit einen vorderen Fensterplatz beanspruchen (möchten), bleibt der Blick auf die treibende Kraft der Industriellen Revolution verborgen. In Wahrheit wird die Lokomotive keineswegs gewechselt – wir stecken mitten in (oder gar am Anfang?) der Industriellen Revolution!

Das gemeinsame Merkmal der eingangs referierten Versuche, das Wesen der Wirtschaft zu fassen, besteht darin, dass in ihnen die beiden auseinanderklaffenden historischen Bedeutungen von Wirtschaft, die bis heute in dieser Vokabel mitschwingen, vermengt und nicht voneinander geschieden werden. Somit verstreicht die Gelegenheit, einen für die Ökonomik zweckmäßigen Begriff des Wirtschaftens zu erarbeiten. Ehe wir diese Aufgabe in Angriff nehmen, erscheint es lohnend, darüber nachzudenken, welcher Status wirtschaftstheoretischen Aussagen beizumessen ist.

---

[45] Landshut, S., a.a.O., S. 48.

[46] Den Übergang von ‚integrierten Gesellschaften', in denen die wirtschaftlichen Tätigkeiten Teil eines übergreifenden gesellschaftlichen Zusammenhangs waren, zu kapitalistischen Marktwirtschaften, deren Eigentümlichkeit die Verselbständigung des Ökonomischen ausmacht, nennt Polanyi ‚Great Transformation'. Vgl. Polanyi, K., The Great Transformation, New York / Toronto 1944.

1.3 Der Charakter ökonomischer Gesetze

Die Verquickung der beiden Dimensionen von Wirtschaft, die dieses Wort im Laufe seiner Geschichte mit unterschiedlichem Gewicht aufweist, spiegelt sich in der ursprünglichen Bezeichnung der Volkswirtschaftslehre: Politische Ökonomie.[1] Hier klingt die antike Auffassung der Disziplin nach; allerdings werden die ‚Grundsätze des guten Lebens im Hause' nun auf die Organisation des gesellschaftlichen Beziehungsgefüges ausgedehnt. Dementsprechend erhalten die Hauptwerke von Adam Smith und David Ricardo ausführliche Erörterungen staatlichen Handelns. „Für die Klassiker und ihre Kritiker ist Politische Ökonomie *Gesellschaftstheorie*, umgreift also die Totalität sozialökonomischer Zusammenhänge, bis hin zu den mentalen (ideologischen) Komponenten der Politik."[2]

Mit dem Niedergang der klassischen Schule verschob sich das Wissenschaftsverständnis: Einer der Vorkämpfer der Grenznutzenrevolution, William Stanley Jevons, propagierte in der zweiten Auflage seines Hauptwerkes energisch die Substitution der überkommenen ‚Political Economy' durch ‚Economics': „I cannot help thinking that it would be well to discard, as quickly as possible, the old troublesome double-worded name of our Science."[3] Die neue, exakt auftretende und mathematisch formulierte Wissenschaft sollte sich von der alten mit ihren philosophischen und politischen Einschlüssen schon vom Namen her abheben.[4]

Als einer der ersten versuchte Marshall, das Programm in die Tat umzusetzen.[5] Das Motto seiner „Principles", *„Natura non facit saltum"*, deutet darauf hin, dass sein Verfasser eine Architektur der Volkswirt-

---

[1] Vgl. zu den Wurzeln des Begriffs Stollberg, G., Zur Geschichte des Begriffs „Politische Ökonomie", in: Jahrbücher für Nationalökonomie und Statistik, Bd. 192 (1977/78), S. 1-35.

[2] Zinn, K. G., Politische …, a.a.O., S. 26. Zinn macht zu Recht darauf aufmerksam, dass Stollbergs Behauptung, das Adjektiv ‚politisch' im klassischen Namen sei lediglich ein *Epitheton ornans*, einem verengten Politikbegriff geschuldet ist. Vgl. ebenda, S. 209 f. Fn.

[3] Jevons, W. St., The Theory of Political Economy, 2. Aufl., London 1879, S. xiv.

[4] Vgl. Winch, D., a.a.O., S. 373.

[5] Vgl. Marshall, A., Principles of Economics (1890), 8. Aufl., London 1952.

schaftslehre gemäß Spinozas Formel *More geometrico* plante.[6] Gleichwohl war Marshall letztlich vor allem an praktischen Fragen interessiert.[7] Obschon von der Ausbildung her Mathematiker, ging er deswegen nicht mit der methodischen Rigorosität ans Werk, die ein solcher Ansatz eigentlich erfordert hätte. Er beurteilte vielmehr die Möglichkeit skeptisch, die Wirtschaftstheorie ‚naturwissenschaftlich' zu errichten:

> „Attempts have indeed been made to construct an abstract science with regard of an ‚economic man' who is under no ethical influences and who pursues pecuniary gain warily and energetically, but mechanically and selfishly. But they have not been successful, nor even thoroughly carried out."[8]

Stattdessen sei die Ökonomik …

> „… a study of mankind in the ordinary business of life; it examines that part of individual and social action which is most closely connected with the attainment and with the use of the material requisites of well-being."[9]

Es erübrigt sich, die Marshallsche Erläuterung im Einzelnen zu beurteilen; sie teilt die unzulängliche Präzision der zu Beginn exemplarisch zitierten Definitionen. Aber es steckt mehr als ein Körnchen Wahrheit in Marshalls Bemerkung, die ökonomische Theorie als Teil der Sozialwissenschaften ziele darauf ab, ausgewählte Aspekte des individuellen und sozialen Handelns zu beleuchten. Das konkrete menschliche Agieren ist jedoch, wie schon bemerkt, stets von einem Bündel an Motiven bestimmt, die nicht sämtlich der Wirtschaftswissenschaft zugerechnet werden können und sollten – auch wenn sie angeblich „closely connected with the attainment and with the use of the material requisites of well-

---

[6] Die Eigenart einer ‚Wissenschaft von der Wirtschaft' im Spektrum der Disziplinen sowie die Darlegung der Forschungskonzeptionen nebst ihres Erkenntnispotenzials behandelt Helmedag, F., Wissenschaftstheoretische Aspekte der Ökonomik: Überblick und Positionsbestimmung, in: Chemnitz Economic Papers, No. 037, May 2020, https://www.tu-chemnitz.de/wirtschaft/vwl2/downloads/paper/helmedag/CeP037Helmedag.pdf.

[7] Die deutsche Ausgabe seiner „Principles" heißt „Handbuch der Volkswirtschaftslehre" und bringt dieses Anliegen treffender zum Ausdruck als der englische Titel, für den wohl traditionelle Gesichtspunkte ausschlaggebend waren. Vgl. Marshall, A., Handbuch der Volkswirtschaftslehre, Stuttgart / Berlin 1905.

[8] Vgl. Marshall, A., Principles …, a.a.O., S. v.

[9] Ebenda, S. 1.

being“ sind. Diese grundsätzliche Problematik der Sozialwissenschaften entsteht, weil das Thema ‚Individuum und Gesellschaft‘ außerordentlich vielschichtig und verwickelt ist, ja der Wissenschaftler ist selbst Element der Gesellschaft, und seine Erkenntnisbemühungen wirken mehr oder weniger gestaltend auf das Untersuchungsobjekt zurück.[10] Die großen und beeindruckenden Erfolge der Naturwissenschaften sind der Tatsache zu verdanken, dass ihr Erkenntnisobjekt (lange) vom Menschen zu abstrahieren erlaubt(e).[11] Die Gesetze der Naturerscheinungen sind geschichtslos, jedenfalls in dem Rahmen, in dem Menschen Geschichte zu reflektieren gewohnt sind.

Neben Jevons hat ein anderer führender Kopf der Grenznutzenschule das Forschungskonzept der ‚neuen‘ Wissenschaft vertieft studiert. In einer speziellen methodologischen Schrift plädiert Carl Menger nachdrücklich für die Anwendung der „abstracten Methode“ in der Ökonomik:

> „Das Ziel dieser Richtung, welche wir in Zukunft die *exacte* nennen werden, ein Ziel, welches die Forschung gleicher Weise auf allen Gebieten der Erscheinungswelt verfolgt, ist die Feststellung von strengen Gesetzen der Erscheinungen, von Regelmässigkeiten in der Aufeinan-

---

[10] Nicht umsonst spricht Keynes am Ende seines Hauptwerkes den Einfluss ökonomischer Theorien auf die Praxis an: „… the ideas of economists and political philosophers, both when they are right and when they are wrong, are more powerful than is commonly understood. Indeed the world is ruled by little else. Practical men, who believe themselves to be quite exempt from any intellectual influences, are usually the slave of some defunct economist. Madmen in authority, who hear voices in the air, are distilling their frenzy from some academic scribbler of a few years back. I am sure that the power of vested interests is vastly exaggerated compared with the gradual encroachment of ideas … But, soon or late, it is ideas, not vested interests, which are dangerous for good or evil.“ Keynes, J. M., The General Theory of Employment, Interest and Money (1936), in: The Collected Writings of John Maynard Keynes, Bd. VII, Cambridge 1978, S. 383 f. Zum Immanenzproblem siehe Zinn, K. G., Politische …, a.a.O., S. 28 ff.

[11] Heute ist z. B. die Physik in Grenzbereiche vorgestoßen, in denen die Ergebnisse des Experiments vom Menschen und seinen kognitiven Fähigkeiten abzuhängen scheinen. Standardbeispiel hierfür ist der Korpuskel-Welle-Dualismus, demzufolge die Elementarteilchen sowohl Teilchen-, d. h. Korpuskel-, als auch Welleneigenschaften, also Frequenz und Amplitude, aufweisen. Überhaupt stehen die modernen Naturwissenschaften vor dem Phänomen, dass klassische Grenzlinien zwischen den Disziplinen ins Wanken geraten sind. So wurde 1971 in Göttingen ein Max-Planck-Institut für „Biophysikalische Chemie“ eingerichtet; eine Bezeichnung, die unterdessen öfter anzutreffen ist.

derfolge der Phänomene, welche sich uns nicht nur als ausnahmslos darstellen, sondern mit Rücksicht auf die Erkenntniswege, auf welchen wir zu denselben gelangen, geradezu die Bürgschaft der Ausnahmslosigkeit in sich tragen, von Gesetzen der Erscheinungen, welche gemeiniglich ‚Naturgesetze' genannt werden, viel richtiger indess mit dem Ausdrucke: ‚*exacte Gesetze*' bezeichnet werden würden."[12]

Menger tritt für ein methodisches Vorgehen ein, das sich in den ‚harten' Wissenschaften als besonders fruchtbar erwiesen hat, und er widerspricht der Identifikation von Naturgesetzen und exakten Gesetzen:

> „Es giebt Naturwissenschaften, welche keine exacten sind (z. B. die Physiologie, die Meteorologie u.s.f.), und umgekehrt exacte Wissenschaften, die keine Naturwissenschaften sind (z. B. die reine Nationalökonomie) ... Eben so falsch ist es endlich, von der *naturwissenschaftlichen* Methode in den Socialwissenschaften überhaupt und der theoretischen Nationalökonomie insbesondere zu sprechen. Die Methode der letzteren kann entweder die empirische oder die exacte, niemals aber in Wahrheit eine ‚naturwissenschaftliche' sein."[13]

Es ist ferner nicht die Aufgabe der exakten Wissenschaft, die Realität auf das Regelmäßige bestimmter Erscheinungen abzuklopfen, „... sie untersucht vielmehr, wie aus ... den einfachsten, zum Theile geradezu unempirischen Elementen der realen Welt in ihrer (gleichfalls unempirischen) Isolierung von allen sonstigen Einflüssen sich compliziertere Phänomene entwickeln ..."[14] Die korrekte Methode ist demnach axiomatisch-deduktiv, wobei die Ausgangssätze nicht ‚realistisch' sein müssen – ja nicht einmal sein sollen, sondern *gesetzt* werden.[15]

---

[12] Menger, C., Untersuchungen über die Methode der Socialwissenschaften und der Politischen Ökonomie insbesondere (1883), in: Gesammelte Werke, hrsg. v. Hayek, F. A. v., Bd. 2, Tübingen 1969, S. 38.

[13] Ebenda, S. 39 Fn.

[14] Ebenda, S. 41 f. In jüngerer Vergangenheit wurde im Rahmen der ‚assumptions-controversy', an der sich Friedman, Machlup und Samuelson beteiligten, die gleiche Problematik aufgeworfen. Eine ausführliche Darstellung dieser Diskussion bietet Arni, J.-L., Die Kontroverse um die Realitätsnähe der Annahmen in der Oekonomie, Grüsch 1989.

[15] Auch empirischen Erhebungen bleibt die Abstraktion von als ‚belanglos' erachteten Momenten der Realität nicht erspart: „Das wissenschaftliche Erkennen hat jedoch niemals die Aufgabe, ein Abbild der Wirklichkeit zu liefern; es muß jede empirische Wissenschaft aus der Wirklichkeit das Wesentliche auswählen, sie also

Das schließt die Praxisverwertbarkeit der Ergebnisse nicht aus: Die Instrumentalisierung exakter Wissenschaften, etwa die Anwendung der Mathematik auf Naturerscheinungen, hat sich auf zahlreichen Gebieten ausgezahlt. So baut die Landvermessung auf einer Geometrie auf, die im handgreiflichen Sinn von ‚falschen' Axiomen ausgeht, nämlich einem Punkt ohne Ausdehnung und einer Geraden ohne Breite. Und das zum Spielball des Herbstwindes gewordene Blatt widerlegt keinesfalls die Gültigkeit der Fallgesetze; ein Beispiel, das seit De Quincey von Ökonomen bemüht wird.[16]

In einer geeignet *konstruierten* Welt lassen sich Strukturen aufdecken und Zusammenhänge erschließen, d. h. es wird möglich, Kausalitäten freizulegen, was wegen der Mannigfaltigkeit, Interdependenz und Zirkularität der realen Abläufe sonst nur unzureichend gelingen *kann*.

> „Wie ist eine Zurechnung eines konkreten ‚Erfolges' zu einer einzelnen ‚Ursache' überhaupt prinzipiell *möglich* und vollziehbar", hat Max Weber gefragt, „angesichts dessen, daß in Wahrheit stets eine *Unendlichkeit* von ursächlichen Momenten das Zustandekommen des einzelnen ‚Vorgangs' bedingt hat, und daß für das Zustandekommen des Erfolges in seiner konkreten Gestalt ja schlechthin *alle* jene einzelnen ursächlichen Momente unentbehrlich waren?"[17]

Die Tatsachen sprechen eine verschlüsselte Sprache, und die Wiedergabe dessen, was man zu hören glaubte, kann, je nach Standort, recht andersartig ausfallen. ‚Die' empirische Evidenz, welche von Wirtschaftswissenschaftlern gern ins Spiel gebracht wird, fächert sich mit einer beträchtlichen Spannweite auf – man denke nur an die erheblich divergierenden Ergebnisse einschlägiger Studien, die im Rahmen der Monetarismus-

---

in ihrer Unmittelbarkeit verlassen ..." Hartfield, G., Wissenschaftliche und soziale Rationalität, Stuttgart 1968, S. 35. Vor diesem Hintergrund ist der Streit Induktion versus Deduktion nur eine Frage der Gewichtung und kommt letztlich einer Spiegelfechterei gleich. Die Reduktion des sog. Ersten Methodenstreits auf diese angebliche Grundsatzentscheidung stellt jedenfalls einen Etikettenschwindel dar. Vgl. zur Methodologie Mengers Boos, M., Die Wissenschaftstheorie Carl Mengers, Graz / Wien 1986.

[16] Vgl. De Quincey, Th., Dialogues of Three Templars on Political Economy (1824), in: De Quincey's Collected Writings, Bd. IX, London 1897, S. 37-112, S. 96.

[17] Weber, M., Kritische Studien auf dem Gebiet der kulturwissenschaftlichen Logik (1906), in: Weber, M., Gesammelte Aufsätze zur Wissenschaftslehre, hrsg. v. Winckelmann, J., 3. Aufl., Tübingen 1968, S. 215-290, S. 271.

Fiskalismus-Debatte veröffentlicht worden sind. Exakte Gesetze lassen sich nicht durch die bloße Anschauung der Realität extrahieren.

Menger, der Grenznutzenrevolutionär, hatte auf methodischem Gebiet einen Vorläufer, und zwar keinen Geringeren als den ‚Vollender' des klassischen Systems, wie er häufig tituliert wird: Ein halbes Jahrhundert vor Menger hatte sich John Stuart Mill in einer Essay-Sammlung mit Definitions- und Forschungsfragen der Politischen Ökonomie beschäftigt.[18] In diesem Bändchen, das, wie Marx urteilt, im Kontrast zu Mills „starkleibigem Kompendium", alle seine originellen Ideen enthalte[19], empfiehlt Mill bereits eine in der Konsequenz auf Mengers „exacten" Ansatz hinauslaufende Methode der „abstrakten Spekulation"[20]. Begründet wird dieser Ansatz ebenfalls mit der außerordentlichen Verwobenheit der Beziehungen und Zusammenhänge im sozialen Leben:

> „Da es also ein hoffnungsloses Unterfangen ist anzunehmen, daß wir in der politischen Ökonomie oder in irgendeinem anderen Bereich der Sozialwissenschaft die Wahrheit finden, indem wir die konkreten Tatsachen in all ihrer Komplexität, mit der die Natur sie umgeben hat, betrachten und uns bemühen, durch ein induktives Verfahren aus einem Vergleich von Einzelheiten ein allgemeingültiges Gesetz abzuleiten, bleibt uns keine andere Wahl als die a-priori-Methode oder die Methode der ‚abstrakten Spekulation'."[21]

---

[18] Mill beendete seine „Essays on Some Unsettled Questions of Political Economy" 1830; er fand allerdings erst nach dem Erfolg seines Werkes „System of Logic" einen Verleger, der jene Schrift 1844 publizierte. In Deutsch wurde sie erst 1976 zugänglich: Mill, J. St., Einige ungelöste Probleme der politischen Ökonomie, hrsg. v. Nutzinger, H. G., Frankfurt a. M. 1976 (Neuauflage Marburg 2008).

[19] Vgl. Marx, K., Theorien über den Mehrwert, 3. Teil, in: Marx Engels Werke, Bd. 26.3, Berlin 1976, S. 190. Vgl. ferner Marx, K., Das Kapital, 1. Bd., a.a.O., S. 138 Fn.

[20] Menger kritisiert zwar Mills methodologische Position in dessen „System of Logic", zitiert jedoch außerdem die 1844 erschienene Aufsatzsammlung von Mill, ohne den dort ausgebreiteten methodologischen Standpunkt mit seinem zu vergleichen. Vgl. Menger, C., Untersuchungen ..., a.a.O., S. 124 Fn. und S. 256 Fn.

[21] Mill, J. St., Über die Definition der politischen Ökonomie und die ihr angemessene Forschungsmethode, in: Mill, J. St., Einige ..., a.a.O., S. 146-184, S. 171. In diesem Licht muss unklar bleiben, wie von Wiese Mill als Logiker zu denen rechnet, die die Induktion vor die Deduktion stellen und ihn als Philosoph zu den Empirikern zählt. Vgl. Wiese, L. v., Mill, John Stuart, in: Handwörterbuch der Staatswissenschaften, Bd. 7, Stuttgart / Tübingen / Göttingen 1961, S. 343-346, S. 344.

Ganz in diesem Sinne richtete Johann Heinrich von Thünen in seiner Vorrede zu seinem „Isolierten Staat“ 1842 an die Leser die Bitte, „... sich durch die im Anfang gemachten, von der Wirklichkeit abweichenden Voraussetzungen nicht abschrecken zu lassen ...“[22]; ja, er betrachtete diese Form der Anschauung als das Wichtigste in seinem Werk, um so die „... Einwirkung einer bestimmten Potenz ... für sich darzustellen und zum Erkennen zu bringen.“[23] Und der mehrfach erwähnte, in seiner Wirkung auf die Lehre kaum zu überschätzende Marshall bekennt sich – obwohl seine Hervorhebung ‚realistischer‘ Annahmen dem entgegenzustehen scheint – durch seine Betonung der ceteris-paribus-Klausel streng genommen auch als Anhänger der ‚exakten Spekulation‘:

> „It is true that we do treat variables *provisionally* as constants. But it is also true that this is the only method by which science has ever made any great progress in dealing with complex and changeful matter, whether in the physical or moral world.“[24]

Man sieht, an namhaften Verfechtern der analytisch-deduktiven Methode herrscht kein Mangel[25] – trotz aller Originalität im Einzelnen. Es sind vor allem zwei Punkte, welche hier besonders interessieren und die daher etwas näher beleuchtet werden sollen: Zum einen sind wir neugierig darauf, welcher Stellenwert der Empirie jeweils zugebilligt wird, und zum anderen wollen wir wissen, wie die Axiome lauten, auf die sich die logische Deduktion stützt.

In der Frage des Stellenwerts der Empirie vertritt Menger die Extremposition:

> „Den Prüfstein für die Bürgschaften der exacten Gesetze der Volkswirthschaft in ihrer Congruenz mit den empirischen Gesetzen der letzteren suchen zu wollen, bedeutet die Verkennung der elementarsten Grundsätze wissenschaftlicher Methodik. Ein solcher Vorgang wäre jenem eines Naturforschers vergleichbar, welcher an den empirischen

---

[22] Thünen, J. H. v., Der isolierte Staat in Beziehung auf Landwirtschaft und Nationalökonomie (1842), 3. Aufl., Berlin 1875, neu hrsg. v. Breuer, W., Gerhardt, E., Darmstadt 1966, S. XVI.

[23] Ebenda, S. XVI f.

[24] Marshall, A., Principles ..., a.a.O., S. 315 Fn.

[25] Dieser Ansatz wird zudem in der klassischen Linie Ricardo – Marx – Sraffa verfolgt. Vgl. Kurz, H. D., Zur neoricardianischen Theorie des Allgemeinen Gleichgewichts der Produktion und Zirkulation, Berlin 1977, S. 21 ff.

> Gesetzen der Naturerscheinungen die Gesetze der Physik, der Chemie und der Mechanik, oder gar an den in ihrer Art jedenfalls höchst nützlichen Bauernregeln … die Ergebnisse der exacten Forschung eines Newton, Lavoisier oder Helmholtz prüfen und berichtigen wollte!“[26]

Selbst wenn die Tatsachen durch den Einfluss besonderer Umstände den logisch gewonnenen a priori-Aussagen widersprechen sollten, zeitigt das keine Konsequenzen: „Was beweist dies aber anders, als dass Ergebnisse der exacten Forschung an der Erfahrung … eben nicht ihren Prüfstein finden?“[27] So abgedroschen es sein mag: Das im Herbstwind treibende Blatt entkräftet die Fallgesetze nicht; logisch korrekte Sätze *können* nicht empirisch umgekippt werden. Die Empirie sagt uns aber etwas über die *Relevanz* der Modelle, ihrer Axiome und den in ihnen zum Ausdruck kommenden Abstraktionen – darin liegt ihre Bedeutung.

An der von Menger propagierten puristischen Haltung sowie gegen in diesem Fahrwasser betriebene formale Analysen wird immer wieder der Vorwurf erhoben, ‚Modellplatonismus‘ zu betreiben. Namentlich Vertreter des kritischen Rationalismus haben neoklassische Theoretiker des Öfteren gerügt, lediglich Sandkastenspiele zu veranstalten und ihre Resultate keinen Falsifikationsversuchen auszusetzen – falls das überhaupt möglich sei.

Dies hat gewiss in neuerer Zeit vermehrt dazu beigetragen – vor allem seit der massenhaften Verbreitung von rechnergestützten Statistikpaketen –, dass den die ‚führenden‘ Fachzeitschriften füllenden, dem ‚normalen‘ Duktus gehorchenden 08/15-Aufsätzen häufig ein empirischer Test angeschnallt ist; wenn man so möchte, eine späte Rache der Historischen Schule.

Hierher gehört indes weder eine Beurteilung des Für und Wider der von Karl Raimund Popper gutgeheißenen Bevorzugung der Elimination des Falschen vor der Suche nach Wahrheit, noch eine Würdigung der Methode des Falsifikationismus selbst.[28] Stattdessen erscheint es angebracht, zwei recht populären Vorurteilen entgegenzutreten.

---

[26] Menger, C., Untersuchungen …, a.a.O., S. 59.

[27] Ebenda, S. 57.

[28] Zur Abwägung der logischen Mängel des Falsifikationismus gegenüber seinen pragmatischen Vorteilen siehe Zinn, K. G., Wirtschaft und Wissenschaftstheorie, Herne / Berlin 1976, S. 51 ff.

Zum einen ist dem Glauben eine Absage zu erteilen, die mathematischen, auf Vereinbarungen aufbauenden Ableitungen seien eigentlich ohne Informationsgehalt. Aus solchen Systemen lasse sich nur herausfiltern, was vorher beigemengt worden sei: „Man merkt nicht“, konstatiert Eucken stellvertretend für viele, „daß durch Deduktionen aus Definitionen nur Erkenntnisse gewinnbar sind, die vorher in die Definition hineingelegt wurden.“[29]

Diese Auffassung missachtet indes all jene Einsichten, die von der *Verknüpfung* einzelner Aussagen herrühren:

> „Aus *einem* Satze kann nicht mehr folgen, als schon darin liegt, d. h. als er selbst, für das erschöpfende Verständniß seines Sinnes, besagt: aber aus *zwei* Sätzen kann, wenn sie syllogistisch zu Prämissen verbunden werden, mehr folgen, als in jedem derselben, einzeln genommen, liegt; – wie ein chemisch zusammengesetzter Körper Eigenschaften zeigt, die keinem seiner Bestandtheile für sich zukommen. Hierauf beruht der Werth der Schlüsse.“[30]

Für das Individuum besteht eben ein wichtiger Unterschied zwischen einer objektiven Wahrheit und der subjektiven Gewissheit. Ein konsistentes Gleichungssystem mit mehreren Unbekannten enthält seine Lösung; sie ist jedoch versteckt, und es bedarf einer streng geregelten Analyse, um sie herauszuholen.

Zum anderen, wenngleich in engem Zusammenhang dazu, ist die Meinung im Schwange, die ‚Modellschreinerei‘ habe keinerlei praktische Relevanz und diene quasi als Beschäftigungstherapie sonst brotloser Mathematiker. Diese Anschauung bleibt der Oberfläche verhaftet. Sie verkennt die ideologiebildende und handlungsleitende Funktion der Verheißungen formaler Systeme.

Die Allgemeine Gleichgewichtstheorie z. B. beschreibt nicht die wirkliche Welt, aber indem sie zu belegen versucht, dass die Teamarbeit von Angebot und Nachfrage in einem *Modell* vollständigen Wettbewerbs positiv bewertete Stabilitäts- und Optimalitätseigenschaften hervorbringe, erlangt sie normative Anziehungskraft: In der ‚perfekten‘ Konkurrenz seien die Leistungen des Preismechanismus unschlagbar, er dürfe in sei-

---

[29] Eucken, W., a.a.O., S. 47.

[30] Schopenhauer, A., Parerga und Paralipomena (1851), 2. Bd., 1. Teilband, Zürich 1977, S. 29 (§ 24).

ner segensreichen Wirkung nicht behindert werden.[31] Mit einem solchen Ideal vor Augen *wird* – unabhängig vom logischen oder empirischen Wahrheitsgehalt – Politik begründet:

> „Ob eine Theorie ‚richtig' oder ‚falsch' ist, spielt hierbei nicht die bestimmende Rolle, sondern *gesellschaftlich* bedeutungsvoll ist, ob die Lehre geglaubt wird, zum *verbindlichen* Wissen der Menschen zählt: Ptolemäus – nicht Aristarch von Samos – vertrat in den Augen der antiken Welt und des Mittelalters die *richtige* Kosmologie."[32]

Daher ist es notwendig, diese scheinbar empirisch belanglosen Modelle kritisch zu durchforsten und ihre eventuelle Verwendung als Apologie aufzuzeigen. Sollte gar der Beweis gelingen, dass die Leitbilder an *logischen* Defekten leiden, beschwört dies die schwerste Beschädigung der nun als definitiv ‚falsch' abstempelbaren Gedankengebilde herauf. Solche Anstrengungen sind deshalb nicht nur aus wissenschaftsimmanenter Sicht als verdienstvoll einzustufen.

Ein Anhänger der exakten Methode, der beabsichtigt, ökonomische Gesetze aufzustellen und zu testen, muss keineswegs an der Realität mit geschlossenen Augen vorbeigehen. Neben der logischen Wahrheit ist Platz für die faktische. Mill als Verfechter der *a priori*-Methode hat auf diese zusätzliche Erkenntnisquelle mit Nachdruck hingewiesen:

> „Die Diskrepanz zwischen unseren Vorausschätzungen und der Realität ist häufig das einzige, was unsere Aufmerksamkeit auf einen wichtigen Störfaktor richtet, den wir übersehen haben. Ja, sie enthüllt uns oft gedankliche Fehler, die noch ernster zu nehmen sind als die Außerachtlassung einer Ursache …"[33]

Ein pragmatisch gehandhabter Falsifikationismus *hat* seine Meriten. So wird es möglich zu prüfen, ob die Axiome, die als Stützpfeiler die exakten ökonomischen Gesetze tragen, ‚korrekt' gewählt sind, d. h. ob auf ihnen ein Gebäude errichtet wurde, das einen relevanten Ausschnitt der

---

[31] Eine Auseinandersetzung mit der Allgemeinen Gleichgewichtstheorie bietet Helmedag, F., Ohne Werte und kreislaufschwach: Zum Status der Allgemeinen Gleichgewichtstheorie, in: Helmedag, F., Reuter, N. (Hrsg.), Der Wohlstand der Personen, Festschrift zum 60. Geburtstag von Karl Georg Zinn, Marburg 1999, S. 43-68.

[32] Zinn, K. G., Politische …, a.a.O., S. 69.

[33] Mill, J. St., Über …, a.a.O., S. 176.

sozialen Totalität beherbergt. Dabei wird nie eine hundertprozentige Übereinstimmung zwischen den Prognosen der exakten Gesetze und dem empirischen Befund zu erreichen sein: An einer Konvention innerhalb der *scientific community*, inwieweit Abweichungen noch tolerierbar sind, führt kein Weg vorbei.

Die exakten ökonomischen Gesetze, die logisch stets wahr sein müssen und an der Realität nicht scheitern dürfen, gewinnen als Regeln der empirischen Wirklichkeit den Status von ‚Mustervoraussagen' oder ‚Erklärungen des Prinzips'[34]. Sie instruieren über die *Tendenz* des wirtschaftlichen Prozesses in der Praxis; die Mendelschen Gesetze informieren auch nicht im Einzelfall darüber, welche Erbanlagen eine Blume konkret zur Entfaltung bringen wird. Exakte ökonomische Gesetze geben zwar, wie bei einem Fluss, keinen Aufschluss über die Bewegung jedes einzelnen Wasserteilchens, doch die Richtung und vielleicht sogar die Stärke der Strömung lassen sich herausfinden. Dann bietet sich die Chance, das Flussbett – um im Bild zu bleiben – so zu gestalten, dass das Risiko von Überschwemmungen gemindert wird.

Die Kongruenz zwischen theoretischer Voraussage und tatsächlichem Befund hängt davon ab, welchen Einfluss die ökonomischen Triebfedern, deren Auswirkungen analytisch-deduktiv studiert werden, um sie zu ökonomischen Gesetzen zu kondensieren, auf das beobachtbare Handeln der Menschen ausüben. Wirtschaftstheorie als exakte Wissenschaft ist nur in dem Maße eine empirische Disziplin, wie man die Empirie zur Diagnose braucht, ob und in welchem Grad das konstruierte, axiomatisch aufgebaute ökonomische System in der wirklichen sozialen Welt anzutreffen ist. Die Frage lautet mithin, welcher Stellenwert dem spezifisch Ökonomischen, das der Wirtschaftslehre (mehr oder weniger reflektiert) unterlegt wird, in der Realität zukommt.

Allerdings ist nach wie vor unbekannt, worin der Kern des Fachs besteht. Zum Abschluss dieses Abschnitts soll nicht versäumt werden, einen Blick auf die Vorschläge der Protagonisten der abstrakten Methode, Mill und Menger, zu werfen. Vielleicht können sie uns bei diesem Problem ebenfalls weiterhelfen.

---

[34] Diese Formulierungen kennzeichnen die Methodik von Hayeks. Siehe dazu Graf, H. G., „Muster-Voraussagen" und „Erklärungen des Prinzips" bei F. A. von Hayek, Tübingen 1978.

Beginnen wir mit Menger: „Unter *Wirthschaft* verstehen wir die auf die Deckung ihres Güterbedarfs gerichtete vorsorgliche Thätigkeit der Menschen, unter *Volkswirthschaft* die gesellschaftliche Form derselben.“[35] Mit dieser Definition von Wirtschaften reiht sich Menger in die Gruppe von Ökonomen, welche die Wirtschaft nicht durch ein ausladendes formales Prinzip umranden, sondern dinglich fassen wollen. Gemäß seiner Vorstellung von Wirtschaften als vorsorglicher Tätigkeit der Menschen zur Deckung ihres Güterbedarfs spielt in Mengers Werk die Lehre von den Bedürfnissen eine herausragende Rolle. Sie bildet den Ausgangspunkt und zugleich das Zentrum seiner Betrachtungen.[36]

Es wurde bereits bemerkt, dass dieser Ansatz zu global ist und weit mehr abdeckt, als in Wahrheit bearbeitet wird. Von daher erscheint Mengers Schilderung der Wirtschaft kaum überzeugend; schon gar nicht, wenn man eine exakte Wissenschaft in dem von ihm gewollten Sinn anstrebt. Allerdings wird sein Hinweis auf die gesellschaftliche Organisation der Befriedigung der Güternachfrage noch aufzugreifen sein.

Blicken wir vorher auf Mill. Konsequenter als Menger ruft Mill eine mit der ‚exakten Spekulation‘ korrespondierende Idealfigur des Wirtschaftens ins Leben. Da eine abstrakte Wissenschaft prinzipiell als *Konstruktion* einer Welt zu begreifen ist, sind auch ihre Bewohner künstliche Kreaturen:

> „Die Geometrie setzt eine willkürliche Definition einer Geraden voraus, nämlich ‚das, was eine Länge, aber keine Breite hat‘. Ganz genauso geht die politische Ökonomie von einer willkürlichen Definition des Menschen aus als eines Wesens, das beständig das tut, was ihm die bei gegebenem Wissensstand erreichbare größte Menge an notwendigen Gütern, Annehmlichkeiten und Luxus unter Einsatz der geringsten Menge an Arbeit und physischer Selbstverleugnung verschafft.“[37]

Mill verbindet demnach eine inhaltliche Präzisierung, die Bedürfnisbefriedigung, mit einem Optimierungsverhalten: Nutzenmaximierung. Der so aus der Taufe gehobene *Homo oeconomicus* sollte fortan – zwar oft geschmäht, aber nie ins Exil getrieben – die Charaktermaske des wirtschaftlich handelnden Subjekts verkörpern. Er hat heute sogar einen

---

[35] Menger, C., Untersuchungen ..., a.a.O., S. 44.

[36] Vgl. Menger, C., Grundsätze der Volkswirtschaftslehre (1871), 2. Aufl., hrsg. v. Menger, K., Wien / Leipzig 1923.

[37] Mill, J. St., Über ..., a.a.O., S. 167.

Nachfahren, den *resourceful, evaluative, maximizing man*: REMM[38]. Doch mit der Einführung dieses nutzenmaximierenden Homunkulus ist materiell wenig gewonnen: Solange das Ökonomische nicht von anderen gesellschaftlichen Subsystemen abgegrenzt wird, kann jedes Handeln ‚irgendwie' als Nutzenmaximierung interpretiert werden, es bleibt ein Muster ohne Wert.

> „Sogar die reine Zerstörung von Reichtümern entspricht nicht jener vollständigen Entsagung", heißt es in der anthropologischen Studie von Mauss, „die man darin zu finden meint. Auch diese Akte sind nicht frei von Eigennutz. Die verschwenderische, fast immer übertriebene und oft rein zerstörerische Form der Konsumtion vor allem beim Potlatsch, wo beträchtliche und lange angehäufte Güter auf einen Schlag weggegeben oder zerstört werden, verleiht dieser Institution den Anschein von reinen Vergeudungsausgaben und kindlicher Verschwendungssucht … Doch das Motiv dieser übertriebenen Gaben und dieser rücksichtslosen Konsumtion, dieser unsinnigen Verluste und Eigentumszerstörungen ist in keiner Weise uneigennützig …"[39]

Die Beliebigkeit der Nutzenmaximierung im Einzelfall treibt zuweilen seltsame Blüten. Beispielsweise stellt Woll zum einen (mit Recht) fest, das ökonomische Prinzip als Information über die Konsumentenaktivitäten sei eine Leerformel, zum anderen erfahren wir auf der nächsten Seite: „Man hat über die Vorstellung des homo oeconomicus viel gespottet. Das ihm zugrundeliegende Prinzip ist jedoch eine sinnvolle Richtschnur des Handelns."[40] Woll traut den Lesern seines Werkes zu, die Brauchbarkeit einer Leerformel als Leitlinie des Verhaltens selbständig einzuschätzen.

Hinter dem Ganzen steckt die Unterlassung der modernen Wirtschaftslehre, das *Wesen* ökonomischer Handlungen aus dem gesamten Spektrum menschlichen Tuns auszusondern. Obwohl der Ansatz Charme ausstrahlt, Wirtschaftstheorie als exakte Wissenschaft zu konstituieren, die auf einer abstrakten *a priori*-Konstruktion eines *Homo oeconomicus* aufbaut, der als typischer Repräsentant wirtschaftlicher Tätigkeiten agiert, wird diesem Bemühen kein Erfolg beschieden sein, bis geklärt ist, was das Wirtschaftliche eigentlich ist. Dazu jetzt.

---

[38] Vgl. Kaufmann, F.-X., Wirtschaftssoziologie I: Allgemeine, in: Handwörterbuch der Wirtschaftswissenschaft, Bd. 9, Stuttgart / Tübingen / Göttingen 1982, S. 239-267, S. 244.

[39] Mauss, M., Die Gabe (französisch 1923/24), 2. Aufl., Frankfurt a. M. 1984, S. 170.

[40] Woll, A., a.a.O., S. 31.

1.4 Das Kernelement des Wirtschaftens: Der ökonomische Tausch

Soweit die bislang vorgestellten Definitionen der Wirtschaft überhaupt Aussagen zur Tragweite dieses Begriffs machten, wurde immer – wenn auch verschieden pointiert – die Vernetzung von Produktion, Verteilung und Konsumtion des gesellschaftlichen Reichtums angesprochen. Einige Autoren sehen in diesem Wechselspiel den gemeinsamen Bezugspunkt der ökonomischen Theorie bzw. schlechthin ihren Gegenstand. Allerdings ist die Art und Weise, wie Erzeugung und Distribution gesellschaftlich geregelt sind, historisch mannigfaltig geraten. Der Wirtschaftsanthropologe Karl Polanyi hat drei ‚reine' Verteilungsmodi herausgearbeitet: Reziprozität, Redistribution und Tausch.[1]

Reziprozität bedeutet, „... abwechselnd Bürden zu übernehmen und miteinander zu teilen."[2] Ein sozialer Verhaltenskodex schreibt gewisse gegenseitige Verpflichtungen vor, namentlich zur Hilfeleistung und zur obligatorischen Überreichung von Geschenken.[3]

Redistribution bezieht sich auf Verhältnisse, in denen eine Sammelstelle (König, Priester, Planbehörde)[4] Abgaben erhebt, um sie entweder als Vorrat zu lagern oder an Bedürftige auszureichen. „Redistribution liegt in einer Gruppe insoweit vor, als die Güterverteilung in einer Hand liegt und gemäß Brauch, Gesetz oder jeweiliger Zentralentscheidung vorgenommen wird."[5]

Beim *Tausch* erfolgt die Verteilung über Angebot und Nachfrage. Institutionell sind hierfür entsprechende Eigentums- und Verfügungsrechte erforderlich.

Diese drei typischen Distributionsverfahren decken die *erlaubten* Möglichkeiten der Güterverteilung ab: „Übertragungen und Transaktio-

---

[1] Vgl. Polanyi, K., The Economy as Instituted Process, in: Polanyi, K., Arensberg, C. M., Pearson, H. W. (Hrsg.), Trade ..., a.a.O., S. 243-270, vor allem S. 250-256, deutsch in: Polanyi, K., Ökonomie ..., a.a.O., S. 219-227. Eine etwas abweichende Übersetzung unter dem Titel „Reziprozität, Redistribution und Tausch" findet sich in: Schlicht, E. (Hrsg.), Einführung in die Verteilungstheorie, Reinbek bei Hamburg 1976, S. 66-72.

[2] Polanyi, K., Ökonomie ..., a.a.O., S. 166.

[3] Vgl. zur Bedeutung des Geschenks in archaischen Gesellschaften Mauss, M., a.a.O.

[4] Vgl. Schlicht, E., Einleitung, in: Schlicht, E. (Hrsg.), a.a.O., S. 12-64, S. 15.

[5] Polanyi, K., Reziprozität ..., a.a.O., S. 69.

nen, die nicht unter diesen Kategorien miterfasst werden können, gelten in der Gesellschaft … als illegitim und ungerecht.“[6]

Den genannten Verteilungsmodi kommen je nach Zeit und Ort verschiedene Gewichte zu; neben dem dominierenden Modus, der das tägliche Leben hauptsächlich bestimmt, finden sich die anderen mehr oder weniger ausgeprägt. Wir erleben gleichfalls alljährlich zur Weihnachtszeit den kollektiven *Zwang zu Geschenken*, über deren Angemessenheit vielfach recht klare Vorstellungen existieren. „Die nicht erwiderte Gabe erniedrigt auch heute noch denjenigen, der sie angenommen hat, vor allem, wenn er sie ohne den Gedanken an eine Erwiderung annimmt.“[7]

Nach Polanyi korrespondieren die Integrationsformen, also die Gestaltungsweisen der Gesellschaft nach sozialen, politischen und ökonomischen Motiven und Leitbildern, zwar mit den Distributionsmodi Reziprozität, Redistribution und Tausch, sie ergeben sich aber nicht durch eine einfache Aggregation des jeweiligen persönlichen Verhaltens.[8] Reziprozität setzt entsprechende symmetrische Strukturen voraus, etwa Großfamilien. Redistribution bedarf der Existenz eines Allokationszentrums, wobei die Organisation der Güterverteilung in solchen Gesellschaften nicht unbedingt Geld voraussetzt.[9] Der Tausch als vorherrschende Verkehrsform bedarf der Verbreitung entsprechender Besitzverhältnisse und Entscheidungsspielräume: „Tauschakte auf persönlicher Ebene führen nur dann zu Preisen, wenn sie in einem System preisbildender Märkte vor sich gehen, einer Institution, die nirgends durch bloß zufälliges Tauschen entsteht.“[10]

---

[6] Codere, H., Verteilungsmodus und Gesellschaftsform, in: Schlicht, E. (Hrsg.), a.a.O., S. 73-84, S. 73 f.

[7] Mauss, M., a.a.O., S. 157.

[8] Polanyi, D., Reziprozität …, a.a.O., S. 67.

[9] Als Beispiele solcher Sozietäten lassen sich der Jesuitenstaat in Paraguay während des 16. und 17. Jahrhunderts und das Inkareich vor der spanischen Eroberung nennen. In dieser Wirtschaft waren alle überschüssigen Güter an den Staat abzuliefern; gelegentlich wurden sogar die für nicht notwendig erachteten Vorräte eingezogen. Der Staat hat die so in seinen Besitz gelangten Güter nach Bedarf neu verteilt. Vgl. Baudin, L., Der sozialistische Staat der Inka, Reinbek bei Hamburg 1956.

[10] Polanyi, D., Reziprozität …, a.a.O., S. 67. Ähnlich liest man bei Andreae: „Aus seltenem Tausch bei zufälligem Wechsel von Überfluß und Mangel kann sich aber noch weniger ein sinnvoller Preis ergeben … Denn bei zufälligem Überfluß haben überflüssige, leicht verderbliche Güter für den Verkäufer gar keinen Wert, während

Es rentiert sich, die Arbeit Polanyis zur Abgrenzung des Wirtschaftlichen und damit des Gegenstandes der Wirtschaftstheorie auszuwerten. Allerdings umschließt die pauschale Rede von Produktion, Verteilung und Konsumtion des gesellschaftlichen Reichtums den Inhalt der Ökonomik nicht eng genug: Volkswirte studieren keineswegs vorrangig das Wesen und die Triebfedern von Reziprozität und Redistribution, obwohl diese Momente ergänzend zu berücksichtigen sind. Überdies thematisieren eine Reihe anderer Wissenschaften, von den technischen Disziplinen bis zur Psychologie, Aspekte der Produktion, der Verteilung und des Konsums.

Demgegenüber steht der *Tausch* im Vordergrund der Tätigkeit von modernen Wirtschaftswissenschaftlern. Aus dieser Blickrichtung wirkt es verständlich, die Ökonomik schlechthin als die Lehre vom Tausch zu begreifen: Katallaktik.[11] Ganz in diesem Sinn erläutert Buchanan: „Economics, the science of market and exchange institutions …“[12] Markt und Tausch sind aber recht alte Einrichtungen, und die Determinanten der Tauschverhältnisse waren in der Antike andere als in späterer Zeit. Diese Differenz darf, bei aller äußerer Ähnlichkeit, nicht übergangen werden, sofern wir das Wirtschaften in seiner modernen Bedeutung identifizieren wollen:

> „Der Begriff des Ökonomischen, wie er für die Nationalökonomie oder die Volkswirtschaftslehre konstitutiv wurde, bezieht sich ja auf ein Phä-

---

der mangelleidende Käufer sie um jeden Preis erwerben muß. Wie soll da ein Preis sich bilden?“ Andreae, W., Geld und Geldschöpfung, Stuttgart / Wien 1953, S. 17 f.

[11] Der Vorschlag geht auf Whately zurück: „The name I should have preferred as the most descriptive, and on the whole least objectionable, is that of CATALLACTICS, or the ‚Science of *Exchange*‘.“ Whately, R., Introductory Lectures on Political Economy, London 1831, S. 6. Vgl. dazu Schumpeter, J. A., Geschichte …, a.a.O., S. 655 Fn. Schon in seinem Erstlingswerk bezeichnete Schumpeter den Tausch als „… die Klammer, welche das ökonomische System zusammenhält …“. Vgl. Schumpeter, J. A., Wesen und Hauptinhalt der theoretischen Nationalökonomie (1908), Neudruck Berlin 1970, S. 50.

[12] Buchanan, J. M., The Limits of Liberty, Between Anarchy and Leviathan, Chicago 1975, S. 19. In einer Fußnote weist Buchanan darauf hin, seine Auffassung der Ökonomik entferne sich von der üblichen. Vgl. ebenda, Fn. Ebenso regt von Hayek an, die Begriffe Kapitalismus und Marktwirtschaft durch „extended order“ oder Katallaktik zu ersetzen. Vgl. Hayek, F. A. v., The Fatal Conceit, The Errors of Socialism, in: The Collected Works of F. A. Hayek, Bd. 1, hrsg. v. Bartley III, W. W., London 1988, S. 6.

> nomen, das selbst erst in einer ganz bestimmten Zeit in Erscheinung zu treten begann … Es ist die allseitige Marktwirtschaft, in die mehr und mehr alle Arten des tätigen Lebens einbezogen werden … Jedes Wirtschaftssubjekt, sofern es am Markte teilnimmt, sei es darbietend (Angebot), sei es begehrend (Nachfrage), hat zum Richtpunkt seiner Möglichkeiten und Entscheidungen jene Zahlen, die als Preise das Verhältnis aller Waren zueinander anzeigen. Indem es sich an ihnen orientiert, beginnt es zu wirtschaften.“[13]

Mit der Hervorhebung von Märkten und Preisbildungsvorgängen scheint endlich eine inhaltliche Konkretisierung des Ökonomischen näher zu rücken; Dieter Schneider glaubt gleichfalls, dort des Rätsels Lösung zu finden: Wirtschaftstheorie kann seiner Meinung nach …

> „… als Kürzel benutzt werden für die Lehre von Bestimmungsgründen der Tauschverhältnisse zwischen Sachen und Diensten und den Anwendungsmöglichkeiten von Tauschverhältnissen bei der Verteilung von Rechten und Pflichten.“[14]

Bei näherem Hinsehen wird freilich deutlich, dass die Auslegung der Wirtschaftstheorie als die mit dem Tausch befasste Wissenschaft ergänzungsbedürftig ist. Schon Polanyis drei Formen des Verteilungsmodus lassen sich ‚irgendwie‘ alle als Tausch deuten. Die Reziprozität *fordert* nicht nur ein Präsent, sondern *sichert* auch ein Gegengeschenk; die Redistribution verspricht Schutz bzw. eine religiöse oder kulturelle Leistung gegen Abgaben: Das *gesamte* soziale Leben kann in irgendeiner Weise als Tausch interpretiert werden. Dies entspricht z. B. dem soziologischen Konzept von Homans: „… interactions between persons is an exchange of goods, material or nonmaterial.“[15] Einen ähnlichen Ansatz vertritt Belshaw: „… all enduring social relations involve transactions, which

---

[13] Landshut, S., a.a.O., S. 48.

[14] Schneider, D., Allgemeine …, a.a.O., S. 19.

[15] Homans, G. C., Social Behavior as Exchange, in: Homans, G. C., Sentiments and Activities, London 1962, S. 278-293, S. 279. Vgl. auch Homans, G. C., Elementarformen sozialen Handelns, Köln / Opladen 1968. Im Übrigen stellen mehrere soziologische Schulen den Tausch ins Zentrum. So schichtet sich nach Lévi-Strauss jede Gesellschaft in einen auf drei Ebenen stattfindenden Tauschverkehr: den Austausch von Frauen, von Gütern und Diensten sowie von Mitteilungen. Vgl. als Überblick mit weiteren Literaturangaben Morel, J. u. a., Soziologische Theorie, Abriß der Ansätze ihrer Hauptvertreter, München / Wien 1989, S. 107 ff.

have an exchange aspect."[16] Es ist sogar denkbar, wenn es denn sein muss, der Definition von Wirtschaften als Wahl unter Alternativen das Tauschparadigma überzustülpen: Der Einzelne tauscht sozusagen mit sich selbst oder mit der Natur.

Zwar ist damit die Schlacht noch nicht geschlagen, wir haben aber immerhin einen Fingerzeig erhalten, in welcher Richtung mit Hoffnung auf Erfolg gesucht werden darf: Was kennzeichnet den *ökonomischen* Tausch? Das Naheliegende wäre, die großen Handwörterbücher des Faches zu Rate zu ziehen, doch weder im Handwörterbuch der Sozialwissenschaften noch im Handwörterbuch der Wirtschaftswissenschaften begegnet man dem Stichwort ‚Tausch'. Überhaupt fällt auf, dass zu diesem Problemkreis in der wirtschaftstheoretischen Literatur nur versprengte Bemerkungen anzutreffen sind.

Mit größerer Akribie und Sorgfalt als es sonst üblich ist, hat sich Dieter Schneider mit dieser Frage auseinandergesetzt. Er spezifiziert seine Charakterisierung der Ökonomik als Kürzel für die Lehre von den Determinanten der Tauschverhältnisse durch eine nähere Bestimmung des Gegenstands: „ ‚Wirtschaften' wird hier mit dem ‚Einkommensaspekt' menschlicher Tätigkeit gleichgesetzt."[17] Zur Einkommenserzielung und -verwendung bietet sich ein weites Spektrum sehr verschiedener Tätigkeiten:

> „Musizieren und Wettlaufen, Beten und Morden können ebenso mit der Anwendung von Tauschverhältnissen verknüpft sein, also ‚Warencharakter' annehmen, wie Kraftwerksbau, Schweine mästen oder Gemälde sammeln."[18]

In dieser Lesart bilden die beliebten Robinsonaden der Grenznutzentheorie, in welchen die Gesetze der kapitalistischen Marktwirtschaft aus der „Psychologie des Einsiedlertums" abgeleitet werden[19], ein ungeeignetes Experimentierfeld ökonomischer Analysen. Die Selbstversorgungswirtschaft eines Robinson Crusoe kennt das Spezifikum einer so konzipierten

---

[16] Belshaw, C. S., a.a.O., S. 4.

[17] Schneider, D., Allgemeine …, a.a.O., S. 19.

[18] Ebenda, S. 20.

[19] Vgl. Eckstein, G., Die vierfache Wurzel des Satzes vom unzureichenden Grunde der Grenznutzentheorie. Eine Robinsonade, in: Die neue Zeit, XX. Jg. (1902), Bd. II, S. 810-816, S. 810 (Neudruck Glashütten 1973).

Wirtschaftstheorie gerade nicht – auf seiner Insel kommt kein Tausch und somit kein Preissystem vor: „… Robinson Crusoe is in a situation of which Political Economy takes no cognizance …“[20] Wirtschaften bedarf eines besonderen Miteinander-in-Verkehr-Tretens der Mitglieder arbeitsteilig produzierender Gesellschaften.

Selbst wenn Freitag zu Robinson stößt, ‚wirtschaften‘ die beiden nicht; sie wenden (in welcher Form auch immer) das Rationalprinzip an, aber sie machen keine an ökonomischen Kriterien bewerteten Geschäfte miteinander, die von einem egoistischen Vorteilsstreben geprägt sind.[21] Beide produzieren voraussichtlich arbeitsteilig – Robinson kocht vielleicht besser, und Freitag fängt möglicherweise leichter Fische –, sie konstituieren jedoch einen *Haushalt*, eine Gemeinschaft mit außerökonomischen Innenbeziehungen, die nicht auf den Gesetzmäßigkeiten von Tauschverhältnissen beruhen.[22] Das Zusammenleben der beiden Insulaner ähnelt daher viel eher einem ‚Betrieb‘[23], denn einem Marktgeschehen.

Inspizieren wir die Überlegungen Dieter Schneiders etwas genauer. Gelingt es mit seinem Entwurf, die Mängel der vorher betrachteten auszumerzen? Sofern die Hauptelemente des Wirtschaftens in der Einkommenserzielung durch menschliches Handeln und in der Einkommensverwendung bei menschlichem Handeln gesehen werden, drängt sich die Frage auf, was ‚Einkommen‘ bedeutet. Die Antwort Schneiders fällt etwas dürftig aus: „… ‚Einkommen‘ (wird) im alltäglichen Sinn als Geld- oder Güterzufluß über Märkte verstanden …, nicht im Sinne irgendeiner ausgeklügelten theoretischen Definition …“[24]

Diese Erläuterung verlagert das Problem lediglich; zu klären ist jetzt, was ‚Märkte‘ sind – wieder keine leichte Aufgabe.[25] Obwohl Pauls Einladung an Pauline, mit ihm ein bekanntes Feinschmeckerlokal zu beehren, unter die Rubrik einer Einkommensverwendung auf Märkten fällt,

---

20 Whately, R., a.a.O., S. 7.

21 Vgl. zum Verhältnis zwischen den zwei Personen Hymer, S., Robinson Crusoe and the secret of primitive accumulation, in: Monthly Review, Bd. 23 (1971), S. 11-36, wieder abgedruckt in: Grapard, U., Hewitson, G. (Hrsg.), Robinson Crusoe’s Economic Man, A construction and deconstruction, London / New York 2011, S. 42-61.

22 Vgl. Schneider, D., Allgemeine …, a.a.O., S. 20.

23 Vgl. ebenda, S. 22.

24 Ebenda, S. 18 f.

25 Vgl. ebenda, S. 42 und passim.

lässt sich vermuten, dass das ökonomische Kalkül hierbei eine untergeordnete Rolle spielt. Schneider setzt ausdrücklich *nicht* voraus, die Einkommenserzielung und -verwendung geschehe ‚rational'.[26] Zugleich unterlässt er es, das ‚Ökonomische des Ökonomischen' zu nennen. Daher bleibt seine Inhaltsbestimmung letztlich vage. Schneider manövriert sich zwar nicht in die Sackgasse, rein formal zu argumentieren, doch mit der Zuflucht in das empirische Phänomen ‚Einkommenserzielung und -verwendung' schießt er übers Ziel hinaus: Es existieren eine Reihe von Tätigkeiten, die der Einkommenserzielung oder -verwendung gewidmet sind, ohne dass sie ökonomisch motiviert und somit Gegenstand der Wirtschaftstheorie wären.

Die von Schneider mit Recht in den Vordergrund gerückte Betonung der Tauschvorgänge für das Wirtschaften hätte besser mit einer Analyse des Tausches fortgesetzt werden sollen. Nun tauschen Menschen Vieles und Verschiedenes: Autoreifen gegen Anzüge, Briefmarken gegen Bierdeckel; aber auch Plätze, Zimmer, Adressen. Selbst der Waffentausch der Germanen war zweifelsohne ein Tausch, jedoch nicht im ökonomischen Sinn: „… es ist vielmehr ein gegenseitiges Bürgschaft geben, ein äußeres Symbol des freundschaftlichen Verhältnisses."[27] Und sogar der nachstehende abgeschlossene Kurzroman dreht sich ums Tauschen: Sie tauschten Blicke, dann Zärtlichkeiten – schließlich den Partner. Es liegt auf der Hand, dass nicht alle der aufgezählten Tauschakte zum Wirtschaften gehören. Was gibt dem *ökonomischen* Tausch das Gepräge?

Zwei Momente verleihen einem Tauschvorgang ökonomische Qualität. Zunächst ist der ökonomische Tausch *freiwillig*, es werden von keiner Seite Zwangsmittel aufgeboten. Es fehlt die Androhung von Gewalt oder gar deren Anwendung, mit der ein Tauschpartner auf den anderen einzuwirken sucht. ‚Geld oder Leben', begleitet von einer Präsentation eines Stiletts als Entscheidungshilfe, ist keine Offerte eines ökonomischen Tausches. Die herrschende Lehre hätte indes keine Schwierigkeiten, diese Situation als eine Maximierungsaufgabe unter Nebenbedingungen aufzufassen, mithin als ein in ihren Augen ökonomisches Problem.

Hebt man die beiderseitige Freiwilligkeit der Transaktion als ein Charakteristikum eines ökonomischen Tausches hervor, fallen Definitionen wie „Wirtschaften bedeutet die Beschaffung von Dingen, die einen Wert

[26] Vgl. ebenda, S. 19.

[27] Laum, B., Heiliges Geld, Eine historische Untersuchung über den sakralen Ursprung des Geldes, Tübingen 1924, S. 60.

haben"[28] durch das Sieb; unser Dolchbesitzer will genau das tun, dennoch *wirtschaftet* er nicht.

Von einem ökonomischen Tausch profitiert *zumindest einer* der beiden Partner, er schätzt seine Situation nach der Transaktion günstiger ein als vor Eröffnung der Geschäftsgelegenheit. Der andere Teilnehmer darf im Grenzfall keine Verschlechterung seiner Befindlichkeit erfahren, um überhaupt dem Handel zuzustimmen. Der freiwillige oder autonome Tausch ist somit für keinen Beteiligten mit der Aussicht verbunden, durch den Besitzwechsel Nutzen einzubüßen. Im Kontrast hierzu verliert der vor die Alternative ‚Geld oder Leben' Gestellte, sobald ihm die Klinge die Kehle kitzelt, das eine oder andere – vielleicht sogar beides.[29]

Als Prüfstein, um herauszubekommen, ob ein Handel freiwillig erfolgte oder nicht, dient die fehlende Bereitschaft zum *Rücktausch*. Weder Hinz noch Kunz werden gewillt sein, nachdem Speck und Bibel überreicht wurden, das Erlangte gegen das Ausgehändigte wieder zurückzugeben – abgesehen von Täuschung oder Irrtum über die Qualität des erworbenen Guts.[30] Der vom Messer Bedrohte präferiert hingegen den *Status quo ante*, was hieße, sowohl die mitgeführte Barschaft als auch sein Leben zu behalten.

Mit der Zahl der *ökonomischen* Tauschakte steigt somit *zwangsläufig* die Wohlfahrt der Beteiligten. Die durch Güterzu- und -abnahmen geänderte Allokation der Ausgangsbestände ist irreversibel; ein einmal vollzogener ökonomischer Tausch zwischen zwei Personen wird nicht noch einmal in umgekehrter Richtung zu beobachten sein, da mindestens ein Beteiligter gewonnen hat und der Partner sich wenigstens nicht schlechter stellte. Diese schwache ‚Pareto-Verbesserung' wird zu einer starken, wenn beide Akteure profitieren.

Die Freiwilligkeit des Tausches trägt zuweilen zynische Züge: Die Eltern, welche in der Frühphase der Industriellen Revolution ihre Kinder in die Fabriken und Bergwerke schickten, wurden dazu nicht durch unmittelbare körperliche Gewalt gepresst, sondern durch eiserne wirtschaftliche Zwänge – nur so war die Familie durchzubringen. Trotzdem kam die Vereinbarung freiwillig zustande, das kärglichste Mahl rangiert vor

---

[28] Ott, A. E., Wirtschaftstheorie, Eine erste Einführung, Göttingen 1989, S. 16.

[29] Siehe zu diesem Komplex Kirsch, G., Zwang, Tausch und Geschenk, in: das wirtschaftsstudium (wisu), 17. Jg. (1988), S. 221-226, der allerdings Polanyi nicht erwähnt.

[30] Bezeichnenderweise geht ‚tauschen' etymologisch auf ‚täuschen' zurück.

dem Darben: „… niemand würde für einen Hungerlohn arbeiten, wenn er nicht in der Lage, in der er sich tatsächlich befindet, diesen Lohn eben dem Nichtarbeiten vorzöge.“[31]

Das Gegenteil gilt ebenfalls. Mit der Bekundung: „Ich möchte mit niemandem tauschen“, wird signalisiert, es gehe einem gut, man sei mit dem Stand der Dinge zufrieden. Dies verdeutlicht, wie wichtig die in den Datenkranz der neoklassischen Allgemeinen Gleichgewichtstheorie verbannten ‚Erstausstattungen‘ sind. Ein ökonomischer Tausch erhöht zwar notwendigerweise die Lebensqualität der direkt Beteiligten, der daraus resultierende Vorteil mag aber höchst ungleichmäßig verteilt sein. Während beim Armen die bescheidenste Aussicht auf Verbesserung seines kümmerlichen Daseins sofort Abschlussbereitschaft herbeiführt, kann sich der Reiche den Luxus erlauben, auf bessere Gelegenheiten zu warten.

Nicht alle freiwilligen Transaktionen lassen sich als wirtschaftliche Abläufe klassifizieren. Von der Menge aller autonomen Vorgänge des Gebens und Nehmens sind jene auszusondern, die maßgeblich durch das konkrete Gegenüber beeinflusst sind. Bei einem ökonomischen Tausch wird persönlichen Präferenzen jedoch keine Bedeutung beigemessen, denn er wird zu den gleichen Bedingungen mit *jedem* beliebigen Handelspartner abgewickelt. Für einen Zahnpastaproduzenten ist es unerheblich, ob ein Christ, Mohammedaner oder Atheist seine Ware erwirbt. Der Vater hingegen, der dem Sohn wegen dessen regelmäßiger Mundpflege ein Fahrrad kauft, schlösse diesen *Deal* nicht mit irgendeinem braven Zähneputzer ab. Persönliche Beziehungen spielen im ‚Wirtschaftsleben‘ eine beachtliche Rolle. Nicht ohne Grund versucht man häufig, ein solches Verhältnis zum ‚Geschäftsfreund‘ aufzubauen. Höfliches Auftreten, gemeinsame Essen und Geschenke knüpfen Bande, die Verdienstmöglichkeiten eröffnen oder ihre Dauerhaftigkeit sichern (sollen). In gewissem Umfang wird wegen solcher Kontakte getauscht, wenngleich man aus rein wirtschaftlicher Sicht ein anderes Angebot bevorzugt.

> „In my purchase of bread“, teilt uns Robbins mit, „I may be interested solely in the comparison between the bread and the other things in the circle of exchange on which I might have spent the money. But I may

---

[31] Simmel, G., Philosophie des Geldes (1907), 5. Aufl., München / Leipzig 1930, S. 52. Allerdings lassen sich solche Zwangslagen als Formen ‚struktureller‘ Gewalt deuten. Vgl. Galtung, J., Violence, Peace and Peace Research, in: Journal of Peace Research, Bd. 6 (1969), S. 167-191.

> be interested too in the happiness of my baker. There may exist between us certain liens which make it preferable for me to buy bread from him, rather than procure it from his competitor who is willing to sell it a little cheaper.“[32]

Der Tausch an sich ist noch kein hinreichendes Indiz für eine ökonomische Situation. Gesellt sich Freitag zu Robinson, werden beide wahrscheinlich sowohl empfangen als auch abtreten, und jeder hat bestimmte Rechte und Pflichten; trotzdem ist diese Beziehung nicht wirtschaftlicher Natur: Sie wird durch das zwischenmenschliche Verhältnis geprägt – wie sollte es auf dem Eiland auch anders sein. Hieran lässt sich aus ökonomischer Sicht das Wesen eines Haushalts festmachen: Die Tauschakte im Innenverhältnis stellen immer auf das andere *Individuum* ab, ob freiwillig oder nicht. Im Haushalt beruhen die wechselseitigen Leistungen auf Reziprozität und Redistribution, also durchaus auf einem *do ut des*-Denken, das allerdings nicht auf Geldeinheiten dimensioniert ist.

Anders in der Unternehmung oder im Betrieb, ohne in die Abgründe hinabsteigen zu wollen, die sich in der betriebswirtschaftlichen Literatur zu diesem Thema auftun. Durch die Unterzeichnung eines *Arbeitskontrakts* verkauft eine Person ihre Arbeitskraft mit der Auflage, sich in eine Hierarchie einzugliedern. Die Gegenseite erwirbt ein *nach innen* gerichtetes Weisungsrecht; sie darf eine durch Sitte und Gesetz beschränkte Herrschaft ausüben. In einer Produktionseinrichtung können sich ebenfalls auf Reziprozität, Redistribution, Solidarität, Zuneigung usw. gründende Verbindungen anbahnen; nicht umsonst spricht man gelegentlich – früher mehr als heute – von der Betriebs*familie*. Der Zweck des Gewerbes als Gewinnmaximierungseinheit, d. h. als Unternehmung im hier gemeinten Sinn, wird jedoch *nach außen* über den ökonomischen Tausch angestrebt, so dass, anders als im Haushalt, dieser zum Kriterium der Leistung des Beschäftigten wird. – Die Gründe, warum es Unternehmen gibt, werden am Ende dieser Schrift vertieft.

Unter einem ökonomischen Tausch ist, so lässt sich zusammenfassen, die zwanglose, wechselseitige Übertragung von Gütern, Diensten, Rechten und Pflichten zu verstehen, die ohne Rücksicht auf die Person des Geschäftspartners stattfindet. Akzeptiert man den autonomen, anonymen Tausch als das spezifisch Ökonomische, dann sind die *Wirtschaftssubjekte* jene Menschen oder Institutionen, die bei einer solchen Transaktion mit

---

[32] Robbins, L., a.a.O., S. 95.

von der Partie sind. Als *Wirtschaftsobjekte* gelten all die Güter, Dienste, Rechte und Pflichten, die den Gegenstand eines ökonomischen Tausches bilden.

Das ökonomische Miteinander-in-Verkehr-Treten ist kein isoliertes Phänomen, das sich bloß auf die Wohlfahrt der unmittelbar Beteiligten auswirkt. Vielmehr können auch Dritte von der wirtschaftlichen Aktivität anderer betroffen sein: Angesprochen sind positive oder negative externe Effekte. Vor allem die Problematik negativer externer Kosten hat in der Wohlfahrtsökonomik großes Gewicht. Nach der traditionellen, auf Pigou zurückgehenden Richtung[33] obliegt es in solchen Fällen dem *Staat*, für die *gesamtwirtschaftlich* optimale Allokation der Ressourcen zu sorgen. Das Maximum an sozialer Wohlfahrt erfordere obrigkeitliche Eingriffe in die Privatökonomie. Schadenersatz, Besteuerung oder Verbot seien die geeigneten Instrumente.[34]

Wirtschaftspolitik ist nur normativ begründbar: Es kommt darauf an, Spannungsverhältnisse zwischen individueller und kollektiver Rationalität abzubauen. Im parlamentarischen Willensbildungsprozess einer Demokratie entscheidet die Mehrheit der Stimmen, die Minderheit muss sich *nolens volens* fügen. In der privatwirtschaftlichen Sphäre wird indes die Einstimmigkeitsregel angewandt: Die Freiwilligkeit des ökonomischen Tausches gewährt dem Einzelnen quasi ein Vetorecht; es schließt mit einem Gleichgestellten keinen Handel wider Willen ab. Im Unterschied dazu ist die Bevölkerung dem Staat gegenüber zur Zwangsabgabe

---

[33] Vgl. Pigou, A. C., The Economics of Welfare (1920), 4. Aufl., London 1952.

[34] Der Bedarf an wirtschaftspolitischen Maßnahmen bei Vorliegen von externen Effekten ist in der Fachwelt umstritten. Das sog. Coase-Theorem behauptet diesbezüglich, bei eindeutiger Zuordnung von Eigentumsrechten und ohne Berücksichtigung von Transaktionskosten würden negative externe Effekte durch Verhandlungen internalisiert werden. Damit sei die optimale Allokation der Ressourcen garantiert. Ferner beeinflusse die Rechtsgestaltung die optimale Allokation nicht. Bei positiven Transaktionskosten hänge es allerdings vom Einzelfall ab, ob eine Schadenshaftung gesamtwirtschaftlich bessere Ergebnisse bringe oder nicht. Coase widerspricht daher der Auffassung, den physischen Verursacher eines externen Effekts in jedem Fall zum Schadenersatz zu verpflichten. Vgl. Coase, R., The Problem of Social Cost, in: The Journal of Law and Economics, Bd. 3 (1960), S. 1-44. Eine kritische Würdigung liefert Helmedag, F., Zur Vermarktung des Rechts: Anmerkungen zum Coase-Theorem, in: Wolf, D., Reiner, S., Eicker-Wolf, K. (Hrsg.), Auf der Suche nach dem Kompaß, Politische Ökonomie als Bahnsteigkarte fürs 21. Jahrhundert, Köln 1999, S. 53-71.

verpflichtet: Der ‚Wohlfahrtsstaat' greift eben auch in die Taschen vieler Bürger. Jene, die sich über Gebühr zu seiner Finanzierung herangezogen fühlen, sehen in ihm deshalb einen Kostgänger der Steuerpflichtigen. Das Konzept des ökonomischen Tausches erleichtert den Blick auf solche Zusammenhänge.

Vor diesem Hintergrund erwachsen für die Wirtschaftstheorie im Wesentlichen zwei Aufgaben, die jedoch in einem hierarchischen Verhältnis zueinander stehen. Zunächst sind die Anstrengungen darauf zu lenken, die *Struktur* einer durch ökonomischen Tausch geprägten Wirtschaft zu enthüllen: Es geht um die Freilegung der ökonomischen Gesetze, welche die *Arbeitsteilung* in erwerbswirtschaftlich orientierten Gesellschaften regeln. In einem zweiten Schritt ist die Frage aufzugreifen, welche Faktoren das *Niveau* der ökonomischen Aktivität, d. h. das Volumen der ökonomischen Tauschakte, determinieren. Die ökonomische Theorie hat demnach zunächst die Klippe zu überwinden, die Funktionsweise sich selbst überlassener kapitalistischer Marktwirtschaften zu ermitteln. Glückt dies, lässt sich der Zustand, auf den sie sich hinbewegen, sowie dessen Eigenschaften beschreiben. Zugleich sind damit die Stellschrauben identifiziert, an denen zu drehen ist, um Wohlfahrtsverbesserungen zu realisieren. Es liegt auf der Hand, dass dies meist zu Interessenkollisionen führt, da Wirtschaftspolitik nur ausnahmsweise aus Pareto-Verbesserungen besteht.

Das Thema ‚Wirtschaft und Gesellschaft' erschöpft sich nicht in der ökonomischen Rolle des Staates. Bezeichnenderweise legt man an den Erfolg wirtschaftlichen Handelns in den seltensten Fällen eine individuelle Messlatte an. Stattdessen dominiert ein gesellschaftliches Kriterium: das *Geld*. Ehe das Programm ökonomischer Grundlagenforschung ausführlicher erläutert wird, soll vorher der Nachweis erbracht werden, dass der *Nervus Rerum* dem ökonomischen Tausch eine besondere Qualität verleiht: Es stellt *Voraussetzung und Motiv* der ökonomischen Aktivität in konkurrenzkapitalistischen Gesellschaften dar. Außerdem reflektiert die Geschichte des Geldes die Ausformung des ökonomischen Tausches und somit den Werdegang des *Homo oeconomicus*.

1.5 Die Entfaltung des *Homo oeconomicus* oder Die Entwicklung und das Wesen des Geldes

Die Entscheidung für den ökonomischen Tausch als Kennzeichen des Wirtschaftlichen läuft auf eine Absage an den absolutistischen Ansatz in der Volkswirtschaftslehre hinaus. ‚Das' Wirtschaftliche als epochenübergreifendes Moment menschlichen Zusammenlebens gibt es nicht.

Der *ökonomische* Tausch als *wesentliches* Element des wirtschaftlichen Geschehens ist vielmehr ein recht junges Phänomen – wie die Ökonomik auch. Dies steht im Kontrast zu der zentralen anthropologischen Prämisse der Begründer des Fachs. Die Klassiker meinten, die Menschen hätten eine ‚natürliche' Neigung, „... to truck, barter, and exchange one thing for another."[1]

Der Handel wurde sogar zur *Differentia specifica* zwischen Mensch und Tier erhöht: „Nobody ever saw a dog made a fair and deliberate exchange of one bone for another with another dog."[2] Und viele Ökonomen führen nach wie vor die Ursprünge des Geldes auf die Ineffizienz des Naturaltausches zurück.[3] Die anthropologische Forschung hat diese Sichtweise widerlegt[4]; Güterverkehr *und* Geld sind älter als der Tausch:

> „Nun aber hat uns die Völkerkunde längst gelehrt, und Wirtschaftsgeschichte und Sozialökonomie haben diese Lehre annehmen und bestätigen können, daß es zwar undenklich lange Zeiträume gegeben hat, in denen der Mensch ohne Tausch gelebt hat, aber nicht ohne jeden Güterverkehr. Wo immer sich ein Güterverkehr entwickelt – Geschenk, Gabe, Buße, Opfer auf der einen, Bewirtung und Verteilung auf der anderen Seite –, da sind die Voraussetzungen für die Entstehung des

---

[1] Smith, A., An Inquiry into the Nature and Causes of the Wealth of Nations (1776), Bd. I, Indianapolis 1981, S. 25.

[2] Ebenda, S. 26. Ähnlich der schon erwähnte Whately: „Man might be defined, ‚An animal that makes *Exchanges*:' no other, even of those animals which in other points make the nearest approach to rationality, having, to all appearance, the least notion of bartering, or in any way exchanging one thing for another. And it is in this view alone that Man is contemplated by Political Economy." Whately, R., a.a.O., S. 6.

[3] Aristoteles gilt als Begründer der ‚Konventionstheorie des Geldes', wonach ein allgemeines Tauschmittel zur Erleichterung des Güterverkehrs eingeführt worden sei. Vgl. Aristoteles, Politik, Stuttgart 1989, S. 94.

[4] Vgl. als Übersicht Hart, K., barter, in: The New Palgrave, Bd. 1, London / New York / Tokyo 1987, S. 196-198. Wir gehen auf diesen Punkt gleich ausführlich ein.

> Geldes gegeben, d. h. eines Gutes, das den Charakter eines allgemein geschätzten und beliebten Entgeltmittels gewinnt.“[5]

Freilich sollte man die Ansicht der Klassiker vor ihrer forschungsstrategischen Perspektive würdigen, um ihnen gerecht zu werden. Sie siedelten den Tausch vielleicht deshalb so hoch an, weil sie der damals weit verbreiteten Anschauung zu widersprechen suchten, der Besitzwechsel sei gleichsam ein Nullsummenspiel: Des einen Gewinn sei notwendigerweise des anderen Verlust.

> „Die Idee, daß der Tausch für alle Beteiligten vorteilhaft ist, hat erst mit den Arbeiten der Klassiker der Nationalökonomie Eingang in das allgemeine Bewußtsein gefunden. Noch im 18. Jahrhundert waren die vom Merkantilismus geprägten Schriftsteller und Politiker der Auffassung, daß durch Handel stets nur das gewonnen werden kann, was ein anderer verliert. Aus dieser Auffassung wurde mit verhängnisvoller Logik geschlossen, daß der Handel nur eine andere Form des Krieges sei.“[6]

Johann Joachim Becher formulierte diese Meinung als dritte seiner „merkantilistischen Regeln und Axiomata“, nämlich, „… daß es allezeit besser sei, Waren anderen zu verkaufen als Waren von anderen zu kaufen, denn jenes bringe einen gewissen Nutzen und dieses ohnfehlbaren Schaden.“[7] Die Merkantilisten orteten die Quelle des Reichtums, der in ihren Augen mit Edelmetallbeständen gleichgesetzt wurde, in der Zirkulation. Bei als gegeben angenommener Gesamtmenge von Gold und Silber bedeutet eine Zunahme hier zwangsläufig eine Abnahme dort.[8] Das wandelte sich fühlbar erst, als im 16. Jahrhundert beträchtliche Edelmetallzuflüsse, hauptsächlich Silber, aus der Neuen Welt nach Spanien einsetzten. Da Spanien damals etwa 70 % seiner öffentlichen Einnahmen für militärische Zwecke verwandte[9], gelangte dieser Reichtum in Umlauf und lieferte die stoffliche Basis für den sich verbreitenden Kaufmannskapitalis-

---

[5] Gerloff, W., Die Entstehung des Geldes und die Anfänge des Geldwesens, 3. Aufl., Frankfurt a. M. 1947, S. 26.

[6] Neumann, M., Theoretische Volkswirtschaftslehre II, Produktion, Nachfrage und Allokation, München 1982, S. 155.

[7] Zitiert nach Heckscher, E. F., Der Merkantilismus, Bd. 2, Jena 1932, S. 102.

[8] Vgl. Blaich, F., Die Epoche des Merkantilismus, Wiesbaden 1973, S. 80.

[9] Vgl. Weber, M., Wirtschaftsgeschichte, a.a.O., S. 265.

mus. Soweit Maßnahmen zur Hebung der Wirtschaftskraft ergriffen wurden, waren sie darauf ausgerichtet, einen möglichst hohen Aktivsaldo in der Handelsbilanz zu erzielen, um so die Schatzkammer des absolutistischen Herrschers zu füllen.[10] Neben der Finanzierung von Luxuserzeugnissen diente die Verfügungsgewalt über Edelmetall vor allem zur Unterhaltung eines stehenden Heeres und zur Kriegsführung.

Der merkantilistischen Doktrin vom Tausch als Nullsummenspiel stellten die Klassiker ihre Freihandelslehre gegenüber. Ricardo versuchte mit dem später so genannten ‚Theorem der komparativen Kostenvorteile' zu zeigen, dass vom grenzüberschreitenden Warenverkehr beide beteiligten Nationen profitieren können, selbst wenn ein Land alle Güter teurer herstellt.[11] Die Freiwilligkeit als konstituierendes Element des ökonomischen Tausches resultiert aus der Besserstellung wenigstens eines Geschäftspartners; der Handel ist deshalb ein Positivsummenspiel.

Mit dem Wirtschaften veränderte der ökonomische Tausch im Lauf der Zeit sein Erscheinungsbild. An ihm lassen sich historisch und analytisch Verschiedenheiten beobachten, die wirtschaftstheoretisch bedeutsam sind. Diese Abweichungen spiegeln sich in den Funktionen des Geldes wider, das – zumindest im Alltagsbewusstsein unserer Zeit – untrennbar ‚ökonomischen' Tatbeständen anhaftet. Sowenig ein Tausch schlechthin Merkmal einer im modernen Sinn wirtschaftlichen Situation ist, ebenso wenig lässt sich das Wesen des Geldes allein aus der Betrachtung der Gegenwart begreifen. In Wahrheit schlagen sich in der Entwicklung des Entgeltmittels und seiner Funktionen Umschwünge nieder, die den Weg zur *Wirtschaftsgesellschaft* säumen:

---

[10] Vgl. zur Verzahnung von Wirtschaft, Wissenschaft und Technik bei den Merkantilisten Troitzsch, U., Ansätze technologischen Denkens bei den Kameralisten des 17. und 18. Jahrhunderts, Berlin 1966.

[11] Allerdings unterstellt Ricardo eine vollbeschäftigte Wirtschaft, in der eine zusätzliche Produktion auch auf Nachfrage trifft. Bei stagnierendem Absatz und Arbeitslosigkeit kommt es auf die absoluten Kostenunterschiede an, die Handelskriege und Wohlfahrtsschmälerungen heraufbeschwören können. Vgl. Helmedag, F., Komparative Kostenvorteile, fairer Handel und Beschäftigung, in: Die Krise der europäischen Integration aus keynesianischer Sicht, hrsg. v. Hagemann, H., Kromphardt, J., Schriften der Keynes-Gesellschaft, Bd. 10, Marburg 2017, S. 167-183. Analytisch lässt sich Ricardos Exempel in ein ‚kanonisches' Zweisektoren-Modell überführen, mit dem sich charaktische Eigenschaften kapitalistischer Konkurrenzwirtschaften darlegen lassen. Einzelheiten bringt der Abschnitt 2.3.4 „Komparative Kostenvoreile und Beschäftigung" (S. 157 ff.).

> „... diese geistig-seelischen Wandlungen sind besonders ausgeprägt mit dem Funktionswandel des Geldes verbunden, ja sie lassen sich nirgends so deutlich verfolgen wie im Geldgebrauch und den Wandlungen der Geldfunktionen, mit denen sie in enger Wechselwirkung stehen.“[12]

Wie die Geschichte des Wirtschaftens wird der Werdegang des Geldes unterstreichen, dass die zunehmende Ökonomisierung aller Lebensbereiche diesen Kategorien erst ihren modernen Sinn gegeben hat. Von heutiger Warte aus wird gerne so getan, als hätten diese Begriffe seit jeher dieser Sphäre angehört.

Zeitgenössische Darstellungen schenken den Anfängen des Geldes und seiner Natur kaum Aufmerksamkeit. In einem 1988 erstmals erschienenen Lehrbuch heißt es in dieser Hinsicht kurz und bündig:

> „Man befaßt sich in den Wirtschaftswissenschaften gar nicht weiter mit den Ursachen der Geltung und des Wertes von Geld. Geld ist da, und man interessiert sich mehr für die Höhe seines Wertes und dessen Veränderungen.“[13]

Das war nicht immer so. Gerade im deutschsprachigen Schrifttum wurde die Frage nach dem Wesen des Geldes häufig angeschnitten. Allerdings handelt es sich anscheinend um eine dermaßen vertrackte Angelegenheit, dass es trotz aller Anstrengungen bisher nicht gelungen ist, eine allgemein akzeptierte Definition der universalen Gegengabe vorzulegen. Selbst ein so tiefschürfender Autor wie Polanyi bewertet die vielen Versuche, das Wesen des Geldes zu bestimmen, als fruchtlos.[14] Stattdessen kennzeichnet man den *Nervus Rerum* meist nur noch anhand seiner Funktionen:

> „War die ältere Theorie durch unterschiedliche Deutungen des Geldwesens charakterisiert, so herrscht in der modernen Geldfunktionslehre Einheitlichkeit: Von Geld wird gesprochen, wenn eine Sache Recheneinheit, Tauschmedium und Wertaufbewahrungsmittel ist.“[15]

Demgemäß ist die Lehre des Geldes, was diesen Punkt betrifft, wieder dort angelangt, wo sie sich bereits vor etwa zweieinhalbtausend Jahren

[12] Schmölders, G., Geldpolitik, 2. Aufl., Tübingen / Zürich 1968, S. 30.

[13] Wagner, A., Mikroökonomik, 5. Aufl., Marburg 2009, S. 178.

[14] Vgl. Polanyi, K., Ökonomie ..., a.a.O., S. 317.

[15] Woll, A., a.a.O., S. 481.

befand. Schon Platon und Aristoteles glaubten, die Entstehung des Geldes gehe auf den Tauschverkehr zurück. Wie schon erwähnt, erklärt Aristoteles in seiner Schrift „Politik" die Einführung des Geldes aus der Umständlichkeit des Naturaltausches, in der „Nikomachischen Ethik" wird das Geld darüber hinaus als Wertmesser gewürdigt.[16] Nach Schumpeter kannte Aristoteles sogar die Verwendung als Wertaufbewahrungsmittel.[17]

War mithin der Aufwand so zahlreicher Autoren, dem Inbegriff des Geldes näher zu rücken, völlig vergebens? Selbstverständlich wäre dieser vermeintlich überflüssige Produktionsumweg aus heutiger Sicht leichter zu verkraften, wenn die gängige Lehre der Geldfunktionen nach einer näheren Musterung als tauglich eingestuft werden könnte. Das ist jedoch nicht der Fall.

Eine genauere Literaturdurchsicht ergibt, dass die in den Lehrbüchern dominierenden drei Dimensionen des Geldes, Recheneinheit, Tauschmedium und Wertaufbewahrungsmittel, keineswegs unumschränkt akzeptiert werden. Schilcher zählt „unter Weglassung ungewöhnlicher Formulierungen einzelner Autoren" *dreizehn* mögliche Funktionen des Geldes auf.[18]

Es lohnt sich freilich nicht, diesen Katalog – der mit etwas Fleiß sicher verlängerbar ist – zu reproduzieren, denn eine noch so üppige Umschreibung mittels konkreter Gebrauchsweisen eines Gegenstandes darf niemals das letzte Wort sein, es wird immer Stückwerk bleiben. Ähnlich wie beim Wirtschaften, das durch gewisse, als ‚wirtschaftlich' empfundene Phänomene erläutert werden sollte, setzt die Bestimmung des Geldes anhand seiner Funktionen voraus, der Angesprochene habe ein zumindest intuitives Wissen, was das Geld eigentlich sei. Infolgedessen muss es möglich sein, die *Differentia specifica* aufzuspüren und die unscharfe Vorstellung zu präzisieren.

Vor diesem Hintergrund erstaunt es nicht, dass die herrschende ‚Drei-Funktionenlehre des Geldes' an der Aufnahmeprüfung scheitert: Wie bald näher belegt wird, stehen die drei genannten Aspekte weder gleichrangig noch isoliert nebeneinander. Mit Recht hatten sich die älteren Autoren bemüht, das Wesen des Geldes zu entdecken.

---

[16] Vgl. Gerloff, W., Geld und Gesellschaft, Frankfurt a. M. 1952, S. 31 f.

[17] Vgl. Schumpeter, J. A., Geschichte ..., a.a.O., S. 103.

[18] Vgl. Schilcher, R., Geldfunktionen und Buchgeldschöpfung, 2. Aufl., Berlin 1973, S. 44 f.

Die Begriffsbestimmung missglückt freilich, sofern man bloß aneinanderzureihen beginnt, was man mit Geld machen könne. Als in Italien vor Einführung des Euro klein gestückelte Münzen fast völlig aus dem Verkehr kamen, weil sie zu Knöpfen weiterverarbeitet wurden, hätte eine Funktionslehre des Geldes, welche die Knopfalternative mit aufzählt, gewiss keine breite Zustimmung erfahren. Und der verirrte Skifahrer, der einem Zeitungsbericht zufolge ein Bündel Dollar-Noten verbrannte, um die klammen Finger zu wärmen, ließe sich wohl kaum als Indiz zitieren, im Heizwert der Währung eine weitere wesensstiftende Geldfunktion zu erspähen.

Gegen die Exempel mag vorgebracht werden, sie seien nicht relevant, da solche Einsatzgebiete des Zahlungsmittels keine ‚ökonomischen' seien. Gerade mit diesem Argument hätte die herrschende Lehre ihre Schwierigkeiten: Ohne Zweifel handelt es sich bei den in den Beispielen genannten Verwendungen des Geldes um Dispositionen über knappe Mittel zum Zwecke der Bedürfnisbefriedigung. Der andere Fluchtweg aus der Zwickmühle ist ebenfalls versperrt: Die italienische Lira war und der US-amerikanische Dollar ist Geld.

Indes schlummert im soeben angesprochenen Protest ein wahrer Kern: Die als Knopfrohlinge benutzten Münzen und die verheizten Banknoten sind aus einem Zusammenhang herausgelöst, der für ihren Geldcharakter konstituierend ist. Beide Male übertrifft der stoffliche Gebrauchswert ihren jeweiligen Gebrauchswert als Tauschwert. Für den verirrten Skifahrer ist die momentane Kaufkraft der mitgeführten Dollar-Noten sogar null: Er ist aus dem *gesellschaftlichen* Verbund ausgeschieden, der irgendwelchen Geldfunktionen notwendigerweise vorausgesetzt werden muss. Robinson Crusoe auf seiner einsamen Insel braucht auch kein Geld.

Um das ‚allgemeine Äquivalent' auf den Begriff zu bringen und seine Funktionen zu verstehen, müssen die sozialen Bedingungen, unter denen Geld Geltung erlangt, enthüllt werden. Dieses Projekt darf nicht auf der Prämisse aufbauen, das Aufkommen des Geldes sei ein rationalistischer, konstruktiver Akt:

> „Die Aufzeigung der Vorteile des Geldgebrauchs oder um ein anderes Beispiel zu geben, der Nützlichkeit der Arbeitsteilung, die sich auf den geläufigen Vollzug des Vorgangs stützt, kann niemals zur Erklärung der Entstehung dieser Einrichtungen herangezogen werden; denn diese sind, wie die meisten sozialen Einrichtungen, unabhängig von jener

> Zweckanpassung und Zwecksetzung entstanden, denen sie schließlich zugeführt worden sind.“[19]

Das Geld ist ebenso wenig aufgrund einer Vereinbarung geschaffen worden, wie die Gesellschaft, die Sprache und der Staat aus einer Konvention der Menschen untereinander hervorgegangen sind. Die Behauptung von Wiesers, die Ursprünge des Geldes beruhten auf einer Kreation „findiger Wirte“[20], schlägt den realen Gang der Dinge in den Wind.

Die Antwort, wann das Geld das Licht der Welt erblickt habe, hängt selbstverständlich von seiner Definition ab: Je nachdem, was als Geld bezeichnet wird, ist der erste Gebrauch früher oder später zu datieren. Es gibt in der Geschichte des Geldes, wie in der Geschichte überhaupt, keine Stunde null.

Daher wäre es unzweckmäßig, von einer modernen, systematischen Vorstellung ausgehend, die in der Vergangenheit liegenden Wurzeln freilegen zu wollen.[21] Ein solcher Ansatz setzte den verfehlten Glauben an eine Kontinuität gewisser Phänomene trotz lange währendem Wandel voraus. „Man kann Begriffe, die von Erscheinungen einer späteren Entwicklungsstufe abstrahiert sind, nicht auf die Erscheinungen einer früheren ausdehnen.“[22]

Das muss nicht darin enden, den jeweiligen Epochen der monetären Geschichte spezifische Ausprägungen des Geldes zuzuordnen.[23] Für unsere Zielsetzung genügt eine Arbeitshypothese, um den Spuren des Geldes im Zeitablauf zu folgen. Unter Geld fällt zunächst ‚alles, was gilt‘. Geld werden jene Gebilde genannt, die sich *allgemeiner* Wertschätzung

---

19 Gerloff, W., Geld …, a.a.O., S. 33 f.

20 Vgl. Wieser, F. v., Geld (Theorie des Geldes), in: Handwörterbuch der Staatswissenschaften, Bd. IV, 4. Aufl., Jena 1927, S. 681-717, S. 683. In der dritten Auflage des Lexikons hatte Menger (voreilig) registriert: „Der naheliegende, seit *Platon* und *Aristoteles* herrschend gewordene Irrtum, daß das Geld das Produkt einer allgemeinen Uebereinkunft oder positiver Gesetzgebung … sei, kann als überwunden bezeichnet werden …“ Menger, C., Geld, in: Handwörterbuch der Staatswissenschaften, Bd. IV, 3. Aufl., Jena 1909, S. 555-610, S. 562 Fn.

21 Anders Forstmann: „Als *Geld im volkswirtschaftlichen Sinne* kann immer nur das angesehen werden, was wirtschaftliche und zwar *alle* wirtschaftlich relevanten Funktionen des Geldes erfüllt.“ Forstmann, A., Geld und Kredit, I. Teil, Göttingen 1952, S. 31.

22 Laum, B., a.a.O., S. 3 f. Vgl. auch Andreae, W., a.a.O., S. 10.

23 So die Vorgehensweise von Gerloff, W., Geld …, a.a.O., S. 99.

erfreuen und welche die jeweilige Wertordnung strukturieren. Wir tragen demnach, ganz analog zum Prozedere bei der Ermittlung der Bedeutung von Wirtschaft und Wirtschaften, zuerst den konkreten Sinn des Wortes ‚Geld' im Lauf der Historie zusammen. Anschließend schwenkt die Aufmerksamkeit auf den analytisch-systematischen Inhalt des Studienobjekts.

1.5.1 Ursprünge und Erscheinungsformen des Geldes

Die Entwicklung des Geldes ist kein kontinuierlicher, geradliniger Prozess, dessen Anfang an einem konkreten Ereignis eindeutig festgemacht werden kann: Die Ausformung eines allgemeinen Standards unterscheidet sich in einzelnen Kulturen sowohl hinsichtlich der Gegenstände, denen Geldstatus zuzuerkennen ist, als auch in Bezug auf die Motive, aus denen ein Geldbedürfnis erwächst. Allerdings lässt sich konstatieren, dass lange vor der gesellschaftlichen Arbeitsteilung, der Staatenbildung und der Schaffung einer Rechtsordnung generell respektierte Wertsymbole existiert haben.[24]

In weiten Teilen der Literatur wird der Eindruck erweckt, die Laufbahn des Geldes beginne mit der Karriere der Münze. In Wirklichkeit muss man viel weiter zurückschreiten, um sich den Anfängen des Geldes zu nähern. Es ist hier nicht geboten, einen Überblick über die zahlreichen Varianten der frühen und fremden Entgeltmittel zu geben. Zu diesem Themenkomplex ist ein verlässliches Schrifttum vorhanden.[25] Rarer gesät sind dagegen Arbeiten, die über das Stadium der Beschreibung hinaus eine *Erklärung* beabsichtigen, weshalb sich monetäre Institutionen herausgebildet haben.

Um eine *Theorie* der Entfaltung des Geldwesens haben sich vor allem zwei Forscher verdient gemacht. Die weiter ausholende Konzeption stammt von Wilhelm Gerloff, der die Anfänge des Geldes aus den menschlichen Trieben als Ursache bestimmter Bedürfnisse ableitet. Die ältere und speziellere Untersuchung wurde von Bernhard Laum vorgelegt. Er zeigt für den Kulturkreis des homerischen Griechenlands, dass

[24] Vgl. Schmölders, G., a.a.O., S. 14.

[25] Außergewöhnlich umfassend und systematisch ist die Darstellung von Einzig, P., Primitive Money, Its Ethnological, Historical and Economic Aspects, 2. Aufl., Oxford u. a. 1966. Siehe überdies Quiggin, A. H., A Survey of Primitive Money, The Beginning of Currency (1949), New York / London 1970.

das Geld sakraler Herkunft ist, es entspringt aus einer der Gottheit zu entrichtenden Abgabe, dem Opfer. – Beginnen wir mit dem allgemeineren Entwurf Gerloffs.

Als die zentralen Motive, welche die Verbreitung eines Geldes nach sich ziehen, nennt Gerloff den Herden- oder Geselligkeitstrieb, den Auszeichnungs- oder Geltungstrieb sowie den Aneignungs- oder Sammeltrieb.[26] Während der Herdentrieb überhaupt erst *zu* einer Gesellschaft führt, ist der Auszeichnungstrieb das stärkste *in* der Gesellschaft wirkende Verlangen. Typischerweise wird dieses, das soziale Leben beherrschende Streben durch die *Hortung* besonderer Dinge befriedigt:

> „In der Widmung gewisser Güter zu solchen Zwecken ist der Ursprung des Geldes zu suchen. Das ursprüngliche Geldgut ist in der Reihe jener Hortungsgüter zu finden, mit denen die Menschheit ihren Besitz an sachlichen Kulturgütern begründet.“[27]

Welche Objekte das im Einzelnen sind, hängt vom jeweiligen kulturellen Zusammenhang ab; meist sind es allgemein ersehnte Schmuckgegenstände, beispielsweise Ringe.[28] Der Ehrenname des freigiebigen germanischen Fürsten lautet ‚Ringverteiler‘[29]: Mit der Sache wird die Freundschaft des ehemaligen Besitzers übertragen. Auch ‚Protzgüter‘, wie Pauke, Gong, Krug, Schüssel, Teller und Schild[30] sind Geld, sofern sie zur *Erfüllung sozialer Verpflichtungen* gebraucht werden.

Hortgeld, sei es als Prunk- oder als Kleinodgeld, dient vornehmlich dem Wert*ausdruck*. Es gestattet den „neiderfüllten Vergleich“, der nach Thorstein Veblen originären Grundlage des Privateigentums.[31] „Geldzurschaustellung, Geldverteilung und Geldvernichtung, diese ursprünglichen Gebrauchsweisen des Geldes, sind Ausdrucksformen sozialer Verhältnisse und sozialer Tatbestände und damit Aussagen über soziale Sachverhal-

---

[26] Vgl. Gerloff, W., Geld …, a.a.O., S. 23 ff.

[27] Gerloff, W., Die Entstehung …, a.a.O., S. 29 (im Original kursiv).

[28] Bis in die Gegenwart liefert das Wiener Münzamt silberne Maria-Theresia-Taler nach Afrika, die dort hauptsächlich als Hortgeld nachgefragt werden. Besonders die abessinischen Frauen begehren die Taler als Schmuck. Vgl. Veit, O., Reale Theorie des Geldes, Tübingen 1966, S. 26.

[29] Vgl. Gerloff, W., Geld …, a.a.O., S. 52.

[30] Vgl. dazu im Einzelnen Gerloff, W., Die Entstehung …, a.a.O., S. 35 ff.

[31] Vgl. Veblen, Th., Theorie der feinen Leute (amerikanisch 1899), München 1971.

te."[32] Diese Gegenstände erlangen Geldqualität, sobald sie zu bedeutsamen Anlässen verschwenderisch verteilt werden.[33]

Vielfach werden mit Hortgeld besondere Geschäfte abgewickelt; mit ihm werden Frauen und Bundesgenossen gekauft oder Bußen und Tribute entrichtet. Namentlich der Erwerb einer Frau kann in solchen Kulturkreisen beachtliche Verbindlichkeiten mit sich bringen, denn das Heiratsgeld bemisst sich nicht selten an ihrer Arbeitskraft. In der sich über viele Jahre erstreckenden ratenweisen Begleichung liegen erste Ansätze der Buchführung: Auf Holztafeln werden die im Lauf der Zeit bereits erbrachten Zahlungen eingeschnitzt, so dass sich im Zweifel der Stand der Schuldtilgung dokumentieren lässt.[34]

Ein in unseren Augen jede Vorstellung sprengendes – und daher zur Erweiterung des Horizonts hervorragend geeignetes – Geldwesen hat sich einst auf der Südseeinsel Yap etabliert. Das von den Einheimischen ‚Fä' genannte Geld besteht aus durchbohrten Kalkstein- oder Aragonitscheiben, deren Größen von wenigen Dezimetern bis zu mehreren Metern reichen. Diese Steine stammen von der etwa 400 Seemeilen entfernten Insel Palau; dort fungierten Glasperlen als Entgeltmittel. Man begegnet ihnen desgleichen auf Yap, wo sie aber nicht als Geld in Erscheinung treten.[35] Bemerkenswerterweise durften die Hörigen auf Yap kein Steingeld mit mehr als vier Spannen Durchmesser besitzen[36], ein Indiz für einen schichtspezifischen Gebrauch archaischen Geldes.

---

[32] Gerloff, W., Die Entstehung …, a.a.O., S. 274.

[33] Vgl. Gerloff, W., Die Entstehung …, a.a.O., S. 53.

[34] Vgl. ebenda, S. 30 ff.

[35] Vgl. Polanyi, Ökonomie …, a.a.O., S. 341. Wegen des hohen Gewichts der Steine wurde durch das Loch ein Baumstamm gesteckt, an dem mehrere Träger anpacken konnten. Bisweilen hat das Fä zwei Löcher. Die Stücke, die einen über mannshohen Durchmesser aufweisen, stammen aus der Zeit nach 1872. Damals schwang sich der Ire Dean O'Keefe zum unumschränkten Herrn Yaps auf, weil seine Schiffe in der Lage waren, Steine mit zwei bis drei Metern Durchmesser zu transportieren, was mit den herkömmlichen Flößen der Yaper unmöglich war. In der Folge kam es zu einer regelrechten Inflation. Im Verlauf des Pazifikkrieges wurde etwa die Hälfte der Steinscheiben zum Bau von Befestigungsanlagen benutzt. Vgl. Köhler, M., Akkulturation in der Südsee, Die Kolonialgeschichte der Karolinen-Inseln im pazifischen Ozean und der Wandel ihrer sozialen Organisation, Frankfurt a. M. / Bern 1982, S. 243 und S. 434.

[36] Vgl. Gerloff, W., Geld …, a.a.O., S. 90 ff.

Die Bootsreise nach Palau und die beschwerliche Arbeit im Steinbruch war eine beachtliche Leistung. Dementsprechend stiegen die oft erst nach einem Jahr zurückkehrenden jungen Männer und ihre Angehörigen erheblich im Ansehen der Daheimgebliebenen.[37] Das Dorf nahm die Steine in Empfang und stellte die schönsten Exemplare öffentlich aus. Im Rahmen großer Feste, den sog. Mitmits, tauschten zwei Gruppen, z. B. anlässlich einer Heirat oder einer Geburt, Geschenke in Gestalt eines Wettstreits aus. Als Sieger galt, wer die andere Gemeinschaft reicher zu beschenken vermochte.[38] Selbst bei Eigentümerwechsel wurden die großen Steine nicht von der Stelle bewegt; entscheidend war, dass man wusste, wem der Stein gehört. Die physische Verfügbarkeit über das Geld konnte sogar fehlen. Bereits die Zurechnung zu einer Person verlieh Solvenz:

> „Als einmal ein großer Stein auf der Fahrt von Palau nach Yap über Bord fiel und seine Hebung unmöglich war", schreibt Schmölders, „minderte das den Reichtum seines Besitzers nicht im geringsten; noch Generationen später konnte Eigentum an diesem Stein erworben und übertragen werden, als handele es sich um Goldbarren im Tresor einer Bank."[39]

Das frühe Geld beschränkt sich nicht nur auf gewisse gesellschaftliche Kreise, es existiert außerdem geschlechtlich differenziertes Geld; unter Männern gilt dann eine andere Währung als unter Frauen. Überdies kom-

---

[37] Wenn man möchte, lässt sich der Wert des Fä ‚arbeitswerttheoretisch' erklären. Denn er gründet sich „… allein auf die Schwierigkeiten, die seine Gewinnung verursacht; er beruht also auf der Arbeitskraft, Zeit und Gefahr, die das Brechen, Behauen und Verschiffen beansprucht. Sobald das Herbeibringen erleichtert wurde, sank der Wert." Helmreich, Th., Das Geldwesen in den deutschen Schutzgebieten, 2. Teil, Mikronesien, Fürth 1913, S. 104.

[38] Vgl. Köhler, M., a.a.O., S. 93.

[39] Schmölders, G., a.a.O., S. 32. Erstmals berichtet wird diese Begebenheit von Furness, W. H., The Island of Stone Money: Uap of the Carolines, Philadelphia / London 1910, S. 97. Siehe auch Robertson, D. H., Das Geld, Berlin 1924, S. 109. Als die Yaper sich weigerten, die Landstraßen ihrer Insel so auszubauen, wie es ihnen die deutschen Kolonialherren aufgegeben hatten, wurden die Rebellen bestraft, indem auf ihr Fä mit schwarzer Farbe die Buchstaben B. A. (als Abkürzung für ‚Bezirksamt') gemalt wurden. Um ihr auf diese Weise beschlagnahmtes Geld wieder auszulösen, gehorchten die Aufrührer und richteten die Wege her. Daraufhin wurde der ‚Kuckuck' durchgestrichen. Vgl. Helmreich, Th., Das Geldwesen …, 2. Teil, a.a.O., S. 105 f.

men Formen ‚geistigen Eigentums' vor, die übertragbar sind. Bei den Eskimos, denen Privateigentum an Sachen fremd ist, werden Zaubersprüche gehandelt, die besonderes Glück bei der Jagd verheißen. Wirksam soll der Zauber freilich nur sein, falls zuvor gezahlt worden ist.[40]

Ferner gibt es bestimmte Güter, deren Erwerb ein besonderes Geld erfordert; nirgendwo konnte man eine Frau gegen Muscheln kaufen, während für tagtägliche Geschäfte die Muschel durchaus als Entgeltmittel zirkulierte.[41] Der Tausch diente meist lediglich zur Ergänzung des Konsums, da in älteren Kulturen der ‚Grobbedarf' durch Selbstversorgung gedeckt wird. Diese autarken Personenkreise kennen hauptsächlich nur Arbeitsteilung im Inneren, so dass das Angebot auf den frühen Märkten in erster Linie vom klimatisch bestimmten Überschuss abhängt. In guten Zeiten ist das Angebot bei geringer Nachfrage reichlich, in schlechten Zeiten kehrt sich dieses Verhältnis um. Deswegen muss das Marktvolumen bescheiden bleiben, auch wenn die Preise stark schwanken. Der Handel begrenzt sich in der Regel auf die Veräußerung der im Krieg angeeigneten Güter, insbesondere das Sklavenangebot erfolgt meist in dem Bemühen, eine sonst nur schwer verwertbare, weil widerspenstige Beute zu versilbern.[42]

Der Gabentausch in den durch Reziprozität integrierten Völkern ist anfangs ein wesentlich emotional gefärbter Prozess, bei dem das Gegengeschenk erst allmählich obligatorisch wird. Schritt für Schritt verfestigt sich die Vorstellung, die Dedikationen hätten einander zu entsprechen. „Meinungsverschiedenheiten über die Fragen der Gleichwertigkeit der getauschten Gaben führen bei diesen Völkern oft zu erbitterten Streitigkeiten."[43]

Da die Präsente naturgemäß qualitativ divergieren, bedarf es eines quantitativen Vergleichsmaßstabs, um die Äquivalenz der Aushändigungen abzuschätzen. Das heißt noch lange nicht, die Einheit des Gutes, das im Tauschhandel überwiegend die vermittelnde Rolle spielt, wie etwa Getreide, werde zum Maßstab der Verpflichtungen im Gabenverkehr. Gleichwohl beruht das Gewichtssystem, mit dem auch Edelmetall gemessen wird, vielfach auf dem Getreidekorn. In Afrika bildete der ge-

---

[40] Vgl. Gerloff, W., Geld ..., a.a.O., S. 82. Auf dem gleichen Prinzip basierte der Ablasshandel der katholischen Kirche im späten Mittelalter.

[41] Vgl. Weber, M., Wirtschaftsgeschichte, a.a.O., S. 209.

[42] Vgl. Laum, B., a.a.O., S. 13.

[43] Ebenda, S. 54.

trocknete Samen des Johannisbrotbaumes das Gegengewicht zu Gold, in Ostindien wurde er gegen Diamanten aufgewogen. Die noch heute gebräuchliche Einheit ‚Karat' geht darauf zurück. Bei allen Besonderheiten im Konkreten kristallisiert sich in den Kulturen nach und nach ein zunehmender Hang zur Rechenhaftigkeit heraus, welche die Skalierung der gesellschaftlichen Wertordnung zulässt.[44]

Es wäre voreilig, daraus zu folgern, die Zähleinheit werde ‚automatisch' zum Tauschmittel. Das physische Äquivalent entsteht öfters eigenständig[45]; schon aus praktischen Gründen ist dafür in der Regel das Hort- und Prunkgeld ungeeignet. Die Auslese eines Gutes zum allgemeinen Standard ist ein sukzessiver Vorgang, und es ist keineswegs gesagt, dass sich am Ende ein einziges Tauschmedium etabliert. So andersartig die Hergänge jeweils sein mögen, das Gut wird ursprünglich nicht bewusst ausgewählt, um für alle Zeit und allein dieser Funktion zu genügen, sondern man gebraucht es zunächst bloß hie und da zur Übertragung von Werten:

> „Es gibt ja anfänglich nur wenige Tauschakte, und sie kommen in zeitlich oft großen Abständen vor. In der Zwischenzeit liegt aber das Vermittlungsgut keineswegs brach, etwa auf seine Verwendung als Geld wartend, sondern es dient anderen Zwecken (etwa dem Schmuckbedürfnis), um bei Bedarf, wenn es inzwischen nicht konsumiert worden ist, als Tauschgut wieder eingesetzt zu werden."[46]

Häufig ist die universelle Gegenleistung eine Ware; eine Tatsache, die sich in den Kolonien gut studieren lässt, da „… diese in einem Zeitraum von rund 300 Jahren wesentliche Stufen der Geldentwicklung durchlaufen haben."[47] Dort wird in etlichen Fällen die überwiegend produzierte Ware zur Währung, z. B. Tabak in Virginia oder das Mahagoniholz in Britisch-Honduras. Selbstverständlich zirkulierte das Holz im Gegensatz zum Tabak nicht als Tauschmittel, doch es fungierte als Wertmesser im Handel. Abgaben und Geldstrafen wurden in einer Menge Holz festgesetzt, und es brachte die Buchhaltung sowie Vertragsangaben auf einen Nenner.[48]

---

[44] Siehe beispielsweise die von Forstmann zusammengestellten relativen Preise, die bei Indianern des Missourigebiets anzutreffen sind. Vgl. Forstmann, a.a.O., S. 51.

[45] Vgl. Gerloff, W., Die Entstehung …, a.a.O., S. 63.

[46] Gerloff, W., Geld …, a.a.O., S. 79.

[47] Gerloff, W., Die Entstehung …, a.a.O., S. 57.

[48] Vgl. ebenda, S. 58 ff.

Die geschilderten Geschehnisse bezeugen, dass das Geld einer Akzentverlagerung unterworfen war, in der die gefühlsmäßige, soziale Komponente in wachsendem Maße durch eine rechenhaft-wirtschaftliche verdrängt wurde. Stets ist das Geld ein „Verständigungsmittel wie die Sprache“[49], „… ein gesellschaftliches Gut …, das nur in der Gesellschaft und durch die Gesellschaft zur Geltung gelangt.“[50] Mit Geld *organisieren* sich Personenverbände; das gilt sowohl für die durch ökonomischen Tausch geprägten Gemeinschaften als auch für solche, in denen Gabenverkehr vorherrscht. In diesem Prozess wandelt sich mit den sozialen Beziehungen die Natur des Geldes, und jene ändern sich mit dieser.

> „Trieb, Gewohnheit und Verstand“, fasst Gerloff zusammen, „die Ursprungskräfte aller kulturellen Schöpfungen haben bei der Schaffung des Geldes zusammengewirkt. Sie haben in dieser Reihenfolge die Ausbildung des Geldes bestimmt und deuten damit drei verschiedene Ebenen oder Stufen der Geldentwicklung an. Die Urtriebe, der Trieb nach Auszeichnung und der Sammeltrieb, führen zum Hortgeld. Die Gewohnheit des Gebrauches als Hortgeld läßt dieses Geld zum Zahlgeld (Bußgeld, Fehdegeld, Brautgeld) werden. Die Rationalisierung macht es (ohne daß damit eine kontinuierliche Entwicklung behauptet werden soll) zum Tauschgeld und weiter zum allgemeinen Verkehrsgeld.“[51]

Die oben schon genannte, speziellere, weil geographisch und kulturell auf das alte Griechenland beschränkte Arbeit von Laum widerlegt ebenfalls die Auffassung, das generelle Äquivalent sei ein Geschöpf der Erdenbürger, um den Tausch möglichst reibungslos abzuwickeln. Der Werdegang des Geldes im homerischen Griechenland bestätigt zudem den noch aufzugreifenden Gesichtspunkt, dass das Wertmaß in verschiedenen Wertträgern zum Ausdruck kommen kann.

Ein – wenn nicht der – Urgrund jeder Religion ist die Angst:

> „Dem primitiven Menschen fehlt die Einsicht in die ihn umgebende Natur; er erkennt die kausale Verknüpfung ihrer Kräfte noch nicht. Er sieht nur die Wirkungen, und von den Wirkungen machen die den stärksten Eindruck auf ihn, welche seine Existenz bedrohen. Er beobachtet, wie Hagelschlag oder Sonnenbrand die wachsende Saat vernichtet, wie eine Krankheit seine Herden schlägt, wie er selbst von

---

[49] Gerloff, W., Geld …, a.a.O., S. 273.
[50] Ebenda, S. 108.
[51] Ebenda, S. 258.

> Krankheit ergriffen wird und daran zugrunde geht. Ueberall und immer fühlt sich der Mensch von Gefahr umgeben. Er lebt in dauernder Furcht, und diese Furcht ist ‚Anfang und Grund aller Gottesverehrung'."[52]

Als erstes versucht der Mensch, Schaden abzuwenden; Zauber und Magie erscheinen als die hierfür geeigneten Methoden. Auf einer späteren Stufe hofft er, Einfluss auf den Urheber der sein Dasein bedrohenden Kräfte zu gewinnen: Die Gottheit soll milde gestimmt werden.

> „Das göttliche Wesen gestaltet der Mensch nach seinem eigenen Ebenbilde … Es ist nun eine einfache Folge dieses Anthropomorphismus, daß der Mensch der Gottheit gegenüber dasselbe Mittel anwendet, das er bei seinen Nebenmenschen benutzt, um ihren Zorn zu besänftigen oder ihre Gunst zu erwerben: Er bringt ihnen Gaben dar. So entsteht das Opfer."[53]

Etymologisch geht Geld aus der germanischen Wortsippe ‚gelten' hervor, deren Grundbedeutung ‚etwas erstatten, entrichten' ist und besonders auf religiöse Opfer bezogen wurde. Die Zünfte des Mittelalters, die Gilden, leiten ihren Namen aus der gleichen Wurzel ab; der originäre Sinn ist ‚Opfergemeinschaft'.[54] Auch das englische Wort ‚guilt', die Schuld, hat diesen Ursprung.

> „Das Opfer heißt ‚gelt'. Als Opfer gilt ein Gut von bestimmter Art und Qualität. Dies aus der Menge der übrigen Güter hervorgehobene Gut dient als Lösungsmittel, bzw. Zahlungsmittel, wenn man das Verhältnis zwischen Gott und Mensch als ein Schuldverhältnis faßt; es dient als Tauschmittel, wenn das Opfer ein Tauschakt ist."[55]

Laum zeigt in seiner Studie, dass das im alten Griechenland heilige Rind als vornehmstes Opfertier zum *Wertmesser* wird. Das Rind gilt als Inkarnation der obersten Gottheiten; sein Opfer kann allen Göttern, die im Staatskult verehrt werden, dargebracht werden. Laum sieht in der Auswahl des geeigneten Opfertiers „den ersten Akt wirtschaftlichen Denkens". Das Vieh musste einer Norm genügen, damit es sich als Opfer eignete: „*… im Kultus, nicht im Handel, der keinerlei Typisierung kennt,*

---

[52] Laum, B., a.a.O., S. 19.

[53] Ebenda, S. 20.

[54] Vgl. ebenda, S. 39.

[55] Ebenda, S. 40.

sondern rein individuell ist, (hat) die Güterwertung ihren Anfang genommen."[56]

An dieses ‚Standardrind' denken die Achäer, wenn sie andere Güter mit ihm abschätzen. Die Quellen berichten von einem ‚zwölfrinderigen' Dreifuß oder von einem ‚vierrinderigen' Weib.[57] Das bedeutet nicht, dass die Rinder tatsächlich im Tausch für einen Dreifuß ausgehändigt wurden; stattdessen übergab der Käufer Gegenstände im *Wert* von zwölf Rindern. Insoweit untermauert die Studie Laums die vorher referierten Ergebnisse Gerloffs: Das Tauschmittel setzt ein Wertmaß voraus. Diese Erkenntnis wird im anschließenden Abschnitt aus systematischer Sicht erhärtet.

Die Arbeit Laums birgt reichlich Material, das die vorangegangene Darstellung der Bedeutungsverschiebung des Wortes ‚Wirtschaft' illustriert. Der Akt des Opferns schafft nicht nur ein Wertmaß, sondern im Wandel der Sitten und Gebräuche seines Vollzugs finden sich überdies Spuren gewisser ‚ökonomischer' Phänomene.

Zunächst lässt sich eine durch den Gottesdienst bedingte Arbeitsteilung nachzeichnen. Ist die Durchführung des Opfers anfänglich eine Privatangelegenheit, so erwächst allmählich einigen Gesellschaftsmitgliedern eine besondere Kompetenz in der Erledigung des Opfervorgangs: Ein Priestertum etabliert sich. Schließlich konnte kein Opfer mehr ohne Priester bereitet werden, „... weil nur er den Ritus so kannte, wie es notwendig war, um den Erfolg zu sichern. Der Priester ist unentbehrlich für den Verkehr der Menschen mit der Gottheit."[58] Es liegt nicht fern, das

---

[56] Ebenda, S. 27. Auch in anderen Kulturkreisen fungieren oft magisch-rituell bedeutsame Güter als Geld. So sind die Bewohner Neubritanniens ihr ganzes Leben bestrebt, möglichst viel ihrer aus einer Seeschnecke gefertigten Tambuwährung anzuhäufen. Sie zirkuliert nicht nur als Zahlungsmittel für die Güter des täglichen Bedarfs und als Sühnegeld, sondern sie erfüllt außerdem wichtige soziale und religiöse Funktionen. Der gesellschaftliche Aufstieg verlangt stets einen entsprechenden Besitz an Tambu. Nach dem Tod des Eigentümers wird sein gesamtes Tambu der Trauergemeinde vermacht. Sollte es dem Verblichenen während seines Lebens nicht gelungen sein, genügend Tambu für die Totenfeier anzusammeln, finde seine Seele keinen Frieden und sei dazu verdammt, im Wald umherzuirren. Vgl. Schneider, O., Muschelgeld-Studien, Dresden 1905, S. 13 ff. Siehe ferner Helmreich, Th., Das Geldwesen in den deutschen Schutzgebieten, 1. Teil, Neu-Guinea, Fürth 1912, S. 37 f.

[57] Vgl. Laum, B., a.a.O., S. 10 und S. 15.

[58] Ebenda, S. 41. Die Gründe für die Ausbreitung dieser Arbeitsteilung sind demnach völlig verschieden von jenen, die in modernen Gesellschaften wirken. Darauf gehen wir noch ausführlich ein.

Entgeltmittel für die Tätigkeiten des Priesters zu identifizieren: das Rind. „Und zwar ist das Rind *Opferlohn für die Priester, weil es Opfergabe für die Götter war.*"[59] Aber diese ‚Währung' blieb nicht dem sakralen Bereich vorbehalten:

> „Das für uns wichtige Ergebnis ist", folgert Laum, „daß … die für den kultischen Verkehr geschaffene Norm in den privaten Verkehr übergeht. Das Gut, das im Kult als Entgeltungsmittel dient, wird auch im privaten Verkehr als solches anerkannt und verwendet."[60]

Das Rind ist zwar ein akzeptierter Wertträger, doch es wird nicht mit dem Vielfachen eines Tieres gezahlt und gerechnet. Die im Verhältnis zu dem wirtschaftlichen Potenzial relativ große Einheit ‚Rind' wird zerlegt, um die Vergütung je nach Leistung abstufen zu können.[61] Beim Opfer bringt man dem Gott nur gewisse, meist minderwertige Stücke dar, bestimmte Teile erhält der Priester und andere winken entweder als ‚Preisgeld' bei Wettkämpfen[62], oder sie werden als Entlohnung einer Arbeit für den Staat gemeinsam verspeist.[63]

Die Bedürfnisse des Priesters beschränken sich natürlich nicht auf das für ihn vorgesehene Fleisch des Opfertieres. Vielmehr bemüht er sich, mit dem Überschuss die anderen Güter zu erlangen, welche in seinen Begehrkreis fallen. Am Tempel *muss* ein Gütertausch entspringen: „Das Heiligtum wird mit Naturnotwendigkeit eine Keimzelle des Tauschhandels und die Priesterschaft das erste Handelskollegium."[64] Selbst wenn die Gesellschaft durch relativ autarke Hauswirtschaften charakterisiert ist, deutet die Existenz eines Tempels stets auf Tausch hin. Weil seine Einnahmen stofflich immer gleich sind, lassen sich die insgesamt benötigten Lebensmittel nur durch Handel besorgen. Somit wird verständlich, warum das Geld als Tauschmedium zuerst in der Tempelwirtschaft auftritt.[65]

---

[59] Ebenda, S. 43.

[60] Ebenda.

[61] Vgl. ebenda, S. 50.

[62] Vgl. ebenda, S. 57.

[63] Vgl. ebenda, S. 49.

[64] Ebenda, S. 101.

[65] Vgl. ebenda, S. 103. Auch später ist die Kirche ein Ort, an dem viel getauscht wird. „Wir bezeichnen heute die großen Organisationen des Warenverkaufs als

Das klassische Tauschmittel ist die Münze. Aber sie ist, wie das Geld überhaupt, nicht aus ökonomischen Überlegungen hervorgegangen. Ihr Entstehen rührt aus einer veränderten Haltung des Menschen zur Gottheit her. Gott wird nun als *ewiges, geistiges* Wesen gedeutet, dessen Gnade nicht länger durch kurzlebige, materielle Gaben zu gewinnen ist: „Das in natura gegebene Opfer wird abgelöst durch eine Nachbildung aus Edelmetall.“[66]

Der Übergang vom Inhalt zur Form beginnt, die Substanzverflüchtigung des Geldes setzt ein, es fängt an, bloßes Zeichen zu werden. Das Opfertier selbst wird durch die Münze symbolisiert, der Kopf steht künftig als *Pars pro toto*. Doch die ‚Kaufkraft‘ überträgt sich:

> „So lange der Glaube lebendig ist, mit Hingabe dieses Bildes die Schuld gegen die Götter ablösen zu können, so lange werden dagegen Güter hergegeben … Der Tempel erhält für diese Idole andere Güter, sie sind also für ihn Tauschmittel …“[67]

Aus *dieser* Sphäre kommt die eigentliche Bedeutung des Münzstempels. Er hat zunächst nicht den Zweck, Nachahmungen zu erschweren, sondern er ist eine magische Eigentumsmarkierung. Da der Tempel das Metall ausleiht, muss gewährleistet sein, dass das der Gottheit Gehörende in gleicher Menge und Qualität wieder zurückfließt. Deswegen drückt man das Bild des Gottes auf.[68] Die Prägung ist eine heilige Signatur; eine Münzfälschung gilt demgemäß als Sakrileg, und das Vergehen wird mit dem Tode bestraft. Hierdurch wandelt sich der Stempel tatsächlich zu einer Art Qualitätssiegel. Seine Anerkennung beruht auf dem Respekt vor dem heiligen Emblem. Das an sich kaum wertvolle Eisengeld der Spartaner verdankt seine Gültigkeit ebenfalls dieser Ehrfurcht. Als diese nachließ, musste der Staat zu Zwang greifen.[69]

In der Ära der ungebrochenen religiösen Autorität der Münze zählt jede Stück für Stück, unabhängig von Größe und Gewicht. Herodot berich-

---

Messen; der Name stammt von der religiös-kirchlichen Handlung. Messe und Markt fanden zu gleicher Zeit und am selben Ort statt.“ Ebenda, S. 99.

[66] Ebenda, S. 91.

[67] Ebenda, S. 95.

[68] Vgl. ebenda, S. 142.

[69] Vgl. ebenda, S. 155. Ein Argument für die Beibehaltung des Eisengeldes in Sparta lautete, es unterbinde die Korruption, denn mit ihm werde die Anhäufung größerer Schätze im Geheimen erschwert.

tet von der zwangsweisen Tempelprostitution in Babylon, dort dürfe die Silbermünze nicht abgelehnt werden, einerlei, wie groß sie sei, denn man erachte sie als heilig.[70]

Für die römische Münze lässt sich der sakrale Ursprung nur rudimentär belegen, sie ist viel eher eine Kreation der staatlichen Rechtsordnung.[71] Infolgedessen steht die Vergleichbarkeit des Wertes der einzelnen Münzen im Vordergrund. Dennoch bleibt das Verhältnis von Gold zu Silber lange mystischen Ursprungs. Bis zur Neuzeit beträgt es etwa $1:13^1/_3$. Die Tauschrelation zwischen den beiden Edelmetallen richtete sich freilich nicht nach Angebot und Nachfrage, wie man meinen mag, sondern orientierte sich an den Umlaufzeiten der Gestirne: Die Sonne repräsentierte das Gold, der Mond versinnbildlichte das Silber.[72]

Die Skizze der Laufbahn des Geldes zeigt, dass sein Werden, ohne ein von vornherein zielgerichteter Prozess zu sein, durch eine schwindende Emotionalität, eine nachlassende Magie, eine zunehmende Säkularisierung und Demokratisierung und schließlich durch eine (heute praktisch perfekte) Entstofflichung geprägt ist. Gleichwohl datiert das reine Zeichengeld früher als die moderne Buchgeldschöpfung. Am Kongo benutzen manche Völker Strohmatten oder Grastücher als universelle Gegenleistung, die ursprünglich quadratisch sind, später aber nur aus einem Gewirr von Heu bestehen. In Teilen des westlichen Sudans zirkulieren Streifen aus blauem Stoff, die nach und nach zu bloßen Fetzen werden.[73] Stets ist das Geld jedoch eine soziale Einrichtung, ein Werkzeug zur Organisation von Verhältnissen zwischen Menschen und (ihren) Dingen, ein Verständigungsmittel über Kostbarkeiten. Immer erhält das Geld für das Individuum seinen Wert von *außen*, durch eine gesellschaftliche Zuweisung.

Der Ausflug in die Vergangenheit lohnte sich schon, weil häufig anzutreffende Vorurteile korrigiert werden konnten. Zudem hat der Abstecher die Neugier geweckt, inwiefern das Geld in der modernen, durch ökonomischen Tausch gekennzeichneten Wirtschaft als Kommunikationsmedium fungiert. Darüber instruiert der folgende Abschnitt.

---

[70] Vgl. Polanyi, K., Ökonomie ..., a.a.O., S. 318.

[71] Vgl. Laum, B., a.a.O., S. 155. Diesen Aspekt betont Knapp, G. F., Staatliche Theorie des Geldes (1905), 3. Aufl., München / Leipzig 1921.

[72] Vgl. Laum, B. a.a.O., S. 128 f.

[73] Vgl. Polanyi, K., Ökonomie ..., a.a.O., S. 318.

1.5.2 Funktion und Wesen des Geldes

Für eine systematisch-analytische Untersuchung des Geldbegriffs erweist es sich als zweckmäßig, vom ökonomischen Tausch und seiner Geschichte auszugehen. Dessen einfachste Erscheinungsform ist der Naturaltausch; eine Ware wird gegen eine andere direkt umgesetzt, oder in der Schreibweise von Karl Marx: $W-W$. Der unmittelbare Tausch, beispielsweise von Bibern gegen Hirsche, ist vom konkreten *Gebrauchswert* der *Güter* für die an ihm Beteiligten bestimmt. Sind deren Bedürfnisse gestillt, findet der Prozess sein Ende. Diese Transaktionsmethode bedarf keiner gesellschaftlichen Arbeitsteilung. Gibt der Hinz dem Kunz eine Bibel für ein Stück Speck, sagt das allein nichts über die soziale Produktionsweise aus.

Der Naturaltausch dominiert in den frühen Kulturen, in welchen die einzelnen Subsistenzwirtschaften nur gelegentlich Handel treiben. In solchen Sozietäten ist die Herstellung noch nicht systematisch auf die Befriedigung einer anonymen Marktnachfrage zugeschnitten.[74] Aus diesem Grund wäre es eigentlich zweckmäßiger, in diesem Fall von *Gütern* statt von *Waren* zu reden. Dies hätte sich in einer passenden Symbolik niederzuschlagen. Die begriffliche Unschärfe ist jedoch weit verbreitet und wohl nicht mehr auszurotten. Sie wird uns gleich wieder begegnen.

Beim Naturaltausch machen die Begriffe Käufer und Verkäufer keinen Sinn. Weder Hinz noch Kunz lassen sich einschlägig etikettieren. Erst wenn ein allgemeines Tauschmittel dazwischengeschaltet wird, kann man Kauf und Verkauf auseinanderhalten.

Bei der „einfachen Warenzirkulation“ $W-G-W$[75] zerfällt die Transaktion in zwei halbe Tauschakte, den *Verkauf* Ware gegen Geld ($W-G$) und den *Kauf* Geld gegen Ware ($G-W$). Diese Übertragung setzt gleichfalls nicht unbedingt Arbeitsteilung voraus. Wiederum ist zwischen dem eher zufälligen Tausch zur Ergänzung der selbst erzeugten Güterpalette

---

[74] Eines der interessantesten Handelssysteme ist der als Kula bezeichnete Ringtausch im Massimgebiet von Papua-Neuguinea. Dabei werden zwischen festen Partnern Halsketten im Uhrzeigersinn von Insel zu Insel weitergereicht, während Armringe entgegengesetzt zirkulieren. Vgl. Malinowski, B., Argonauten des westlichen Pazifik, Ein Bericht über Unternehmungen und Abenteuer der Eingeborenen in den Inselwelten von Melanesisch-Neuguinea (englisch 1922), Frankfurt a. M. 1979. Neuere Forschungsergebnisse bringt der Sammelband Leach, J. W., Leach, E. (Hrsg.), The Kula, New Perspectives on Massim Exchange, Cambridge u. a. 1983.

[75] Vgl. Marx, K., Das Kapital, 1. Bd., a.a.O., S. 161 ff.

und einer gesellschaftlichen Spezialisierung der Produzenten auf einzelne Waren zu unterscheiden. In den gängigen Erläuterungen der Geldfunktionen taucht diese – wie sich später zeigen wird, entscheidende – Trennung nicht auf. Der Vorteil des Geldgebrauchs rührt nach der herrschenden Lehre von seiner Eigenschaft her, die Schwerfälligkeit des direkten Handels von Gebrauchswerten abzubauen. Das folgende einfache Beispiel, welches mit Absicht nicht auf eine *Waren*produktion abstellt, dient als Vergleichsbasis, um den qualitativen Sprung zu verdeutlichen, der zwischen Naturaltausch und monetär vermittelter Güterallokation liegt.

Versetzen wir uns auf einen Spielplatz. Alfred, Bernd und Claus beabsichtigen, ihren Nutzen zu mehren. Dafür sind sie bereit, ihre Schätze herzugeben. Alfred besitzt Gummibärchen und hätte gerne Kieselsteine. Bernd ist willens, seine Zinnsoldaten gegen Gummibärchen abzutreten. Claus verfügt über Kieselsteine und begehrt Zinnsoldaten. Die Übersicht I.1 informiert über ‚Angebot und Nachfrage der Wirtschaftssubjekte'.

Übersicht I.1: Angebot und Nachfrage auf einem Spielplatz

	Alfred	Bernd	Claus
Angebot	Gummibärchen	Zinnsoldaten	Kieselsteine
Nachfrage	Kieselsteine	Gummibärchen	Zinnsoldaten

Was passiert? – Zunächst nichts. Obwohl im Aggregat jedes Angebot auf Nachfrage stößt, kommt es im ersten Anlauf zu keinem Handel. Es finden sich keine Partner, die jeweils gerade das wollen, was der andere ihnen anbietet *und* der umgekehrt genau das nachfragt, was offeriert wird; es fehlt an der sog. doppelten Koinzidenz. Erst durch Dreieckstausch kann es zu einem Ausgleich von Angebot und Nachfrage kommen.[76] Alfred

[76] Vgl. Schneider, E., Einführung in die Wirtschaftstheorie, I. Teil, Theorie des Wirtschaftskreislaufs, 14. Aufl., Tübingen 1969, S. 20 f. Menger zitiert in diesem Zusammenhang ein prägnantes Beispiel aus dem Bericht einer Afrikareise von Cameron und Barth: „Boote zu erhalten, war mein nächster Gedanke. Da die Besitzer von zwei mir zugesicherten Booten abwesend waren, suchte ich ein dem Syde ibn Habib gehöriges von seinem Agenten zu mieten. Sydes Agent wollte aber in Elfenbein bezahlt sein, das ich nicht besaß; ich erfuhr indes, daß Mohamed ben Salib Elfenbein habe und Baumwollzeug brauche. Da ich aber kein Baumwollzeug hatte, so nützte mir dies wenig, bis ich erfuhr, daß Mohamed ibn Gharib Baumwollzeug habe und Draht brauche. Glücklicherweise besaß ich diesen. So gab ich denn dem Mohamed ibn Gharib die entsprechende Menge Draht, worauf er dem Mohamed ben Salib

tauscht beispielsweise mit Bernd seine Gummibärchen gegen dessen Zinnsoldaten, um daraufhin diese wiederum gegen Claus' Kieselsteine zu veräußern. Schließlich haben alle, wonach sie streben.

Aber das Risiko im Dreieckstausch ist ungleichmäßig verteilt. Alfred muss zweimal tauschen, ehe er bekommt, was er möchte, während die beiden anderen schon in der ersten Runde ihre Wünsche befriedigen können. Bei fehlender doppelter Koinzidenz besteht jedoch *a priori* keine Garantie – vor allem bei einer größeren Zahl von Anbietern und Nachfragern –, die zwischendurch erworbenen, eigentlich nicht erwünschten Güter letzten Endes immer gegen das Ersehnte umsetzen zu können.

Ein generelles Äquivalent schafft hier Abhilfe. Es verringert die Unsicherheit, die bei zirkulärem Handel in der Naturaltauschwirtschaft auftritt. Das kann es nur, sofern (ziemlich) gewiss ist, dass man dafür später wieder etwas erhält. Dieses Risiko ist recht gering, wenn das allgemeine Tauschmittel selbst einen Gebrauchswert hat, der nicht auf seiner Kaufkraft beruht. Frühe Formen des Geldes, wie Getreide, Salz, Felle oder die Zigarettenwährung nach dem Zweiten Weltkrieg, eignen sich zu dieser unmittelbaren Konsumtion. Schon beim Edelmetallgeld ist das nicht mehr ohne Weiteres so.[77]

Die Entwicklungsgeschichte des Geldes ist somit von einem beständigen Schwinden des Stoffwertes des Geldmediums gekennzeichnet. Im Zuge dessen musste naturgemäß seine Tauglichkeit zum direkten Verbrauch zurückgehen; beim reinen Buchgeld fallen selbst die Knopf- und die Heizfunktion als Geldverwendung fort.

Die Einführung eines allgemeinen Entgeltmittels erweist sich ab einem bestimmten Niveau des Tauschverkehrs nicht nur als sinnvoll, sondern darüber hinaus als *praktisch* unentbehrlich. Hierdurch sinken die Transaktionskosten der Güterallokation, die sonst unter Umständen prohibitiv

---

Baumwollzeug gab, der seinerseits Syde ibn Habibs Agenten das gewünschte Elfenbein gab. Hierauf gestattete mir dieser, das Boot zu nehmen." Menger, C., Grundsätze ..., a.a.O., S. 245 Fn. Nach Erich Schneider gebührt Walras das Verdienst, die Bedeutung des mittelbaren Tausches bei drei und mehr Gütern erkannt zu haben: „Weder Menger noch Jevons haben darauf hingewiesen", setzt er – wie das Zitat zeigt, nicht ganz richtig – fort. Vgl. Schneider, E., Einführung in die Wirtschaftstheorie, IV. Teil, Ausgewählte Kapitel der Geschichte der Wirtschaftstheorie, 1. Bd., Tübingen 1962, S. 252 Fn.

77 „Auch bei vollwertigem Geld war und ist es nicht das Edelmetall, das dem Geld Wert verleiht – sondern umgekehrt: das Geld ist es, das das Metall wertvoll macht ... Gold und Silber hätten viel niedriger im Wert gestanden ohne diese Nachfrage." Veit, O., a.a.O., S. 10 f.

hoch sein können. Allerdings entpuppt sich die Frage, wie das Zahlungsmedium, das ja hinreichend dokumentiert sein muss, in Verkehr gebracht wird, keineswegs als trivial; insbesondere spielt die notwendige Geldmenge und ihre Lokation eine oft etwas stiefmütterlich behandelte Rolle.[78]

Der Unterschied zwischen Naturaltausch und einfacher Warenzirkulation reduziert sich nicht ausschließlich auf die Einschaltung eines Wertträgers, der die Umständlichkeit der direkten Besitzübertragung vermindert. Die qualitative Differenz zwischen Naturaltausch und einfacher Warenzirkulation weitet sich aus, falls die einfache Warenzirkulation wirklich Warenproduktion ist; es liegt dann eine gesellschaftliche Arbeitsteilung vor. Die Produzenten haben sich auf die Erzeugung bestimmter Objekte spezialisiert, und sie müssen sich selbst auf Märkten mit fremdgefertigten Vorleistungen versorgen, um leben und arbeiten zu können.

Jetzt wird eine der in der Drei-Funktionentheorie des Geldes aufgezählten und gleichrangig neben die beiden anderen platzierte Funktion zur unerlässlichen Voraussetzung, um überhaupt arbeitsteilig wirtschaften zu können. Es handelt sich um die Recheneinheit. Ein einfaches Beispiel veranschaulicht die Behauptung.

Nehmen wir an, in einer Wirtschaft werden lediglich drei homogene Waren hergestellt: Weizen (W), Eisen (E), Schweine (S).[79] Die umseitigen, gleichungsähnlichen Ausdrücke repräsentieren Fabrikationsprozesse, wobei der Pfeil (→) andeutet, dass ein Input – links vom Pfeil – in einen Output – rechts vom Pfeil – transformiert wird. Die Lebensmittel der Produzenten sind in den Einsatzgütern enthalten. Da sich physisch heterogene Mengen nicht addieren lassen, symbolisiert das ‚kaufmännische Und' (&) den Einsatz im Sinne des „Man nehme", wie es in Kochrezepten heißt.[80]

Der gesamte Ausstoß fließt wieder in die Erzeugung zurück, in diesem einfachen Modell existiert (noch) kein gesellschaftlicher Überschuss. Eine solche Ökonomie kann daher nicht wachsen; die Wirtschaftsaktivität stagniert Jahr für Jahr auf gleichem Niveau – wenn wir diese ‚agrarische'

---

[78] Vgl. Krause, U., Geld und abstrakte Arbeit, Über die analytischen Grundlagen der Politischen Ökonomie, Frankfurt a. M. / New York 1979, S. 62 ff.

[79] Das Exempel stammt von Sraffa, P., Production of Commodities by Means of Commodities, Prelude to a Critique of Economic Theory, Cambridge 1960, S. 4. Das Symbol W repräsentiert nunmehr nicht mehr schlechthin eine Ware, sondern eine bestimmte Getreidesorte.

[80] Sraffa verwendet hingegen das Pluszeichen.

Zeitspanne als Einheitsperiode von Herstellung und Verbrauch betrachten.[81]

$$
\begin{array}{rcrcrcl}
240\,W & \& & 12\,E & \& & 18\,S & \rightarrow 450\,W \\
90\,W & \& & 6\,E & \& & 12\,S & \rightarrow \;\; 21\,E \\
120\,W & \& & 3\,E & \& & 30\,S & \rightarrow \;\; 60\,S \\
\hline
450\,W & & 21\,E & & 60\,S & &
\end{array}
$$

Am Ende des betrachteten Intervalls werde auf einem Markt getauscht. Der Ertrag jedes Verfahrens muss hinreichen, um die notwendigen Einsatzgüter für den nächsten Produktionszyklus zu erwerben. Dabei ist klar, dass der Weizensektor das Getreide, das er selbst verbraucht, nicht auf den Markt wirft; *mutatis mutandis* verhalten sich die beiden anderen Zweige. Wir haben somit folgende ‚Budgetrestriktionen':

$$
\begin{array}{rcl}
12\,E \,\&\, 18\,S & \leftarrow & 210\,W \\
90\,W \,\&\, 12\,S & \leftarrow & 15\,E \\
120\,W \,\&\, 3\,E & \leftarrow & 30\,S
\end{array}
$$

Jetzt stehen links vom Pfeil die Waren, die jeweils durch Abgabe des rechts vom Pfeil aufgeführten Nettooutputs besorgt werden müssen. Der Weizensektor z. B. bietet 210 W an, um 12 E und 18 S zu erhalten.

Wie spürt man die relativen Preise dieser Wirtschaft auf? Probieren wir im ersten Schritt, das physische Angebot mit der stofflichen Nachfrage zu konfrontieren. Die Weizenabteilung tausche mit der Eisenindustrie 12 E gegen 90 W sowie mit der Schweinezucht 18 S gegen 120 W ein. Drücken wir die Gleichsetzung im Handel durch das Äquivalenzzeichen ($\Leftrightarrow$) aus, erhalten wir:

$$12\,E \Leftrightarrow 90\,W \qquad \text{(I.1a)}$$

$$18\,S \Leftrightarrow 120\,W \qquad \text{(I.2a)}$$

Für die Eisenindustrie gilt analog:

---

[81] „A year is assumed in political economy as the period which includes a revolving circle of production and consumption." Mill, J., Elements of Political Economy, London 1821, S. 185. Es wird sich allerdings zeigen, dass diese ‚sukzessivistische' Betrachtungsweise eine verfehlte Interpretation einer grundsätzlich simultanen (industriellen) Erzeugung heraufbeschwört.

$$90\,W \Leftrightarrow 12\,E \tag{I.1b}$$

$$12\,S \Leftrightarrow 3\,E \tag{I.3a}$$

Und für den Schweinesektor:

$$120\,W \Leftrightarrow 18\,S \tag{I.2b}$$

$$3\,E \Leftrightarrow 12\,S \tag{I.3b}$$

Man gelangt zu drei Ausdrücken, nämlich (I.1), (I.2) und (I.3), die jeweils zweimal (a, b) – nur andersherum geschrieben – auftauchen. Versuchen wir, das System zu lösen. Aus (I.1a) errechnet man sofort:

$$1\,W \Leftrightarrow \frac{12}{90}E \tag{I.1c}$$

(I.1c) in (I.2a) bringt:

$$18\,S \Leftrightarrow 120\frac{12}{90}E \Leftrightarrow 16\,E \tag{I.4a}$$

Der ‚Eisenpreis eines Schweins' beläuft sich demnach auf:

$$1\,S \Leftrightarrow \frac{16}{18}E \Leftrightarrow 0{,}88889\,E \tag{I.4b}$$

Aus (I.3a) gewinnt man jedoch:

$$1\,S \Leftrightarrow \frac{3}{12}E \Leftrightarrow 0{,}25\,E \tag{I.3c}$$

Offenbar herrscht zwischen (I.4b) und (I.3c) eine Diskrepanz; auf diese Art scheitert im vorliegenden Fall die Ermittlung eines funktionsfähigen Tauschsystems. Die bilaterale materielle Bedarfsdeckung bietet keine Gewähr für die Einhaltung der Reproduktionsbedingung. Dies ist eine Ursache für das regelmäßige Scheitern der reinen Mengenplanung, wie sie in den Ländern des real existierenden Sozialismus versucht worden ist.[82]

[82] Sraffa war offenbar die mögliche Unstimmigkeit nicht bewusst. In seinen im Internet verfügbaren Notizen aus dem Winter 1927/28 kommentiert er ein allgemein formuliertes Produktionsmodell ohne Überschuss für drei Güter *A*, *B* und *C*:

Wie ermittelt man stattdessen ein widerspruchfreies Preissystem? Natürlich sollten jeweils die Ausgaben gleich den Einnahmen sein, jedoch darf man nicht ‚natural' kalkulieren, sondern nur in *Werten*; die einzelnen Waren müssen so gewichtet werden – mit Preisen! –, dass sich konsistente Tauschrelationen ergeben.[83] Jetzt ist es erlaubt, sowohl das Plus- als auch das Gleichheitszeichen zu verwenden. Die Budgetrestriktionen unserer Modellwirtschaft lauten nunmehr:

$$210 p_W = 12 p_E + 18 p_S \tag{I.5}$$

$$15 p_E = 90 p_W + 12 p_S \tag{I.6}$$

$$30 p_S = 120 p_W + 3 p_E \tag{I.7}$$

In diesen Gleichungen symbolisiert p_i $(i = W, E, S)$ den jeweiligen Preis der entsprechenden Einheit. Aus (I.5) resultiert:

$$p_E = \frac{1}{12}(210 p_W - 18 p_S) \tag{I.5a}$$

(I.5a) in (I.6) liefert:

$$15\frac{1}{12}(210 p_W - 18 p_S) = 90 p_W + 12 p_S$$

Einige Umformungen bringen:

$$p_S = 5 p_W \tag{I.8}$$

Eingesetzt in (I.5a) ergibt zunächst:

„These are homogeneous linear equations. They have infinite sets of solutions, but the solutions of each set are proportional … These proportions we call ratios of Absolute values. They are purely numerical relations between the things *A*, *B* …" Vgl. Sraffa, P., Manuskript, http://trin-sites-pub.trin.cam.ac.uk/manuscripts/Sraffa_D3_12_5/manuscript.php?fullpage=1&startingpage=1, S. 2.

[83] Erich Schneider verwendet bei der Analyse des Tauschs zwischen drei Wirtschaftssubjekten mit gegebenen Anfangsausstattungen von Anfang an in „DM als Rechnungseinheit" ausgedrückte Preise. Vgl. Schneider, E., Einführung in die Wirtschaftstheorie, II. Teil, Wirtschaftspläne und wirtschaftliches Gleichgewicht in der Verkehrswirtschaft, 13. Aufl., Tübingen 1972, S. 408.

$$p_E = \frac{1}{12}(210 p_W - 90 p_W)$$

Daraus folgt:

$$p_E = 10 p_W \tag{I.9}$$

Die Substitution von (I.9) und (I.8) in (I.7) mündet in:

$$150 p_W = 150 p_W$$

Somit kann willkürlich eine positive Preiszahl des Weizens gewählt werden. Außerdem wird dessen physische Mengeneinheit zum Preismaß. Das Preissystem hat einen Freiheitsgrad, lediglich die *relativen* Tauschverhältnisse sind determiniert. Erheben wir eine bestimmte Weizenquantität (Doppelzentner) zur Zähleinheit und setzen ihren Preis gleich eins, erhalten wir die *absoluten* Preise $p_E = 10$ (Doppelzentner Weizen) und $p_S = 5$ (Doppelzentner Weizen).

Die wesentliche Erkenntnis der vorangegangenen Analyse besteht darin, dass eine arbeitsteilige, über Märkte koordinierte Warenproduktion ohne Recheneinheit *gar nicht funktionieren kann*. Die relativen Werte, mit denen *allein* die Budgetrestriktionen zu erfüllen sind, können sich erst bilden, sobald *alle* Akteure *denselben* Maßstab ihren Dispositionen zugrunde legen. Die Wahl eines Numéraire erschöpft sich also qualitativ keineswegs in der Elimination eines Freiheitsgrades, wie die Sprachregelung in totalanalytischen Studien seit Walras suggeriert. Außerdem darf – worauf wir später stoßen werden – nicht irgendein Gut Standard sein; vielmehr eignen sich hierfür nur bestimmte Waren. Zufälliges Tauschen kann auf einen derartigen Wertbezugspunkt verzichten. Daher ist der Tausch aus Beständen, auf den die Lehrbücher abstellen, ein ungeeigneter Anwendungsfall, um die tiefere Bedeutung der Recheneinheit zu demonstrieren.

Im obigen Beispiel ging es um die Ermittlung der Tauschverhältnisse einer Ökonomie, die den Bedingungen der einfachen Reproduktion gehorcht. In einer solchen Wirtschaft *müssen* die hergestellten Güter*ströme* so bewertet werden, dass eine Allokation erfolgt, die eine Erzeugung auf gleichem Niveau wie in der Vorperiode gestattet. In der arbeitsteiligen Warenproduktion ist die Verwandlung der heterogenen Input- und Outputquantitäten in homogene Wertgrößen unerlässlich, um den Erfordernissen, denen die Wirtschaft unterworfen ist, genügen zu können: Die

Einnahmen aus der spezialisierten Produktion müssen hinreichen, die verschiedenen Vorleistungen zu beschaffen. Das kann nur bewerkstelligt werden, wenn Einsatz und Ausstoß gleich dimensioniert sind.

Für eine dezentral organisierte Arbeitsteilung ist ein um dasselbe Numéraire kreisende Denken in *Werten* notwendig; ein intellektuelles, abstraktes Phänomen, das die gesamte Wirtschaftsgesellschaft durchdrungen haben muss. Beim frühen Tausch, der sich allein aus einem Überschuss speist und der nicht darauf zugeschnitten ist, den Input für die eigene Produktion zu erwerben, tritt dieser Zwang nicht auf.

Die Zähleinheit eicht eine *Verhältnisskala*, eine Rangfolge, in welcher der Wert null einen Sinn macht und in der eine Ähnlichkeitstransformation – die Multiplikation einer Maßeinheit mit einem positiven Faktor – informationserhaltend ist. So ist es ohne Belang, ob Körpergrößen in Millimetern oder in Zentimetern verglichen werden: Stets ist der Riese größer als der Zwerg. Demnach ändert ein Währungsschnitt gar nichts, falls sonst nichts geschieht. Der Maßstab, in dem kalkuliert wird, ist für sich gesehen ohne Eigenwert wie Gramm, Meter oder Watt.

Üblicherweise wird der Nutzen eines Numéraire an Beispielen illustriert, die sich auf *Bestände* beziehen. Sind in einer Wirtschaft n Güter vorhanden, lassen sich dort $\frac{n(n-1)}{2}$ unabhängige, relative Tauschverhältnisse bilden. Deklariert man den Preis eines beliebig ausgesuchten Guts zum Generalnenner, reduziert sich die Zahl der absoluten Preise auf $(n - 1)$. Mit der Einigung auf eine Recheneinheit ist eine deutliche Senkung der Informationskosten verbunden, denn für $n > 2$ ist die Zahl der relativen Preise größer als die der absoluten und ihre Wachstumsrate ist doppelt so hoch.[84] Beim Besitzwechsel aus Beständen erleichtert ein Zählgut den Überblick und senkt somit die Transaktionskosten.

Die Existenz eines Numéraire lässt jedoch keineswegs auf die Verbreitung eines allgemeinen Tauschmittels schließen. Beide Geldfunktionen müssen auch nicht miteinander verschmelzen. Über Jahrhunderte hinweg wurde etwa das Silberpfund der karolingischen Münzreform als *Tertium comparationis* beim Umwechseln verschiedener Währungen benutzt, wenngleich es nie zur Münze geschlagen worden ist.[85] Im Lauf der Ge-

---

[84] Die Herleitung findet sich in Helmedag, F., Geldfunktionen, in: das wirtschaftsstudium (wisu), 24. Jg. (1995), S. 711-717, S. 729.

[85] Vgl. Schmölders, G., a.a.O., S. 27.

schichte fungierten eine Reihe von Gütern als Recheneinheit, ohne je als Tauschmittel zu dienen.

> „The Romans are said to have had nothing but copper money till within five years before the first Punic war", berichtet Adam Smith mit Plinius als Gewährsmann, „when they first began to coin silver. Copper, therefore, appears to have continued always the measure of value in that republick … Though the *Sestertius*, therefore, was originally a silver coin, its value was estimated in copper."[86]

Eucken erwähnt ebenfalls ein Chaos von Geldsorten zu hellenistischer Zeit im Ostmittelmeerraum, so dass Tauschmedium und Recheneinheit auseinanderfallen mussten.[87] Aber die Einführung eines *generellen* Äquivalents bringt in der arbeitsteiligen Warenproduktion Vorteile. Zur Veranschaulichung der Aussage dient die Übersicht I.2, welche die Lieferverflechtungen der Modellökonomie illustriert.

Übersicht I.2: Die Tauschstruktur der Weizen-Eisen-Schweine-Wirtschaft

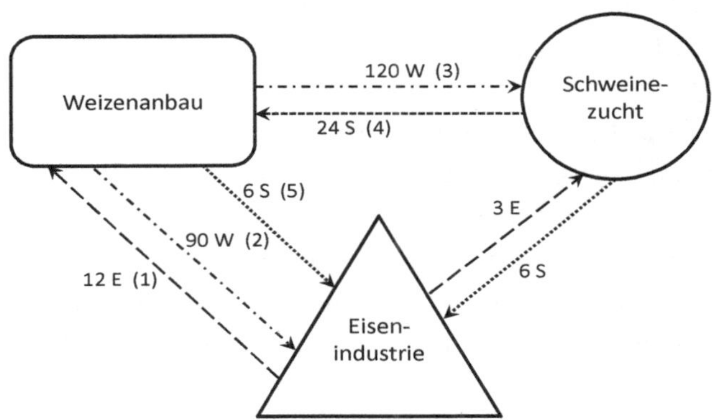

Die Weizenindustrie benötigt vom Eisensektor $12\,E$ (1)[88], für die $120\,p_W$ zu zahlen sind. Diese Summe kann durch den Weizenverkauf an die Eisenabteilung in Höhe von $90\,p_W$ (2) nicht direkt gedeckt werden. Wie

---

[86] Smith, A., a.a.O., S. 56. Weitere Beispiele bringt Gerloff, W., Die Entstehung …, a.a.O.

[87] Vgl. Eucken, W., a.a.O., S. 181.

[88] Ziffern in Klammern verweisen auf die entsprechende Transaktion in der Abbildung.

finanziert der Weizensektor die noch offene Eisenrechnung? Blicken wir zur Beantwortung der Frage auf die Lieferverflechtungen zwischen Weizen- und Schweineindustrie. Die 18 Schweine, die der Weizensektor braucht, kosten $90\,p_W$. An die Schweinemast wird hingegen Weizen im Wert von $120\,p_W$ (3) veräußert. Der Weizensektor macht aus diesem Geschäft einen Überschuss in Höhe von $30\,p_W$ oder 6 Schweinen (4). Diese 6 Tiere gibt der Weizensektor zusätzlich zu seiner Weizenlieferung an die Eisenindustrie (5), um den Rest der Metallzeche zu begleichen.

Fehlt eine Kaufkraftverkörperung, müssen – sofern man vom Naturalkredit absieht – *zuerst* die Weizen- und die Schweineabteilung tauschen, ehe der Weizen- mit dem Eisensektor Geschäftsbeziehungen aufnehmen kann – Verhältnisse wie auf unserem Spielplatz. Das konsistente Preissystem ist bekannt, trotzdem kommt es bei Abwesenheit eines akzeptierten Zahlungsmittels zu einem Dreieckstausch. Nur wenn die physischen Güterströme zwischen allen Sektoren keinen Saldo aufweisen, liefern die direkten Mengenbedarfe widerspruchsfreie relative Preise.

Tauschmedium und Recheneinheit erfüllen zwei eigenständige Aufgaben.[89] Allerdings unterscheiden sich die beiden Funktionen in qualitativer Hinsicht voneinander: „… denkbar ist zwar ein Markt ohne allgemeines Zahlungsmittel, aber nicht ohne allgemein anerkannte Recheneinheit.“[90]

Die Existenz eines allgemeinen Tauschmittels kann jedoch schon beim Handel zwischen zwei Akteuren, die beide mehrere nicht (sinnvoll) teilbare Objekte besitzen, die Wohlfahrt steigern. Eine (nahezu) stetig abstufbare und wie auch immer verkörperte generelle Gegenleistung erlaubt es, sowohl Blockaden beim Naturaltausch aufzulösen, als auch vorteilsausgleichende und in diesem Sinn ‚faire‘ Preise zu bilden.[91]

---

[89] Darauf hat Koopmans bereits in den 30er Jahren hingewiesen. Vgl. Koopmans, J. G., Zum Problem des „neutralen“ Geldes, in: Beiträge zur Geldtheorie, hrsg. v. Hayek, F. A. v., Wien 1933, S. 211-359, S. 247.

[90] Veit, O., a.a.O., S. 19.

[91] Die Aussage bezieht sich auf das (lange in Vergessenheit geratene) Beispiel von Nash, J., The bargaining problem, in: Econometrica, Bd. 18 (1950), S. 155-162. In dem Exempel tauschen Bill und Jack ihre Schätze (ebenfalls auf einem Spielplatz?!), wobei nach Nash Bill einen Ball abgibt, den er höher als Jack einschätzt. Vgl. zur Analyse und Überwindung dieses irrationalen Vorgangs Helmedag, F., Barter, efficiency, and money prices: dissecting Nash's bargaining example, in: International Journal of Pluralism and Economics Education, Bd. 9 (2018), S. 292-299.

Da jedes Tauschmittel skalierbar sein muss, um Transaktionskosten zu senken und Allokationsvorteile zu realisieren, stellt eine Zähleinheit auch das *systematische* Prius des universalen Kaufkraftrepräsentanten dar. Ferner braucht die marktkoordinierte gesellschaftliche Arbeitsteilung einen Generalnenner zur konsistenten Formulierung der Budgetrestriktionen, aus denen sich die reproduktionsnotwendigen Preise ergeben. Das Wesentliche an der abstrakten Funktion der Recheneinheit ist stets das Disponieren in *Werten*; erst dann lassen sich Herstellung und Austausch *organisieren*. Einerlei, wie sich die Menschen auf welchen Standard einigen, der Vorgang als solcher ist in jedem Fall Vorbedingung einer Warenproduktion.

Je mehr der ökonomische Tausch die Gesellschaft integriert, desto größer wird die Bedeutung der Arbeitsteilung: Man erzeugt zunehmend Dinge, um sie auf einem Markt feilzubieten; sie werden zu Waren. Der Erlös dient zum Kauf anderer Waren. Das Geschehen orientiert sich freilich zunächst immer noch am Erwerb von Gebrauchswerten. Zu Beginn und am Schluss der Kette stehen andere, konkrete Güter. Die Wirtschaftsaktivität ist bloß Mittel zum Zweck: Jenes Einkommen, welches ein ‚standesgemäßes Leben' gewährleistet, errichtet der bedarfsgesteuerten Erzeugung eine obere Schranke.

Anders in der kapitalistischen Warenproduktion. Am Anfang und Ende des Vorgangs steht jetzt *Geld*. Es wird in die Waagschale geworfen, um zusätzliches Erwerbs*potenzial* – abstrakten Reichtum – zu erwirtschaften:

> „Die vollständige Form dieses Prozesses ist daher G – W – G′, wo G′ = G + ΔG, d. h. gleich der ursprünglich vorgeschossenen Geldsumme plus einem Inkrement. Dieses Inkrement oder den Überschuß über den ursprünglichen Wert nenne ich – Mehrwert (surplus value). Der ursprünglich vorgeschossene Wert erhält sich daher nicht nur in der Zirkulation, sondern in ihr verändert er seine Wertgröße, setzt einen Mehrwert zu oder verwertet sich. Und diese Bewegung verwandelt ihn in Kapital."[92]

Nun ist der Ablauf nicht länger durch Gebrauchswerte beherrscht und begrenzt; stattdessen kristallisiert sich im Geld der ökonomische Erfolg:

> „Die einfache Warenzirkulation – Verkauf für den Kauf – dient zum Mittel für einen außerhalb der Zirkulation liegenden Endzweck, die

[92] Marx, K., Das Kapital, 1. Bd., a.a.O., S. 165.

> Aneignung von Gebrauchswerten, die Befriedigung von Bedürfnissen. Die Zirkulation des Geldes als Kapital ist dagegen Selbstzweck, denn die Verwertung des Werts existiert nur innerhalb dieser stets erneuerten Bewegung. Die Bewegung des Kapitals ist daher maßlos."[93]

Das die kapitalistische Warenproduktion charakterisierende Streben nach mehr Geld materialisiert sich nicht in einer gedanklichen Recheneinheit, sondern in der handfesten Ausprägung des Geldes, dem *Objekt allgemeiner Begierde*. Das Geld erlangt den Status der ‚universalen Ware', da es die Macht verkörpert, in *allen* ökonomischen Tauschakten als Käufer aufzutreten. Das Supergut findet immer einen ‚Nachfrager', der es freiwillig und ohne Rücksicht auf die Person, d. h. ohne weitere Bonitätsprüfung, als Gegenleistung für die Hingabe seiner speziellen Ware anerkennt.

Geld repräsentiert im ökonomischen Tausch solange das generelle Entgeltmittel, wie es alle *anderen* Verkäufer gleichermaßen honorieren. Das Geld wird nicht wegen seines Wertes angenommen, umgekehrt: Es hat Wert, weil es angenommen wird. Daher rührt der besondere Eigenwert des Geldes, der notwendig ist, um seine Funktion als Tauschmedium zu garantieren; die Einheiten, in denen man kalkuliert, sind an sich belanglos.

Die Ursache, warum sich Zählgut und allgemeines Tauschmittel in einer fortgeschrittenen Geldwirtschaft vereinigen, liegt nahe: Die Informationskosten des Tausches verringern sich, es bedarf keiner Transformation der Stückelung des Tauschmittels nach Maßgabe des Numéraire mehr. Deshalb ist es vorteilhaft, das allgemeine Tauschmittel zum Generalnenner zu erheben. Nun entfaltet das Geld seine volle Energie, um das Wirtschaftsleben durch und durch zu strukturieren:

> „Das Vordringen des Rationalismus im Bereich des erwerbswirtschaftlichen Denkens und Handelns und damit schließlich die vollständige Rationalisierung der ganzen Erwerbswirtschaft mit ihrer schrankenlosen Ausdehnung des Gewinnstrebens gründet sich auf das Geld als Rechnungsmittel, das Ausdrucksmittel aller Wirtschaftsvorgänge ist, wie sie in der Buchhaltung der privaten wie der öffentlichen Wirtschaft aufgezeichnet werden."[94]

Falls die Dispositionsbasis nicht mit der Einheit des Tauschmittels übereinstimmt, etwa in Inflationszeiten, kann dieses trotzdem – wenigstens

[93] Ebenda, S. 167.

[94] Gerloff, W., Geld ..., a.a.O., S. 155.

eine Zeit lang – zirkulieren. In manchen Ländern sind die nationalen Währungen zwar Zahlungsmittel, gerechnet wird indes z. B. in US-Dollar oder in Euro.

Die Tauschmittelfunktion des Geldes ist jedoch ohne einen Rest an Wertspeichereigenschaft undenkbar. Fehlt diese Eigenschaft völlig, wäre es niemals das im Tausch akzeptierte universale Entgeltmittel.

> „Erst wenn das Geld sich so schnell entwertet", schreibt Schmölders, „daß es nicht einmal mehr die technisch bedingte Zeitdifferenz zwischen Einnahme und Ausgabe zu überbrücken vermag, wird es auch als Tauschmittel unbrauchbar; ein gewisses Mindestmaß an Wertkonstanz ist also auch für die Tauschmittelfunktion des Geldes unerläßlich."[95]

Waren also ursprünglich die Hortungsgüter Geld, so eignet sich das Geld heutzutage als Medium der Hortung, insoweit es die Verschiebung potenzieller Nachfrage in die Zukunft gestattet.[96]

Wie steht es nach dem Gesagten mit der orthodoxen Drei-Funktionenlehre des Geldes? Als erstes fällt die als selbstständig erachtete Wertspeicheraufgabe des Geldes durch den Rost: Wäre das Tauschmittel untauglich, Wert aufzubewahren, zumindest vorübergehend, respektierte es keiner im ökonomischen Tausch als Leistung eines Kunden. Und nichts außer Geld kommt zur Akkumulation von Werten in liquidester Form in Betracht, da es die höchste Marktgängigkeit aufweist.

Dementsprechend wurden in der älteren Literatur lediglich die abstrakte ‚Recheneinheit' und das konkrete ‚Tauschmittel' auseinandergehalten. In der abstrakten Dimension dient Geld als Wertausdruck, als Quantifizierung von Werten, mit ihm werden Werte verglichen. Der konkrete Aspekt des Geldes erfasst das Geld als Tausch-, Schuldentilgungs-

---

[95] Schmölders, G., a.a.O., S. 27.

[96] Vgl. Gerloff, W., Die Entstehung ..., a.a.O., S. 56. Die Stilllegung von Kaufkraft birgt das Risiko einer Krise: „Die Schwierigkeit, die Ware in Geld zu verwandeln, zu verkaufen, stammt bloß daher, daß die Ware in Geld, das Geld aber nicht unmittelbar in Ware verwandelt werden muß, also der *Verkauf* und *Kauf* auseinanderfallen können." Marx, K., Theorien über den Mehrwert, 2. Teil, in: Marx Engels Werke, Bd. 26.2, Berlin 1974, S. 510. Die Ausführungen Marxens entsprechen im Wesentlichen dem, was J. St. Mill zum Sayschen Gesetz anmerkte. Das ist umso erstaunlicher, als Marx – wie erwähnt – sich nicht gerade lobend über Mill äußerte. Vgl. Balassa, B. A., Karl Marx and John Stuart Mill, in: Weltwirtschaftliches Archiv, Bd. 83 (1959), S. 147-165.

und Wertaufbewahrungsmittel.[97] Patinkin differenziert darum in seiner viel beachteten geldtheoretischen Untersuchung zwischen „money as the abstract unit of account“ und Geld als „physical medium of exchange and store of value“. Mit diesen beiden Geldarten korrespondieren zweierlei Preistypen, „accounting prices“ und „money prices“.[98]

Einige Autoren haben das Tauschmedium in den Vordergrund gerückt, andere erblicken in der Recheneinheit das Hauptattribut des Geldes.[99] Manchmal wird verlangt, ‚richtiges‘ Geld müsse beide Eigenschaften integrieren. So meint Forstmann, der ebenfalls zwischen den beiden genannten Qualitäten unterschieden hat, von Geld im volkswirtschaftlichen Sinn könne nur gesprochen werden, „... wenn diese beiden Funktionen des Geldes, gleichzeitig in einem Objekt vereinigt, von diesem erfüllt werden.“[100] Wenig später bringt er eine ‚monolithische‘ Kennzeichnung des Geldes:

> „Geld im volkswirtschaftlichen Sinne ist eine in einer Zahlungsgemeinschaft allgemein anerkannte und jederzeit aktivierbare anonyme Forderungslegitimation an das nationale Güter- und Leistungsvolumen, dessen Erzeugung und Verteilung es quantitativ und qualitativ als Recheneinheit und Tauschmittler garantiert.“[101]

Abgesehen vom undeutlichen Nachsatz – inwiefern „garantiert“ Geld die Erzeugung und Verteilung des Sozialprodukts? –, die Bezugnahme auf eine „Zahlungsgemeinschaft“ verfehlt den Kern der Sache. Unter Zahlung ist ein Geldtransfer aufgrund einer Schuld zu verstehen, wozu etwa die Entrichtung von Steuern gehört. Diese Zwangsabgabe ohne spezifizierte Gegenleistung erfolgt regelmäßig in einer *Währung*, die als „Geschöpf der Rechtsordnung“ durch den Staat ins Leben gerufen wurde.[102]

---

[97] Vgl. Veit, O., a.a.O., S. 51.

[98] Vgl. Patinkin, D., Money, Interest and Prices, 2. Aufl., New York u. a. 1965, S. 15 f.

[99] Siehe dazu näher Schilcher, R. a.a.O., S. 39 ff. Vgl. ferner Wilken, F., Die Phänomenologie des Geldwertbewußtseins, in: Archiv für Sozialwissenschaft und Sozialpolitik, 56. Bd. (1926), S. 417-469.

[100] Forstmann, A., a.a.O., S. 71.

[101] Ebenda, S. 72.

[102] Die Formel findet sich auf Seite 1 des Buches von Knapp, G. F., Staatliche Theorie ..., a.a.O. Mit seiner Lehre wurde Knapp zum Ahnherr der Chartalisten, die im Geld ein reines Zeichen sehen. Im Unterschied dazu betonen die ‚Metallisten‘ den

Inspizieren wir noch den Vorschlag von Schmölders, das Wesen des Geldes zu erschließen. Er sieht in ihm „... jedes ausreichend dokumentierte Wertversprechen mehr oder weniger allgemeiner Geltung ...“[103] Bei näherem Hinsehen wirkt auch Schmölders’ Definition unscharf. Seine Kennzeichnung des *Nervus Rerum* – so brauchbar sie im ersten Anlauf scheint – ähnelt eher einer Beschreibung, denn einem Begriff des Geldes, mit dem es gelingt, die *Differentia specifica* dieser allgemeinen Vergütung anzugeben.

Die Wurzel des Unbehagens gegenüber den einzelnen Bestimmungen des Geldes ist aufgrund des Dargelegten leicht zu entdecken: In der Unklarheit, welche die Literatur durchzieht, (ab) wann von Geld im ökonomischen Sinn zu reden sei, schlägt sich die nebulöse Vorstellung vom Ökonomischen nieder.

Geld ist in einer modernen vom ökonomischen Tausch dominierten Gesellschaft ein *metrisch skalierter Wertausdruck* – falls man ergänzen will: ein ausreichend dokumentiertes Wertversprechen, eine anonyme Forderung –, dessen Autorität sich darauf gründet, von *jedem Verkäufer als Gegenleistung des Käufers im ökonomischen Tausch* anerkannt zu werden. ‚Metrisch skaliert‘ heißt in diesem Kontext, dass die Stückelung des Wertbelegs in Bezug zu einem *logisch* vorgelagerten Numéraire steht – obwohl beide Einheiten zweckmäßigerweise übereinstimmen (sollten).

Ein so geschätztes Geld macht seinen Besitz für jeden in der Wirtschaftsgemeinschaft kostbar: Deswegen verfügt es über die zur Erfüllung der Tauschmittel- und Wertaufbewahrungsaufgabe erforderliche Reputation. Diese besondere Qualität wohnt nicht dem Stoff des Mediums der generellen Gegenleistung inne, sondern ist das Ergebnis eines gesellschaftlichen Prozesses. Der konkrete Wert des Geldes reflektiert seine Macht über den Warenkosmos, er misst sich somit an Preisen, die in ihm formuliert werden.

Aus systematischer Sicht führt die Entfaltung des ökonomischen Tausches über eine Recheneinheit zur Arbeitsteilung, um mit der Verbrei-

---

Stoffwert des Geldes, wobei, wie schon erläutert, nicht nur Gold und Silber als allgemeines Äquivalent fungierten. Der Übergang vom Metallismus zum Chartalismus lässt sich besonders gut an der englischen Geldgeschichte studieren. Vgl. dazu Helmedag, F., Monetäre (Un-)Ordnung als Ursache von Finanzmarktkrisen, in: Theorieentwicklung im Kontext der Krise, hrsg. v. Busch, U., Krause, G., Abhandlungen der Leibniz-Sozietät der Wissenschaften, Bd. 35, Berlin 2013, S. 179-193.

[103] Schmölders, G., a.a.O., S. 22.

tung eines allgemeinen Äquivalents in der monetären kapitalistischen Marktwirtschaft zu kulminieren. In ihr repräsentiert das universale Entgelt abstrakten Reichtum, da es die *potenzielle* Verfügungsgewalt über das gesamte Spektrum aller speziellen Güter verleiht. Löst man das Geld aus diesem sozialen Zusammenhang heraus, verkörpert es – lässt man den Gebrauchswert des Tauschmediums außer Acht – *keinen* Reichtum. In einer durch ökonomischen Tausch integrierten Gesellschaft ist hingegen der Geldbesitzer wohlhabend: Seine Kaufkraft macht ihn stark.

Am Schluss dieser Untersuchung kommen wir auf die Problematik zurück, worauf in einer zeitgenössischen Wirtschaft der Wert des Geldes beruht. Ein kritischer Kommentar zu herrschenden Erläuterungen scheint jedoch an dieser Stelle angezeigt. Die vorausgegangenen historischen und analytischen Bemerkungen zur Natur des Geldes sollten die Augen dafür geöffnet haben, dass die gängige Separation des Sujets in Geldangebot und Geldnachfrage dem Anliegen nur bedingt gerecht wird. Dieser Aufbau, dessen Verwandtschaft zum Marktparadigma der neoklassischen Theorie auf der Hand liegt, suggeriert, Geld würde wie Kartoffeln oder Kühlschränke auf einem Markt gehandelt. Aber niemand fragt Geld nach und bietet dafür Geld an: Mit was sollte denn bezahlt werden? Mit (mehr oder weniger?) Geld? Der ‚Preis' eines Euro könnte nur ein Euro sein, das allgemeine Entgelt tauschte sich gegen das allgemeine Entgelt ausschließlich im Verhältnis 1 : 1. Die Angebots- und Nachfragekurven decken sich in einem ‚Preis-Mengen-Diagramm des Geldmarktes' mit der Winkelhalbierenden; es handelt sich um die reinste Ausprägung des gleich genauer betrachteten Äquivalententausches.

In (der) Wirklichkeit geht es um eine temporäre *Kaufkraftüberlassung*, Depositen und Darlehen, für die eine Gebühr, der Zins, zu entrichten ist.[104] Der Kreditgeber erklärt sich für ein Entgelt bereit, Zahler zu sein, ohne Käufer zu werden. Demgemäß stößt man in den Lehrbüchern unter der Überschrift ‚Geldangebot' auf Ausführungen zur *Technik* der Geldschöpfung und der Geldlöschung. Anspruchsvollere Werke erweitern dies um das Bankenverhalten im Zuge ihrer Gewinnmaximierung: Gesucht wird das optimale Kreditvolumen, wobei die ‚Produktionskosten'

---

[104] Im institutionellen Sinn dient der ‚Geldmarkt' dem horizontalen und vertikalen Liquiditätsausgleich im Bankensystem: Geldmarktpapiere werden gegen Zentralbankguthaben zu Konditionen gehandelt, deren Unter- und Obergrenzen die Notenbank setzt. Vgl. Helmedag, F., Ultra posse nemo obligatur, Grenzen und Möglichkeiten der Geldpolitik, in: Berliner Debatte Initial, 33 Jg. (2022), Heft 2, S. 48-65.

eines Darlehens heutzutage verschwindend gering sind.[105] Ganz analog begegnet man unter der Rubrik ‚Geldnachfrage' keiner Erörterung der Nachfrage nach Geld, sondern dort werden die Determinanten der Kassenhaltung bzw. der Einkommenskreislaufgeschwindigkeit des Geldes thematisiert.

Wundern darf das nach dem Bisherigen nicht: Es gibt keinen *individuellen* Geldproduzenten. Die Währung ist ein gesellschaftliches Kommunikationsmittel; seine (ökonomisch relevante) Kreation ist eine Live-Sendung, keine Aufzeichnung. Geld wird im Moment seiner Erschaffung empfangen, mit seinem erstmaligen Vertrieb entsteht es. Diese Einsicht lässt sich vereinzelt sogar in nach traditionellem Muster gestrickten Lehrbüchern erkennen: „Sofern man unter dem *Geldangebot* die jeweilige *Geldmenge* versteht, setzt ‚Geldangebot' immer eine korrespondierende Bereitschaft der Nichtbanken, Kasse zu halten, also eine entsprechende ‚Geldnachfrage' voraus."[106] Statt ‚Geldangebot' sollte es deshalb genauer ‚Geldentstehung' heißen und ‚Geldnachfrage' wäre durch ‚Geldverwendung' zu ersetzen. Geldnachfrage und Geldangebot bedeuten ja nichts anderes, als den entfalteten ökonomischen Tausch zu spiegeln: Der Verkäufer fragt Geld nach, der Käufer bietet es an. Damit schwenkt die Kamera aber auf Warenmärkte, während die moderne monetäre Literatur einen Kreditmarkt meint, wenn sie Geldmarkt sagt.

Mit der Klärung des Wesens des Geldes in der modernen Wirtschaft hat das Konzept des ökonomischen Tausches eine erste Bewährungsprobe bestanden. Außerdem erlaubt diese Sehhilfe, das Forschungsprogramm der beiden Hauptströmungen der Volkswirtschaftslehre näher in Augenschein zu nehmen. Richten wir unseren Blick auf den Ansatz der Klassiker und das Konzept der Neoklassiker.

---

105 Beim modernen Kreditgelt handelt es sich um eine *Creatio ex nihilo.* Eine schematische Darstellung dieser Geldschöpfung aus dem Nichts bietet Helmedag, F. Monetäre (Un-)Ordnung …, a.a.O., S. 187 ff.

106 Issing, O., Einführung in die Geldtheorie, 7. Aufl., München 1990, S. 70.

1.6 Güter, Waren und der *Homo oeconomicus*: Zum Forschungsprogramm der ökonomischen Theorie

Die Wertlehre rangiert an erster Stelle der klassischen Tagesordnung, da ihr die Aufgabe zugedacht war, zum Kern des durch die Industrielle Revolution entfachten neuen Wirtschaftens vorzustoßen. Darauf aufbauend umrissen die Begründer der Volkswirtschaftslehre die Perspektiven einer kapitalistischen Marktwirtschaft und steckten die Spielräume wirtschaftspolitischen Handelns ab.

Die erste Welle des neoklassischen Angriffs gegen das System der Altvordern verfolgte den Zweck, die hohe Bedeutung der Produktion, welche diese im klassischen Lehrgebäude einnahm, zu unterspülen: Die Neoklassiker waren mit revolutionärem Eifer bestrebt zu zeigen, dass sich die Herstellung als ‚indirekter Tausch' interpretieren lässt. Die Vorteilhaftigkeit der Erzeugung könne dem Nutzenzuwachs einer Gütertransaktion gleichgestellt werden.

> „Ein ökonomischer Tausch", argumentiert Menger, „trägt … zur besseren Befriedigung menschlicher Bedürfnisse und zur Vermehrung des Vermögens der Tauschenden ebensowohl bei als die physische Vermehrung der ökonomischen Güter und alle jene Personen, die ihn vermitteln, sind deshalb – immer vorausgesetzt, daß die Tauschoperation ökonomisch ist – ebensowohl produktiv als die Ackerbauern und Fabrikanten; denn das Ziel aller Wirtschaft ist nicht die physische Vermehrung der Güter, sondern die möglichst vollständige Befriedigung der menschlichen Bedürfnisse …"[1]

Ganz in diesem Sinne äußert sich ein führender Kopf der ‚Lausanner Schule'. Vilfredo Pareto plädiert ebenfalls dafür, die Produktion als spezielle Form des Tausches zu betrachten:

> „In a general way, when an individual gives up a certain quantity of a good in order to procure another one, we will say that he *transforms* the first good into the second. He can proceed by exchange, giving up to others the first good and receiving from them the second; he can accomplish it by production, actually transforming the first good into the

[1] Menger, C., Grundsätze … a.a.O., S. 171 Fn. Ähnlich Jevons, W. St., a.a.O., S. 241: „Both by the use of capital and by exchange we are enabled vastly to increase the sum of utility which we enjoy …"

second himself. In addition he can, for this operation, turn to a person who transforms goods, a producer."[2]

Aus neoklassischer Sicht ist der Tausch das Thema, die Produktion erscheint lediglich als eine seiner möglichen Variationen. Während der Besitzwechsel jedoch durch eine neue Allokation der *Güter* die Wohlfahrt steigert, erhöht die Erzeugung die Zahl der verteilbaren *Waren*. Allerdings wird die als besondere Ausprägung des Tausches gedeutete Herstellung erst lukrativ, …

„… unless it is more advantageous than simple exchange; that means that it will only be advantageous to convert one set of exchangeable goods into another set, by production, if the set acquired has a higher market value than the set given up."[3]

Der zweite Schlag der neoklassischen Attacke zielte auf den ‚Äquivalententausch', von dem die Vorläufer im Zuge ihres Bemühens um die Entzifferung der Gesetze des Tauschwertes sprachen. Marx konnte die Suche nach dem Ursprung des Profits in die Produktionssphäre verlagern, weil sich in der Zirkulation unter den Bedingungen freier Konkurrenz Leistung und Gegenleistung decken und deswegen nicht Quelle eines Überschusses sein können:

„Werden Waren oder Waren und Geld von gleichem Tauschwert, also Äquivalente ausgetauscht, so zieht offenbar keiner mehr Wert aus der Zirkulation heraus, als er in sie hineinwirft. Es findet dann keine Bildung von Mehrwert statt."[4]

Aus naheliegenden Gründen hatte die Grenznutzenschule – die unter anderem eine Konterrevolution gegen gewisse Folgerungen der klassischen Theorie war, namentlich in der Form, die Marx ihr gegeben hat – ein starkes Interesse daran, das Konzept des Äquivalententausches als feh-

[2] Pareto, V., Manual of Political Economy (Übersetzung der französischen Ausgabe von 1927), London / Basingstoke 1971, S. 124. Hennings gibt diese Stelle aus dem italienischen „Manuale" von 1906 etwas abweichend wieder. Vgl. Hennings, K. H., The Exchange Paradigm and the Theory of Production and Distribution, in: Foundations of Economics, hrsg. v. Baranzini, M., Scazzieri, R., Oxford 1986, S. 221-243, S. 225.

[3] Hicks, J. R., Value and Capital (1939), 2. Aufl., Oxford 1946, S. 78.

[4] Marx, K., Das Kapital, 1. Bd., a.a.O., S. 174.

lerhaft zu brandmarken. So sieht Menger für die Volkswirtschaftslehre einen „unberechenbaren Nachteil“ darin, …

> „… daß sich die Forscher auf dem Gebiete der Preiserscheinungen auf die Lösung des Problems verlegten, die angebliche *Gleichheit* zwischen den im Tausche zur Erscheinung gelangenden zwei Güterquantitäten auf ihre Ursachen zurückzuführen …, während eine solche ‚Gleichheit des Werts‘ zweier Güterquantitäten (eine Gleichheit im objektiven Sinne) in Wahrheit überhaupt nicht besteht. Die Lösung eines der wichtigsten Probleme unserer Wissenschaft wurde solcherart von vorneherein auf eine gänzlich falsche Grundlage gestellt.“[5]

Doch die Polemik wirkt etwas gekünstelt. Ein Gesetz des Warenwertes, das behauptet, es würden physische Äquivalente getauscht, wäre in der Tat blühender Unsinn. Wer tauscht schon eine Bibel gegen genau die gleiche Bibel? Das wussten selbstverständlich auch die Klassiker. „Soweit es sich um den Gebrauchswert handelt, ist es klar, dass beide Austauscher gewinnen können.“[6] Den Klassikern ging es – wie im nächsten Teil deutlich erkennbar wird – um Tauschwerte. Durch ihn werden Äquivalente ‚gemacht‘, die Gleichsetzung im Handel liefert ein *Tausch*wertäquivalent, kein *Gebrauchs*wertäquivalent – was denn sonst.

Auf die zeitgenössische Wirtschaftstheorie trifft desgleichen zu, dass die beiden, im ökonomischen Tausch angelegten wirtschaftlichen Aktivitäten, Handel und Produktion, *commerce and industry*, von den einzelnen Schulen anders gewichtet werden. Während sich die Anhänger des in klassischer Tradition stehenden neoricardianischen oder Surplus-Ansatzes[7] um die „Warenproduktion mittels Waren“ scharen, diskutieren die neoklassischen Zirkel in erster Linie Existenz, Eindeutigkeit und Stabilität eines allgemeinen Gleichgewichts von Angebot und Nachfrage. Der Kontrast wird besonders scharf, wenn man die von den beiden Theorieästen als exogen erachteten Größen miteinander konfrontiert.

Der klassische Ansatz geht davon aus, neben dem Güterbündel, das den realen Lohnsatz bildet, seien die Mengen der insgesamt erzeugten Waren gegeben. Da ferner die technischen und sozialen Konditionen der

---

[5] Menger, C., Grundsätze …, a.a.O., S. 183 f.

[6] Marx, K., Das Kapital, 1. Bd., a.a.O., S. 171.

[7] Vgl. Garegnani, P., surplus approach to value and distribution, in: The New Palgrave, Bd. 4, London / New York / Tokyo 1987, S. 560-574.

Produktion als bekannt vorausgesetzt werden, steht die Gesamtzahl der beschäftigten Arbeiter fest.[8] Aus diesen Daten lässt sich das gesellschaftliche Mehrprodukt ermitteln, das in Gestalt von Rente und Profit auf die Klassen der Grundeigentümer und der Kapitalisten ausgeschüttet wird. Das klassische Programm ist somit durch eine Separation von Wert- und Outputtheorie gekennzeichnet.[9]

Neoklassiker möchten stattdessen sowohl die Preise als auch die Mengen *simultan* ableiten. Dies erfüllen ihrer Ansicht nach die einander entgegengesetzten Kräfte von Angebot und Nachfrage. Lohn, Profit und Rente gehorchen dabei ebenso dem universalen Prinzip von Angebot und Nachfrage wie die Geschehnisse auf Gütermärkten; *Knappheit* wird zum Generalschlüssel der ökonomischen Analyse. Das Gebäude ruht dabei auf drei Pfeilern: den Präferenzen, den Erstausstattungen und den Produktionsmöglichkeiten. Gefahndet wird nach einem mit diesen Fakten kompatiblen Preisvektor, der gleichzeitig alle Märkte räumt.

Ohne in eine nähere inhaltliche Würdigung des Problemlösungspotenzials beider Theoriestränge eintreten zu wollen, ist dem ersten Eindruck zu widersprechen, die klassische Perspektive konzentriere sich auf den Produktionsaspekt des Wirtschaftens, während die neoklassische hauptsächlich auf den Tausch gerichtet sei. Diese Einschätzung wäre zu oberflächlich. In *beiden* Lehrplänen werden *beide* Formen des Wirtschaftens erörtert, die dem Konzept des ökonomischen Tausches innewohnen: commerce *and* industry. Jedoch ist der Blickwinkel diametral entgegengesetzt. Die Neoklassiker betrachten, wenn man so möchte, die Produktion vom Standpunkt des Tausches; die Verfechter der klassischen Auffassung schauen auf den Tausch von der Warte der Produktion.[10]

---

[8] Vgl. Garegnani, P., Value and Distribution in the Classical Economists and Marx, in: Oxford Economic Papers, Bd. 36 (1984), S. 291-325, S. 293.

[9] Diese Trennung kann Schefold zufolge unter variierenden Nachfragebedingungen beibehalten werden. Vgl. Schefold, B., Über Änderungen in der Zusammensetzung des Endprodukts, in: Postkeynesianismus, Ökonomische Theorie in der Tradition von Keynes, Kalecki und Sraffa, Marburg 1987, S. 119-164. Siehe dazu die Rezension des Buches von Helmedag, F., in: Zeitschrift für Wirtschafts- und Sozialwissenschaften, 109. Jg. (1989), S. 148-154, S. 151 f. Monographisch wird der Aspekt behandelt von Kubin, J., Neoricardianische Gleichgewichtsmodelle und Änderungen in der Zusammensetzung der Nachfrage, Marburg 1989.

[10] Vgl. Hennings, K. H., a.a.O., S. 221.

Die beiden Ausprägungen der wirtschaftlichen Aktivität begegnen uns im Gebaren des *Homo oeconomicus*. Dieser versucht auftragsgemäß, seinen subjektiven Nutzen im Zuge von Einnahmen- und Ausgabenentscheidungen zu *maximieren*. Hierdurch hebt sich die Ökonomik mit ihrem Menschenbild von den anderen Sozialwissenschaften ab, die zwar ebenfalls rational handelnde Personen unterstellen, nicht aber Subjekte, welche ihr individuelles Wohlbefinden optimieren wollen.

Freilich lassen sich in den Wirtschaftswissenschaften einige Richtungen ausmachen, die vorgeben, das tatsächliche Handeln der Akteure, etwa durch eine Anspruchsorientierung, zu beschreiben.[11] Sieht man davon ab, ob diese Projekte nicht letztlich wieder in einem Idealzustand enden sollen – es sei nur an die Bemerkungen zum ökonomischen Prinzip erinnert – scheint es für die Wirtschaftstheorie zweifelhaft, von einer solchen Prämisse einen Erkenntnisfortschritt zu erwarten. Im Gegenteil, das explizite Streben nach Bestwerten ermöglicht es, Zielfunktionen zu präzisieren, um einer exakten Analyse den Weg zu bahnen. Ferner ist dem angenommenen Vorteilstrachten aus theoretischer sowie aus praktischer Sicht Relevanz zuzubilligen.

Mit dem Aufkommen des Utilitarismus und der Expansion der kapitalistischen Marktwirtschaft wuchs das theoretische Bedürfnis, die gesellschaftliche Tragweite, vor allem eines ungezügelten Erwerbstriebs, auszuloten. Dies gilt umso mehr, als das über den ökonomischen Tausch vermittelte Bemühen nach individueller Nutzenmaximierung andere soziale Integrationsformen zurückdrängen musste, …

> „… weil sich das Tauschergebnis verbessern läßt, wenn hemmende feudale oder religiöse Bindungen und soziale Verpflichtungen fallengelassen werden, so daß die Zuweisung sozialer Rollen schließlich durch

[11] Vgl. Kromphardt, J., Wirtschaftswissenschaft II: Methoden und Theoriebildung in der Volkswirtschaftslehre, in: Handwörterbuch der Wirtschaftswissenschaft, Bd. 9, Stuttgart / Tübingen / Göttingen 1982, S. 904-936, S. 920. Siehe auch Frey, B. S., Stroebe, W., Ist das Modell des Homo Oeconomicus „unpsychologisch“?, in: Zeitschrift für die gesamte Staatswissenschaft, Bd. 136 (1980), S. 82-97 und die sich anschließende Debatte zwischen Rothschild, K. W., Wie nützlich ist der Homo Oeconomicus? Bemerkungen zu einem Aufsatz von Bruno S. Frey und Wolfgang Stroebe, in: Zeitschrift für die gesamte Staatswissenschaft, Bd. 137 (1981), S. 289-292 und Frey, B. S., Stroebe, W., Der Homo Oeconomicus ist entwicklungsfähig, in: Zeitschrift für die gesamte Staatswissenschaft, Bd. 137 (1981), S. 293-294.

> das Tauschsystem … allein erfolgt und demgemäß die soziale Integration durch die ökonomische Integration bewirkt wird.“[12]

Im Kern lautete *die* Problematik der klassischen Ökonomen (inklusive Marx), ob und in welchem Grad die neue Wirtschaftsweise lebensberechtigt, lebensfähig und lebenswert ist.

Wie die Ausführungen zur Entfaltung des ökonomischen Tausches und zur Entwicklung des Geldes gezeigt haben, ist das Erkenntnisinteresse nicht nur akademischer Natur; die faktischen Gegebenheiten lehren, dass die Individuen im Allgemeinen darauf erpicht sind, ihren Besitz zu vergrößern. Mit zunehmender Dringlichkeit wurde dies zu einer zentralen Determinante des Verhaltens[13]:

> „Der Kapitalismus kanalisiert die menschlichen Strebungen in Richtung der Gewinnmaximierung. Deshalb ist der homo oeconomicus gerade nicht so realitätsfern, wie häufig geltend gemacht wird.“[14]

Der *Homo oeconomicus* wird zwar als konstitutiv für die Wirtschaftstheorie im hier vertretenen Sinn angesehen, doch das besagt keineswegs, in der Wirklichkeit ließen sich Abläufe beobachten, die *ausschließlich* ökonomisch initiiert seien und dementsprechendes Agieren in Reinkultur darstellten; in der Realität werden Handlungen vollzogen, die regelmäßig auf einem Bündel an Motiven beruhen. Daher sind die Erkenntnisse einer Wirtschaftstheorie, welche die Aktionen von *Homines oeconomici* modelliert, nicht im Maßstab 1:1 auf die bestehende Welt übertragbar. Stattdessen wird immer wieder zu prüfen sein, inwieweit das rein ökonomische Kalkül im tagtäglichen Dasein durch andere Beweggründe modifiziert oder (über-)kompensiert wird. Die idealisierten Tätigkeiten des *Homo oeconomicus* sind treibende Kraft des gesellschaftlichen Subsystems ‚Wirtschaft‘, das in der Lebenspraxis mehr oder weniger mit anderen Bereichen verschränkt ist.

---

[12] Schlicht, E., Einleitung, a.a.O., S. 16.

[13] Vgl. Heilbronner, R. L., Die Entstehung von Märkten und Produktionsfaktoren, in: Schlicht, E., (Hrsg.), a.a.O., S. 85-99, S. 95 f.

[14] Zinn, K. G., Politische …, a.a.O., S. 71. Siehe dazu Vogts Unterscheidung zwischen „konservativer Neoklassik“ und „neoklassischer Methode“. Vgl. Vogt, W., Die Angst des kritischen Ökonomen vor der Neoklassik, in: Hickel, R. (Hrsg.), Radikale Neoklassik, Opladen 1986, S. 103-113.

Aus den Erläuterungen zu den Ursachen der Industriellen Revolution ging hervor, dass erst ein Wechselspiel von erwerbswirtschaftlichem Denken und technischer Beherrschung der Natur *hinreichend* war, um sie zu entfesseln. Seitdem ist der *Homo oeconomicus* keine fiktive Figur mehr, stattdessen erweist sich dieser Homunkulus als Archimedischer Punkt, um die Dialektik zwischen Produktivkräften und Produktionsverhältnissen einer bestimmten Epoche zu (re)konstruieren.

In diesem Licht ist die Wirtschaftstheorie vor übertriebenen Erklärungsansprüchen in Schutz zu nehmen. Wenn sie von vornherein nur auf ein bestimmtes Element menschlicher Aktivität abstellt, so einflussreich es sein mag, kann sie kein einziges menschliches Tun *vollständig* entflechten; das Argument bezieht sich nicht auf ein *empirisch* abgegrenztes gesellschaftliches Subsystem Wirtschaft, sondern auf ein *analytisches* Gebilde.

Die Konzeption des ökonomischen Tausches erlaubt es, ein Kriterium anzugeben, mit dem wirtschaftliche von nicht-wirtschaftlichen Themen getrennt werden können. Die Figur des *Homo oeconomicus* gestattet es ferner, den an einem solchen Tausch Beteiligten exakt formulierbare Ziele zu setzen. Ein Verkäufer – ein Begriff, der allein in der Geldwirtschaft einen Sinn macht – händigt Gebrauchswert aus und bekommt dafür Tauschwert. Als *Homo oeconomicus* möchte er diese Spanne maximieren. Der Käufer will umgekehrt den Abstand zwischen der durch das erhaltene Objekt bewirkten Bedürfnisminderung und dem dafür ausgegebenen Betrag möglichst groß gestalten. Das allgemeine Rationalprinzip verliert seine inhaltliche Konturenlosigkeit und gewinnt ökonomisches Profil.

Das erfordert, den Gebrauchswert in einem Maß zu messen, welches zulässt, ihn mit dem Tauschwert zu vergleichen. Genau das geschieht durch Nachfragekurven. Sie dienen zur Quantifizierung der Wohlfahrtsverbesserung: Nachfragefunktionen artikulieren den subjektiven Geldwert der letzten Einheit des Gebrauchswerts eines Verbrauchsgutes. Daher bietet es sich an, sie als (marginale) Zusatzvorteilskurven zu deuten.[15]

[15] Steigende Angebotsfunktionen lassen sich ebenso interpretieren: Ausgehend von einem *gegebenen* Bestand tritt ein Verkäufer zusätzliche Mengen nur gegen eine größer werdende Kompensation ab. Für gewinnmaximierende Produzenten gibt es hingegen bei bekannten Nachfrage- und Kostenkurven überhaupt keine Angebotsfunktion, da sie den Cournot'schen *Punkt* realisieren, wo Grenzkosten und Grenzerlös übereinstimmen.

In Marktwirtschaften existieren nicht nur Käufer, welche als Konsumenten nach Erhöhung ihrer an Gebrauchswerten orientierten Lebensqualität streben, was auf Bedürfnisminimierung hinausläuft. Im Gegensatz zur einfachen Warenproduktion wollen *Unternehmer* bzw. *Kapitalisten* in der erwerbsgetriebenen Wirtschaft den in Tauschwerten ausgedrückten Erfolg ihrer Betriebsamkeit nach Kräften steigern. Wie am Ende dieser Schrift präzisiert wird, steuert freilich jeder der beiden Akteure seinen eigenen Kurs. Bis dahin vernachlässigen wir, nach welchem Plan die beiden Charaktermasken jeweils fahren.

Inzwischen liegen die Elemente vor, mit denen sich das Wirtschaftssubjekt ‚Unternehmer' stilisieren lässt. Auch er möchte seinen Nutzen mehren, was sich in seinem Fall zur Profitmaximierung konkretisiert. Da sich dieser als Differenz zwischen Erlösen und Kosten ergibt, erstreckt sich das Handeln eines Geschäftemachers gleichzeitig auf zwei benachbarte Gebiete. Nach außen agiert er als Verkäufer in einem ökonomischen Tausch.

Im Innenverhältnis achtet der Unternehmer darauf, die Aufwendungen zur Erstellung einer bestimmten Menge an Gebrauchswerten möglichst gering zu halten. Dabei greift er auf die durch den Arbeitsvertrag legitimierte Weisungsbefugnis gegenüber den Beschäftigten zurück: Es gilt, die Arbeitskraft mit den anderen vom Entrepreneur beschafften Einsatzgütern optimal zu kombinieren. Im Weiteren wird dieser Gesichtspunkt einen herausragenden Rang einnehmen.

Durch die Gier nach Gewinn erwächst die angebotsseitige, prinzipielle Schrankenlosigkeit der kapitalistischen Dynamik. Die Masse des Profits und seine Verteilung auf die einzelnen, miteinander konkurrierenden Sektoren wird deswegen zur *Schlüsselgröße* wirtschaftstheoretischer Studien. Demgemäß hatten sich frühe Neoklassiker wie Jevons, Walras, Böhm-Bawerk, Wicksell und J. B. Clark angestrengt, dieselbe fundamentale Frage nach der langfristigen Gleichgewichtsposition wie die Klassiker zu beantworten, d. h. Aussagen insbesondere über Quelle, Umfang und Bedeutung des Profits zu machen.

> „Die eigentliche theoretische Schwierigkeit", bemerkte Wicksell, „besteht … im Erklären, wie unter stationären Verhältnissen das Kapital ein beständig Lohn erhaltender Produktionsfaktor bleiben kann und der Kapitalbesitz folglich eine permanente Einkommensquelle bleibt. Die

> Anwendung der so gewonnenen Sätze auf *nicht stationäre* Verhältnisse erbietet keine prinzipielle Schwierigkeit.“[16]

Bezeichnenderweise war das neoklassische Lager mit seiner universalen Angebot-Nachfrage-Maschinerie im Laufe der Entwicklung gezwungen, sein ursprüngliches Forschungsprogramm aufzugeben. Als Reflex auf Wicksells Versuch, die Mängel der traditionellen österreichischen Kapitaltheorie auszumerzen und die ‚Zeit‘ als physischen Index des Realkapitals konsistent in das Lehrgebäude zu integrieren, entstanden Zweifel an der Tauglichkeit des Zinssatzes als Knappheitsindikator: Der Zinssatz kann von der Grenzproduktivität des Kapitals abweichen, und er bewegt sich eventuell in die gleiche Richtung wie der Kapitalwert.[17]

Die Wiederaufnahme des Ansatzes von Walras, statt des Kapital*werts* den Vektor der Realkapitalgüter als exogene Größe anzusehen, mündete ebenfalls in eine Sackgasse: Es wollte nicht glücken zu zeigen, dass sowohl die Reproduktion aller produzierten Produktionsmittel als auch eine einheitliche Ertragsrate mit dem Angebot-Nachfrage-Mechanismus vereinbar sind. Jedoch wurde die ungelöste Problematik im Lauf der Jahre verdrängt und fiel schließlich der Vergessenheit anheim. In der modernen neowalrasianischen intertemporalen Allgemeinen Gleichgewichtstheorie sind die kapitaltheoretischen Unzulänglichkeiten gar nicht mehr erkennbar; der gesamte Zeithorizont wird in eine Reihe kurzfristiger Marktperioden aufgesplittert, in denen jeweils zu Beginn die Anfangsausstattung bekannt ist.[18]

---

[16] Wicksell, K., Vorlesungen über Nationalökonomie auf Grundlage des Marginalprinzips (1913), 1. Bd., Neudruck Aalen 1969, S. 218 f.

[17] Eine Darlegung des (einsektoralen) Wicksell-Modells findet sich in Helmedag, F., Die Technikwahl bei linearer Einzelproduktion oder Die dritte Krise der Profitrate, Frankfurt a. M. / Bern / New York 1986, S. 67 ff. Vgl. zur temporalen Kapitaltheorie Helmedag, F., Böhm-Bawers Kapitaltheorie im Licht des Waldproblems: Eine Neubewertung, in: Studien zur Entwicklung der ökonomischen Theorie XXXV, hrsg. v. Trautwein, H.-M., Berlin 2020, S. 41-55.

[18] Walras nahm den Einbau der Kapitalbildung in sein System erst in der vierten Auflage seines Hauptwerkes in Angriff. Vgl. Walras, L., Elemente of Pure Economics, übersetzt nach der Edition Définitive (1926) von Jaffé, W., 2. Aufl., Homewood 1965, S. 278 ff. Hayek interpretierte diese Kapitalkonzeption als ein Überbleibsel der klassischen Theorie, die es abzuschütteln gelte: „... the definition of capital as produced means of production should be definitely abandoned ... Bygones are bygones in the theory of capital no less than elsewhere in economics.“ Hayek, F. A. v., The Pure Theory of Capital (1941), 2. Aufl., London 1950, S. 89.

Die Gleichgewichtskonzeption hat sich auf das Postulat verengt, die opponierenden Kräfte von Angebot und Nachfrage müssten sich die Waage halten. Die klassische Kennzeichnung des Gravitationszentrums – Reproduktion der produzierten Produktionsmittel und damit verbunden eine konstante Struktur der relativen Preise – ist in einer solchen Welt ein Fremdkörper.

Dies funktionierte so lange, bis die Ergebnisse der Cambridge-Cambridge-Kontroverse (wieder) ins allgemeine Bewusstsein brachten, dass Faktornachfrage und Faktorpreis nicht notwendigerweise im gewohnten inversen Zusammenhang stehen. Die für neoklassisches Theoretisieren typische Verknüpfung einer simultanen Wert- und Outputtheorie war damit zerrissen.[19] Der folgende neoklassische Gegenangriff verlief nach erprobtem Schlachtplan: Ähnlich wie auf Keynes' Attacke reagierte man schließlich mit Vereinnahmungsversuchen. Wurde seinerzeit die ‚neoklassische Synthese' geboren, so erblickte jetzt die These das Licht der Welt, der neoricardianische *surplus-approach* sei nichts weiter als ein Spezialfall der Allgemeinen Gleichgewichtstheorie.[20]

In Wirklichkeit litt dieser Universalitätsanspruch unter der Preisgabe der eigentlich zu Beginn angestrebten Analyse der langfristigen Gleichgewichtsposition; unter der Hand hatte der Zielzustand seinen Inhalt verändert.[21] Schon von daher konnte die Dominanzanwartschaft der neowal-

---

Einen Überblick über die Schwierigkeiten, die sich der Allgemeinen Gleichgewichtstheorie seit Walras in den Weg stellten sowie über die dadurch hervorgerufenen Anpassungen in Forschungsprogramm und -methode bietet Huth, Th., Kapital und Gleichgewicht, Zur Kontroverse zwischen neoklassischer und neoricardianischer Theorie des allgemeinen Gleichgewichts, Marburg 1989.

19 Vgl. Kurz, H. D., capital theory: debates, in: The New Palgrave, Bd. 1, London / New York / Tokyo 1987, S. 357-363 und Helmedag, F., Lohn- und Profitkurven, in: Wirtschaftswissenschaftliches Studium (WiSt), 20. Jg. (1991), S. 408-412.

20 Meist wird in diesem Kontext Hahn, F., The neo-Ricardians, in: Cambridge Journal of Economics, Bd. 6 (1982), S. 353-374 genannt. Vgl. allerdings vorher bereits Hahn, F., Revival of Political Economy: The Wrong Issues and the Wrong Argument, in: Economic Record, Bd. 51 (1975), S. 360-364 und Bliss, C. J., Capital Theory and the Distribution of Income, Amsterdam / Oxford / New York 1975.

21 Garegnani hat dies recht früh herausgearbeitet. Vgl. Garegnani, P., On a Change in the Notion of Equilibrium in Recent Work on Value and Distribution, in: Brown, M., Sato, K., Zarembka, P. (Hrsg.), Essays in Modern Capital Theory, Amsterdam / New York / Oxford 1976, S. 25-45, deutsch in: Garegnani, P., Kapital, Einkommensverteilung und effektive Nachfrage, hrsg. v. Kurz, H. D., Marburg 1989, S. 153-175.

rasianischen Theorie bestritten werden; abgesehen davon, dass die temporäre Version der angeblich *Allgemeinen* Gleichgewichtstheorie generell nicht in der Lage ist, eine einheitliche Profitrate abzuleiten; ganz zu schweigen von der höchst albernen Voraussetzung vollständiger Zukunftsmärkte, auf der die intertemporale Variante beruht.[22]

Ferner löst sich auch unter den idealtypischen Bedingungen der ‚vollständigen Konkurrenz' der Profit selbst bei ‚unendlich vielen' Anbietern keineswegs in Luft auf.[23] Außerdem modelliert die klassische Untersuchung des Gleichgewichts einen denkbaren Ablauf des tatsächlichen Geschehens, während die walrasianische Allgemeine Gleichgewichtstheorie einer Fiktion nachgeht:

> „(i) A Walrasian equilibrium is an *ex ante* equilibrium in the sense that the equilibrium position is determined prior to any real economic activity. It is the function of the auctioneer to determine the equilibrium prices in a ‚*tậtonnement*' process.
>
> (ii) Conversely, a classical equilibrium is an *ex post* equilibrium, determined in the actual course of the economy."[24]

Die Unfähigkeit, das auf der Bühne des Wirtschaftslebens gegebene Stück nachzuerzählen und die Regie führenden Instanzen zu identifizieren, wurzelt letzten Endes im neoklassischen Datenkranz. Die Annahme

---

[22] Vgl. Schefold, B., Cambridge Price Theory: Special Model or General Theory of Value?, in: The American Economic Review, Bd. 75 (1985), S. 140-145. Manche Autoren behaupten, in der Allgemeinen Gleichgewichtstheorie lasse sich – bei passenden Prämissen – ebenfalls eine uniforme Ertragsrate ermitteln. Dabei haben sie den Zinssatz im Auge, der die diskontierten Preise der intertemporalen Allgemeinen Gleichgewichtstheorie in Gegenwartspreise transformiert. Dieser Ausgleichszinsfuß stimmt mit dem Eigenzinssatz des jeweiligen Zählguts überein. Es handelt sich mithin um eine *willkürliche* Größe. Darüber hinaus unterscheidet sich die Diskontierungsgröße materiell von der Profitrate im klassischen Sinn. Vgl. Huth, Th., a.a.O., S. 207 ff. Ergänzend sei darauf aufmerksam gemacht, dass die Eigenzinsdefinition Sraffas von der neoklassischen divergiert. Vgl. Eatwell, J., own rates of interest, in: The New Palgrave, Bd. 3, London / New York / Tokyo 1987, S. 786 f. Das Thema wird später ausführlicher aufgegriffen.

[23] Vgl. Helmedag, F., Individuelle und kollektive Gewinnmaximierung auf homogenen Märkten, in: Private und öffentliche Kartellrechtsdurchsetzung, hrsg. v. Oberender, P., Berlin 2012, S. 9-38.

[24] Duménil, G., Lévy, D., The dynamics of competition: a restoration of the classical analysis, in: Cambridge Journal of Economics, Bd. 11 (1987), S. 133-164, S. 138.

vorhandener Erstausstattungen, die im Rahmen der technischen Produktionsmöglichkeiten gemäß den Präferenzordnungen transformiert und alloziert werden, leitet in eine Sackgasse: von den knappen Ressourcen zu den unendlichen Bedürfnissen.[25]

Das klassische Projekt dagegen, obwohl bei erstem Hinsehen vielleicht weniger ‚allgemein', widmet sich den *vorab* zu lösenden Aufgaben, geht es doch um die Funktionsmechanismen und die Perspektive einer Wirtschaftsweise, die durch gesellschaftliche Arbeitsteilung und die Existenz *ökonomischer* Klassen gekennzeichnet ist. Demgemäß werden die Notwendigkeit zur Reproduktion und die Zirkularität des Wirtschaftens in die Überlegungen eingebracht.

Volkswirtschaftliche Grundlagenforschung besteht nach der hier befürworteten Prioritätenliste in erster Linie darin, die Determinanten von Struktur und Volumen des ökonomischen Tausches aufzudecken. Ehe allerdings über das Niveau einschlägiger Aktivitäten und Möglichkeiten zu ihrer Beeinflussung nachgedacht werden kann, sind die Erfordernisse der Arbeitsteilung im kapitalistischen Konkurrenzprozess zu formulieren: Die Werttheorie verkörpert den Dreh- und Angelpunkt der Ökonomik.

Die klassische Schule wurde seinerzeit nicht unmotiviert angegriffen und schließlich verdrängt. Ebenso wie die nach und nach in schärferer Kontur hervorgetretenen Mängel der neoklassischen Theorie bei manchen ein Unbehagen auslösten oder gar eine Neubesinnung initiierten, war die damalige Umwälzung, neben den ideologischen Triebfedern, auch den dem klassischen System innewohnenden Defiziten geschuldet. Im zweiten Teil dieser Studie werden die Ursachen des diagnostizierten Schwächezustands aufgespürt, um anschließend zur Genesung beizutragen.

---

[25] Auf die daneben bestehenden Schwierigkeiten, die Eindeutigkeit und die Stabilität des Allgemeinen Gleichgewichts zu beweisen, wurde bereits hingewiesen. Vgl. Helmedag, F., Ohne Werte …, a.a.O., S. 58 ff.

2. Teil: Die klassische Wertlehre: Kritik und Gegenkritik

2.1 Ohne Fleiß kein Preis: Verbreitung und Verdrängung einer Botschaft

In den modernen Lehrbüchern dominiert das neoklassische Denken in Angebots- und Nachfragekategorien, während man dem Entwurf der Vorläufer kaum Aufmerksamkeit gönnt. Zwar findet sich manchmal das Stereotyp, die Wertlehre, im Speziellen die Arbeitswerttheorie, bilde im Gebäude der Altfordern eine der tragenden Säulen; aber gewöhnlich fehlt eine darüberhinausgehende Erläuterung, *warum* sich die Klassiker so intensiv dieser Problematik verschrieben. Viel weniger noch wird ihr Ansatz quellengetreu aufgetischt, geschweige denn das meist rasch konstatierte Scheitern des Erklärungsmusters untermauert. Regelmäßig schwenkt man nach einigen mehr oder weniger respektvollen Floskeln auf die Betrachtung von Märkten ein, wo sich die Preisbildung im Widerspiel eines sinkenden Grenznutzens der Verbraucher mit den steigenden Grenzkosten der Anbieter vollzieht. Dadurch wird der Eindruck erweckt, Wert- und Preistheorie thematisierten das Gleiche. Die zeitgenössische Mikroökonomik präsentiert sich als zutreffende Auskunft auf dieselben Fragen, welche die Begründer des Fachs mit ihrer Wertlehre vergeblich zu beantworten suchten. Der klassische Surplus-Standpunkt und die neoklassische Angebot-Nachfrage-Warte liegen aber weit auseinander; sowohl hinsichtlich des jeweiligen Erkenntnisinteresses, als auch in Bezug auf ihre konkreten gesellschaftspolitischen Funktionen.

Beide Lehren gelangten in Amt und Würden, weil sie ein drängend gewordenes Anliegen zu befriedigen versprachen. Die nationalökonomischen Klassiker beschäftigten sich mit den Zukunftsaussichten eines sich von den überkommenen feudalen Fesseln emanzipierenden, aktiven Bürgertums. Trotz aller Verschiedenheiten im Einzelnen bemühten sie sich, die Auswirkungen dieses Prozesses theoretisch auszuloten und die tatsächliche Entwicklung nicht nur mehr oder weniger zu rechtfertigen, sondern sie deuteten überdies auf mögliche Gefährdungen, die das Wachstum einschnüren oder gar ersticken könnten. Die klassische Theorie – vor allem die Arbeitswertlehre – war keine akademische Trockenübung. Stattdessen wurde sie zur intellektuellen Bewaffnung der aufkeimenden Leistungsgesellschaft geschmiedet:

> „Die Arbeitswerttheorie tritt auf den Plan als eine gesellschaftliche Kampflehre des arbeitenden Bürgertums gegenüber der Grundaristokratie. Mit der Arbeitswertlehre bekundet der tätige Teil der Gesellschaft, der ‚Dritte Stand' (zu dem natürlich auch die Bebauer des Bodens gehören), seinen Anspruch auf die Zukunft als Träger neuer produktiver Potenzen."[1]

Die Marginalrevolution dagegen, die im letzten Drittel des 19. Jahrhunderts die eigentlich recht alte Grenznutzenidee aufgriff und popularisierte, gewann ihre breite Anhängerschaft erst, als der revolutionäre Schwung der klassischen Schule erlahmt war und ein erneutes Ankurbeln nicht mehr nötig schien: Namentlich die Arbeitswertlehre drohte nun, den unterdessen erworbenen Status des Bürgertums zu untergraben.[2] Nachdem die auf die Grundherrschaft gestützte Sozialordnung im Wesentlichen umgestürzt worden war, bestand der von der ökonomischen Theorie jetzt zu leistende Beistand darin, die Unzulänglichkeiten der klassischen Dokt-

---

[1] Hofmann, W. (Hrsg.), Wert- und Preislehre, 2. Auflage, Berlin 1971, S. 23.

[2] Wie die wechselvolle Geschichte der Bücher von Cournot, A., Recherches sur les principes mathématiques de la théorie des richesses, Paris 1838, und Gossen, H., Entwicklung der Gesetze des menschlichen Verkehrs und der daraus fließenden Regeln für menschliches Handeln, Braunschweig 1854, nachdrücklich vor Augen führt, war die Zeit noch nicht reif, um ihnen die gebührende Aufmerksamkeit zu bescheren; beide Werke waren zunächst ein völliger Misserfolg. Cournot glaubte, die vorherrschende Skepsis gegenüber der mathematischen Methode trage daran die Schuld, und er veröffentlichte deshalb 1863 seine Abhandlung in ausschließlich verbaler Darstellungsweise, was zwar den Umfang des Buches verdreifachte, den Absatz aber nicht förderte. Auch Gossens Schrift war anfangs praktisch unverkäuflich, so dass der verbitterte Gossen selbst die Exemplare erwarb. Er starb 1858, ohne eine Anerkennung seiner Leistung erfahren zu haben. Dreißig Jahre später hat der geschäftstüchtige Berliner Verleger R. L. Prager die mit einem neuen Deckblatt („Neue Ausgabe") und seinem Vorwort versehenen alten Exemplare wieder auf den Markt geworfen: Diesmal verkauften sie sich glänzend. Vgl. Pasinetti, L., Structural Change and Economic Growth, A theoretical essay on the dynamics of the wealth of nations, Cambridge u. a. 1981, S. 14 Fn.

rin herauszupräparieren und gleichzeitig die Überlegenheit einer Lehre nachzuweisen, die vom *Individuum* als entscheidende Instanz des Geschehens ausgeht.

Die Abkehr von einer Klassenanalyse, hin zur Untersuchung des Verhaltens der Einzelnen, wurde erleichtert, weil sich die Altmeister, wie wir erleben werden, *selbst* in einen Morast ungelöster Probleme der Werttheorie manövriert hatten, aus dem sie nicht mehr herausfanden. Im Kontrast dazu erschien der Grenznutzenbegriff weit eher geeignet, das passende theoretische Gegenstück einer liberalistischen Gesellschaft liefern zu können, als das auf die Perspektiven des Kapitalismus abstellende Konzept der traditionellen Politischen Ökonomie: „Pointiert läßt sich die Klassik als Apologie der werdenden Zukunft, die Neoklassik als Apologie der Vergangenheit charakterisieren.“[3]

Subjektiv betrachtet tragen die Neoklassiker ihren Namen zu Recht. Ihres Erachtens steht das von ihnen errichtete Gebäude auf dem von den Vorläufern abgesteckten Gelände. Die Nachfahren meinen, das ererbte Projekt fortzuführen, indem der Beweis gelingt, dass eine idealtypische Wettbewerbswirtschaft durch die Bedürfnisse der Konsumenten gesteuert werde und keinerlei Ausbeutung heraufbeschwöre. Die Suche nach der Quelle und der Höhe des Gewinns, insbesondere die Frage, ob die Profitrate zwangsläufig im Zuge der kapitalistischen Dynamik falle, verlor an Dringlichkeit, da sich der Kapitalismus *de facto* behauptet hatte und keiner Starthilfe mehr bedurfte.

Indem die Neoklassiker außerdem nach und nach ermittelt haben, welche Voraussetzungen vorliegen müssten, um eine nur kostendeckende Produktion zu gewährleisten, waren die Maximen formuliert, die den Politikern zur Orientierung gereichen sollten. Freilich hielt sich das Wirtschaftsleben nicht an die Unterricht(ung)swerke: Die offenkundig von den Dogmen divergierenden Fakten pochten auf Nachbesserungen.

Die Modelle der monopolistischen Konkurrenz und die Anstrengungen auf dem Gebiet der Einkommens- und Beschäftigungstheorie sind zwei Beispiele, die verdeutlichen, dass die Befriedigung des praktisch gegebenen Erklärungsbedarfs angestrebt wurde. Allerding ist diese Theorieproduktion im Wesentlichen gemäß der neoklassischen Linienführung vorangetrieben worden. Selbst der Keynesianismus, zumindest in der Lesart der Lehrbücher, ist neoklassisch durchsetzt – nicht zuletzt, weil Keynes ein beträchtliches marshallianisches Erbe übernahm und weiter-

---

[3] Zinn, K. G., Politische…, a.a.O., S. 57.

gegeben hat. Der nach dem Zweiten Weltkrieg dominierende 45°-Keynesianismus mit seiner gesamtwirtschaftlichen IS-LM-Hydraulik[4] bringt schlagend die Fixierung auf Angebots- und Nachfragekategorien zum Ausdruck und steht deswegen zwar nicht inhaltlich, aber methodisch dem neoklassischen Ansatz näher als dem klassischen; obwohl Keynes die gesamte ökonomische Theorie vor seiner „General Theory“ als klassisch einstufte.[5]

Die nun beginnende Reise entlang der klassischen werttheoretischen Route hält nur bei den Hauptstationen Smith, Ricardo und Marx.[6] Sie wird unternommen, um zu erkunden, wo und warum die Autoren jeweils die eingeschlagene Richtung geändert haben. Erst nach diesen Vorstudien wird die aus dem Ruder gelaufene klassische Theorie wieder auf Kurs zu bringen sein.

---

[4] Vgl. zur Klassifikation keynesianischer Schulen Coddington, A., Keynesian Economics: The Search for First Principles, in: Journal of Economic Literature, Bd. XIV (1976), S. 1258-1273.

[5] Vgl. Keynes, J. M., The General …, a.a.O., S. 3. Inzwischen bestimmt der Schnittpunkt einer fallenden *Aggregate Demand Function* (AD) mit einer steigenden *Aggregate Supply Function* (AS) unmittelbar das Sozialprodukt sowie das Preisniveau. Vgl. Helmedag, F., Die Beschäftigungstheorie von Keynes: Dichtung und Wahrheit, in: Jenseits der Orthodoxie, Ansätze für einen Paradigmenwechsel in der Wirtschaftstheorie, zusammengestellt von Busch, U., Berliner Debatte Initial, 23. Jg. (2012), Heft 3, S. 63-76, S. 68 f. Freilich birgt Keynes' Hauptwerk typisch klassische Elemente, die in der Keynes-Rezeption fast völlig untergegangen sind. Gemeint ist die Rolle der Arbeit und die der „wage unit“: „It is preferable to regard labour … as the sole factor of production, operating in a given environment of technique, natural resources, capital equipment and effective demand. This partly explains why we have been able to take the unit of labour as the sole physical unit which we require in our economic system, apart from units of money and of time.“ Keynes, J. M., The General …, a.a.O., S. 213 f. Am Ende dieser Schrift wird dieser Brückenkopf der Arbeitswertlehre in der „General Theory“ nochmals angesprochen.

[6] Vgl. zu den entfernteren Etappen etwa Immler, H., Natur in der ökonomischen Theorie, Teil 1: Vorklassik – Klassik – Marx, Opladen 1985.

2.2 Adam Smith: Die Komponententheorie des Werts

Dem „Reichtum der Nationen“ von Adam Smith geht es wahrscheinlich wie den meisten der berühmten gelehrigen Werke: Die Häufigkeit der Nennung ist kein Indikator der jeweiligen Lektüreintensität. Erstaunlich ist dies nicht: Das Buch sei „widerspenstig“, bemerkt Winch[1], und Schumpeter urteilt gar über Smith: „Niemals überschritt er die Grenzen des Fassungsvermögens selbst der dümmsten Leser ...; während Smith des Lesers Geduld mit seinem vielen historischen und statistischen Material in Anspruch nahm, tat er dies mit des Lesers Denkkraft nicht.“[2] Tatsächlich offeriert Smiths Schrift kaum etwas, das für sich gesehen dem Anspruch auf Originalität gerecht werden würde. Vielmehr war er der Koordinator, der die einzelnen Strömungen in das „System der natürlichen Freiheit“ lenkte. Dem Werk Adam Smiths war eine epochemachende Wirkung beschieden, da die vom Autor propagierte *Politik* mit den Interessen der Epoche in Einklang stand und weniger, weil er unbedingt Neues verbreitete.

Während Hobbes den Wolfscharakter der Menschen durch eine künstliche Ordnung aufgehoben sah, plädierte Smith für ein weit eher zum Geist der Zeit passendes Marktsystem, das es den Menschen ermöglicht, ja sie geradezu anstachelt, ihr wirtschaftliches Glück am Schopf zu packen, ohne auf andere oder eine höhere Stelle Rücksicht zu nehmen.[3] Um diese Idee kreist der „Reichtum der Nationen“ und sie hält ihn zusammen. Das in dem Opus angehäufte Material ließ es des Öfteren zum Steinbruch der ökonomischen Theorie werden, aus dem die nachrückende Generation ihren Rohstoff gebrochen hat, um ihn je nach Geschmack zu veredeln.

Wie der Titel des Buches verkündet, geht es seinem Autor um die Kräfte, die den Wohlstand der Nationen bestimmen; unter diesen kommt der produktivitätsfördernden Arbeitsteilung die herausragende Rolle zu. Arbeitsteilung kann sich jedoch nur entfalten und ihre segensreiche Wirkung ausüben, wenn sich die hierfür erforderliche gesellschaftliche Struktur herauskristallisiert hat:

> „WHEN the division of labour has been once thoroughly established, it is but a very small part of a man's wants which the produce of his own labour can supply. He supplies the far greater part of them by exchang-

---

[1] Vgl. Winch, D., a.a.O., S. 342.

[2] Schumpeter, J. A., Geschichte ..., a.a.O., S. 246.

[3] Vgl. Faber, M., Manstetten, R., a.a.O., S. 108.

> ing that surplus part of the produce of his own labour, which is over and above his own consumption, for such parts of the produce of other men's labour as he has occasion for. Every man thus lives by exchanging …"[4]

Eine solche Art des Miteinander-Lebens stößt nur auf generelle Billigung, sofern die Menschen zuvor eingesehen haben, dass eine Marktökonomie – von deren Verbreitung im Übrigen das Ausmaß der produktivitätsfördernden Arbeitsteilung abhängt[5] – keine chaotische Veranstaltung ist. Wie es publik zu machen galt, gehorche die Wertbildung Gesetzmäßigkeiten, die wünschenswerte Ergebnisse hervorrufen. Deswegen seien obrigkeitliche Eingriffe in das Marktgeschehen abzubauen.

Ehe Smith die Determinanten des Tauschwertes näher untersucht, weist er auf die beiden (ökonomischen) Ausprägungen des Wortes ‚Wert' hin:

> „… VALUE … sometimes expresses the utility of some particular object, and sometimes the power of purchasing other goods … The one may be called ‚value in use;' the other, ‚value in exchange.' "[6]

Unmittelbar nach Erwähnen dieser von Aristoteles stammenden Unterscheidung[7] bringt Smith das sog. klassische Wertparadoxon:

> „Nothing is more useful than water: but it will purchase scarce anything … A diamond, on the contrary, has scarce any value in use; but a very great quantity of other goods may frequently be had in exchange for it."[8]

Smith maß diesem Phänomen jedoch keine größere Bedeutung bei; anders als später Ricardo bemühte er sich nicht einmal ansatzweise, dieses *scheinbare* Paradoxon aufzuklären. Selbstverständlich hat der Diamant einen Gebrauchswert – *diamonds are a girl's best friend* dürfte spätes-

---

[4] Smith, A., a.a.O., S. 37.

[5] Die Passage „by exchanging that surplus part of the produce of his own labour" im vorhergehenden Zitat zeigt, dass Smith keineswegs eine vollständige Arbeitsteilung im Sinn hatte, in der *ausschließlich* für den Markt produziert wird. Dem widerspricht das berühmte Stecknadelbeispiel auf der ersten Seite seines Buches nicht, das die Produktivitätssteigerung durch eine zunehmende *innerbetriebliche* Arbeitsteilung illustriert.

[6] Smith, A., a.a.O., S. 44.

[7] Vgl. Aristoteles, a.a.O., S. 92 f.

[8] Smith, A., a.a.O., S. 44 f.

tens seit der Verbreitung dieser Erkenntnis von Marilyn Monroe Gemeingut sein –, und der Verdurstende wird Wasser mit Diamanten aufwiegen – falls er dazu in der Lage ist. Stattdessen gibt Smith ohne diesen Zwischenschritt sein werttheoretisches Forschungsprogramm bekannt. Er verspricht, nacheinander das richtige Maß des Tauschwertes oder den realen Güterpreis sowie dessen Teile vorzustellen. Ferner kündigt er an, die Umstände auszuloten, in welchen der augenblickliche Preis eines Gutes, der ‚Marktpreis', von seinem ‚natürlichen Preis' abweicht oder sich mit ihm deckt.[9]

Die Marktpreise schwanken je nach der *Relation* von Angebot und *effektiver* Nachfrage:

> „The market price of every particular commodity is regulated by the proportion between the quantity which is actually brought to market, and the demand of those who are willing to pay the natural price of the commodity ... Such people may be called the effectual demanders, and their demand the effectual demand; since it may be sufficient to effectuate the bringing of the commodity to market."[10]

In der modernen Makroökonomik spielen die ‚effektive' und die ‚notionale' Nachfrage durchaus eine Rolle, aber die ‚wirksame' Nachfrage der Klassiker ist etwas anderes als jene, welche im Rahmen der Rationierungskonzepte gemeint ist.[11] Um dem Unterschied gerecht zu werden, erscheint es sinnvoll, für ‚effectual demand' statt ‚wirksame' besser ‚hinreichende' Nachfrage zu sagen. Denn die hinreichende Nachfrage erlaubt es den Anbietern, den natürlichen Preis zu erzielen, nicht mehr und nicht weniger.[12]

Anschließend trägt Smith seine Auffassung vor, entsprechende Steuerungsmechanismen drängten den Marktpreis immer wieder in Richtung des natürlichen Preises.[13] Die hinreichende Nachfrage sei jene, welche

---

[9] Vgl. ebenda, S. 46.

[10] Ebenda, S. 73.

[11] Vgl. die einschlägigen Beiträge im Sammelband Hagemann, H., Kurz, H. D., Schäfer, W. (Hrsg.), Die Neue Makroökonomik, Marktungleichgewicht, Rationierung und Beschäftigung, Frankfurt a. M. / New York 1981.

[12] Es böte sich ferner an, ‚effective' und ‚notional demand' mit ‚tatsächlicher' bzw. ‚erwünschter' Nachfrage zu übersetzen. Die (geringere) tatsächliche Nachfrage ist Folge von (unerwünschten) Rationierungen.

[13] Vgl. Smith, A., a.a.O., S. 75.

beim natürlichen Preis auftrete – ein *Punkt* in einem Preis-Mengen-Diagramm, *keine* funktionale Beziehung zwischen beiden Größen.[14] Die Abirrungen der Marktpreise von den natürlichen Preisen wären angebotsseitig verursacht, entweder aufgrund von Fehldispositionen oder wegen mangelnden Wettbewerbs.

Von dieser Warte aus gesehen sind die gängigen Darstellungen der klassischen Lehre meist zu kurz geraten. Die gleichberechtigten Kräfte von Angebot und Nachfrage bewirken eben keine *zufällige* Gravitation der Marktpreise um den natürlichen Preis; im Gegenteil, die Lehre von Smith und seinen Nachfolgern ist klar gegliedert: Mit dem natürlichen Preis, der am Anfang der Überlegungskette steht, geht eine und nur eine hinreichende Nachfragemenge einher, die dann als gegeben betrachtet werden darf. Falls die Anbieter diesen Absatz falsch einschätzen oder wenn sie wegen fehlender Konkurrenz das Angebot knapp halten können[15], kommt es zu Diskrepanzen zwischen Marktpreis und natürlichem Preis. Trotzdem *muss* sich der natürliche Preis früher oder später durchsetzen, da einschlägige Annahmen über die Reaktionen des Angebots gemacht worden sind. Variierende Marktpreise sind nichts weiter als Zwischenstufen zum natürlichen Preis und der mit ihm verknüpften Nachfrage.[16]

In Wahrheit ist es fraglich, ob der Anpassungsprozess immer so abläuft, wie es Smith schildert. Seines Erachtens fällt der Marktpreis unter den natürlichen Preis, sobald das Angebot die hinreichende Nachfrage übertrifft; im umgekehrten Fall verhält es sich umgekehrt. Bei solchen

---

[14] Vgl. Schefold, B., Nachfrage und Zufuhr in der klassischen Ökonomie, in: Studien zur Entwicklung der ökonomischen Theorie I, hrsg. v. Neumark, F., Berlin 1981, S. 53-91. Einen Überblick über Gravitationsmodelle geben Farmer, K., Kubin, I., Marktpreise und natürliche Preise: Adam Smiths Konzeption und ihre gegenwärtige Bedeutung aus neoricardianischer und neowalrasianischer Sicht, in: Adam Smith (1723-1790), hrsg. v. Kurz, H. D., Marburg 1990, S. 203-236.

[15] „The monopolists, by keeping the market constantly under-stocked, by never fully supplying the effectual demand, sell their commodities much above the natural price …“. Smith, A., a.a.O., S. 78.

[16] Marshall hat später die Inkongruenz von Marktpreis und natürlichem Preis auf verschieden lange Anpassungszeiträume zurückgeführt und damit suggeriert, bei den Klassikern ließe sich das Konzept von Angebots- und Nachfrage*kurven* finden. Vgl. Marshall, A., Principles …, a.a.O., S. 314 f. Vgl. zu diesem Komplex Bharadwaj, K., Classical Political Economy and Rise to Dominance of Supply and Demand Theories, 2. Aufl., London 1986.

Abweichungen divergieren nach Smith die einzelnen Bestandteile des Preises von ihren natürlichen Sätzen und lösen entsprechende Kapitalbewegungen aus.[17]

Jedoch darf die Veränderung des Gesamtgewinns nicht allein aufgrund der Entwicklung des Stückgewinns beurteilt werden; die Mengenkomponente kann eventuell den Preiseffekt überkompensieren. Sinkt z. B. der Marktpreis unter den natürlichen Preis, mag sich der Gewinnanteil des Preises verringern, ein höherer Absatz lässt den Gesamtgewinn vielleicht dennoch anwachsen. Die von Smith vorausgesetzten Reaktionen der Unternehmer – hier: Transfer von Kapital in ein anderes Gewerbe – können dann keine allgemeine Geltung beanspruchen.

Indem Smith den Blick nicht auf den Profit insgesamt, sondern auf den Gewinn pro Stück richtet, bahnt er einem Denken in Quotienten statt in Differenzen, d. h. in relativen statt in absoluten Größen, den Weg. Die nachfolgende ökonomische Theorie rückte nämlich einen *Quotienten*, die Profitrate – als Gewinn pro eingesetzter Kapitaleinheit interpretiert – in den Vordergrund und verlor dabei den Gewinn – die *Differenz* zwischen Erlösen und Kosten – aus den Augen. Mit dieser Weichenstellung wurde, wie es noch zu entfalten gilt, der Zug der ökonomischen Theorie auf ein Gleis gelenkt, das nicht im Bestimmungsbahnhof endete.

Der hierarchische Aufbau der klassischen Theorie steht und fällt mit dem ‚natürlichen Preis' oder synonym dem ‚Wert' einer Ware. Es wundert daher nicht, dass die Analyse der Determinanten dieser Größe von Smith und seinen Nachfolgern an die oberste Stelle der Tagesordnung platziert wurde: Kennt man die Gesetze des natürlichen Preises, so weiß man (anscheinend) über die grundsätzliche Funktionsweise der Wettbewerbswirtschaft Bescheid.

Smith legt keine Werttheorie aus einem Guss vor, vielmehr ist seine Erläuterung historisch aufgefächert. Es lohnt sich, Smiths Darstellung etwas ausführlicher zu analysieren und mit Zitaten zu untermauern, denn hier finden sich – zumindest in rudimentärer Form – die zentralen Fragen, Probleme und (Vor-)Urteile der klassischen Wertlehre.

Zunächst präsentiert Smith sein berühmtes Hirsch-Biber-Modell, welches auf eine Zeit vor der Kapitalbildung und der Landnahme verweist:

> „In that early and rude state of society which precedes both the accumulation of stock and the appropriation of land, the proportion between

[17] Vgl. Smith, A., a.a.O., S. 74 f.

> the quantities of labour necessary for acquiring different objects seems to be the only circumstance which can afford any rule for exchanging them for one another. If among a nation of hunters, for example, it usually costs twice the labour to kill a beaver which it does to kill a deer, one beaver should naturally exchange for or be worth two deer."[18]

In dem Beispiel macht Smith keinen Unterschied zwischen Hirsch- und Biberjagd, deshalb lassen sich die Arbeitszeiten direkt miteinander vergleichen. Indes nimmt er durchaus wahr, dass sich konkrete Aktivitäten hinsichtlich der abverlangten Anstrengungen und den im Einzelfall erforderlichen Fähigkeiten unterscheiden können; seines Erachtens spiegelt jedoch der Arbeitslohn solcherlei Abstufungen wider: „In the advanced state of society, allowances … for superior hardship and superior skill, are commonly made in the wages of labour; and something of the same kind must probably have taken place in its earliest and rudest period."[19] Die Tauschverhältnisse müssten folglich bei heterogener Arbeit den Vergütungen für die jeweilige Leistung anstelle ihrer bloßen Verrichtungsdauer entsprechen.

Dieses Räsonnement erweist sich allerdings bei näherer Betrachtung als etwas dunkel: Warum spricht Smith in einer Gesellschaft freier Individuen, in der es weder Kapital noch Grundeigentum gibt, von einem Arbeitslohn („wages of labour"), obwohl es jedem Einzelnen unbenommen ist, nach Gutdünken sein produktives Potenzial *selbst* zu verwirklichen? – So tief schürft Smith aber nicht, stattdessen setzt er fort:

> „In this state of things, the whole produce of labour belongs to the labourer; and the quantity of labour commonly employed in acquiring or producing any commodity, is the only circumstance which can regulate the quantity of labour which it ought commonly to purchase, command, or exchange for."[20]

Erneut drängen sich die Arbeits*mengen* in den Vordergrund, jetzt aber nicht lediglich im Kontext der Güter*erzeugung*, sondern auch als notwendiger Aufwand zum *Erwerb* eines Gutes. Versuchen wir, die Sachlage aufzuhellen.

---

[18] Ebenda, S. 65.

[19] Ebenda.

[20] Ebenda.

Angenommen – um beim Hirsch-Biber-Fall zu bleiben –, der reine Zeitaufwand, einen Biber zu töten, sei doppelt so hoch wie der, einen Hirsch zu erlegen. Ferner werde nach der Rückkehr vom Jagen mit einem Teil der jeweiligen Beute Handel getrieben. Es komme zu einem Tauschverhältnis 1:1, d. h. ein Biber sei einen Hirsch wert.

Tritt dieses Phänomen dauerhaft auf, könnte man – ganz im Sinne von Smith – argumentieren, die Arbeit Hirschjagd werde offenkundig als doppelt so anspruchsvoll wie das Biberfangen angesehen; womöglich erfordert die Hatz auf Damwild eine längere Ausbildung oder vielleicht erhöhen Raubtiere das Risiko eines Arbeitsunfalls bei der Pirsch. Falls das obige Tauschverhältnis beobachtbar ist, und die knappen Ausführungen von Smith schließen eine solche Möglichkeit nicht aus, dann hat er, im Gegensatz zur landläufigen Meinung, selbst für den „early and rude state of society“ keine reine Arbeits*mengen*theorie der relativen Preise vertreten. Das Unbehagen, mit der die Propagierung einer auf die reine Arbeitszeit abstellenden Wertlehre registriert wird – selbst wenn Smith sie auf ein frühes Stadium beschränkt –, wäre unbegründet.[21]

Smith widmet sich nur kurz dem frühen und rohen Zustand der Gesellschaft, sondern wendet sich rasch den modernen Verhältnissen zu:

> „As soon as stock has accumulated in the hands of particular persons, some of them will naturally employ it in setting to work industrious people, whom they will supply with materials and subsistence, in order to make a profit by the sale of their work, or by what their labour adds to the value of the materials … The value which the workmen add to the materials, therefore, resolves itself in this case into two parts, of which the one pays their wages, the other the profits of their employer upon the whole stock of materials and wages which he advanced.“[22]

Im Zuge der Kapitalbildung – ein Prozess, den Smith nicht näher erörtert – schiebt sich eine neue Einkommenskategorie ins Blickfeld: der Profit. Nach Smith speist sich der Gewinn aus dem Wert, den *der Arbeiter* dem Rohmaterial zusetzt. Wie der Brite in einer Beispielrechnung veranschaulicht, fällt der Profit jedoch nicht nach Maßgabe des Arbeitsaufwands an, sondern er verhält sich proportional zu dem insgesamt investierten Kapi-

---

[21] Vgl. Recktenwald, H. C., Würdigung des Werkes, in: Smith, A., Der Wohlstand der Nationen, Eine Untersuchung seiner Natur und seiner Ursachen, aus dem Englischen von Recktenwald, H. C., München 1978, S. XV-LXXIX, S. LIV f.

[22] Smith, A., a.a.O., S. 65 f.

tal. Dieses umfasst außer dem Lohn, welcher klassischer Auffassung gemäß im Voraus bezahlt wird[23], auch den Wert der Rohmaterialien.

Einer weitreichenden Inkonsistenz war damit Bahn gebrochen: Der Wertzuwachs, den das Rohmaterial erfährt, wird allein durch die Arbeit hervorgerufen, dennoch berechnet man die allgemeine Profitrate auf die gesamten Kosten, die zugleich als ‚Kapital‘ gedeutet werden. Diese Methode ist Ausdruck des Glaubens, jede vorgeschossene Geldeinheit sei gleichermaßen produktiv und verdiene daher im Konkurrenzgleichgewicht denselben Anteil am Profit: Die Kapitalgewinne „… are regulated altogether by the value of the stock employed, and are greater or smaller in proportion to the extent of this stock.“[24] Später wird sich bestätigen, dass dieser, analog zum Investorenverhalten konstruierte Mechanismus klemmt und das Getriebe der kapitalistischen Marktwirtschaft blockierte – wäre es wirklich so zusammengefügt.

Indem die Schüler Smiths die genannte Ungereimtheit entweder nicht zur Kenntnis nahmen oder zumindest einer tieferen Analyse nicht für wert erachteten, bog die ökonomische Theorie bereits an dieser Stelle auf den falschen Kurs ab. Es mag zwar plausibel erscheinen – insbesondere vom einzelwirtschaftlichen, an den Opportunitätskosten orientierten Standpunkt –, davon auszugehen, jede vorfinanzierte Geldeinheit müsse den gleichen Ertrag abwerfen, doch der erste Blick trügt. Dabei hatte Smith mit seiner Komponententheorie des Werts, die im Urteil von Ricardo und Marx keine Gnade finden sollte, eigentlich schon den ersten Schritt in die richtige Richtung gemacht.

Aber eins nach dem anderen. Widmen wir uns zuvor den Ereignissen in ihrer Chronologie. Neben Lohn und Profit rückt eine dritte Einkommensart:

> „As soon as the land of any country has all become private property, the landlords, like all other men, love to reap where they never sowed, and demand a rent even for its natural produce.“[25]

Und wenig später resümiert Smith:

---

[23] Vgl. ebenda, S. 73.

[24] Ebenda, S. 66.

[25] Ebenda, S. 67.

> „Wages, profit, and rent, are the three original sources of all revenue as well as of all exchangeable value. All other revenue is ultimately derived from some one or other of these."[26]

Laut Smith sei damit das Geheimnis des natürlichen Preises gelüftet:

> „When the price of any commodity is neither more nor less than what is sufficient to pay the rent of the land, the wages of the labour, and the profits of the stock employed in raising, preparing, and bringing it to market, according to their natural rates, the commodity is then sold for what may be called its natural price."[27]

Abgesehen von der kaum zufriedenstellenden Erläuterung, den ‚natürlichen' Preis durch die ‚natürlichen' Sätze seiner Bestandteile zu erklären, verblüfft ein anderer, weniger populärer Aspekt: Der vorgeschossene Wert der Rohmaterialien und Gerätschaften taucht im natürlichen Preis nicht mehr auf, denn die Vorleistungen lassen sich selbst wieder in die drei Einkommenskategorien auseinanderdividieren:

> „But the whole price of any commodity must still finally resolve itself into some one or other, or all of those three parts; as whatever part of it remains after paying the rent of the land, and the price of the whole labour employed in raising, manufacturing, and bringing it to market, must necessarily be profit to somebody."[28]

Wegen dieser ‚Komponententheorie des Werts' wurde Smith viel gescholten: Ricardo bemängelte die zu schnelle Aufgabe der Arbeitswertlehre und die fehlerhafte Behandlung der Rente. Laut Marx konfundiere Smith Brutto- und Nettoprodukt und er versuche überdies, den „… konstanten Wertteil des Kapitals aus dem Warenwert wegzuhexen"[29]. Smith

---

[26] Ebenda, S. 69. Auch Walras ging dem Gedanken nach, den Güterpreis völlig in die Einkommensbestandteile zu zerlegen. Dabei bezieht er sich nicht, wie man vermuten sollte, auf Adam Smith. „It was Bastia's idea", meint er stattdessen, „that, in final analysis, services are exchanged against services, but he only meant personal services, while we have in mind the services of land, persons and capital goods." Walras, L., a.a.O., S. 225.

[27] Smith, A., a.a.O., S. 72.

[28] Ebenda, S. 69.

[29] Marx, K., Das Kapital, 2. Bd., Der Zirkulationsprozeß des Kapitals (1885), hrsg. v. Engels, F., in: Marx Engels Werke, Bd. 24, Berlin 1975, S. 372.

nehme mithin die Existenz ‚letzter' Waren an, die ohne Produktionsmittel hergestellt worden seien.[30] Sobald die formale Beurteilungsbasis geschaffen ist, werden diese Kritikpunkte gewürdigt.

Reflex der ‚gespaltenen' Werttheorie von Smith sind zweierlei Wertmaße: Einmal spricht er von „labour embodied", d. h. die in einer Ware verkörperte Arbeit reguliert ihren Wert. Zum anderen argumentiert Smith mit „labour commanded". Diese Größe gibt an, wie viele Arbeitseinheiten man für eine Ware kaufen kann. Andersherum gesehen informiert die Elle, wie lange ein Werktätiger für diese Ware arbeiten muss.[31] Adam Smith wechselte auf die ‚warenkommandierte Arbeit' über, weil er Schwierigkeiten sah, die reine Verrichtungsdauer als allgemeingültige Werteinheit anzuerkennen. Im Tausch werden indes „... different degrees of hardship endured, and of ingenuity exercised ..."[32] gleichgesetzt.

> „Man kann den Maßstab ‚kommandierte Arbeit' ", erklärt Starbatty, „als Versuch der Objektivierung von Arbeitsquantitäten betrachten: Den Wert einer Ware bemessen wir danach, wieviel Arbeitsquantitäten wir dafür eintauschen oder dienstbar machen können, gleichgültig wieviel Stunden wir selbst zur Fertigstellung benötigt haben."[33]

Während *labour embodied* prinzipiell physisch ermittelt werden kann, nämlich in Zeiteinheiten, wird die *labour commanded* vom Lohnsatz beeinflusst. Der pendelt sich aber nach klassischer Auffassung langfristig auf das Subsistenzniveau ein: Die Arbeiter bekommen eine Vergütung,

---

[30] Vgl. Kurz, H. D., Adam Smiths Komponententheorie der relativen Preise und ihre Kritik, in: Zeitschrift für die gesamte Staatswissenschaft, Bd. 132 (1976), S. 691-709.

[31] Fourastie und Schneider nennen diese Größe – ohne Hinweis auf Smith – „Realpreis": „Durch die Teilung des gegenwärtigen Preises (oder Nominalpreises in Mark, Reichsmark oder DM) eines Produkts durch den Stundenlohn, erhalten wir den *Realpreis* dieses Produkts, ausgedrückt in Arbeitsstunden." Fourastie, J., Schneider, J., Warum die Preise sinken, Produktivität und Kaufkraft seit dem Mittelalter, Frankfurt a. M. 1989, S. 40. Die Autoren gelangen in ihrer Untersuchung zum Ergebnis, dass sich die Realpreise fast aller Waren zum Teil drastisch verringert haben. Wesentliche Einflussgröße hierfür ist die Steigerung der Arbeitsproduktivität. Das Gesetz von Angebot und Nachfrage spiele zwar eine Rolle, „... ist letztendlich aber nur für vorübergehende Schwankungen verantwortlich und eher von untergeordneter Bedeutung." Ebenda, S. 145.

[32] Vgl. Smith, A., a.a.O., S. 48.

[33] Starbatty, J., Die englischen Klassiker der Nationalökonomie, Lehre und Wirkung, Darmstadt 1985, S. 60.

die gerade ausreicht, einen historisch gegebenen Lebensstandard zu gewährleisten. Der Lohn lässt genau den Kauf derjenigen Menge an Nahrung, Kleidung usw. zu, die unabdingbar ist, um sich und die Familie über die Runden zu bringen. Der Nominallohnsatz orientiert sich also an Preisen: den Lebenshaltungskosten. Smiths Maß *labour commanded* ist abhängig von Größen, die mit diesem Standard gemessen werden sollen. Nur im frühen und rohen Zustand, vor Kapitalbildung und Landnahme, decken sich *labour commanded* und *labour embodied.* Die Analyse von Smith birgt demnach, vielleicht unbeabsichtigt, ein Moment sozialer Anklage:

> „Man kann auch sagen, daß, wenn der Kauf eines bestimmten Arbeitsquantums durch die Kapitalisten die Produktion einer Ware zuläßt, mit der man ein größeres Arbeitsquantum erhalten kann, dies bedeutet, daß der Tausch zwischen dem Kapitalisten und dem Arbeiter sich im Zeichen einer grundsätzlichen Ungleichheit abwickelt."[34]

Smith thematisiert den Unterschied von verkörperter Arbeit und warenkommandierter Arbeit nicht weiter: Außer seinen ‚natürlichen' Sätzen der Einkommenskategorien bietet er dazu nichts an. Einerlei, ob sich Smith letzten Endes von der Arbeitswerttheorie gelöst hat oder nicht[35], die eigentliche Bedeutung des Werkes von Smith liegt in der propagierten *These*, weniger in der Untermauerung ihrer Richtigkeit: Die marktwirtschaftliche Ordnung ende nicht im Chaos; im Gegenteil, das am Eigennutz der Einzelnen ausgerichtete Handeln fördere das Wohl aller. Eine ‚unsichtbare Hand' – die Smith im „Wohlstand der Nationen" freilich nur einmal erwähnt[36] – lenke das wirtschaftliche Geschehen; hinter dem scheinbar willkürlichen Auf und Ab der Marktpreise walte eine Gesetzmäßigkeit, die den ‚natürlichen' Verhältnissen zum Durchbruch verhelfe. Das unentwirrbar anmutende wirtschaftliche Räderwerk funktioniere gemäß Regeln, deren Entdeckung (fortan) Hauptaufgabe der ökonomischen Theorie (geblieben) ist.

---

[34] Napoleoni, C., Ricardo und Marx, hrsg. v. Pennavaja, C., Frankfurt a. M. 1974, S. 62 f.

[35] Vgl. Starbatty, J., a.a.O., S. 59.

[36] Vgl. Smith, A., a.a.O., S. 456.

2.3 David Ricardo: Perspektiven der Kapitalakkumulation

Die Klassik erlebte im letzten Drittel des 20. Jahrhunderts eine Wiederbelebung; die Renaissance hat sich unter anderem darin niedergeschlagen, dass Ricardo zum Namenspatron einer zeitgenössischen Abteilung von Ökonomen wurde. Diese schon erwähnten ‚Neoricardianer' konkurrieren heute – welch eine Ironie der Firmenchronik – mit den ‚Neoklassikern'. Tatsächlich spricht einiges dafür, die Verzweigungen der ökonomischen Theorie als eine Auffächerung der Ricardo-Interpretation zu deuten.[1]

Indes wurde Ricardo selbst im Alter von 27 Jahren während eines Kuraufenthalts in Bath ökonomisch infiziert, als er auf Adam Smiths „Wealth of Nations" stieß.[2] Vor diesem Hintergrund scheint es nicht ganz abwegig, in Ricardo wiederum einen Schüler von Adam Smith zu sehen, der dessen Lehrgebäude zwar renoviert und um einige Stockwerke erhöht habe, ohne aber das vom Lehrer abgesteckte Terrain zu überschreiten. Umso eher könnte Adam Smith als der ‚Adam und Schmied' der Volkswirtschaftslehre gelten.

Die in den „Principles" ausgebreitete Werttheorie ist indes mehr als eine aus kritischem Interesse entstandene Auseinandersetzung und Fortentwicklung Smithscher Ideen. Obschon dieses Moment gewiss mitschwingt und in den „Principles" äußerlich durch die mehrfache Bezugnahme auf Smith zum Ausdruck kommt, steckt ein tiefer liegendes Motiv hinter Ricardos Beschäftigung mit der Werttheorie. Um dies zu enthüllen – was den älteren, bloß an einigen Stellen der „Principles" klebenden ‚Nacherzählungen' der Wertlehre Ricardos nur unzureichend gelingt[3] –, wird es sich als fruchtbar erweisen, den Blick nicht ausschließlich auf

---

[1] Vgl. Schefold, B. (unter Mitarbeit von Weihrauch, P.), Ricardo – Marshall – Sraffa, Ökonomische Theorie als Geschichte der Ricardo-Interpretation, in: das wirtschaftsstudium (wisu), 16. Jg. (1987), S. 383-387 und S. 462-467.

[2] Vgl. zu Leben und Werk Ricardos den informativen Artikel von De Vivo, G., Ricardo, David, in: The New Palgrave, Bd. 4, London / New York / Tokyo 1987, S. 183-198.

[3] Ricardos abstrakte, deduktive Vorgehensweise wie die fast dürren Darlegungen, die nur schwer auf seine Intentionen schließen lassen, wurden des Öfteren auf Ricardos jüdische Abstammung zurückgeführt; auch Marshall moniert dessen ‚unenglische' Methode: „... he was more guilty than almost anyone else of the bad habit of endeavouring to express great economic doctrines in short sentences." Marshall, A., Principles ..., a.a.O., S. 672, vgl. außerdem ebenda, S. 629 Fn.

sein Hauptwerk zu richten, sondern außerdem auf die Formationsperiode seiner Theorie, vor allem auf den „Essay on Profits" aus dem Jahre 1815.[4] Wie sich aus seinem Briefwechsel erkennen lässt, verlagerte sich in den Jahren davor der Schwerpunkt der Forschungen Ricardos von Währungsproblemen auf realwirtschaftliche Themen; namentlich interessierte ihn nun der Zusammenhang von Kapitalakkumulation und Profitrate. In einem Brief an Malthus vom 17. August 1813 gebraucht er diesbezüglich zum ersten Mal die Worte „my theory"[5].

Es ist das Verdienst Sraffas, die Wichtigkeit des Kornmodells im Reifeprozess der Theorie Ricardos verdeutlicht zu haben.[6] Allerdings müssen wir uns *zweimal* der Weizenwirtschaft widmen. Im ersten Durchgang wird die übliche Version skizziert; dann geht es um die Schwierigkeiten, die Ricardo bewegten, in den „Principles" eine Werttheorie vorzulegen: Sie sollte den Gültigkeitsbereich der Hauptsätze seiner im Wesentlichen schon existierenden Verteilungstheorie erweitern.

Hiernach wird das Kornmodell noch einmal aufgegriffen, um zu zeigen, dass selbst in diesem einfachen Szenario die herrschende Sicht der Dinge nicht mit der Logik einer kapitalistischen Konkurrenzwirtschaft

---

4 Ricardo, D., An Essay on the Influence of a low Price of Corn on the Profits of Stock (1815), in: The Works and Correspondence of David Ricardo, hrsg. v. Sraffa, P., Bd. IV, Cambridge 1951, S. 9-41.

5 Vgl. Ricardo, D., Brief an Malthus, 17. August 1813, in: The Works ..., Bd. VI, Cambridge 1973, S. 95. Tucker hat versucht, die Motive aufzuhellen, die Ricardo veranlassten, sich Fragen der Kapitalakkumulation zuzuwenden. Vgl. Tucker, G. S. L., The Origin of Ricardo's Theory of Profits, in: Economica, Bd. 21 (1954), S. 320-331.

6 Vgl. Sraffa, P., Introduction, in: The Works ..., Bd. I, Cambridge 1970, S. xiii-lxii, insbesondere S. xxxi. Samuel Hollander hat bestritten, die ‚Korn-Theorie des Profits' nähme jenen herausragenden Rang ein, welcher ihr von den Vertretern des Surplus-Ansatzes eingeräumt werde. Sie sei stattdessen nur rudimentär vorhanden. Vgl. zu dieser Diskussion die Beiträge in: Caravale, G. A. (Hrsg.), The Legacy of Ricardo, Oxford 1985. Ohne auf diese Fragen hier näher eingehen zu wollen, belegen die folgenden Zitate, unter anderem aus dem Briefwechsel Ricardos, dass die Kernstruktur seiner Theorie mit dem Kornmodell treffend erfasst werden kann, selbst wenn es aus seinen Schriften nicht mit der Klarheit hervortritt, wie wir es aus den modernen, mathematisch ausgekleideten Schilderungen gewohnt sind. Bei Ricardos Zeitgenossen Torrens findet sich die Korntheorie prägnanter als bei Ricardo, doch Torrens akzeptiert ausdrücklich dessen konzeptionelle Urheberschaft. Vgl. De Vivo, G., Robert Torrens and Ricardo's ‚corn-ratio' theory of profits, in: The Cambridge Journal of Economics, Bd. 9 (1985), S. 89-92.

vereinbar ist: Bereits in der einsektoralen Weizenwirtschaft entzweien sich Profitmaximierung und Profit*raten*maximierung und das Verhältnis zwischen Lohnsatz und Profit ist weitaus verwickelter als dies die zahlreichen Interpreten ihren Lesern verkünden.

Schließlich kehren wir nochmals zu den „Principles" zurück, um das „Theorem der komparativen Kostenvoreile" unter die Lupe zu nehmen. In diesem Rahmen lässt sich sowohl das Erkenntnispotenzial der Arbeitswertlehre in einer Welt unterschiedlich produktiver Sektoren umreißen als auch die Verbindung zur Beschäftigungstheorie herstellen.

2.3.1 Wachstum und Verteilung in der Weizenwirtschaft

Wie die anderen Klassiker hält Ricardo drei ökonomische Klassen auseinander, die durch ihre jeweiligen Rollen, die sie im Wirtschaftsprozess spielen, charakterisiert sind. Die Grundherren sind die Eigentümer des Ackerlandes, auf das die Pächter, welche die Funktion der Unternehmer in der Agrarwirtschaft innehaben, angewiesen sind. Als Kompensation zahlen sie den Grundherren eine Rente: „By rent I always mean the remuneration given to the landlord for the use of the original and inherent power of the land."[7]

Die Agrar-Entrepreneure strecken Kapital vor, das im Weizenmodell lediglich aus dem Lohnfonds besteht. Er umfasst eine gewisse Menge Korn, mit welcher der Unterhalt der Beschäftigten bis zur nächsten Ernte bestritten wird. Die Produktionsperiode währt demnach ein Jahr. Die Lohnabhängigen schließlich stellen ihre Arbeitskraft zur Verfügung und erhalten dafür ein Entgelt.

Wir bezeichnen die gesamte hergestellte Kornmenge mit X; sie soll allein vom Arbeitseinsatz (N) – womöglich mit einer konstanten Menge an Saatgut pro Einheit – abhängen[8]:

$$X = f(N) \tag{II.1}$$

Aus den verbalen Darlegungen Ricardos und seinen Beispielen lassen sich die folgenden Eigenschaften der Produktionsfunktion (II.1) entnehmen:

---

[7] Ricardo, D., An Essay …, a.a.O., S. 18 Fn.

[8] Vgl. z. B. Pasinetti, L., A Mathematical Formulation of the Ricardian System, in: Review of Economic Studies, Bd. 27 (1960), S. 78-98.

$$\frac{dX}{dN} \equiv f_N > 0 \qquad \text{(II.1a)}$$

$$\frac{d^2X}{dN^2} \equiv f_{NN} < 0 \qquad \text{(II.1b)}$$

$$f(0) \geq 0 \qquad \text{(II.1c)}$$

$$\lim_{N \to 0} f_N(N) = a = const., 0 < a < \infty \qquad \text{(II.1d)}$$

(II.1a) und (II.1b) besagen, dass der Grenzertrag der Arbeit positiv ist, aber abnimmt[9]; (II.1c) schließt die Möglichkeit eines negativen Outputs aus, dem keine ökonomische Bedeutung beigemessen werden könnte. Nach (II.1d) konvergiert der Grenzertrag bei einem sich auf null hin verringernden Arbeitseinsatz gegen einen endlichen positiven Wert. Diese Annahme wird sonst nicht explizit hervorgehoben, macht jedoch ökonomisch Sinn und ist in alle graphischen Darstellungen der Weizenwelt eingegangen.[10]

Ferner kann man aus ökonomischer Sicht fordern, der Ertrag einer Arbeitseinheit müsse mindestens genügen, um ihre Subsistenzentlohnung (w_S) zu decken. Voraussetzung (II.1e) gibt diese ‚Lebensfähigkeitsbedingung' der Technik wieder:

$$f_N \geq w_S \qquad \text{(II.1e)}$$

Das gesamte Einkommen der Beschäftigten (W) beläuft sich auf das Produkt von Lohnsatz (w) und eingesetzter Arbeit; es entspricht, wie schon bemerkt, dem zirkulierenden Kapital (K):

$$K = wN = W \qquad \text{(II.2)}$$

Der Profit, der den Pächtern insgesamt zufließt (P), ergibt sich aus der Multiplikation des Lohnfonds mit der Profitrate (r):

---

[9] Im Jahr 1815 erschienen Essays von Malthus, West und Torrens, in denen die Rente als Phänomen sinkender Grenzerträge in der Landwirtschaft interpretiert wird. Im Übrigen ähnelt Ricardos Profittheorie stark der von West. Vgl. dazu Sraffa, P., Note on ‚Essay on Profits', in: The Works and Correspondence of David Ricardo, hrsg. v. Sraffa, P., Bd. IV, Cambridge 1951, S. 1-8, S. 5 f.

[10] Vgl. die oft übernommene Abbildung bei Kaldor, N., Alternative Theories of Distribution, in: Review of Economic Studies, Bd. 23 (1955/56), S. 83-100, S. 85.

$$P = Kr \tag{II.3}$$

Für die Rente (R) erhält man:

$$R = X - wN - P \tag{II.4}$$

Die Grundeigentümer beziehen also das Gesamtprodukt abzüglich der Arbeits- und Kapitaleinkommen.

Wir haben bisher sieben Unbekannte (X, K, w, N, P, r, R) und nur vier Gleichungen; das System weist mithin drei Freiheitsgrade auf. Diese sind durch ökonomisch plausible Annahmen zu besetzen. Im ersten Schritt kann man davon ausgehen, es existiere zu einem gegebenen Zeitpunkt ein Reallohnsatz, hier eine bestimmte Menge Korn, der sich als ‚natürlicher' Preis der Arbeit deuten lässt. Darunter versteht Ricardo, wie er in seinem Hauptwerk näher ausführt, nicht unbedingt das physische Existenzminimum:

> „It is not to be understood that the natural price of labour, estimated even in food and necessaries, is absolutely fixed and constant. It varies at different times in the same country, and very materially differs in different countries. It essentially depends on the habits and customs of the people."[11]

Ricardo teilt die Auffassung von Malthus, diese Vergütung sei mit einer stationären Bevölkerung verknüpft:

> „The natural price of labour is that price which is necessary to enable the labourers, one with another, to subsist and to perpetuate their race, without either increase or diminution."[12]

Durch die Fixierung des Lohnsatzes auf das Subsistenzniveau w_S gewinnen wir die Gleichung:

$$w = w_S \tag{II.5}$$

Die Konkurrenz der Pächter führt des Weiteren dazu, dass die einzelnen Kapitalien im Gleichgewicht eine identische Profitrate veranschlagen.

---

[11] Ricardo, D., On the Principles of Political Economy and Taxation (1817), in: The Works and Correspondence of David Ricardo, hrsg. v. Sraffa, P., Bd. I, Cambridge 1970, S. 96 f.

[12] Ebenda, S. 93.

Die Entlohnung der letzten verrichteten Arbeitseinheit und der auf sie entfallende Profit schöpfen demnach das Grenzprodukt aus:

$$w(1+r) = f_N \tag{II.6}$$

Umstellung von (II.6) liefert die Profitratengleichung:

$$r = \frac{f_N}{w} - 1 \tag{II.7}$$

Ausgehend vom Maximalwert beim Arbeitseinsatz null, *fällt* wegen (II.1b) die Profitrate kontinuierlich mit wachsender Bodenbebauung:

$$\frac{dr}{dN} \equiv r_N = \frac{f_{NN}}{w} < 0 \tag{II.8}$$

Die Kapitalrendite (II.7) verschwindet, wenn f_N gleich w wird. Aus den Gleichungen (II.2) und (II.5) resultiert die Beschäftigung:

$$N = \frac{K}{w_S} \tag{II.9}$$

Die Arbeitsnachfrage N ist somit im ricardianischen System eine *Variable*, die sich mit dem Lohnfonds K und der natürlichen Vergütung w_S verändert. Die Bevölkerungsgröße reagiert darauf selbstverständlich schon aus biologischen Gründen relativ langsam.

Jetzt ist die Rente ebenfalls ermittelbar. Unter Berücksichtigung von (II.1), (II.2), (II.3) und (II.7) berechnet man für (II.4):

$$R = f(N) - wN - \left(\frac{f_N}{w} - 1\right)wN = f(N) - Nf_N \tag{II.10}$$

Gleichung (II.10) kann als ‚Rentenformel' des ricardianischen Systems tituliert werden. Die Pachtzahlungen steigen im Gegensatz zur Profitrate mit zunehmender Beschäftigung:

$$\frac{dR}{dN} \equiv R_N = f_N - (f_N + Nf_{NN}) = -Nf_{NN} > 0 \tag{II.11}$$

Die Grundbesitzer profitieren folglich von einem größer werdenden Arbeitseinsatz im Agrarsektor.

Das System (II.1) bis (II.4) ist immer noch nicht geschlossen, da erst zwei der drei Freiheitsgrade belegt sind. Eine für klassische Analysen typische Annahme besteht darin, den Lohnfonds als gegeben anzusehen:

$$K = K_0 = const. \qquad \text{(II.12)}$$

Mit diesem Kapital korrespondiert eine über (II.9) determinierte Beschäftigung (N_0). Nun sind alle Werte des Systems bestimmt. Abbildung II.1 stellt die Situation dar. W_0 symbolisiert die Lohnsumme beim Lohnsatz w_S und der Beschäftigung N_0, analog bezeichnen R_0 und P_0 die Rente und den Profit. Wird der Überschuss R_0 und P_0 völlig verzehrt, wiederholt sich die ökonomische Aktivität auf gleichem Niveau Jahr für Jahr.

Abbildung II.1: Die Verteilung in der Kornökonomie

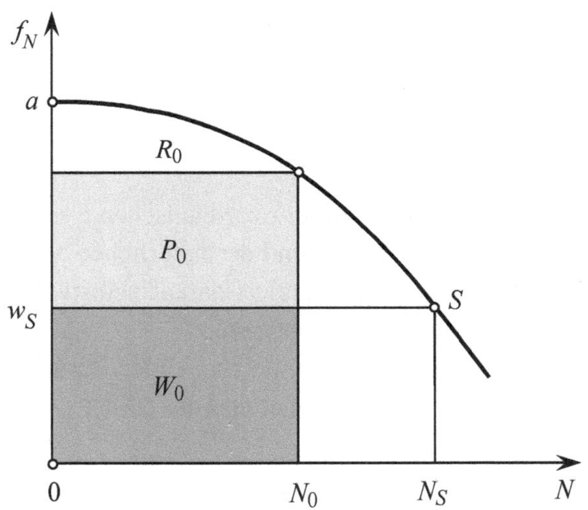

Tatsächlich kennzeichnet Ricardo die Grundherren als eine „unproductive class"[13], welche die ganze Rente konsumiere, während die Pächter nur wenig ihres Profits verbrauchen und den Löwenanteil investieren. Jedoch hängt die Neigung der Agrarunternehmer, den Lohnfonds zu vergrößern, vom erzielbaren Profit ab; „greater profits would lead to further accumulation", liest man im „Essay"[14], und in den „Principles" steht diesbezüglich:

[13] Vgl. ebenda, S. 270.

[14] Ricardo, D., An Essay ..., a.a.O., S. 35.

> „The farmer and manufacturer can no more live without profit, than the labourer without wages. Their motive for accumulation will diminish with every diminution of profit, and will cease altogether when their profits are so low as not to afford them an adequate compensation for their trouble, and the risk which they must necessarily encounter in employing their capital productively."[15]

Moderne Interpreten haben Ricardos System durch eine ‚Investitionsfunktion' komplettiert, um den Weg zum langfristigen Gleichgewicht zu beschreiben. Hierfür wird angenommen, es gebe eine Mindestprofitrate „... just enough to choke off further net saving but not so low as to dissaving and eating up of the previously existing stock of capital goods."[16] Solange die Differenz zwischen aktueller Profitrate und Mindestprofitrate positiv sei, werde Kapital akkumuliert; verschwinde sie, komme der Prozess zum Stillstand.[17]

Beleuchtet man den Extremfall, in dem die Mindestprofitrate null beträgt, dann hört die Vergrößerung des (zirkulierenden) Kapitals auf, wenn $w_S = f_N$ gilt. Diese Situation liegt in Abbildung II.1 im Punkt S vor. Dort ist der Profit von der Bildfläche verschwunden. Da der natürliche Lohnsatz nicht gedrückt werden kann, hat die Beschäftigung ihr Maximum erreicht (N_S). Löhne und Rente absorbieren das ganze Sozialprodukt, der stationäre Zustand ist eingetreten.

Aber solche Mechanisierungen verschieben die Gewichte in Ricardos „Essay". In dem Beitrag ging es ihm weniger darum, eine düstere Prognose der Zukunftsaussichten der neuen Epoche zu verbreiten, sondern er beabsichtigte, in einer konkreten politischen Diskussion mit einem *theoretisch fundierten* Beitrag Partei zu ergreifen. Wie der – selten genannte – vollständige Titel seines „Essay" unterstreicht[18], plädierte Ricardo ge-

---

[15] Ricardo, D., On the Principles ..., a.a.O., S. 122.

[16] Samuelson, P. A., The Canonical Classical Model of Political Economy, in: Journal of Economic Literature, Bd. 16 (1978), S. 1415-1434, S. 1419.

[17] Vgl. ebenda, S. 1421. Siehe ferner Brems, H., An Attempt at an Rigorous Restatement of Ricardo's Long-Run Equilibrium, in: The Canadian Journal of Economics and Political Science, Bd. 26 (1960), S. 74-86, S. 77 und Casarosa, C., A New Formulation of the Ricardian System, in: Oxford Economic Papers, Bd. 30 (1978), S. 38-63, S. 45 f.

[18] Die Schrift heißt in voller Länge: „An Essay on the Influence of a low Price of Corn on the Profits of Stock; Shewing the Inexpediency of Restrictions on Importation: With Remarks on Mr. Malthus' two Last Publications: ‚An Inquiry into the Nature and Progress of Rent;' and ‚The Grounds of an Opinion on the Policy of

gen die Einführung von Importzöllen auf Getreide. Gemäß der im „Essay“ verkündeten *Verteilungstheorie*, namentlich der ökonomischen Gesetze, die den Profit regeln, nutzen diese Zölle ausschließlich der etablierten, passiven Klasse der Grundherren: „The consideration of those principles ... which regulate the profit of stock, have convinced me of the policy of leaving the importation of corn unrestricted by law.“[19] Obschon der direkte parlamentarische Einfluss des Essay als gering veranschlagt werden muss – die Korngesetze wurden 1815 verabschiedet –, ist er dennoch der *Locus classicus* einer wichtigen Weichenstellung in der ökonomischen Theorie.

Während die Physiokraten die Natur schlechthin als Quelle des Mehrprodukts betrachteten[20] und Adam Smith generell in der Arbeit den Ursprung des Wohlstands der Nationen verortete, hat Ricardo in einer kompakten, systematischen Analyse erstmals nachgewiesen, dass keineswegs alle Wirtschaftszweige zum Überschuss beitragen. Vielmehr gibt die Nahrungsmittelherstellung die Profithöhe für die anderen Abteilungen vor:

> „... through the whole progress of society, profits are regulated by the difficulty or facility of procuring food. This is a principle of great importance, and has been almost overlooked in the writings of Political Economists. They appear to think that profits of stock can be raised by commercial causes, independently of the supply of food.“[21]

---

restricting the Importation of Foreign Corn.‘ “ Vgl. die Deckblätter der ersten beiden Auflagen des Jahres 1815, die als Faksimile in Ricardo, D., The Works ..., Bd. IV, a.a.O., S. 1 f. wiedergegeben sind.

19 Ricardo, D., An Essay ..., a.a.O., S. 9.

20 Das Tableau Économique von François Quesnay bietet tiefe Einblicke in die Kreislaufzusammenhänge, vgl. Helmedag, F., Weber, U., Die Zig-Zag-Darstellung des Tableau Économique, in: das wirtschaftsstudium (wisu), 31. Jg. (2002), S. 115-121, S. 135 f. und Helmedag, F., Weber, U., Die Kreislaufdarstellung des Tableau Économique, in: das wirtschaftsstudium (wisu), 31. Jg. (2002), S. 1128-1133, S. 1155.

21 Ricardo, D., An Essay ..., a.a.O., S. 13 Fn. Allerdings findet sich diese Idee auch bei Smith: „But when by the improvement and cultivation of land the labour of one family can provide food for two, the labour of half the society becomes sufficient to provide food for the whole. The other half, therefore, or at least the greater part of them, can be employed in providing other things, or in satisfying the other wants and fancies of mankind.“ Smith, A., a.a.O., S. 180. In einer Fußnote verweist Smith

Mit seiner Weizenwirtschaft gelang es Ricardo, den Gordischen Knoten zu zerhauen, ohne Rekurs auf eine Werttheorie den Gewinn zu ermitteln: Da Input und Output in der Lohngüterindustrie, sprich im Weizensektor, homogene Größen sind, ergibt sich dort die Profitrate unabhängig vom Weizenpreis als rein physische Größe (vgl. (II.7), S. 121). Im Konkurrenzgleichgewicht haben die anderen Sektoren im Zuge von Preisanpassungen den vom Agrarbereich fixierten Verwertungsfaktor übernommen:

> „… in short it is the profits of the farmer which regulate the profits of all other trades, – and as the profits of the farmer must necessarily decrease with every augmentation of Capital employed on the land, provided no improvements be at the same time made in husbandry, all other profits must diminish and therefore the rate of interest must fall.“[22]

Diese Einsicht sprengte den von den Vorgängern ererbten Teufelskreis, einerseits zur Bestimmung des Werts um die Profithöhe zu wissen, die sich andererseits aus bekannten Wertgrößen ergibt: „Ricardo's immortal contribution was his brilliant solution of this seemingly insoluble problem.“[23]

Werden im Verlauf des Akkumulationsprozesses fortgesetzt schlechtere Böden beackert, fließt auch jenen Grundherren eine Rente zu, die vorher leer ausgingen. Die Entwicklung entpuppt sich als grandiose Umverteilungsmaschinerie ehemaligen Profits in Rente:

> „Rent then is in all cases a portion of the profits previously obtained on the land. It is never a new creation of revenue, but always part of a revenue already created.“[24]

---

außerdem auf Pufendorf, Cantillon und Hume, die ebenfalls die Lebensmittelerzeugung von der restlichen Produktion abtrennen.

22 Ricardo, D., Brief an Trower, 8. März 1814, in: The Works …, Bd. VI, a.a.O., S. 103-105, S. 104.

23 Dmitriev, V. K., Economic Essays on Value, Competition and Utility (russisch 1904), hrsg. v. Nuti, M. D., Cambridge 1974, S. 58. Zur Einordnung von Dmitriev vgl. Skourtos, M., Der „Neoricardianismus“, V. K. Dmitriev und die Kontinuität in der klassischen Tradition, Pfaffenweiler 1985. Dieses Buch enthält einschlägige Zitate von Torrens, J. St. Mill und Senior, wonach die Annahme eines „Basissektors“ zu Zeiten Ricardos keine ganz und gar exotische Vorgehensweise war. Vgl. ebenda, S. 70 ff. Eine Übertragung aus dem Altrussischen nebst einer informativen Kommentierung bietet die Dissertation „Die ökonomischen Studien von V. K. Dmitriev“ von Frank Schütte, die im Internet verfügbar ist: http://monarch.qucosa.de/fileadmin/data/qucosa/documents/5136/data/start.html (2002).

24 Ricardo, D., An Essay …, a.a.O., S. 18.

Gegen den Rückgang der Gewinne zugunsten der Rente lässt sich nur ankämpfen, wenn die Kosten der Nahrungsmittelerzeugung abnehmen. Diese Verminderung wiederum beruht nach Ricardo *ausschließlich* auf drei Ursachen. Zunächst rufe ein Sinken des Reallohns eine Steigerung des Überschusses hervor, der dem Pächter zugutekommt. In die gleiche Richtung wirke zum zweiten ein Fortschritt der Agrartechnik; und drittens verringere sich durch den Import erschwinglicheren Getreides der Kornpreis und mit ihm die Bezahlung der Arbeit.[25]

Doch der Tenor des „Essay" lautet nicht ‚wages down, profits up'. Der natürliche Lohnsatz sowie die Verbesserung der Anbaumethoden sind im Wesentlichen exogene Größen, als wirtschaftspolitische Aktionsparameter kommen sie kaum in Betracht. Die einzige praktikable Möglichkeit, die befürchtete Profitschmälerung im Verlauf des Akkumulationsprozesses zu kompensieren, beschränkt sich darauf, das Lohngut zu verbilligen:

> „... independently of the effect produced by liberal or scanty wages, general profits must fall, unless there be improvements in agriculture, or corn can be imported at a cheaper price."[26]

In diesem Licht liegt die Stoßrichtung des „Essay" weniger auf dem Spannungsverhältnis zwischen Lohnsatz und Profit(rate), wie manche Interpreten glauben machen wollen, sondern eher auf dem Konflikt zwischen Grundherren und Pächtern: „... the interest of the landlord is always opposed to the interest of every other class in the community."[27]

Allerdings steht und fällt die Stringenz der Analyse im „Essay" mit der Annahme, es gebe *eine* Abteilung der Wirtschaft, die Lohngutindustrie, die sozusagen alle anderen Zweige an der Kandare führe. Deswegen lag es in der Luft, die Wucht der Argumentation Ricardos sowie den Erkenntnisgewinn, den seine Untersuchung über die Quelle des Gewinns verkörpert, durch den Hinweis auf diese anscheinend äußerst rigide Prämisse in Zweifel zu ziehen. Tatsächlich stachelte die Kritik am Kornmodell Ricardo an, in den folgenden Jahren seine Theorie zu generalisieren. Ehe wir die Logik der Kornökonomie weiter studieren, scheint es hilfreich, die Motive der Änderung seines Erklärungsmusters zu beleuchten und die Weiterentwicklung zu umreißen und einzuschätzen.

---

[25] Vgl. ebenda, S. 22.

[26] Ebenda, S. 23.

[27] Ebenda, S. 21.

2.3.2 Die „Principles“: Arbeit statt Korn

Die Veröffentlichung des „Essay“ in der letzten Februarwoche des Jahres 1815 gab dem grundsätzlichen, wenngleich in freundschaftlichem Ton ausgetragenen Streit zwischen Malthus und Ricardo über die Relevanz der Weizenwirtschaft zusätzlichen Antrieb. Allein in den Monaten März und April besteht der Schriftwechsel zwischen den beiden Kontrahenten aus 17 Briefen.[28]

In seinem Schreiben vom 10. März wiederholt Malthus seinen Protest gegen Ricardos Korntheorie. Er war zwar schon in der Korrespondenz der beiden vorausgehenden Jahre angedeutet worden, sollte aber erst im Verlauf der Diskussion nach Veröffentlichung des „Essay“ so weit präzisiert werden, um Ricardo zum Umbau seiner Konzeption zu bewegen.

Anfangs teilt Malthus Ricardo mit, sein „Essay“ sei von einem gewissen James Mackintosh als ziemlich schwierig und „... not sufficiently practical, to assist him in forming a parliamentary opinion or argument ...“[29] eingestuft worden.[30] Darüber hinaus hält Malthus mit seiner eigenen Einschätzung nicht hinter dem Berg:

> „Considering the short time you were employed about it, the essay has great merit; but it might certainly have been improved by more time and attention.“[31]

Nach Malthus’ Meinung kann durch eine Erhöhung des Tauschwertes des Weizens der agrarische Überschuss durchaus *steigen*, außerdem reguliere dieser Profit keineswegs den Gewinn in der gesamten Wirtschaft:

---

[28] Vgl. Ricardo, D., The Works and Correspondence of David Ricardo, hrsg. v. Sraffa, P., Bd. VI, Cambridge 1973.

[29] Malthus, Th. R., Brief an Ricardo, 10. März 1815, in: The Works ..., Bd. VI, a.a.O., S. 181-183, S. 182.

[30] Jedoch erfuhr Ricardo etwa ein halbes Jahr später von Trower, was es mit der Urteilskraft Mackintoshs auf sich hatte: Die „Edinburgh Review“ musste verzögert erscheinen, weil ursprünglich ein detaillierter Artikel von Mackintosh vorgesehen war, der die Niederlage der Allianz gegen Napoleon behandelte. Dann trafen die Meldungen über Waterloo ein, die Zeitung musste neu gedruckt werden. Vgl. Trower, H., Brief an Ricardo, 21. September 1815, in: The Works ..., Bd. VI, a.a.O., S. 278-281, S. 280.

[31] Malthus, Th. R., Brief an Ricardo, 10. März 1815, in: The Works ..., Bd. VI, a.a.O., S. 182.

> „… general profits may be determined by the general supply of stock compared with the means of employing it, and not merely by the stock employed on the land. Nor can I yet satisfy myself either from theory or experience that profits depend solely on the price of corn.“[32]

Diesen in der Gestalt einer ‚Angebot-Nachfrage-Theorie des Profits‘ vorgetragenen Einwand konterte Ricardo mit der Entgegnung, der Marktpreis des Weizens könne nur *vorübergehend* aufgrund einer hohen Nachfrage zunehmen: „My opinion is that corn can only permanently rise in its exchangeable value when the real expences of its production increase.“[33]

Hätten die Kontrahenten ihre Argumente weiterhin entlang diesen vorgezeichneten Bahnen ausgetauscht, wäre die Diskrepanz der Ansätze unüberbrückbar gewesen. Allerdings hat Malthus in einem schon vor Ricardos obiger Antwort verfassten Schreiben die Kornökonomie in Richtung Wirklichkeit ausgeweitet und dem Freundfeind die Konsequenzen vorgetragen:

> „Pray think once more on the effect of a rise in the relative price of corn, upon the whole surplus derived from land already in cultivation. It appears to me I confess, as clear as possible that it must be increased. The expences estimated in Corn will be less, owing to the power of purchasing with a less quantity of corn, the same quantity of fixed capital, and of the circulating capital of tea sugar cloaths &c: for the labourers; and consequently more clear surplus will remain in the shape of rent and profits together …“[34]

Mit dieser Überlegung griff Malthus einen früher nur angedeuteten Gesichtspunkt auf: Bestehe das vorgeschossene Kapital in der Landwirtschaft (realistischerweise) nicht allein aus Weizen[35], könnten sich die Profite in der Landwirtschaft mit einem Anstieg des Weizenpreises

---

[32] Ebenda, S. 182 f.

[33] Ricardo, D., Brief an Malthus, 14. März 1815, in: The Works …, Bd. VI, a.a.O., S. 188-190, S. 189.

[34] Malthus, Th. R., Brief an Ricardo, 12. März 1815, in: The Works …, Bd. VI, a.a.O., S. 185 f., S. 185.

[35] „In no case of production, is the produce exactly of the same nature as the capital advanced. Consequently we can never properly refer to a material rate of produce …“ Malthus, Th. R., Brief an Ricardo, 5. August 1814, in: The Works …, Bd. VI, a.a.O., S. 115-118, S. 117.

gleichfalls erhöhen, denn der Wert der Nicht-Weizen-Inputs gehe relativ zum Weizenwert zurück. Demgemäß wachse sowohl der Gewinn – die Differenz zwischen Erlösen und Kosten – als auch die Profitrate, da deren Zähler größer und ihr Nenner kleiner werde.[36]

Obwohl Ricardo zunächst bemüht war, mit einer sich auf sein Weizenmodell stützenden Beweisführung dagegenzuhalten, erkannte er sofort die Stärke des Arguments an: „Your statement is however very ingenious, and carries a great deal of plausibility with it …“[37] Im Herbst teilt er, fast etwas verzagt klingend[38], Trower mit, der Dissens zwischen Malthus und ihm sei nicht ausgeräumt. Immerhin verleiht er der Hoffnung Ausdruck, in absehbarer Zeit eine revidierte Fassung seiner Theorie vorlegen zu können:

> „… my opinions differ from the great authority of Adam Smith Malthus, &c[a] that I should wish to concentrate all the talent I possess, not only for the purpose of establishing what I think correct principles but of drawing important deductions from them. For my own satisfaction I shall certainly make the attempt, and perhaps with repeated revisions during a year or two I shall at last produce something that may be understood.“[39]

Tatsächlich hatte ihn Mill schon zwei Monate vorher energisch anzutreiben versucht, den „Essay“ zu überarbeiten[40] und Ricardo versprach, trotz aller Skepsis, das Unternehmen in Angriff zu nehmen:

---

[36] Vgl. das Zahlenbeispiel in: Malthus, Th. R., Brief an Horner, 14. März 1815, in: The Works …, Bd. VI, a.a.O., S. 186-188, S. 187. Dort kommentiert Malthus Ricardos exemplarische Rechnung im „Essay“: „The fault of Mr. Ricardo's table which is curious, is that the advances of the farmer instead of being calculated in corn, should be calculated either in the actual materials of which the capital consists, or in money which is the best representative of a variety of commodities. The view I have taken of the subject would greatly alter his conclusions.“ Ebenda, S. 187 f.

[37] Ricardo, D., Brief an Malthus, 17. März 1815, in: The Works …, Bd. VI, a.a.O., S. 192-194, S. 192.

[38] „… never shall I be so fortunate however correct my opinions may become as to produce a work which shall procure me fame and distinction.“ Ricardo, D., Brief an Trower, 29. Oktober 1815, in: The Works …, Bd. VI, a.a.O., S. 314-317, S. 315.

[39] Ebenda, S. 316.

[40] „… my friendship for you, for mankind, and for science, all prompt me to give you no rest, till you are plunged over head and ears in political economy.“ Mill, J.,

> „The experiment shall however be tried, – I will devote as much time as I can to think and write on my favorite subject, – I will give myself a chance for success and at any rate the employment itself will, if nothing else comes of it, have afforded me instruction and amusement.“[41]

Auch später ließ Mill nicht locker: „For as you are already the best *thinker* on political economy, I am resolved you shall also be the best writer.“[42] Leichter gesagt als getan: Die Verallgemeinerung der Resultate des „Essays“ stieß auf unüberwindbar erscheinende Schwierigkeiten: „I know I shall be soon stopped by the word price“, antwortet Ricardo, „and then I must apply to you for advice and assistance.“[43] Der Preisschleier *musste* aber gelüftet werden, damit das klare und weitreichende Fazit der Weizenwelt auf die wirklichen Verhältnisse übertragen werden konnte.

Die Werttheorie ist demnach im System Ricardos kein Selbstzweck, wie etwa bei Adam Smith oder in der Allgemeinen Gleichgewichtstheorie, um zu zeigen, ungeregelte Marktwirtschaften brächten dennoch ‚vernünftige‘ Zustände zuwege. Für Ricardo erschöpfte sich die Aufgabe der Werttheorie nicht allein darin, die Gesetzmäßigkeiten des ökonomischen Tausches aufzudecken. Sie sollte ihm vielmehr dazu dienen, die Mechanismen zu enthüllen, welche die Einkommensverteilung zwischen den ökonomischen Klassen bestimmen.[44]

In diesem Licht erscheint die Wertlehre in Ricardos Konzeption ‚nur‘ als Zwischenschritt, der zwar die Distanz zum Ziel verringert, ohne aber schon angekommen zu sein: „If I could overcome the obstacles in the way of giving a clear insight into the origin and law of relative or exchangeable value I should have gained *half* the battle.“[45] Der Aufbau

---

Brief an Ricardo, 23. August 1815, in: The Works ..., Bd. VI, a.a.O., S. 250-254, S. 252.

[41] Ricardo, D., Brief an Mill, 30. August 1815, in: The Works ..., Bd. VI, a.a.O., S. 261-265, S. 263.

[42] Mill, J., Brief an Ricardo, 22. Dezember 1815, in: The Works ..., Bd. VI, a.a.O., S. 337-341, S. 340. Vgl. zur Bedeutung des Einflusses von James Mill auf das Entstehen der „Principles“ Sraffa, P., Introduction, a.a.O., S. xix ff.

[43] Ricardo, D., Brief an Mill, 30. Dezember 1815, in: The Works ..., Bd. VI, S. 347-349, S. 348. In diesem Schreiben spricht Ricardo davon, der unveränderliche Wert der Edelmetalle sei der Notanker, an dem alle seine Aussagen hingen. Vgl. ebenda.

[44] Vgl. Ricardo, D., On the Principles ..., a.a.O., Vorwort.

[45] Ricardo, D., Brief an Malthus, 7. Februar 1816, in: The Works and Correspondence of David Ricardo, hrsg. v. Sraffa, P., Bd. VII, Cambridge 1973, S. 18-20, S. 20, eigene Hervorhebung.

der „Principles“ bestätigt diesen Eindruck: Ricardo bemüht sich im ersten Kapitel „On Value“, eine hinreichende werttheoretische Basis zur Generalisierung der speziellen Erkenntnisse des „Essay“ zu legen; erst dann greift er in späteren Kapiteln Rente, Lohn und Profit im Einzelnen auf.

Ehe es so weit war, gefährdeten die Ergebnisse der werttheoretischen Studien Ricardos zwischenzeitlich das ganze Projekt: „You will see the curious effect“, kündigt er Mill an, „which the rise of wages produces on the prices of those commodities which are chiefly obtained by the aid of machinery and fixed capital.“[46] Und im gleichen Brief heißt es: „I have been beyond measure puzzled to find out the law of price.“[47] Selbst die Erstveröffentlichung der „Principles“ 1817 signalisiert keine Zufriedenheit des Autors mit dem Stand der Problemlösung: Sieht man von der Einfügung des Kapitels „On Machinery“ in der dritten Auflage 1821 ab, so nahm Ricardo weitaus die meisten Änderungen in dieser sowie in der vorhergehenden zweiten Auflage 1819 am ersten Kapitel „On Value“ vor.[48]

Nachdem die Motive Ricardos zur Entwicklung seiner Werttheorie rekonstruiert worden sind, interessiert nun, welche konkreten Antworten er auf die ihn bewegenden Fragen gefunden hat. Zu Beginn der „Principles“ schafft er zunächst das Wertparadoxon aus dem Weg: Wenn Wasser knapp ist, dann hat es sowohl einen hohen Nutzen als auch einen hohen Preis. Der Gebrauchswert ist hingegen *notwendige Voraussetzung* eines jeden Tauschwertes:

> „If a commodity were in no way useful … it would be destitute of exchangeable value, however scarce it might be, or whatever quantity of labour might be necessary to procure it.“[49]

Die nicht durch Arbeitseinsatz vermehrbaren Güter erhalten ihren Wert allein durch ihre Knappheit; doch diese relativ geringe Zahl von Gütern steht nicht im Blickfeld der Analyse. Stattdessen gilt Ricardos Aufmerksamkeit der *Warenproduktion.*

---

[46] Ricardo, D., Brief an Mill, 14. Oktober 1816, in: The Works …, Bd. VII, a.a.O., S. 82-84, S. 82.

[47] Ebenda, S. 83.

[48] Vgl. dazu Sraffa, P., Introduction, a.a.O., S. xxx ff.

[49] Ricardo, D., On the Principles …, a.a.O., S. 11. Vor diesem Hintergrund kann man sich nur wundern, dass es gang und gäbe ist, den Klassikern anzukreiden, sie hätten vor dem Wertparadoxon die Waffen gestreckt.

> „In speaking then of commodities, of their exchangeable value, and of the laws which regulate their relative prices“, grenzt Ricardo sein Forschungsprogramm ab, „we mean always such commodities only as can be increased in quantity by the exertion of human industry, and on the production of which competition operates without restraint.“[50]

Konsequenterweise spricht Ricardo immer von „commodities“, nicht von „goods“, wie es Usus der modernen Neoklassiker ist.[51] Des Weiteren unterliege das Angebot unbeschränkter Konkurrenz – eine zentrale Annahme, um die Effekte der Kapitalakkumulation zu analysieren. Im nächsten Schritt moniert Ricardo an Smith, er schwanke zu sehr zwischen *labour embodied* bzw. *labour commanded* und benutze einmal dieses und einmal jenes Maß, als ob es sich um zwei beliebig substituierbare Größen handele:

> „If this indeed were true, if the reward of the labourer were always in proportion to what he produced, the quantity of labour bestowed on a commodity, and the quantity of labour which that commodity would purchase, would be equal, and either might accurately measure the variations of other things: but they are not equal; the first is under many circumstances an invariable standard, indicating correctly the variations of other things; the latter is subject to as many fluctuations as the commodities compared with it.“[52]

Mit dieser Kritik bekundet Ricardo seine Absicht, die Messung der Tauschwerte durch Arbeitsmengen länger beizubehalten als Smith: „… it is the comparative quantity of commodities which labour will produce, that determines their present or past relative value, and not the comparative quantities of commodities, which are given to the labourer in exchange for his labour.“[53] Ferner geht Ricardo von einer gegebenen Lohnstruktur aus, die sich in einer Konstanz der relativen Vergütungen niederschlage. Jedoch übe diese Tatsache keinen Einfluss auf den Tauschwert aus:

---

[50] Ricardo, D., On the Principles …, a.a.O., S. 12.

[51] In der deutschen Taschenbuchausgabe von Neumark, die sich allerdings stark auf die Übertragung des Textes von Waentig stützt, ist gleichfalls fortgesetzt von Gütern statt von Waren die Rede. Vgl. Ricardo, D., Grundsätze der politischen Ökonomie und der Besteuerung, hrsg. v. Neumark, F., Frankfurt a. M. 1972.

[52] Ricardo, D., On the Principles …, a.a.O., S. 14.

[53] Ebenda, S. 17.

„As the inquiry to which I wish to draw the reader's attention, relates to the effect of the variations in the relative value of commodities, and not in their absolute value, it will be of little importance to examine into the comparative degree of estimation in which the different kinds of human labour are held."[54]

Die Höhe des Arbeitsentgelts lasse die Tauschverhältnisse unberührt, wenn eine Bewegung des Lohnniveaus alle Güter im gleichen Maß betrifft. Dies lässt sich leicht am Smithschen Hirsch-Biber-Modell demonstrieren. Ricardo weist ausdrücklich darauf hin, zur Bestimmung des Tauschverhältnisses müsse auch die indirekte Arbeit berücksichtigt werden.[55] Sobald dies geschehen sei, könne der nominale Lohnsatz das Tauschverhältnis jedoch nicht mehr verändern, denn er kürze sich sozusagen in Zähler und Nenner weg.

Dies bedeutet indes nicht, dass die Höhe der Bezahlung für den Profit folgenlos bleibe, im Gegenteil: „… profits would be high or low, exactly in proportion as wages were low or high; but it could not in the least affect the relative value … as wages would be high or low at the same time in both occupations."[56]

Allerdings wird das harmonische Erscheinungsbild verzerrt, falls die produzierten Produktionsmittel nicht mehr von gleicher Dauerhaftigkeit sind, wie Ricardo zunächst angenommen hatte. In Abschnitt IV des ersten Kapitels lockert Ricardo diese Voraussetzung, und er unterscheidet in umlaufendes und stehendes Kapital.[57] Jetzt kann der Lohn*satz* den Tauschwert zweier Waren in Mitleidenschaft ziehen:

„This difference in the degree of durability of fixed capital, and this variety in the proportions in which the two sorts of capital may be combined, introduce another cause, besides the greater or less quantity

[54] Ebenda, S. 21 f.

[55] „Without some weapon, neither the beaver nor the deer could be destroyed, and therefore the value of these animals would be regulated, not solely by the time and labour necessary to their destruction, but also by the time and labour necessary for providing the hunter's capital, the weapon, by the aid of which their destruction was effected." Ebenda, S. 23.

[56] Ebenda, S. 27.

[57] „According as capital is rapidly perishable, and requires to be frequently reproduced, or is of slow consumption, it is classed under the heads of circulating, or of fixed capital." Ebenda, S. 31.

of labour necessary to produce commodities, for the variations in their relative value – this cause is the rise or fall in the value of labour.“[58]

Heute wird diese Auswirkung von Variationen des Lohnsatzes bzw. der Profitrate auf die Preise regelmäßig unter die Überschrift ‚Wicksell-Effekte‘ rubriziert. In Wahrheit stammt die Entdeckung aber von Ricardo; ein Fund, der ihm mehr Kopfzerbrechen als Stolz eingebracht haben dürfte.[59] Die aufkeimenden Schwierigkeiten lassen sich mittels eines simplen Modells veranschaulichen, das als formales Substrat der exemplarischen Berechnungen Ricardos gilt.[60]

Die natürlichen Preise sind im Gleichgewicht gleich ihren ‚Kosten‘, die sich aus den Löhnen und einer einheitlichen Verwertung des Kapitals zusammensetzen.[61] In dem betrachteten Fall bestehe es bloß aus Löhnen, die eine gewisse Zeit vorgelegt werden müssen. Die Preise zweier beliebiger Waren ergeben sich deshalb aus den beiden Gleichungen:

$$p_1 = l_1 w(1+r)^{t_1} \tag{II.13}$$

$$p_2 = l_2 w(1+r)^{t_2} \tag{II.14}$$

Die Symbole bedeuten:

p_i ≙ Preis der Ware *i* ($i = 1, 2$)
l_i ≙ Arbeitsmenge, um Ware *i* herzustellen
w ≙ (einheitlicher) Lohnsatz
r ≙ (uniforme) Profitrate
t_i ≙ Produktionszeit der Ware *i*

---

58 Ebenda, S. 30. Bemerkenswerterweise war dieser Abschnitt in den ersten beiden Auflagen der „Principles“ nicht enthalten.

59 Immerhin hat von Hayek versucht, seine Konjunkturtheorie auf den ‚Ricardo-Effekt‘ zu gründen. Vgl. Hayek, F. A. v., Three Elucidations of the Ricardo Effect (1969), wieder in: Hayek, F. A. v., New Studies in Philosophy, Politics, Economics and the History of Ideas, Chicago 1978, S. 165-178.

60 Vgl. die Zahlenbeispiele Ricardos in den „Principles“, S. 33 ff. Die Formalisierung bringt z. B. Blaug, M., Economic Theory in Retrospect, 5. Aufl., Cambridge 1997, S. 90 ff.

61 „Mr. Malthus appears to think that it is a part of my doctrine, that the cost and value of a thing should be the same; – it is, if he means by cost, ‚cost of production‘ including profits.“ Ricardo, D., On the Principles …, a.a.O., S. 47 Fn.

Die obigen Gleichungen liefern:

$$\frac{p_1}{p_2} = \frac{l_1 w(1+r)^{t_1}}{l_2 w(1+r)^{t_2}} = \frac{l_1}{l_2}(1+r)^{t_1 - t_2} \qquad \text{(II.15)}$$

Nur in zwei besonderen Konstellationen determiniert allein das Verhältnis der Arbeitsmengen die Tauschrelation. Beträgt die Profitrate null, liegt der *verteilungstheoretische* Sonderfall vor: Entweder existieren keine Agrarunternehmer oder der stationäre Zustand ist eingetreten. Um die *produktionstheoretische* Ausnahmesituation handelt es sich, wenn die beiden Herstellungsprozesse hinsichtlich der Umschlagdauer des Kapitals übereinstimmen, also $t_1 = t_2$ gilt.[62] Normalerweise differieren die relativen Preise jedoch von den korrespondierenden Arbeitseinsätzen:

> „The difference in value arises ... from the profits being accumulated as capital, and is only a just compensation for the time that the profits were withheld."[63]

Mit dieser Erläuterung hat Ricardo selbst einen Fingerzeig gegeben, der dorthin weist, von wo aus sich Kritik vortragen lässt. Es erhebt sich nämlich die Frage, ob nicht Dinge zueinander in Beziehung gesetzt werden, deren Konfrontation so nicht sinnvoll ist: Der früher anfallende Profit sollte gleichermaßen kapitalisiert werden, um die Prozesse einander korrekt gegenüberzustellen; es ist ziemlich witzlos, Kapitalisten in einen Topf zu werfen, von denen die einen den (möglichst raschen) Verbrauch des Profits anstreben, während die anderen den Profit gewinnbringend akkumulieren. Wir kommen auf diesen Gesichtspunkt zurück.

Zwar kürzt sich der Lohnsatz aus der Gleichung (II.15) heraus, doch das heißt nicht, dass im Normalfall eine Lohnsatz*veränderung* ohne Konsequenzen für das Preisverhältnis bleibt. Im Gegensatz zur Komponententheorie Smiths ist in der Theorie Ricardos der Profit durch das Mehr-

---

62 Auf diese Ausnahmen von der Regel ist bereits Dmitriev eingegangen. Vgl. Dmitriev, V. K., a.a.O., S. 53 und S. 69.

63 Ricardo, D., On the Principles ..., a.a.O., S. 37. Torrens entwickelte den Gedanken, die relativen Preise hingen von der Zeit ab, die verstreiche, bis die Waren auf den Markt kommen, auch wenn ausschließlich variables Kapital eingesetzt werde. Vgl. Sraffa, P., Note on Fragments on Torrens, in: The Works ..., Bd. IV, a.a.O., S. 305-308.

produkt beschränkt. Wie mit der Weizenwirtschaft gezeigt werden sollte, zieht eine Bewegung der Vergütung eine entgegengesetzte Dynamik des Profits nach sich, ein Zusammenhang, der in den „Principles“ wiederkehrt: „There can be no rise in the value of labour without a fall of profits.“[64] Außer im produktionstheoretischen Spezialfall verursache die dem Gewinn folgende Profitrate eine ‚Preisrevolution‘. Ricardo bemüht sich, die Richtung der jeweils auftretenden Abweichung anzugeben:

> „… in proportion to the durability of capital employed in any kind of production, the relative prices of those commodities on which such durable capital is employed, will vary inversely as wages; they will fall as wages rise, and rise as wages fall; and, on the contrary, those which are produced chiefly by labour with less fixed capital, or with fixed capital of a less durable character than the medium in which price is estimated, will rise as wages rise, and fall as wages fall.“[65]

Vor diesem Panorama wird begreiflich, warum Ricardo einen absoluten Maßstab aufspüren wollte, mit dem sich unzweifelhaft ausmachen lässt, welche Preise aufgrund einer Lohnvariation steigen und welche sinken. Der Fahndung wäre Erfolg zu bescheinigen, falls die gefundene Messlatte nicht auf Faktoren reagiert, die den zu ermittelnden Tauschwert der Waren beeinflussen. Anscheinend gab sich Ricardo der Hoffnung hin, der Hauptgrund der Preisschwankungen, der Wandel in den Arbeitsmengen, komme zum Vorschein, sofern die Warenwerte in einer Einheit ausgedrückt werden, die von der Verteilung unabhängig ist. In den „Principles“ behalf sich Ricardo mit dem Gold, trotz aller Unzufriedenheit mit dieser ‚Lösung‘.[66] Die Ausschau nach einer besseren Elle beschäftigte ihn gleichwohl den Rest seines Lebens.[67]

Trotz allem vertritt Ricardo keine *absolute* Arbeitswertlehre, wenn man darunter versteht, dass die relativen Preise der Waren den jeweiligen Arbeitsmengen entsprechen. An zahlreichen Stellen seines Briefwechsels werden *zwei* Gründe genannt, die das Tauschverhältnis der Güter bestimmen. Immer dabei ist die Arbeitsmenge, manchmal nimmt er die Um-

---

64 Ricardo, D., On the Principles …, a.a.O., S. 35.

65 Ebenda, S. 43.

66 Vgl. ebenda, S. 46.

67 Vgl. das unterdessen auf Deutsch vorliegende Fragment Ricardo, D., Absoluter Wert und Tauschwert, in: Ökonomische Klassik im Umbruch, hrsg. v. Schefold, B., Frankfurt a. M. 1986, S. 15-33.

schlagshäufigkeit des Kapitals dazu[68], in den anderen Fällen die Verteilung[69]. Freilich lässt er mehrfach erkennen, *Variationen* der Tauschrelationen würden *hauptsächlich* durch Fluktuationen der Arbeitsmengen ausgelöst; die anderen Determinanten wirkten lediglich modifizierend.[70]

In dem schon erwähnten Brief an Malthus spricht er von der „... nearest approximation to truth, as a rule for measuring relative value, of any I have ever heard."[71] In den „Principles" quantifiziert er sogar den Effekt, der durch einen Anstieg des nominalen Lohnsatzes möglich sei:

> „The greatest effects which could be produced on the relative prices of these goods from a rise of wages, could not exceed 6 or 7 per cent.; for profits could not, probably, under any circumstances, admit of a greater general and permanent depression than to that amount."[72]

Diese Aussage hat Stigler zum Anlass genommen, Ricardo eine 93 %ige Arbeitswerttheorie zuzuschreiben.[73] Bemerkenswerterweise haben zeitgenössische empirische Erhebungen die fast völlige Kongruenz der relativen Preise vermehrbarer Waren mit den Arbeitswerten bestätigt: „... we end up with a 90 % labour theory of value."[74]

---

[68] Vgl. etwa Ricardo, D., Brief an McCulloch, 2. Mai 1820, in: The Works and Correspondence of David Ricardo, hrsg. v. Sraffa, P., Bd. VIII, Cambridge 1973, S. 178-183, S. 180.

[69] Vgl. Ricardo, D., Brief an Malthus, 9. Oktober 1820, in: The Works ..., Bd. VIII, a.a.O., S. 276-280, S. 279.

[70] Vgl. darüber hinaus Ricardo, D., Brief an Mill, 28. Dezember 1818, in: The Works ..., Bd. VII, a.a.O., S. 376-383, S. 377. Im „Essay" sprach Ricardo noch von einer ‚Produktionsschwierigkeitentheorie des Werts': „The exchangeable value of all commodities, rises as the difficulties of their production increase." Ricardo, D., An Essay ..., a.a.O., S. 19.

[71] Ricardo, D., Brief an Malthus, 9. Oktober 1820, a.a.O., S. 279.

[72] Ricardo, D., On the Principles ..., a.a.O., S. 36.

[73] Vgl. Stigler, G. J., Ricardo and the 93 % Labor Theory of Value, in: The American Economic Review, Bd. 48 (1958), S. 357-367.

[74] Petrovic, P., The deviation of production prices from labour values: some methodology and empirical evidence, in: Cambridge Journal of Economics, Bd. 11 (1987), S. 197-210, S. 209. Vgl. des Weiteren Grözinger, G., Konkurrenzpreise und Arbeitswerte, Ein Input-Output-Modell für die Bundesrepublik Deutschland 1960-1984, Marburg 1989. Den Befund bestätigt die mit einem Sonderpreis des Deutschen Statistischen Bundesamtes bedachte Studie von Fröhlich, N., Die Aktualität der Arbeitswertlehre, Theoretische und empirische Aspekte, Marburg 2009.

> „In estimating, then", resümiert Ricardo, „the causes of the variations in the value of commodities, although it would be wrong wholly to omit the consideration of the effect produced by a rise or fall of labour, it would be equally incorrect to attach much importance to it; and consequently, in the subsequent part of this work, though I shall occasionally refer to this cause of variation, I shall consider all the great variations which take place in the relative value of commodities to be produced by the greater or less quantity of labour which may be required from time to time to produce them."[75]

So gewappnet kann Ricardo sich endlich der Verteilung zuwenden. Er beginnt mit der Rente. Bereits im Vorwort der „Principles" hatte Ricardo betont, ohne Kenntnis der ‚wahren' Grundrentenlehre sei es verwehrt, die Wirkung des Fortschritts auf Profit und Lohn zu verstehen. Daher hätten Adam Smith und andere Autoritäten viele wichtige Wahrheiten übersehen.[76] Inhaltlich deckt sich die Darstellung im Wesentlichen mit seiner aus dem „Essay" bekannten Argumentation: „Corn is not high because a rent is paid, but a rent is paid because corn is high …"[77] Erneut kritisiert er den weitverbreiteten Glauben, die Rente spiegle die Leistung der Natur wider:

> „The labour of nature is paid", kommentiert er ein Zitat Smiths, „not because she does much, but because she does little. In proportion as she becomes niggardly in her gifts, she exacts a greater price for her work. Where she is munificently beneficent, she always works gratis."[78]

Wäre die Auffassung richtig, dass die Rente ein Vorteil für die Gesellschaft sei, sollten die neu gebauten Maschinen weniger effizient sein als die älteren, „… and a rent would be paid to all those who possessed the most productive machinery."[79] Die Rente stellt ein Symptom des Reich-

---

[75] Ricardo, D., On the Principles …, a.a.O., S. 36 f.

[76] Vgl. ebenda, Vorwort, S. 5 f.

[77] Ebenda, S. 74.

[78] Ebenda, S. 76 Fn. Indes gibt es auch eine Passage bei Smith, wo er die Rente als Ergebnis des Preises beschreibt: „Rent … enters into the composition of the price of commodities in a different way from wages and profit. High or low wages and profit, are the causes of high or low price; high or low rent is the effect of it." Smith, A., a.a.O., S. 162. Erstaunlicherweise nennt Ricardo dieses Zitat selbst in dem XXIV. Kapitel der „Principles" nicht, das speziell der Grundrentenlehre von Adam Smith gewidmet ist. Vgl. Ricardo, D., On the Principles …, a.a.O., S. 327 ff.

[79] Ebenda, S. 75 f.

tums dar, nicht seine Quelle.[80] Sie ist kein preisbestimmender Faktor, ihre Aufgabe erschöpft sich darin, die mannigfaltigen Arbeitsproduktivitäten auf den verschiedenen fruchtbaren Böden zu kompensieren. Anders als im „Essay", dessen Schwergewicht darauf liegt, die widerstreitenden Interessen zwischen den Grundherren und den anderen ökonomischen Klassen hervorzukehren, rückt in seinem Hauptwerk der Konflikt zwischen Löhnen und Profiten in den Mittelpunkt.

Ricardo bleibt in den „Principles" der Bevölkerungstheorie Malthus' treu, obschon er dem Wunsch Ausdruck verleiht, dass die Arbeiter einen Gefallen an „comforts and enjoyments" finden: „There cannot be a better security against a superabundant population."[81] Auch was die langfristige Entwicklung des Profits anbelangt, schweift Ricardo nicht wesentlich vom „Essay" ab. Im Zuge der Akkumulation kommen die Gewinne durch den höheren Aufwand, Lebensmittel zu produzieren, notgedrungen unter Druck: „The natural tendency of profits then is to fall; for, in the progress of society and wealth, the additional quantity of food required is obtained by the sacrifice of more and more labour."[82]

Allerdings unterbreitet Ricardo dem Publikum seine Erwägungen jetzt in etwas verfeinerter Form. Laut seinen Zahlenbeispielen muss der Getreidepreis nach Maßgabe des Sinkens der Arbeitsproduktivität auf den neuen Böden zunehmen. Da sich der natürliche Lohnsatz über kurz oder lang durchsetze, werde der Tauschwert der Arbeit steigen, hierdurch falle der in Geld ausgedrückte Überschuss der unternehmerischen Bodenpächter.[83] Und öfter als im „Essay" formuliert Ricardo sein Kredo: „… whatever increases wages, necessarily reduces profits."[84]

Malthus hatte am „Essay" beanstandet, infolge einer Heraufsetzung des Weizenpreises wäre eine Korrektur der agrarischen Profitrate nach oben denkbar, weswegen die von Ricardo geschilderten Konsequenzen entfielen. Mit seiner inzwischen ausgefeilteren Argumentation ging dieser in den „Principles" zum Gegenangriff über.

---

[80] Vgl. ebenda, S. 77.

[81] Ebenda, S. 100.

[82] Ebenda, S. 120.

[83] Vgl. ebenda, S. 113 f.

[84] Ebenda, S. 118. Vgl. überdies die Kapitel „Effects of Accumulation on Profits and Interest" sowie „Bounties on Exportation and Prohibitions of Importation", ebenda, S. 289 ff.

Eingangs konstatiert Ricardo, der Weizenpreis könne nicht *beliebig* anwachsen; für seine Höhe sei der Arbeitsaufwand an der Bebauungsgrenze ausschlaggebend. Zudem rufe ein gestiegener Weizenpreis bei gegebenem Reallohn eine entsprechende Anhebung des Nominallohns hervor. Weil die Preise der anderen Inputgüter gemäß der (approximativen) Arbeitswerttheorie ebenfalls durch ihre Arbeitskosten determiniert seien, verteuere sich ihr Erwerb. Deshalb werde der Kapitalwert in der Landwirtschaft größer. Darüber hinaus verwandele sich im Verlauf der Akkumulation ein Teil des bisherigen Gewinns in Rente. Ergo *verringere* ein steigender Weizenpreis die Profitrate.

Freilich beruht die Begründung von Ricardo auf Beispielen, eine generelle Beweisführung fehlt. Dieses Manko wird noch drückender empfunden, sobald der Reallohn der Arbeiter mehr als bloß Weizen umfasst. Unter diesen Umständen verliert das Konzept, das gesellschaftliche Mehrprodukt *ausschließlich* im Kornanbau zu lokalisieren, an Überzeugungskraft. Eine Verallgemeinerung ist unerlässlich.

Die Werttheorie sollte ursprünglich die tragfähige Grundlage für eine universelle Anwendung dieses Erklärungsmusters bilden – dieser Versuch ist nicht überzeugend geglückt. Nur dank passend gewählter Prämissen, wie der 93 %igen Arbeitswerttheorie und der Voraussetzung eines unveränderlichen Wertes des Goldes, gelang es Ricardo, sein Konzept gegenüber der Kritik halbwegs abzuschotten. Im Zuge dessen ging sein eigentliches Anliegen beinahe unter. Trotz des Hinweises im Vorwort der „Principles“, welcher Rang der Verteilung einzuräumen sei, wurde das Werk vor allem als ein Beitrag zur Werttheorie rezipiert. Daran ist der Autor nicht ganz unschuldig: Das erste, längste und mehrfach veränderte Kapitel dreht sich um den *Wert*, und in den jeweils deutlich kürzeren Kapiteln über Lohn, Profit und Rente schimmert der Bezug zur Werttheorie lediglich schemenhaft durch.

Umso leichter etablierte sich die Lesart, die Ausführungen über den Wert machten die zentralen Reflexionen Ricardos aus. So urteilt Marx: „Das ganze Ricardosche Werk ist also enthalten in seinen ersten zwei Kapiteln.“[85] Angesichts der scheinbaren wert- (und renten-)theoretischen Dominanz trat der Surplus-Standpunkt fast zwangsläufig in den Hintergrund. Die neoricardianische Anschauung, in den „Principles“ sei zur Aggregation heterogener Waren Korn durch Arbeit ersetzt worden, um die Überschussrate der Wirtschaft zu eruieren, bedarf eines geschulten

[85] Marx, K., Theorien über den Mehrwert, 2. Teil, a.a.O., S. 166.

Auges. Selbst dann bleibt im Dunkeln, welchen Nutzen die These stiftet, die „Principles“ seien eine vergrößerte Version des „Essay“: Sofern sich die Waren zugegebenermaßen *nicht* im Verhältnis ihrer Arbeitswerte tauschen, ist die aus einer solchen Annahme abgeleitete Profitrate eine Als-ob-Konstruktion, eine wirtschaftstheoretische Gedankenspielerei – nichts weiter.

Nach all den Jahren intensiver Beschäftigung mit den Problemen der Wertlehre kehrte Ricardo gelegentlich zu der Auffassung zurück, die Produktionspreistheorie sei zur Beantwortung der zentralen Verteilungsfragen nicht erforderlich.

> „I sometimes think“, schreibt er an McCulloch, „that if I were to write the chapter on value again which is in my book, I should acknowledge that the relative value of commodities was regulated by two causes instead of by one, namely, by the relative quantity of labour necessary to produce the commodities in question, and by the rate of profit for the time that the capital remained dormant, and until the commodities were brought to market. Perhaps I should find the difficulties nearly as great in this view of the subject as in that which I have adopted. After all[,] the great questions of Rent, Wages, and Profits must be explained by the proportions in which the whole produce is divided between landlords, capitalists, and labourers, and which are not essentially connected with the doctrine of value.“[86]

Bei der letzten Aussage handelt es sich eher um einen Wunsch als um eine Einsicht: Die Regeln, welche die Anteile der ökonomischen Klassen am Volkseinkommen vorschreiben, lassen sich nur finden, falls *zuvor* die Funktionsweise des ökonomischen Tausches in einer Konkurrenzwirtschaft aufgedeckt worden ist. Wegen der nicht zu beseitigenden werttheoretischen Schwierigkeiten hegte Ricardo schließlich die Hoffnung, die Distribution des Überschusses auf die Klassen ohne Wertlehre darstellen

---

[86] Ricardo, D., Brief an McCulloch, 13. Juni 1820, in: The Works …, Bd. VIII, a.a.O., S. 191-197, S. 194. Ähnlich äußerte er sich in einem Brief an Malthus: „Political Economy you think is an enquiry into the nature and causes of wealth – I think it should rather be called an enquiry into the laws which determine the division of the produce of industry amongst the classes who concur in its formation. No law can be laid down respecting quantity, but a tolerably correct one can be laid down respecting proportions. Every day I am more satisfied that the former enquiry is vain and delusive, and the latter only the true objects of the science.“ Ricardo, D., Brief an Malthus, 9. Oktober 1820, a.a.O., S. 278 f.

zu können. In Wirklichkeit kommt diese Position einem Rückzug auf das scheinbar überschaubarere Terrain der Weizenwelt gleich. Aber die Eigenschaften der Kornökonomie sind komplexer als man zunächst meinen mag. Es ist daher nötig, die Anfänge der Surplus-Konzeption noch einmal unters Mikroskop zu nehmen.

2.3.3 Nochmals zur Logik der Weizenwirtschaft

Aus der obigen, den traditionellen Bahnen folgenden Interpretation des Weizenmodells ging hervor, dass Ricardo im „Essay" keineswegs eine einsektorale Wirtschaft im Auge hatte, wie das quellenfernere Texte behaupten. Dennoch verleiht eine Abteilung der Kornökonomie ihre Besonderheit: In der Nahrungsmittelproduktion sind Input und Output physisch homogen. Aufgrund dessen lässt sich ein naturaler Verwertungsfaktor errechnen. Eine passende Preisstruktur gewährleistet im Gleichgewicht die Übereinstimmung der anderen sektoralen Profitraten mit der agrarischen.

Die in der Weizenwirtschaft somit zum Vorschein kommende hierarchische Struktur des gesamten Produktionsprozesses liefert die zentrale Erkenntnis, wonach, im Unterschied zur gängigen Betrachtung, die einzelnen Abteilungen eben nicht gleichrangig auf einer Ebene angesiedelt sind. Gelegentlich wird der Entwurf deshalb zu Recht als ein Meisterstück früher ökonomischer Analyse gewürdigt. In seltsamem Kontrast dazu steht, dass dieser Höchstleistung kein zweiter, genauerer Blick gegönnt wird: Statt die innere Logik des Modells zu entfalten, weist man mehr oder weniger rasch auf die wenig realistisch wirkenden Prämissen des Gedankengebäudes hin, um es daraufhin zur Seite zu schieben.

Wir begeben uns ins andere Extrem und betrachten anschließend eine reine Kornökonomie, d. h. wir abstrahieren von den anderen Zweigen der arbeitsteiligen Warenerzeugung. In einer so gekennzeichneten Wirtschaft lässt sich das Wertproblem ausblenden. Die Verteilung lässt sich stattdessen in Größen einer homogenen, physischen Einheit messen. Trotzdem wirft dieses einfache Szenario Fragen auf, die, wenngleich in wechselndem Gewand, im Verlauf der Geschichte der Werttheorie stets aufs Neue wiedergekehrt sind.

2.3.3.1 Das Gesamtgewinnmaximum

Entscheidend für den Akkumulationsprozess ist das Verhalten der Agrarunternehmer: „Ziel der Pächter ist es“, heißt es unisono in den gängigen Expositionen, „ihren Gewinn in Relation zum vorgeschossenen Kapital zu maximieren.“[87] Um es deutlich zu sagen: So klar steht das bei Ricardo nicht; überhaupt favorisiert er die Vokabel ‚Profit‘ vor dem Wort ‚Profitrate‘, wobei er gewiss des Öfteren die Profitrate meint, obwohl er vom Profit spricht.[88] Allerdings leuchtet diese, den Akteuren auferlegte Norm nicht ein: Wäre es wirklich die Absicht der Entrepreneure, die Profit*rate* zu maximieren, dürften sie *nie und nimmer* akkumulieren, denn die Profitrate nähert sich ihrem Maximum, wenn die Beschäftigung gegen null geht. Mit steigender Beschäftigung *muss* sie fallen, wie Gleichung (II.8) (vgl. S. 121) bezeugt – was soll die Profitrate sonst tun. Ihre Maximierung ist ein untaugliches Konzept, um abzubilden, was die Aktivitäten gewinnmaximierender Unternehmer steuert: Der Quotient führt in die Irre, die Differenz weist demgegenüber den richtigen Weg.

Ricardo unterstellt den Pächtern gewiss Gewinnmaximierung, nur so lässt sich der von ihm öfter genannte Arbitrageprozess erklären: „If the profits of capital employed in Yorkshire, should exceed those of capital employed in London, capital would speedily move from London to Yorkshire …“[89] Jedoch wiederholt er mehrfach, die Profitmasse (und damit die Profitrate) schwinde im Zuge der Kapitalakkumulation; nochmals:

> „Thus by bringing successively land of a worse quality, or less favourably situated into cultivation, rent would rise on the land previously cultivated, and precisely in the same degree would profits fall; and if the smallness of profits do not check accumulation, there are hardly any limits to the rise of rent, and the fall of profit.“[90]

---

[87] Stellvertretend für viele wird hier Schefold, B., Ricardo …, a.a.O., S. 385 zitiert.

[88] Im ersten Zahlenbeispiel des „Essay“ heißt es etwa: „… the neat profit to the owner of capital would be fifty per cent …“ Ricardo, D., An Essay …, a.a.O., S. 10. Solche nachlässigen Formulierungen treten an einigen Stellen in Ricardos Werk auf. Zur Kritik an dessen Sprache (und anderer) vgl. Galbraith, J. K., Wirtschaft, Friede und Gelächter (amerikanisch 1971), München / Zürich 1974, S. 42 ff.

[89] Ricardo, D., On the principles …, a.a.O., S. 134. Dieser Arbitrageprozess wird auch im „Essay“ angesprochen. Vgl. nur Ricardo, D., An Essay …, a.a.O., S. 12.

[90] Ricardo, D., An Essay …, a.a.O., S. 14.

Das System enthält infolgedessen einen Widerspruch: Zum einen charakterisiert Ricardo die Pächter als Personen, die den Höchstprofit anstreben, zum anderen als ‚Investitionsmaschinen', welche die Beschäftigung so lange ausweiten, bis die Kapitalrendite auf ein Minimum abgesunken ist. Freilich würden sich akkumulierende Gewinnmaximierer zwangsläufig ins eigene Fleisch schneiden, sofern ihr Einkommen im Zuge der Expansion schrumpft.

Zahlreiche moderne Autoren, die eine Kompetenz zur Reproduktion der Theorie Ricardos verspürt haben, stellen diese unvereinbaren Verhaltensweisen kommentarlos nebeneinander. Dies passt zum Eindruck, Lehrgeschichte werde häufig als eine Art ‚Stille Post' betrieben. Ricardos ursprüngliche Botschaft lautete in Wahrheit anders: Profit und Profitrate müssen sich keineswegs stets in dieselbe Richtung bewegen.

Verständen jene Ökonomen, die entsprechende Formalisierungen verbreiten, tatsächlich so viel vom Geschäft, wie sie glauben machen möchten, sollte ihnen nicht verborgen geblieben sein, dass der von ihnen beschriebene Ablauf des Geschehens in der Weizenwirtschaft eine *Fata Morgana* ist: Profit und Profitrate *können* im Verlauf der Akkumulation nicht immer positiv miteinander korreliert sein.

Der Gewinn beläuft sich auf das Produkt des Lohnfonds mit der Profitrate (vgl. (II.3), S. 120). Beide Multiplikanden müssen positiv sein, damit die Pächter ein Einkommen erzielen. Zweimal wird diese Voraussetzung aber verletzt: Einerseits fällt bei fehlendem Arbeitseinsatz keine Vergütung an und andererseits geht die Maximalbeschäftigung N_S mit einer verschwindenden Verwertungsrate einher. Damit hat die Gewinnfunktion in Abhängigkeit vom Arbeitseinsatz zwei verschiedene Nullstellen. Nach dem Satz von Rolle besitzt eine stetige Funktion dazwischen (mindestens) einen (lokalen) Extremwert.[91] Diese Voraussetzungen liegen hier vor.

Der Profit ergibt sich in Ricardos Modell als Residuum, nachdem vom Sozialprodukt die Lohnsumme und die Rente abgezogen worden sind:

$$P = f(N) - \left[f(N) - Nf_N \right] - w_S N = Nf_N - w_S N = N(f_N - w_S) \qquad \text{(II.16)}$$

Zur Berechnung eines Gewinnmaximums ist die erste Ableitung von (II.16) gleich null zu setzen:

---

[91] Vgl. Bronstein, I. N., Semendjajew, K. A., Taschenbuch der Mathematik, 20. Aufl., Leipzig 1981, S. 321.

$$\frac{dP}{dN} \equiv P_N = f_N + Nf_{NN} - w_S \stackrel{!}{=} 0 \tag{II.17}$$

Die notwendige Bedingung für die profitmaximale Beschäftigung (N_P) in Abhängigkeit eines gegebenen (Subsistenz-)Lohnes ($w_S < f_N$) lautet:

$$N_P = \frac{w_S - f_N}{f_{NN}} > 0 \tag{II.18}$$

Im Maximum muss die zweite Ableitung von (II.16) (P_{NN}) negativ sein:

$$P_{NN} = 2f_{NN}(N_P) + N_P f_{NNN}(N_P) \stackrel{!}{<} 0 \tag{II.19}$$

Die Umformung bringt:

$$f_{NNN}(N_P) \stackrel{!}{<} -\frac{2f_{NN}(N_P)}{N_P} \tag{II.19a}$$

Offensichtlich ist (II.19a) bereits erfüllt, wenn die dritte Ableitung der Produktionsfunktion nach der Beschäftigung (f_{NNN}) an der Stelle N_P kleiner oder gleich null ist.

Die umseitige Abbildung II.2 zeigt die Zusammenhänge für die Produktionsfunktion $X = 441N - \frac{N^3}{3}$. Der Subsistenzlohn w_S wurde mit 141 Getreideeinheiten angenommen. Wie erkennbar, nimmt im Zuge der Beschäftigungsausdehnung der Gesamtprofit bis N_P zu, dann vermindert er sich. Die einschlägigen Graphiken in der Literatur sind durchwegs fehlerhaft.[92]

Demgegenüber wusste Ricardo, dass trotz zurückgehender Profitrate der Gesamtprofit zunächst wachsen kann. In seinem Zahlenbeispiel steigt

---

[92] Vgl. nur Pasinetti, L. Vorlesungen zur Theorie der Produktion (italienisch 1975), Marburg 1988, S. 33. Bei Pasinetti ist das umso erstaunlicher, als er früher feststellte: „... there must be at least one point of maximum total profits ...“ Pasinetti, L., A Mathematical ..., a.a.O., S. 89. Diese Erkenntnis hat in das entsprechende Diagramm seiner „Vorlesungen“ keinen Eingang gefunden. Auch Autoren, die sich direkt auf Pasinetti stützen, erwähnen das Profitmaximum nicht. Vgl. Salvadori, N., Signorino, R., From stationery state to endogenous growth: international trade in the mathematical formulation of the Ricardian system, in: Cambridge Journal of Economics, Bd. 40 (2016), S. 895-912, S. 904.

er von 100 Weizeneinheiten in Periode eins bis zum Maximum von 275 in der fünften, um dann auf 205,5 in Periode acht zu sinken. Die Profitrate fällt kontinuierlich von 50 % in der ersten Periode auf 11 % in der achten.[93]

Abbildung II.2: Die Entwicklung der Verteilung in der Kornökonomie

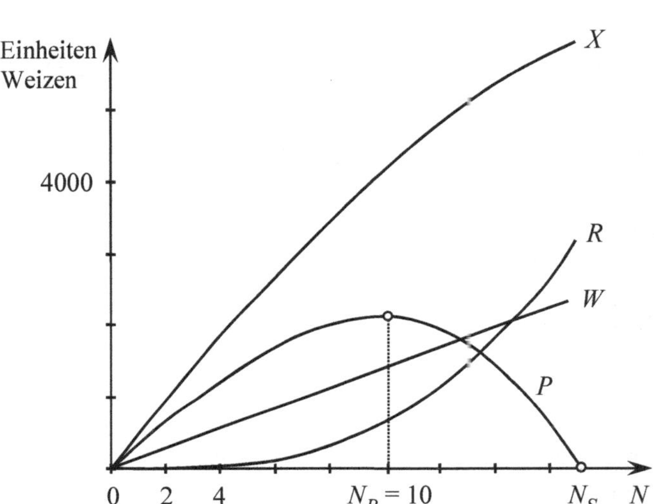

Ricardo kommentiert das illustrierte Phänomen mit den Worten:

> „It will be seen that during the progress of a country the whole produce raised on its land will increase, and for a certain time that part of the produce which belongs to the profits of stock, as well as that part which belongs to rent will increase; but that at a later period, every accumulation of capital will be attended with an absolute, as well as a proportionate diminution of profits, – though rents will uniformly increase.“[94]

Diese (zutreffende) Beschreibung der Profitentwicklung steht in schlagendem Gegensatz zu der von ihm selbst zwei Seiten vorher und gleich anschließend wieder behaupteten ständigen Schmälerung der Gewinne

---

[93] Vgl. Ricardo, D., An Essay …, a.a.O., S. 15 f., insbesondere die Tabelle auf S. 17.

[94] Ebenda, S. 15 f.

bei expandierender Bodenkultivierung. Die Irritation wird noch größer, sofern man berücksichtigt, dass Ricardo dem Profitverlauf eine herausragende Bedeutung beigemessen hat: „This is a view of the effects of accumulation which is exceedingly curious, and has, I believe, never before been noticed.“[95] In den „Principles“ hat Ricardo ebenfalls ein Zahlenbeispiel präsentiert, in dem sich der Gewinn zu Beginn der Kapitalakkumulation erhöht, obwohl sich die Profitrate verringert. Erst nach Erreichen eines Maximums verkleinert sich der Profit.[96]

So gesehen ist der Wissensdurst immens, warum die Tatsache der anfangs gegenläufigen Beziehung zwischen Profit und Profitrate zur Seite geschoben worden ist. Eine Antwort erscheint für Ricardo eher möglich als für seine Epigonen. Fürs Erste muss man sich in Erinnerung rufen, dass der „Essay“ mit einem praktischen Anliegen verfasst worden war: keine Getreidezölle! Und unabhängig davon, in welcher konkreten Position sich die Wirtschaft bei gegebener Beschäftigung auf dem ‚Profitberg‘ befindet, er erhöht sich stets, wenn das Lohngut billiger wird.

Darüber hinaus gibt es Indizien für Ricardos Glauben, das Profitmaximum liege in der Zukunft. „But *after* profits have very much fallen“, warnt er im „Essay“, „accumulation *will be checked*, and capital *will be exported* to be employed in those countries where food is cheap and profits high ...“[97] In den „Principles“ bringt er desgleichen zum Ausdruck, der stationäre Zustand sei noch weit entfernt. Es werde aber immer schwieriger, die seines Erachtens richtigen Maßnahmen zur Beseitigung der Fehlentwicklung zu ergreifen, je länger man damit zuwarte.[98]

Vor diesem Hintergrund wird begreifbar, dass Ricardo sein System ‚pragmatisch‘ handhabte: Je nach Bedarf wechselt er von der Profit- zur Beschäftigungsmaximierung als Zielvorgabe der Pächter. Von modernen Ökonomen wird in dieser Hinsicht allerdings mehr Linientreue verlangt.

Da Wirtschaftstheorie im hier verstandenen Sinne bedeutet, die Gesetzmäßigkeiten des ökonomischen Tausches zwischen erwerbswirtschaft-

---

[95] Ebenda, S. 16.

[96] „We should also expect that, however the rate of the profits of stock might diminish in consequence of the accumulation of capital on the land, and the rise of wages, yet that the aggregate amount of profits would increase ... This progression however is only true for a certain time ...“ Ricardo, D., On the Principles ..., a.a.O., S. 123.

[97] Ricardo, D., An Essay ..., a.a.O., S. 16 Fn., eigene Hervorhebungen.

[98] Vgl. Ricardo, D., On the Principles ..., a.a.O., S. 109.

lich orientierten *Homines oeconomici* zu entziffern, bildet die Gewinnmaximierung der Entrepreneure die einzig analytisch erfolgsversprechende Richtschnur des Handelns. So gesehen gebührt dem Vorhandensein eines höchstmöglichen Unternehmenseinkommens im Zuge der Kapitalakkumulation ein zu hoher Rang, um das Phänomen einfach zu unterschlagen.

Klärungsbedürftig ist zunächst, welchen Einfluss die Existenz eines Maximums des *Gesamt*profits auf das Verhalten des *einzelnen* Pächters ausübt. Ehe der Wirkung eines steigenden Gewinns trotz fallender Verwertungsrate auf die Eigenschaften der Kornökonomie nachgespürt wird, soll diese Lücke geschlossen werden. Daher schalten wir einige Bemerkungen zum Verhältnis zwischen einzel- und gesamtwirtschaftlicher Profitmaximierung ein.

2.3.3.2 Individuelle und kollektive Rationalität

Strebten die Getreideproduzenten eine Maximierung des gemeinsamen Gewinns an, wäre offensichtlich die Beschäftigung N_P optimal. Allerdings interessiert den einzelnen Kapitalisten der Gesamtprofit nicht, vielmehr trachtet er nach seinem individuellen Spitzeneinkommen. Man könnte sich deswegen auf den Standpunkt stellen, dem Gesamtgewinnmaximum komme keine weitere Bedeutung für den Akkumulationsprozess zu, da die Profitbezieher keine kollektive Gewinnmaximierung betreiben. Stattdessen setze jeder einzelne Pächter die Akkumulation fort, wenn die Profitrate die angenommene Mindestprofitrate übertreffe. Demgemäß achten die einzelnen Arbeitgeber ausschließlich auf die Spanne zwischen diesen Renditen, die Gewinnveränderung sende hingegen kein entscheidungsrelevantes Signal aus.

Eine solche Argumentation gestattet es nicht, die Existenz eines Gesamtprofitmaximums unter den Teppich zu kehren, wie das die herrschende Ricardo-Interpretation macht. Die Rechtfertigung für die alleinige Berücksichtigung der Profitrate als Investitionsanreiz wäre nur akzeptabel, sofern sich wirklich mit *jeder* individuellen Betriebsausdehnung der Profit des Einzelnen vermehrte. Das stimmt jedoch nicht. Im Großen wie im Kleinen gibt es eine kritische Grenze der Akkumulation. Sie ist erreicht, sobald zwei gegenläufige Effekte einander die Waage halten: Der aus einem Beschäftigungszuwachs erwartete zusätzliche Gewinn wird gerade durch den Rückgang aufgezehrt, welchen die sinkende Profitrate, angewandt auf das ‚Altkapital' – den bisherigen Lohnfonds –, heraufbeschwört.

Nehmen wir der Einfachheit halber an, die Zahl der Pächter sei während des gesamten Wachstumsprozesses konstant und sie legten das gleiche Akkumulationsmuster an den Tag. In dieser Situation hätte jeder dieselbe Zahl an Arbeitern eingestellt und würde somit den gleichen Profit verbuchen. Die Akkumulation käme dann bei der Gesamtarbeit N_P zum Stillstand, da eine weitere Akkumulation des Profits bei jedem Pächter zu einem Einkommensverlust führte, der größer wäre als die Profitzunahme bei Beschäftigungserhöhung. Die kollektive Gewinnmaximierung bahnt sich unter diesen Umständen ohne formelle Absprache hinter dem Rücken der Einzelnen an.

Bei einer solchen Konstellation darf über die Mindestprofitrate nicht länger willkürlich spekuliert werden. Sie entspricht der an der Stelle N_P zu verzeichnenden Kapitalrendite:

$$r_P = \frac{f_N(N_P)}{w_S} - 1 \qquad \text{(II.20)}$$

Nur solange $r > r_P$ gilt, wird das zirkulierende Kapital vergrößert; bei $r = r_P$ hört die Akkumulation auf. Ab dieser Grenze *muss* der Gewinn, den die profitmaximierenden Unternehmer einstreichen, entweder direkt konsumiert werden oder zum Unterhalt einer Luxusgüterindustrie dienen; eine Möglichkeit, die erst in Mehrsektoren-Modellen diskutiert werden kann. Der mit r_P verbundene Arbeitseinsatz ist stets kleiner als der sich bei einer Profitrate von $0 \leq r < r_P$ ergebende, weil die Verwertungsrate bei einer Beschäftigungserweiterung zurückgeht, wie Gleichung (II.8) (vgl. S. 121) zeigt.

Nun mag man vielleicht den Gedanken hegen, das obige Räsonnement sei richtig, wenn die Zahl und die Struktur der Einzelkapitalien gegeben seien. Mit Erreichen von N_P eröffne sich in der Tat keinem Mitglied der Kapitalistenklasse mehr eine Alternative, seine Lage zu verbessern. Was aber geschieht, falls ‚neue' Agrar-Entrepreneure auf den Plan treten? Die Wirtschaft erzeugt Profit, und sie wollen ebenfalls an dem volkswirtschaftlichen Überschuss teilhaben und Arbeit gewinnbringend verdingen. Dazu müssen sie schlechtere Böden unter den Pflug nehmen. Zwar ist dies von einer Abnahme des Gesamtprofits begleitet, doch immerhin glückt es den *Newcomern*, sich zu bereichern. Die aus Sicht des Gesamtkapitals irrationale Akkumulation über N_P hinaus erschiene vom Blickwinkel der Nachwuchs-Pächter als plausibel.

Für solche Konstruktionen gibt es freilich im klassischen System wenig Raum. Zuerst muss auf die Unklarheit hingewiesen werden, *woher* die Debütanten ihr Kapital erhalten sollen. Wenn definitionsgemäß die Arbeiter den Lohn und die Bodenbesitzer die Rente völlig verbrauchen sowie die ‚alten' Pächter ihren gesamten Profit, weil jede Vergrößerung des Lohnfonds über $w_S N_P$ hinaus ihn schmälerte, existiert keine Quelle, woraus sich das Zusatzkapital speisen könnte. Hat sich außerdem die Bevölkerung gemäß der Malthusschen Automatik N_P angepasst, steht nicht einmal weitere Arbeitskraft zur Verfügung, um die Kornproduktion zum herrschenden Subsistenzlohn w_S auszudehnen.

Des Weiteren hätten die Unternehmer Pfeile im Köcher, um sich vor der unwillkommenen Konkurrenz zu schützen. Zum Beispiel könnten die etablierten Ackersmänner Grund pachten, *ohne* ihn zu kultivieren. Am Ende würfe das beste für Dritte verfügbare Stück Erdreich gerade einen Grenzertrag in Höhe der Vergütung für den für den erforderlichen Arbeitseinsatz ab. Die Fläche bliebe darum mangels Gewinnaussicht unbebaut.

Ebenso effektvoll (und stabiler) wäre die (rechtzeitige) Gründung einer genossenschaftlichen ‚Pächter-Liga'. Sie hätte den (internen) Auftrag, die schlechteren Flächen so (miserabel) zu bebauen, dass die (bescheidene) Differenz zwischen dem Grenzertrag der Arbeit und ihrem Entgelt die Rentenzahlungen nicht nach oben treibt. Beide Male fänden die Novizen kein Areal, das sich profitabel beackern ließe.

Die genannten Aktionen bringen selbstverständlich eine gewisse Verringerung des Profits mit sich. Zum einen werden ungenutzte Parzellen angemietet; zum anderen muss dem Bauernverband für eine Periode das Kapital vorgeschossen werden. Es handelt sich indes nicht um Fehlinvestitionen: Die Sperrung des Marktzugangs rentiert sich für die Pächter. Im Unterschied dazu bietet eine fortgeführte Akkumulation in der Getreideerzeugung über das individuelle Profitmaximum hinaus keinen Vorteil. Ferner darf nicht vergessen werden, dass das frische Kapital, statt in den landwirtschaftlichen Bereich zu strömen, wodurch dort zwangsläufig die Profitrate sinkt, eher in andere Zweige gelenkt wird, die unter linearen Skalenerträgen operieren. Dort limitiert allein die Nachfrage die Expansion.

Schließlich sei eine weitere Bremse erwähnt, die den übermäßigen Kapitalzufluss in die Agrikultur blockiert. Falls die Chance besteht, in der finanziellen Sphäre der Wirtschaft eine Rendite zu erzielen, die sich im (theoretischen) Idealfall mit der im Kornanbau deckt, fehlt es an einem Anreiz, dort Geld (profitratenverringernd) zu investieren.

Die Alt-Pächter können folglich auf ein Spektrum von Instrumenten zurückgreifen, um ihr Gewinnmaximum, an dem jeder Einzelne von ihnen interessiert ist, wirksam zu verteidigen. Daneben sind für das ‚neue' Kapital andere Anlageformen denkbar. Die Gefahr einer letztlich profitvernichtenden Kapitalvermehrung im Getreidesektor ist als gering zu veranschlagen.

Genauso wie der Geiz der Natur mit fruchtbaren Böden zu einer Rente verhilft, ist der bäuerliche Profit nur von Dauer, sofern die Feldbestellung begrenzt bleibt. Der erste Mangel ist ein natürlicher; den zweiten erzeugen Menschen. Aber die Schranke, ab der die Neigung versiegt, den Ausstoß zu erhöhen, wird nicht willkürlich errichtet. Die Einkommensinteressen des etablierten Kapitals stellen sich einer gewinnreduzierenden sektoralen Überakkumulation in den Weg.

Diese Erörterungen gehen weit über Ricardos Analyse hinaus: Die Problematik erlangte für ihn kein gehöriges Gewicht, da er zwischen den Verhaltensannahmen der Gewinn- und der Beschäftigungsmaximierung unter der Nebenbedingung einer noch nicht zu weit gesunkenen Profitrate pendelte. Der Meister versäumte es, den von ihm selbst angesprochenen Tatbestand auszuwerten: Die beiden Vorhaben können zueinander in Widerspruch geraten.

Hiermit hat er unbewusst dem neoklassischen *Deus ex Machina*, dem ungezügelten Wettbewerb, die Bühne bereitet. Bei Fehlen einer Gleichung zur Schließung des Systems feiert er regelmäßig Triumphe: Weil die herrschende Wirtschaftstheorie wegen der unterlassenen Einbindung des gesellschaftlichen Mehrprodukts den Profit als eigenständige Einkommenskategorie nicht zu erklären vermag, muss dieser, zumindest langfristig, aus den Untersuchungen neoklassischer Provenienz *irgendwie* getilgt werden. Einschlägige Voraussetzungen gewährleisten, dass der Gewinn im *long run* in der Versenkung verschwunden ist. Der ungebetene Akteur darf kein Theater machen.

Durch diese Brille gesehen hieße es, dem Mainstream auf den Leim zu gehen, wenn man das Ricardo-System zur Profitabschmelzung der Sonne vollständiger Konkurrenz aussetzte: Die Klassiker erblicken im Gewinn ein *dauerhaftes* Charakteristikum kapitalistischer Marktwirtschaften. Neoklassiker verschließen vor dieser fundamentalen Tatsache die Augen; sofern ‚Profitraten' überhaupt auftauchen, sind sie in ihrer Lesart entweder lediglich Eigenzinssätze – richtiger: Diskontierungsfaktoren, welche die Brücke zwischen Gegenwart und Zukunft schlagen (sollen) – oder sie dienen bloß zur ‚normalen' Entlohnung der Unternehmer- alias ‚Kapital'-Leistung. Der Bezug zum gesellschaftlichen Mehrprodukt muss(te) notwendigerweise abhandenkommen.

2.3.3.3 Lohnsatz und Profit

Kehren wir nach dieser Zwischenbetrachtung zu unserer Weizenwelt zurück. Es interessiert nun, wie sich die Existenz eines von der verausgabten Arbeit abhängigen Profitmaximums auf das Verhältnis zwischen Lohnsatz und Gewinn auswirkt. Gilt in der einfachen Versuchsanordnung ‚Kornökonomie' das Ricardosche Kredo der gegenläufigen Beziehung zwischen Arbeitsentgelt und Profit? Fällt die Verwertungsrate mit steigender Bezahlung? Während wir vorher die Gewinnentwicklung als Funktion der Beschäftigung bei *gegebenem* (Subsistenz-)Lohnsatz untersuchten, studieren wir jetzt die Profitveränderung, welche eine *Variation* des Verdienstes bei einem fixierten Kapital, d. h. gleichem Lohnfonds hervorruft. Zunächst erinnern wir uns an die Profitratengleichung (II.7):

$$r = \frac{f_N}{w} - 1 \qquad \text{(II.7)}$$

Ferner wird die Arbeitsnachfrage durch den vorhandenen Subsistenzmittelbestand (K_0) determiniert:

$$N = \frac{K_0}{w} \qquad \text{(II.21)}$$

Das Einsetzen der nach w umgeformten Gleichung (II.21) in den Ausdruck (II.7) führt zur modifizierten Profitratenformel:

$$r = \frac{Nf_N}{K_0} - 1 \qquad \text{(II.22)}$$

Durch Differenzieren lässt sich unter Anwendung der Kettenregel der Einfluss einer Lohnsatzänderung auf die Verwertungsrate ermitteln:

$$\frac{dr}{dw} = \frac{dr}{dN}\frac{dN}{dw} = \frac{(f_N + Nf_{NN})K_0}{K_0^2}\left(-\frac{K_0}{w^2}\right) = -\frac{f_N + Nf_{NN}}{w^2} \qquad \text{(II.23)}$$

Der Effekt einer Lohnsatzvariation auf die Profitrate ist nicht so eindeutig, wie oft behauptet: Da laut (II.1b) (vgl. S.119) $f_{NN} < 0$ ist, kann *a priori* nichts über das Vorzeichen der rechten Seite von (II.23) gesagt werden. Eine Fallunterscheidung erlaubt jedoch eine nähere Betrachtung. Der Zähler des Bruchs stimmt mit der Ableitung der zusammengefassten Einkommen der Kapitalisten *und* Arbeiter (Q) nach der Beschäftigung überein:

$$Q = W + P = Nf_N \tag{II.24}$$

Die erste Ableitung lautet:

$$\frac{dQ}{dN} = f_N + Nf_{NN} \tag{II.25}$$

Bei konkaver Grenzertragsfunktion der Arbeit liefert Nullsetzen von (II.25) die Beschäftigung N^*, welche Q maximiert:

$$N^* = -\frac{f_N}{f_{NN}} > 0 \tag{II.26}$$

Für das Zahlenbeispiel, das der Abbildung II.2 zugrunde liegt, berechnet man $N^* = 12{,}124$; eine Beschäftigung, die größer ist als die profitmaximale. Ein Vergleich von (II.18) (vgl. S. 145) und (II.26) zeigt, dass dies für jeden Lohnsatz $0 < w \leq f_N$ stimmt. Für $N < N^*$ trifft $\frac{dr}{dw} < 0$ zu, für $N > N^*$ erhält man $\frac{dr}{dw} > 0$. Der Zusammenhang zwischen Lohnsatz und Profitrate verkehrt sich bei einer hinreichend großen Beschäftigung ins genaue Gegenteil dessen, was der ‚gesunde Menschenverstand‘ und mit ihm die zahlreichen Interpreten des Ricardo-Systems erwarten: Die Profitrate *steigt* bei weit genug fortgeschrittener Akkumulation mit dem Lohnsatz.

Angesichts dieser Sachlage drängt sich die Frage auf, ob N^* grundsätzlich Bedeutung erlangt, wenn die Pächter zu jedem Lohnsatz die profitmaximierende Beschäftigung N_P gemäß (II.18) anstreben. So ließe sich argumentieren, nur der ‚normale‘, d. h. der negative Zusammenhang zwischen Lohnsatz und Profitrate wäre relevant, da N_P kleiner als N^* sei. Dieser Gedankengang käme jedoch ins Stolpern. Die Weizenwirtschaft wartet nämlich trotz ihrer scheinbar leichten Überschaubarkeit mit weiteren Eigenschaften auf, die bislang nicht gebührend gewürdigt worden sind.

Die Analyse der Tragweite einer Lohnsatzveränderung auf die Profitrate impliziert, die Arbeiter hätten die Möglichkeit, sich strategisch zu verhalten. Das setzt die Lösung von einem fixierten Subsistenzlohn voraus. Spielen wir diese Alternative einmal durch. Angenommen, die Belegschaften seien gewerkschaftlich organisiert – was bei den englischen Landarbeitern recht früh der Fall war[99] – und ihr Ziel bestünde darin, die Entgeltsumme zu maximieren.[100] Dauerhaft kann dies nur von Erfolg gekrönt sein, sofern sich eine höhere Vergütung nicht in einer Arbeitsangebotsvermehrung niederschlägt, die das erreichte Einkommensniveau via Konkurrenz um die besser bezahlten Stellen wieder gefährdet. Denn für den Lohn gilt das gleiche wie für die Rente und den Profit: Viele Hunde sind des Hasen Tod.

Aktionsparameter der Arbeiter ist die Vergütung pro Zeiteinheit, über Gleichung (II.18) (vgl. S. 145) bestimmt sie die Beschäftigungsnachfrage der profitmaximierenden Pächter. Die Lohnsumme (und damit im vorliegenden Modell das Kapital) wird am größten, wenn

$$\frac{d(wN)}{dw} = N + w\frac{dN}{dw} \overset{!}{=} 0 \qquad \text{(II.27)}$$

gilt, woraus

$$w = -N\frac{dw}{dN} \qquad \text{(II.28)}$$

resultiert. Schreiben wir in Gleichung (II.18) w statt w_S, erhält man nach Umstellung:

$$w = Nf_{NN} + f_N \qquad \text{(II.18a)}$$

Die Ableitung von (II.18a) bringt:

---

[99] Vgl. Webb, S., Webb, B., The History of Trade Unionism, London 1920, https://en.wikisource.org/wiki/The_History_of_Trade_Unionism.

[100] Vgl. zur Gewerkschaftspolitik Helmedag, F., Möglichkeiten und Grenzen eines Beschäftigungspakts, in: Jahrbücher für Nationalökonomie und Statistik, Bd. 205 (2005), S. 151-162, ferner Helmedag, F., Von der Sozialen Marktwirtschaft zum globalen Kapitalismus, Fehlentwicklungen und tarifpolitische Konsequenzen, in: Mythos Soziale Marktwirtschaft, Arbeit, Soziales und Kapital, Festschrift für Heinz-J. Bontrup, hrsg. v. Marquardt, R.-M., Pulte, P., Köln 2019, S. 123-140.

$$\frac{dw}{dN} = f_{NN} + Nf_{NNN} + f_{NN} = 2f_{NN} + Nf_{NNN} < 0 \qquad \text{(II.29)}$$

Auf der rechten Seite von (II.29) steht die hinreichende Bedingung für ein Profitmaximum (vgl. (II.19), S. 145), mithin ist $\frac{dw}{dN} < 0$. Setzen wir (II.29) in (II.28) ein, gewinnen wir den Lohnsatz (w_W), der die Gesamtbezüge der Arbeiter maximiert:

$$w_W = -N(2f_{NN} + Nf_{NNN}) > 0 \qquad \text{(II.30)}$$

Diesem aus Sicht der Gewerkschaftsklientel (zunächst) optimalen Lohnsatz ist über Gleichung (II.18) die korrespondierende Beschäftigung zugeordnet. Für unser Zahlenbeispiel beträgt $w_W = 294$ Weizeneinheiten. Gegenüber der Ausgangssituation mit $w_S = 141$ und $N_P = 10$ ist die Arbeitsnachfrage nun auf $N_W = 7$ gefallen. Der zugehörige Profit beträgt:

$$P_W = N_W(f_N(N_W) - w_W) \qquad \text{(II.31)}$$

Die Belegschaft insgesamt hätte zwar ein Interesse daran, die Bezahlung w_W zu verlangen, das muss jedoch nicht unbedingt für jeden Einzelnen attraktiv sein: Die Maximierung der Lohnsumme ist mit einem Freisetzungsprozess von Arbeitskraft verbunden. Obschon sich die Lebensqualität der Noch-Werktätigen erhöht, kann die auftretende Erwerbslosigkeit ein bedeutendes Gegengewicht zu Lohnsatzsteigerungen bilden und die Durchsetzbarkeit des optimalen Verdiensts erschweren. Vor dieser Kulisse fördert eine individuelle Arbeitszeitverkürzung den Erfolg gewerkschaftlicher Tarifpolitik.[101]

Die Kornökonomie bietet aber auch der anderen Seite Chancen. Im Zuge einer schlauen Politik sind die Arbeitgeber ebenfalls imstande, ihre Position zu verbessern. Ihr Aktionsradius umschließt mehr als die gewinnmaximale Anpassung der Arbeitsmenge gemäß (II.18) an jeden von

[101] Selbst wenn die Nominallöhne mit der Arbeitsproduktivität (‚Goldene Lohnregel‘) steigen, ist bei unzureichendem Wachstum eine individuelle Arbeitszeitverkürzung geboten, um dem sonst resultierenden Stellenabbau entgegenzuwirken. Vgl. Helmedag, F., Nur mehr Stundenlohn oder auch weniger Arbeitsstunden? Gewerkschaftsforderungen im Widerstreit, in: Keynes, Schumpeter und die Zukunft der entwickelten kapitalistischen Volkswirtschaften, hrsg. v. Hagemann, H., Kromphardt, J., Schriften der Keynes-Gesellschaft, Bd. 9, Marburg 2016, S. 273-287.

den Werktätigen erkämpften Lohnsatz. Klug wie Modellunternehmer in wirtschaftstheoretischen Elaboraten (sonst selten genug) sind, werden sie es sich zunutze machen, dass es laut Gleichung (II.26) (vgl. S. 153) ein Aktivitätsniveau N^* gibt, bei dem das *gemeinsame* Einkommen von Arbeit und Kapital den Höchstbetrag erreicht. Produzieren die Unternehmer den korrespondierenden Output, sind sie in der Lage, dem Personal insgesamt (mindestens) das Spitzensalär zu bieten. Trotzdem erzielen sie einen vergleichsweise höheren Profit.

In dieser Situation kann die konkrete Verteilung nicht *a priori* angegeben werden. Immerhin ist der Spielraum exakt umrissen. Beide Seiten müssen wenigstens so viel bekommen, wie im Fall der Lohnsummenmaximierung. Die Mindestvergütung beträgt daher:

$$w_{\min}(N^*) = \frac{w_W N_W}{N^*} \qquad \text{(II.32)}$$

Um immerhin den Profit P_W gemäß Formel (II.31) zu erhalten, zahlen die Pächter höchstens:

$$w_{\max}(N^*) = \frac{N^* f_N(N^*) - P_W}{N^*} \qquad \text{(II.33)}$$

Im Zahlenbeispiel betragen die Lohngrenzen $w_{\min}(N^*) = 169{,}75$ und $w_{\max}(N^*) = 234{,}41$. Ähnlich wie im bilateralen Monopol hängt die endgültige Distribution nunmehr von dem Drohpotenzial und dem Verhandlungsgeschick der ‚Tarifpartner' ab. Die Logik des Modells allein liefert keine präzise Information über die Höhe des Entgelts und damit der Profitrate; beide Größen sind – innerhalb gewisser Grenzen – indeterminiert.

Mit diesen Darlegungen haben wir den von Ricardo abgesteckten Rahmen überschritten. Freilich verdeutlichen sie, welche analytischen Höhen man selbst in einem so simpel wirkenden Modell wie dem der Weizenwirtschaft erklimmen kann, sofern man die Möglichkeiten der Akteure im Hinblick auf ihr jeweiliges Zielsystem bis zur Spitze vermisst. Unabhängig davon, welche der genannten Varianten man für besonders plausibel hält, eins ist zweifellos zu protokollieren: Die Profitratendynamik als untrüglicher Indikator für die Entwicklung des Gewinns ist ramponiert. Der Verwertungsfaktor versagt bereits in der einsektoralen Weizenwirtschaft als Leitlinie der Akkumulation. Die genauer als üblich vorgenommene Erkundung dieses Gebiets hat die früher geäußerte

Vermutung bekräftigt, dass die ökonomische Theorie ohne verlässliche Navigationshilfe den Kurs bestimmt hat.

Die Ursache für die unbefriedigende Behandlung der Kornökonomie ist letzten Endes methodischer Natur: Statt der anfänglich immer vorgeschobenen Gewinnmaximierung wirklich auf den Grund zu gehen und diese Verhaltensweise als Kompass zur Durchdringung der ökonomischen Logik des Modells zu verwenden, wird plötzlich und stillschweigend auf eine andere Zielsetzung abgeschwenkt.[102] Natürlich kann man, wie das öfter geschieht, postulieren, die Bevölkerung müsse versorgt werden, deshalb sei die zu produzierende Gesamtmenge bekannt. Und selbstverständlich lässt sich anschließend für die erforderliche Beschäftigung die dazugehörige (naturale) Profitrate berechnen. Damit orientiert sich die Analyse allerdings nicht mehr an der für kapitalistische Marktwirtschaften typischen individuellen Gewinnmaximierung, sondern – unbemerkt – an der mittelalterlichen Idee der Nahrung (vgl. S. 23).

Zu klären bleibt, ob die erzielten Ergebnisse der Besonderheit der Landwirtschaft geschuldet sind: Treten sie nicht mehr auf, wenn anstelle eines fallenden Grenzproduktivitäten unterworfenen Weizenanbaus eine mit konstanten Skalenerträgen operierende industrielle Erzeugung vorliegt? Wie wird die Profitrate unter solchen Bedingungen ermittelt und welche Bedeutung kommt ihr im Akkumulationsprozess zu? Antworten auf diese Fragen verspricht Kapitalismusanalyse von Karl Marx. Doch es wäre übereilt, dessen System zu durchleuchten, ohne zuvor auf Ricardos „Principles" zurückzublicken. In dem Werk findet sich nämlich ein auf Grundlage der Arbeitswertlehre formuliertes Theorem, das als fundamentale Einsicht und herausragende Leistung der ökonomischen Wissenschaft gilt.

2.3.4 Komparative Kostenvorteile und Beschäftigung

Im siebten Kapitel seines Hauptwerks „On Foreign Trade" erläutert Ricardo seine Sichtweise auf die Gestaltung des internationalen Handels anhand eines Furore machenden Exempels, welches wohl das meist re-

[102] In der Fachliteratur sind schwankende Vorgaben, welchen Leitlinien Unternehmer und Investoren folgen (sollen), erstaunlich oft eher die Regel denn die Ausnahme. Vgl. Helmedag, F., Profitrate, Zinssatz, Gewinn: Irrungen und Wirrungen, in: Einkommens- und Vermögensverteilung in historischer Sicht, Studien zur Entwicklung der ökonomischen Theorie XXXVII, hrsg. v. Caspari, V., Berlin 2020, S. 65-84.

produzierte Zahlenbeispiel in der Geschichte der Volkswirtschaftslehre sein dürfte.[103] Ricardo nennt die Güter Tuch und Wein, die grundsätzlich sowohl in England als auch in Portugal erzeugt werden können:

> „England may be so circumstanced, that to produce the cloth may require the labour of 100 men for one year; and if she attempted to make the wine, it might require the labour of 120 men for the same time. England would therefore find it her interest to import wine, and to purchase it by the exportation of cloth.
>
> To produce the wine in Portugal, might require only the labour of 80 men for one year, and to produce the cloth in the same country, might require the labour of 90 men for the same time. It would therefore be advantageous for her to export wine in exchange for cloth …
>
> Thus England would give the produce of the labour of 100 men, for the produce of the labour of 80."[104]

Die Botschaft dieses Zitats lautet, dass sich trotz der prinzipiell weniger arbeitsaufwendigen Produktion beider Güter in Portugal eine strikte Spezialisierung für alle beteiligten Nationen lohne. Jedes Land sollte ausschließlich dasjenige Erzeugnis herstellen und exportieren, welches es mit dem kleinsten Effizienznachteil bzw. mit dem größten Effizienzvorteil anzufertigen vermag.[105]

Der Ratschlag fand in Wissenschaft und Praxis zunehmend Gehör und die Empfehlung gilt inzwischen als gesichertes volkswirtschaftliches Wissen.[106] Dementsprechend rühmt die World Trade Organization auf

---

[103] Vgl. King, J. E., David Ricardo, Houndmills / New York 2013, S. 82.

[104] Ricardo, D., On the Principles …, a.a.O., S. 135. Zwischen England und Portugal wurde 1703 der nach dem britischen Gesandten in Lissabon genannte Methuen-Vertrag geschlossen, den Ricardo freilich nicht erwähnt. Vgl. zum Verhältnis zwischen den Seemächten Helmedag, F., Komparative Kostenvorteile …, a.a.O., S. 177 ff.

[105] Die nachfolgende Darstellung verwendet Passagen aus Helmedag, F., Komparative Kostenvorteile …, a.a.O. und Helmedag F., Zum Theorem komparativer Kostenvorteile: Praktische Probleme der reinen Lehre, in: Wirtschaft und Gesellschaft, 48. Jg. (2022), S. 267-279. Von Transportkosten, Steuern und Zöllen wird abgesehen.

[106] Das Prinzip kommt auch in der Berufswahl zum Tragen: „Two men can both make shoes and hats, and one is superior to the other in both employments; but in making hats, he can only exceed his competitor by one-fifth or 20 per cent., and in making shoes he can excel him by one-third or 33 per cent.; – will it not be for the interest of both, that the superior man should employ himself exclusively in making

ihrer Homepage die Lehre als „… arguably the single most powerful insight into economics“[107]

Mit dem Verweis auf das Ricardosche Prinzip der internationalen Arbeitsteilung hat Paul A. Samuelson sogar den Anspruch der Wirtschaftswissenschaft begründet, originäre Erkenntnisse zu liefern. Er wurde als junger Ökonom von dem Mathematiker Stanislaw Ulam mit der Herausforderung geneckt, eine Aussage der Sozialwissenschaften zu benennen, die einerseits wahr sowie andererseits nicht-trivial sei. Es verstrichen dreißig Jahre, bis Samuelson schließlich die passende Antwort in den Sinn kam:

> „The Ricardian theory of comparative advantage; the demonstration that trade is mutually profitable even if one country is absolutely more – or less – productive in terms of every commodity. That it is logically true need not to be argued before a mathematician; that it is not trivial is attested by thousands of important and intelligent men who have never been able to grasp the doctrine for themselves or to believe it after it was explained to them.“[108]

Demnach biete die ökonomische Theorie (wenigstens) mit dem – in Arbeitswerten formulierten – Theorem der komparativen Kostenvorteile eine tiefe Wahrheit, gerade weil sie manchen Personen trotz vorhandener Geisteskraft als widersinnig erscheine.

Allerdings begnügen sich viele Darlegungen mit der pauschalen Feststellung, die Spezialisierung sei sowohl für den schwächeren als auch für den stärkeren Partner lukrativ. Immerhin relativieren anspruchsvollere Autoren die Aussage durch den Hinweis auf die Opportunitätskosten, welche das zulässige, weil für keine Seite nachteilige Tauschverhältnis beschränken. Betrachten wir die Sache genauer.

Ricardos Exempel enthält die ‚vier magischen Zahlen‘, die seitdem regelmäßig zur Veranschaulichung des Prinzips herangezogen werden.[109]

---

shoes, and the inferior man in making hats?“ Ricardo, D. Principles …, a.a.O., S. 136.

[107] World Trade Organziation, The case for open trade, https://www.wto.org/english/thewto_e/whatis_e/tif_e/fact3_e.htm.

[108] Vgl. Samuelson, P. A., The Way of an Economist (1969), wieder in: The Collected Scientific Papers of Paul A. Samuelson, hrsg. v. Merton, R. C., Bd. III, Cambridge (USA) / London 1991, S. 675-685, S. 683.

[109] Vgl. ebenda, S. 678 sowie Maneschi, A., Ricardo's Four Magic Numbers, in: The Elgar Companion to David Ricardo, hrsg. v. Kurz, H. D., Salvadori, N., Cheltenham / Northampton 2015, S. 482-489.

In der Autarkie produziert England im Jahr eine Tucheinheit mit 100 Werktätigen (N_{TE}) und eine Weineinheit mit 120 Arbeitern (N_{WE}), während Portugal *per annum* die gleiche Stoffmenge mit 90 Beschäftigten (N_{TP}) und dieselbe Literzahl Rebensaft mit 80 Personen (N_{WP}) hervorbringt.[110]

Um keinen Handelspartner gegenüber der Autarkie zu benachteiligen, muss sich der in Wein ausgedrückte Tuchpreis (p_{TW}) innerhalb einer gewissen Spannweite bewegen: Wenigstens ein Beteiligter soll seinen Nutzen mehren und kein Akteur darf eine Wohlfahrtsminderung erleiden. Damit liegt entweder eine schwache (einer gewinnt) oder eine starke (beide profitieren) Pareto-Verbesserung vor, die den ökonomischen Tausch kennzeichnet (vgl. S. 46 ff.). Der von den Engländern geforderte minimale Weinerlös pro Tucheinheit $\left(p_{TW\,\min}\right)$ markiert die Untergrenze des in Frage kommenden Bereichs, während die maximale Zahlungsbereitschaft der Portugiesen das obere Limit $\left(p_{TW\,\max}\right)$ setzt:

$$p_{TW\,\min} = \frac{N_{TE}}{N_{WE}} = \frac{100}{120} = 0{,}8\overline{3} \leq p_{TW} \leq p_{TW\,\max} = \frac{N_{TP}}{N_{WP}} = \frac{90}{80} = 1{,}125 \qquad \text{(II.34)}$$

Wie dem letzten Satz des Ricardo-Zitats mit den vier magischen Zahlen (vgl. S. 158) zu entnehmen ist, unterstellt er in dem Exempel, dass eine Stoffeinheit gegen eine Einheit des Getränks veräußert wird, d. h. $p_{TW} = 1$. Offensichtlich liegen die angenommenen *terms of trade* in dem durch Gleichung (II.34) abgesteckten Intervall.

Aber damit ist die Frage noch nicht beantwortet, wie ein zulässiges Tauschverhältnis zustande kommt. In Ricardos Augen versagt im internationalen Handel wegen der fehlenden Mobilität der Arbeit die von ihm sonst präferierte Arbeitswertlehre, da sich die Arbeit von 100 Engländern gegen die Arbeit von 80 Portugiesen tausche: „The same rule which regulates the relative value of commodities in one country, does not regulate the relative value of the commodities exchanged between two or more countries."[111]

Außerdem ist zu klären, welche Mengen zu dem jeweils herrschenden Preis den Besitzer wechseln. Werden in England und Portugal nach der Spezialisierung die gleichen Arbeitsvolumina wie zuvor verrichtet, dann

---

[110] Wegen der beschränkten Länge des Alphabets weisen manche Buchstaben im jeweiligen Kontext verschiedene Bedeutungen auf. In diesem Abschnitt steht ‚*W*' für Weineinheiten, andernorts symbolisiert das Schriftzeichen andere Größen.

[111] Ricardo, D., Principles …, a.a.O., S. 133.

beträgt die Zusatzproduktion an Tuch (ΔT) gegenüber der Erzeugung von einer Einheit pro Land im *Status quo ante*:

$$\Delta T = \frac{N_{TE} + N_{WE}}{N_{TE}} - 2 = \frac{220}{100} - 2 = 0,2 \qquad \text{(II.35)}$$

Der Anstieg des Weinausstoßes (ΔW) berechnet sich analog:

$$\Delta W = \frac{N_{TP} + N_{WP}}{N_{WP}} - 2 = \frac{170}{80} - 2 = 0,125 \qquad \text{(II.36)}$$

Wieviel der Outputsteigerungen geht in den Export? Hierfür müssen die nichtnegativen Ausfuhrquoten der Tuchzunahme (τ) und des zusätzlichen Rebensafts (ω) nach Spezialisierung bekannt sein. Die Obergrenze der Abgabeanteile beträgt eins, sofern der nationale Mindestkonsum beider Güter nicht hinter die Produktionsmengen der Autarkie zurückfallen soll.

Außenwirtschaftliches Gleichgewicht erfordert, dass sich die in Weineinheiten formulierten grenzüberschreitenden Transaktionen decken:

$$1 \cdot p_{TW} + \tau \Delta T p_{TW} \overset{!}{=} 1 + \omega \Delta W \quad \text{mit} \quad 0 \leq \tau, \omega \leq 1 \qquad \text{(II.37)}$$

Auf der linken Seite der Bedingung (II.37) steht der Wert der englischen Stofflieferung, während rechts die Getränkemenge verzeichnet ist, mit der Portugal die Importrechnung begleicht. Die Umstellung der egalisierten Handelsbilanz (II.37) liefert das reale Tauschverhältnis:

$$p_{TW} = \frac{1 + \omega \Delta W}{1 + \tau \Delta T} \qquad \text{(II.38)}$$

Die Preisgrenzen entsprechen den schon abgeleiteten Opportunitätskosten:

$$p_{TW\,\min} = \frac{1}{1 + \Delta T} = \frac{1}{1 + 0,2} = 0,8\overline{3} \quad \text{für} \quad \omega = 0 \text{ und } \tau = 1 \qquad \text{(II.39)}$$

$$p_{TW\,\max} = 1 + \Delta W = 1 + 0,125 = 1,125 \quad \text{für} \quad \omega = 1 \text{ und } \tau = 0 \qquad \text{(II.40)}$$

Als bekennender Anhänger des Sayschen Theorems sah Ricardo im Absatz kein Problem. Denn jedes Angebot schaffe sich seine Nachfrage: „...demand is only limited by production. No man produces, but with a view to consume or sell, and he never sells, but with the intention to purchase some other commodity ...“[112]. So gesehen liegt es nahe, die Summe der genannten Anzahl autark produzierender Männer in England (N_{EA}) und Portugal (N_{PA}) als Vollbeschäftigung zu deuten:

$$N_{EA} = N_{TE} + N_{WE} = 100 + 120 = 220 \tag{II.41}$$

$$N_{PA} = N_{TP} + N_{WP} = 90 + 80 = 170 \tag{II.42}$$

Bei Gültigkeit linearer Skalenerträge werden mit diesen nationalen Arbeitsvolumina die erreichbaren Produktionszuwächse an Tuch und Wein aus der Taufe gehoben. Offenbar eignet sich bei $p_{TW\,\mathrm{min}}$ Portugal den gesamten Spezialisierungsgewinn ΔW plus ΔT an, während bei $p_{TW\,\mathrm{max}}$ die Ausstoßvermehrung vollständig England zugutekommt.

Allerdings müssen für den von Ricardo genannten Weinpreis des Tuchs in Höhe von eins die zweiten Summanden im Zähler ($\omega\Delta W$) und Nenner ($\tau\Delta T$) des Bruchs auf der rechten Seite von Ausdruck (II.38) nicht notwendigerweise verschwinden. Vielmehr kann jedes zulässige Tauschverhältnis, also auch $p_{TW} = 1$, mit verschiedenen positiven Werten für ω und τ einhergehen. Den Abgabeanteil des Tuchzuwachses liefert die Umstellung der Gleichung (II.38):

$$\tau = \frac{1 + \omega\Delta W - p_{TW} \cdot 1}{p_{TW}\Delta T} \tag{II.43}$$

Für das Ricardo-Beispiel berechnet man:

$$\tau = \frac{0{,}125\omega}{0{,}2} = 0{,}0625\omega > 0 \quad \text{für} \quad 0 < \omega \leq 1 \tag{II.44}$$

Jedoch benachteiligt das 1 : 1-Tauschverhältnis, unabhängig auf welcher Parameterkonstellation es beruht, das produktivere Portugal. Dessen Anteil am Mehrprodukt nach Spezialisierung (z) beträgt allgemein:

$$z = \frac{(1-\omega)\Delta W + p_{TW}\tau\Delta T}{\Delta W + p_{TW}\Delta T} \tag{II.45}$$

Die Berücksichtigung der Gleichung (II.43) in Formel (II.45) bringt:

---

[112] Ebenda, S. 290.

$$z = \frac{1 + \Delta W - p_{TW} \cdot 1}{\Delta W + p_{TW} \Delta T} \tag{II.46}$$

Beim Tauschverhältnis $p_{TW\,\max}$ erhält Portugal nichts vom Surplus $(z = 0)$, das dem Land für $p_{TW\,\min}$ hingegen in voller Höhe zufließt $(z = 1)$. Die Ricardo-Zahlen ergeben:

$$z = \frac{1 + 0{,}125 - 1}{0{,}125 + 0{,}2} = 0{,}3846 \tag{II.47}$$

Obwohl die Portugiesen bei beiden Produkten über absolute Kostenvorteile verfügen, werden sie beim Realpreis $p_{TW} = 1$ mit 38,46 % des Surplus abgespeist, wohingegen die weniger leistungsfähigen Engländer $(1 - z) = 61{,}54\,\%$ des Surplus einstreichen. Unter Fairnessgesichtspunkten lässt sich freilich fordern, dass der Spezialisierungsgewinn im Verhältnis der Arbeitsproduktivitäten verteilt werden sollte. Aus dieser Maxime lässt sich dann der portugiesische Anspruch (z^*) errechnen:

$$\frac{z^*}{1 - z^*} \overset{!}{=} \frac{N_{EA}}{N_{PA}} \Rightarrow z^* = \frac{N_{EA}}{N_{PA} + N_{EA}} = \frac{220}{220 + 170} = 0{,}5641 \tag{II.48}$$

Bei leistungsgerechter Verteilung des Mehrprodukts erhalten die Bewohner der iberischen Halbinsel 56,41 % des gesamten Überschusses, während sich die Briten nun mit 43,59 % begnügen müssen.

Die Umformung des Terms (II.46) bringt eine zu Gleichung (II.38) (vgl. S. 161) alternative Formulierung der *terms of trade*, die neben den technisch bestimmten zusätzlichen Produktionsmengen nur den Distributionsparameter z enthält:

$$p_{TW} = \frac{1 + (1 - z)\Delta W}{1 + z\Delta T} \tag{II.49}$$

Augenscheinlich hängt der Tuchpreis in Weineinheiten laut Gleichung (II.49) trotz differierender Faktoreffizienz in den Ländern *nicht* von den gehandelten Quantitäten ab – ein aus Sicht der Arbeitswertlehre bedeutsames Ergebnis.

Die Substitution des durch die Bedingung (II.48) ermittelten Wertes für z^* in Gleichung (II.49) konkretisiert das reale Tauschverhältnis p_{TW}^*, das die produktivitätsorientierte Verteilung des Überschusses gewährleistet:

$$p_{TW}* = \frac{1+(1-0,5641)\cdot 0,125}{1+0,5641\cdot 0,2} = 0,9476 \qquad \text{(II.50)}$$

Ein Blick auf die rechten Seiten der Gleichungen für die *terms of trade* (II.38) und (II.49) führt vor Augen, dass für $\omega = 1 - z^* = 0{,}4359$ sowie $\tau = z^* = 0{,}5641$ das faire Tauschverhältnis $p_{TW}^* = 0{,}9476$ resultiert. Fraglich ist allerdings, wie das Konzept ohne steuernde Eingriffe Wirklichkeit werden soll, denn es sind „… keine systemimmanenten Kräfte erkennbar, die dafür sorgen …, dass es in der Realität zu einem solchen Zustand kommt.“[113] Stattdessen ist ein anderes Verhalten autonomer Akteure zu erwarten.

Für jeden Abgabeprozentsatz vom Mehrerzeugnis des Partners erreicht der Anteil Portugals (Englands) z $(1 - z)$ am gesamten Überschuss den erreichbaren Spitzenwert, wenn ω (τ) verschwindet. Sofern beide Nationen möglichst viel vom Surplus für sich abzweigen möchten, werden sie deshalb nichts von ihrem Ausstoßzuwachs exportieren. Die Vollbeschäftigungshypothese garantiert ja (zumindest auf dem Papier) den Absatz in der Heimat.

Von der Warte aus entpuppt sich der von Ricardo unterstellte Preis des Tuchs in Höhe einer Weineinheit als ein Gleichgewicht in dominanten Strategien mit $\omega = 0$ und $\tau = 0$. Dieses Ergebnis zieht zwar eine für England gegenüber Portugal ungerechtfertigt vorteilhafte Verteilung des Mehrprodukts nach sich, aber immerhin profitieren beide Länder mehr oder weniger vom grenzüberschreitenden Warenverkehr.

Falls jedoch Erwerbslosigkeit aufgrund unzulänglicher Verkaufsmöglichkeiten herrscht – was in der Wirklichkeit weit eher die Regel, denn die Ausnahme ist –, ändern sich die Dinge: Der internationale Handel kennt nunmehr auch Leidtragende.

Auf die Beschäftigungswirkungen, welche sich aus dem Ricardo-Beispiel mit den vier magischen Zahlen (vgl. S. 158) *ceteris paribus* ergeben, hat Sraffa in einem viele Jahre kaum beachteten Diskussionsbeitrag hingewiesen:

> „England gives the cloth produced by 100 Englishmen in exchange for the wine produced by 80 Portuguese; and since this quantity could only have been produced by 120 Englishmen, she gains the labour of 20 Englishmen. Portugal gives the wine produced by 80 Portuguese for

[113] Helmedag, F., Komparative Kostenvorteile …, a.a.O., S. 176.

the cloth produced by 100 Englishmen; the production of this cloth would have required the labour of 90 Portuguese, and therefore Portugal gains the labour of 10 Portuguese."[114]

Die Produktivitätsgewinne durch Handel bei gegenüber der Autarkie unverändertem Konsum schlagen sich demnach in „freigesetzten" Werktätigen nieder: 20 Engländer und 10 Portugiesen weniger werden gebraucht, um den früheren Ausstoß aufrecht zu erhalten. Es ist jedoch keineswegs ausgemacht, dass geringere Arbeitserfordernisse pro Produkteinheit quasi automatisch in eine gesteigerte Ausbringung umgemünzt werden. Welche Beschäftigungseffekte ergeben sich bei gegebener autonomer, d. h. nicht von der aktuellen Einkommenshöhe abhängigen Nachfrage aus Ricardos Theorem der komparativen Kostenvorteile?

In der nachfolgenden Analyse repräsentieren unveränderte Profite den für die betrachtete Periode fixierten Ausgabenblock. Vor diesem Hintergrund erweist es sich als zweckdienlich, Ricardos vier magischen Zahlen eine zusätzliche Deutung beizulegen. Angenommen, in der Autarkie bestehe die reale Lohnsumme sowohl in England (L_{EA}) als auch in Portugal (L_{PA}) aus einer Tucheinheit, während sich der Gewinn in beiden Ländern jeweils in einer Weineinheit materialisiere. Das Gewebe ist damit hier wie dort die Primär- oder Basisware, während der Rebensaft als Sekundär- oder Luxusgut fungiert. Es wird sich zeigen, dass eine solche Unterscheidung außerordentlich erkenntnisförderlich ist. Deshalb wird diese Separation später noch mehrfach aufgegriffen.

Im Unterschied zur vorhergehenden Untersuchung, in der die durch Spezialisierung bewirkte Produktivitätssteigerung vollständig zur Mehrerzeugung diente, wird nun von einer potenziellen zusätzlichen Weinherstellung abgesehen, d. h. $\Delta W = 0$. Die vorgegebenen Gewinne weisen somit den Charakter autonomer Nachfragekomponenten auf. Ferner soll die in beiden Ländern herrschende Jahresentlohnung eines Mannes gleichbleiben. Als Reallohn pro Arbeitseinheit in Portugal (w_P) ergibt sich darum:

$$w_P = \frac{L_{PA}}{N_{PA}} = \frac{1}{170} = 0,005882 \qquad \text{(II.51)}$$

Die portugiesische Beschäftigung zur Hervorbringung des stationären Gesamtprofits von zwei Weineinheiten (N_{PS}) beträgt:

[114] Sraffa, P., An Alleged Correction of Ricardo, in: The Quarterly Journal of Economics, Bd. 44 (1930), S. 539-544, S. 541.

$$N_{PS} = 2N_{WP} = 160 \quad \text{(II.52)}$$

Die Personalausgaben in Portugal $\left(L_{PS}\right)$ belaufen sich auf:

$$L_{PS} = w_P N_{PS} = 0{,}005882 \cdot 160 = 0{,}9411 \quad \text{(II.53)}$$

Da England insgesamt L_{PS} Tucheinheiten als Lohnaufwand an Portugal liefert, resultiert aus dem Handelsbilanzgleichgewicht (II.37) (vgl. S. 161) für das Tauschverhältnis $\left(p_{TWS}\right)$ nunmehr:

$$p_{TWS} = \frac{1}{L_{PS}} = \frac{1}{0{,}9411} = 1{,}0625 \quad \text{(II.54)}$$

Der Preis des Gewebes liegt demnach im erlaubten Bereich. Zur Berechnung der Beschäftigung in England benötigt man zunächst den Reallohn $\left(w_E\right)$ auf der britischen Insel:

$$w_E = \frac{L_{EA}}{N_{EA}} = \frac{1}{220} = 0{,}004545 \quad \text{(II.55)}$$

Die Anzahl der jetzt während eines Jahres in England aktiven Arbeiter $\left(N_{ES}\right)$ liefert die Bedingung:

$$N_{ES} w_E + L_{PS} = \frac{N_{ES}}{N_{TE}} \quad \text{(II.56)}$$

Der erste Summand auf der linken Seite der Formel (II.56) umfasst die (noch unbekannte) englische Lohnsumme, die zweite Größe enthält die (bereits ermittelte) Gesamtvergütung in Portugal. Der Bruch auf der rechten Seite informiert darüber, wie viele Tucheinheiten die (gesuchte) Einsatzmenge englischer Arbeitskraft N_{ES} im Jahr erzeugt. Die Auflösung der Gleichung (II.56) mündet in:

$$N_{ES} = \frac{L_{PS}}{\dfrac{1}{N_{TE}} - w_E} \quad \text{(II.57)}$$

Die Formel bringt einen zentralen Zusammenhang auf den Punkt: Die Division der Arbeitskosten im Sekundärbereich durch den Pro-Kopf-Überschuss der Werktätigen im Primärsektor ergibt den dort erforderlichen Personalbestand – ein Sachverhalt, auf den wir noch zurückkommen. Die numerische Auswertung des Ausdrucks (II.57) führt zu:

$$N_{ES} = \frac{0{,}9411}{\frac{1}{100} - 0{,}004545} = 172{,}52 \qquad \text{(II.58)}$$

Bei gegebenem Profit in den beiden Ländern nimmt die Beschäftigung im Jahresverlauf augenscheinlich ab. Wie in obigem Sraffa-Zitat (vgl. S. 164 f.) ausgeführt, vermindert sich in Portugal die Belegschaft um zehn Mann, aber in England sinkt die Stellenzahl nicht nur um die genannten zwanzig Personen auf 200. Vielmehr fällt der Rückgang mehr als doppelt so stark aus, denn ein schrumpfender Arbeitseinsatz verringert bei fixiertem Reallohnsatz den notwendigen Basisgutausstoß, wofür wiederum weniger Werktätige erforderlich sind usw. bis schließlich nur noch 172,52 Lohnabhängige gebraucht werden. Die korrespondierende Gesamtvergütung in England (L_{ES}) beträgt:

$$L_{ES} = w_E N_{ES} = 0{,}004545 \cdot 172{,}52 = 0{,}7841 \qquad \text{(II.59)}$$

Der Arbeitseinsatz in Portugal und England (N_S) summiert sich auf:

$$N_S = N_{ES} + N_{PS} = 172{,}52 + 160 = 332{,}52 \qquad \text{(II.60)}$$

Das Entgelt des Personals in beiden Ländern (L_S) addiert sich zu:

$$L_S = L_{ES} + L_{PS} = 0{,}7841 + 0{,}9411 = 1{,}7252 \qquad \text{(II.61)}$$

Selbstverständlich entspricht die zusammengefasste Vergütung in beiden Ländern dem Verhältnis der angepassten Beschäftigung in England zum dort notwendigen Arbeitseinsatz zur Herstellung einer Tucheinheit:

$$L_S = \frac{N_{ES}}{N_{TE}} = \frac{172{,}52}{100} = 1{,}7252 \qquad \text{(II.62)}$$

Der Vergleich mit den summierten einheimischen Belegschaften vor Spezialisierung (II.41) und (II.42) (vgl. S. 162) enthüllt, dass bei invarianten Profiten und unveränderten nationalen Pro-Kopf-Entlohnungen der Noch-Beschäftigten der gesamte Arbeitseinsatz gegenüber dem *Status quo ante* sinkt:

$$N_S = 332,52 < N_{EA} + N_{PA} = 390 \qquad \text{(II.63)}$$

Dies geht mit einer im Unterschied zur Autarkie dezimierten aggregierten Vergütung einher:

$$L_S = 1,7252 < L_{EA} + L_{PA} = 2 \qquad \text{(II.64)}$$

In der betrachteten Konstellation mit fixierten Gewinnen stellt die länderübergreifende Arbeitsteilung demnach niemanden besser, während sich die Lage des entlassenen Personals verschlechtert. Offenbar führt die Existenz komparativer Kostenvorteile und ein darauf beruhender Außenhandel nicht immer zu einer Verbesserung der Lebensumstände für alle Beteiligten. Um dem entgegenzuwirken, besteht wirtschaftspolitischer Handlungsbedarf. Die sich anschließende Durchleuchtung des ökonomischen Systems von Karl Marx wird diese Einsicht bestätigen.

2.4 Karl Marx: Wesen und Erscheinung der kapitalistischen Produktionsweise

Karl Marx hat im Allgemeinen eine eher schlechte Presse. Nicht nur, dass sein Œuvre bis in die Gegenwart – wenngleich mit zyklischen Schwankungen – stets aufs Neue zu ‚Widerlegungen' provoziert hat, inzwischen scheint auch die Wende in den Ländern des ehemals real existierenden Sozialismus den Kritikern recht zu geben. Gerade die handgreiflichen ökonomischen Missstände haben dazu beigetragen, den Eisernen Vorhang durchrosten zu lassen: Das Sein *ver*stimmte das Bewusstsein. Nur zu gerne wird diese Entwicklung als empirischer Beweis für die Fehlerhaftigkeit der Marxschen Theorie angesehen.

Hierbei fällt allzu oft Marx' Hauptanliegen unter den Tisch, das sich auf die Anprangerung der *kapitalistischen Verhältnisse* richtete und weniger auf den Entwurf eines Himmels auf Erden. Er hat wie keiner vor ihm die Notwendigkeit des Kapitalismus als historische Epoche betont, dessen Aufgabe zuvörderst darin bestehe, die Entfaltung der Produktivkräfte voranzutreiben, bis die *Vor*geschichte der menschlichen Gesellschaft abgeschlossen sei.

> „Eine Gesellschaftsformation geht nie unter", heißt es im berühmten Vorwort der Schrift „Zur Kritik der Politischen Ökonomie", „bevor alle Produktivkräfte entwickelt sind, für die sie weit genug ist, und neue höhere Produktionsverhältnisse treten nie an die Stelle, bevor die materiellen Existenzbedingungen derselben im Schoß der alten Gesellschaft selbst ausgebrütet worden sind."[1]

Zwar hat Marx die Zwangsläufigkeit einer Revolution verkündet, doch „Rezepte für die Garküche der Zukunft"[2] finden sich bei ihm, wenn überhaupt, nur rudimentär. Solchen Erwartungen hatte Engels sofort nach Erscheinen des ersten Bandes des „Kapitals" eine Absage erteilt:

> „Dies Buch wird manchen Leser sehr enttäuschen … mancher mag sich vorgestellt haben, als er es endlich angekündigt sah, daß er hier nun erfahren werde, wie es denn eigentlich im kommunistischen Tausendjährigen Reich aussehen werde. Wer sich auf dies Vergnügen gespitzt

---

[1] Marx, K., Zur Kritik …, a.a.O., S. 9.

[2] Marx, K., Nachwort zur zweiten Auflage, in: Das Kapital, 1. Bd., a.a.O., S. 18-28, S. 25.

> hat, der hat sich gründlich geirrt … Marx ist und bleibt derselbe Revolutionär, der er immer gewesen, und in einer wissenschaftlichen Schrift war er wohl der Letzte, der seine Ansichten in dieser Beziehung verhüllt hätte. Aber was dann nach der sozialen Umwälzung werden soll – darüber gibt er uns nur *sehr* dunkle Andeutungen.“[3]

In diesem Licht liegen die Hinweise auf den praktischen Schiffbruch der Marxschen *Analyse* neben der Sache. Keiner, der das Studium der ökonomischen Theorie gewissenhaft betreiben möchte, kann sich einer sorgfältigen Auseinandersetzung mit dessen Kapitalismuskritik entziehen. Jedoch vermitteln landläufige Expositionen die Grundlagen und Hauptinhalte des Werks von Karl Marx meist nur oberflächlich und lückenhaft. So urteilt Shaikh:

> „… Marxian economics has developed in an erratic and uneven manner with only sporadic connection to Marx's own work: an equation here, a scheme of reproduction there, and a dialectical class struggle everywhere – with the holes in between filled in with whatever material was already at hand. *And this material, by and large, has been appropriated from orthodox economics.*“[4]

Falls die akademisch etablierte Wirtschaftslehre ein gutes Haar an Marx lässt, so ganz gewiss nicht an der von ihm radikaler als von den Vorläufern propagierten Arbeitswerttheorie: Gilt es doch sogar unter Marxisten als ausgemacht, dass sie daran scheitere, die relativen Tauschverhältnisse unter kapitalistischen Bedingungen zu erklären. Allerdings erfährt sie als Theorie gesellschaftlicher Verhältnisse, als Methode zur Aufdeckung sozialer Machtbeziehungen von einer Minderheit durchaus Anerkennung:

> „The labor theory of value has played two roles in Marxian economics. First it has been claimed to be, at some level of abstraction, a theory of prices. Second, the concept of embodied labor time has been used to define exploitation. In its first role, the labor theory of value is useless.“[5]

---

[3] Engels, F., Rezension des Ersten Bandes „Das Kapital“ für die „Düsseldorfer Zeitung“ (16.11.1867), in: Marx Engels Werke, Bd. 16, Berlin 1975, S. 216-218, S. 216.

[4] Shaikh, A., Neo-Ricardian Economics, A Wealth of Algebra, A Poverty of Theory, in: Review of Radical Political Economics, Bd. 14 (1982), S. 67-83, S. 67.

[5] Roemer, J. E., Value, Exploitation and Class, Chur u. a. 1986, S. 2.

Trotz dieser allenthalben anzutreffenden Skepsis steht hier das tauschtheoretische Einsatzgebiet der Arbeitswertlehre im Mittelpunkt[6], nicht die ‚Ausbeutungsebene' als soziale Ergänzung zum wirtschaftlichen Preis- und Mengensystem.[7] Selbstverständlich erfolgt damit weder eine Wiedergabe noch eine Einschätzung des gesamten Entwurfs von Karl Marx.

Zunächst wird die Wertlehre von Marx rekonstruiert, wobei die philosophischen und geschichtstheoretischen Momente seiner Untersuchung in den Hintergrund treten (müssen). In einem zweiten Schritt beschäftigen wir uns mit der Rezeption des Marxschen Ansatzes. Angesichts der gewaltigen Masse an Literatur zu diesem Thema tut Beschränkung not: Es erweist sich als ein glücklicher Umstand, dass die preistheoretisch relevante Diskussion auf der Folie der Arbeiten von Ladislaus von Bortkiewicz darstellbar ist.

Wie ferner deutlich werden wird, ist der radikale und konsequente Forscher Marx letzten Endes gleichfalls Opfer der *scheinbar* so unmittelbar auf der Hand liegenden Funktionsprinzipien des Kapitalismus geworden. Infolgedessen hinterließ er sein System mit einer Bresche, in die seine Kontrahenten mit Macht stürmen konnten.

---

[6] Wolfstetter bezeichnet die Auffassung, Tausch- und Arbeitswertverhältnisse stimmten im Konkurrenzgleichgewicht überein, als „vulgär-preistheoretische" Interpretation der Arbeitswertlehre. Darüber hinaus zählt er die normative Variante auf, d. h. den aus ihr abgeleiteten naturrechtlichen Anspruch auf den ‚vollen Arbeitsertrag'. Vgl. Wolfstetter, E., Wert, Mehrwert und Produktionspreis, in: Jahrbuch für Sozialwissenschaft, Bd. 24 (1973), S. 117-144, S. 117 f. Indes gibt es zahlreiche Stellen bei Marx – auch im dritten Band des Kapitals –, die auf einen preistheoretischen Erklärungsanspruch der Wertlehre hindeuten. Vgl. näher Eberle, F., Methodisches zur Wert-Preis-Transformation, in: Gesellschaft, Beiträge zur Marxschen Theorie 13, Frankfurt a. M. 1979, S. 140-173, insbesondere S. 155 ff.

[7] Neben Wolfstetter sind Morishima, Baumol und Baisch zu nennen, die diesen Aspekt der Werttheorie hervorgehoben haben. Vgl. Morishima, M., Marx's Economics: A Dual Theory of Value and Growth, Cambridge 1973, Baumol, W. J., The Transformation of Values: What Marx „Really" Meant (An Interpretation), in: Journal of Economic Literature, Bd. 12 (1974), S. 51-62, Baisch, H., Wert, Preis und Allokation, Eine Verallgemeinerung des Marxschen Reproduktionsmodells, Meisenheim am Glan 1976. Diese Sichtweise wurde bereits von Petry verfochten. Vgl. Petry, F., Der soziale Gehalt der Marxschen Werttheorie, Jena 1916. Die Schrift von Petry ist teilweise wiederabgedruckt in: Nutzinger, H. G., Wolfstetter, E. (Hrsg.), Die Marxsche Theorie und ihre Kritik, Bd. I, Frankfurt a. M. / New York 1974, S. 197-228.

2.4.1 Mehrwert und Profit

Schon die Inspektion der Inhaltsverzeichnisse der in drei Bänden niedergelegten „Theorien über den Mehrwert" führt vor Augen, wie intensiv Marx die einschlägige Literatur studierte. Es wäre eine eigenständige Aufgabe herauszuarbeiten, ob Marx' schwankendes Urteil dem einen oder anderen Autor gegenüber berechtigt ist oder nicht. Vermutlich ergäbe sich, dass Ähnlichkeiten zwischen seinem Standpunkt und dem des von ihm betrachteten Verfassers vielfach bagatellisiert und Abweichungen überzeichnet werden – einige wenige Beispiele, Smith und Ricardo betreffend, schließen sich unverzüglich an.

Indes bedienen sich durchaus auch Wissenschaftler zuweilen der Methode, Aussagen anderer Forscher ‚zugespitzt', wenn nicht gar verdreht wiederzugeben: Sogar der ziemlich prosaisch veranlagte Smith, dessen Werk eher den Eindruck gebremsten Schaums denn revolutionären Eifers hervorruft, bediente sich dieses Verfahrens:

> „In der – bewußten oder unbewußten – Technik der Verfälschung vorausgegangener Theorien", stellt Streißler unverblümt fest, „um sie entweder ins Lächerliche zu ziehen oder mit seiner eigenen zu assimilieren, war *Smith* weiters ein Meister, an den auch *Keynes* nicht herankam."[8]

Nun, von Marx gilt das (mindestens) in gleichem Maße. Ricardo etwa wird einerseits vorgehalten, er kümmere sich nie (sic) um den Ursprung des Mehrwerts[9] und verwechsle fortwährend (sic) den Wert der Ware mit den Produktionskosten (soweit dieser gleich dem Kostenpreis ist)[10], *ahne* aber immerhin die Diskrepanz[11]. Andererseits feiert Marx Ricardos historische Leistung in den höchsten Tönen:

> „Ricardo aber tritt endlich dazwischen und ruft der Wissenschaft: Halt! zu. Die Grundlage, der Ausgangspunkt der Physiologie des bürgerlichen Systems – des Begreifens seines innren organischen Zusammenhangs und Lebensprozesses – ist die Bestimmung des *Werts durch die*

---

[8] Streißler, E., Adam Smith – Der Adam oder nur Wachstum? Paradoxa einer wissenschaftlichen Revolution, in: Studien zur Entwicklung der ökonomischen Theorie I, hrsg. v. Neumark, F., Berlin 1980, S. 9-52, S. 12.

[9] Vgl. Marx, K., Das Kapital, 1. Bd., a.a.O., S. 539.

[10] Vgl. Marx, K., Theorien …, 3. Teil, a.a.O., S. 74.

[11] Vgl. ebenda, S. 66, eigene Hervorhebung.

> *Arbeitszeit*. Davon geht Ricardo aus und zwingt nun die Wissenschaft, ihren bisherigen Schlendrian zu verlassen …"[12]

Der obige Abriss von Ricardos Werttheorie und ihres Entstehens nährt Zweifel, ob Marxens Charakterisierung von Ricardos Ansatz und Absicht ins Schwarze trifft: Die Beschäftigung mit der Werttheorie wurde Ricardo eher von außen aufgedrängt. Später, so scheint es, empfand er die Arbeitswertlehre fast schon als Klotz am Bein, den er gern losgeworden wäre. Das Motiv für das dicke Lob von Marx liegt auf der Hand; mit Ricardo erhöht er sein eigenes Konzept. Nach *Marx* liefert das Wissen um die Abhängigkeit des Werts von der Arbeitszeit die erforderliche Lupe zur Entzifferung des Wesens der kapitalistischen Produktionsweise:

> „Die fertige Gestalt der ökonomischen Verhältnisse, wie sie sich auf der Oberfläche zeigt, in ihrer realen Existenz, und daher auch in den Vorstellungen, worin die Träger und Agenten dieser Verhältnisse sich über dieselben klarzuwerden suchen, sind sehr verschieden von, und in der Tat verkehrt, gegensätzlich zu ihrer innern, wesentlichen, aber verhüllten Kerngestalt und dem ihr entsprechenden Begriff."[13]

Gemäß dieser erkenntnisleitenden Grundregel gilt es im Speziellen, die Beziehung zwischen Mehrwert und Profit aufzudecken: „Mehrwert und Rate des Mehrwerts sind, relativ, das Unsichtbare und das zu erforschende Wesentliche, während Profitrate und daher die Form des Mehrwerts als Profit sich auf der Oberfläche der Erscheinungen zeigen."[14] Diesen Gestaltwechsel des Mehrwerts zu verfolgen, konstituiert die Politische Ökonomie als akademische Disziplin: „… alle Wissenschaft wäre überflüssig, wenn die Erscheinungsform und das Wesen der Dinge unmittelbar zusammenfielen …"[15]

Ausgangspunkt der Marxschen Untersuchung ist die Ware, der elementare Baustein des Reichtums kapitalistischer Gesellschaften.[16] Er schließt sich der Trennung in Gebrauchs- und Tauschwert an; Gebrauchswerte bilden den stofflichen Inhalt des Wohlstands, einerlei welche gesellschaft-

---

[12] Marx, K., Theorien …, 2. Teil, a.a.O., S. 163.

[13] Marx, K., Das Kapital, 3. Bd., Der Gesamtprozeß der kapitalistischen Produktion (1894), hrsg. v. Engels, F., in: Marx Engels Werke, Bd. 25, Berlin 1976, S. 219.

[14] Ebenda, S. 53.

[15] Ebenda, S. 825.

[16] Vgl. Marx, K., Das Kapital, 1. Bd., a.a.O., S. 49.

lichen Zustände herrschen. Was lässt sich jedoch über den Tauschwert sagen?

Werden zwei Waren im Handel als äquivalent erachtet, muss – nach Marx – ein Gemeinsames von derselben Größe in den andersartigen Dingen existieren: „Jedes der beiden, soweit es Tauschwert, muß also auf dies Dritte reduzierbar sein.“[17] Das Gemeinsame kann keine körperliche Eigenschaft der Objekte sein; im Allokationsprozess wechseln inkommensurable Gebrauchswerte den Besitzer. Übrig bleibe laut Marx nur die allgemeine Charakterisierung, dass die Waren von Individuen hergestellt worden seien. Die Gleichsetzung im Tausch würde die Differenzen der konkreten Tätigkeiten glattschleifen:

> „Betrachten wir nun das Residuum der Arbeitsprodukte. Es ist nichts von ihnen übriggeblieben als dieselbe gespenstige Gegenständlichkeit, eine bloße Gallerte unterschiedsloser menschlicher Arbeit, d. h. der Verausgabung menschlicher Arbeitskraft ohne Rücksicht auf die Form ihrer Verausgabung. Diese Dinge stellen nur noch dar, daß in ihrer Produktion menschliche Arbeitskraft verausgabt, menschliche Arbeit angehäuft ist. Als Kristalle dieser ihnen gemeinschaftlichen gesellschaftlichen Substanz sind sie Werte – Warenwerte.“[18]

Von heutiger Warte aus gesehen erscheint die Vorgehensweise von Marx, solcherart den Wertbegriff abzuleiten, als (zumindest) ungeschickt. Tatsächlich hat sich ein ganzes Kritikerheer auf die Operationen gestürzt, mit denen Marx zu Beginn seines Hauptwerkes die Arbeit als Substanz der Werte herausdestillierte. Natürlich muss man wissen, von woher man auf was hin abstrahiert; das Ergebnis steht von vornherein fest. Der Weg dorthin wirkt konstruiert und man hätte unterwegs andere Abzweigungen nehmen können. Böhm-Bawerk sah in Marxens Filtrierverfahren den „wundesten Punkt der Marxschen Theorie“, eine „methodische Todsünde“[19], und viele übernahmen, wenngleich meist mit weniger Sprachgewalt, dieses Verdikt.

Damit wurde die Auseinandersetzung auf ein Nebengleis gelenkt, denn eine Reihe von Missverständnissen beruht auf der nicht deutlich

---

[17] Ebenda, S. 51.

[18] Ebenda, S. 52.

[19] Vgl. Böhm-Bawerk, E. v., Zum Abschluß des Marxschen Systems (1896), wieder in: Eberle, F. (Hrsg.), Aspekte der Marxschen Theorie 1, Zur methodischen Bedeutung des 3. Bandes des „Kapital“, Frankfurt a. M. 1973, S. 25-129, S. 82 f.

genug betonten *Arbeitshypothese* – um eine solche handelt es sich *de facto* –, die Marx im ersten Band des Kapitals macht, um sie im dritten schließlich über Bord zu werfen. Stattdessen formuliert er das ‚Wertgesetz' recht früh und ohne weiteren Kommentar: „Der Wert einer Ware verhält sich zum Wert jeder andren Ware wie die zur Produktion der einen notwendigen Arbeitszeit zu der für die Produktion der andren notwendigen Arbeitszeit."[20] Und diese, im ersten Band an zahlreichen Stellen anzutreffende Aussage, wird nur am Rande eingeschränkt:

> „Wie kann Kapital entstehn bei der Regelung der Preise durch den Durchschnittspreis, d. h. in letzter Instanz durch den Wert der Ware? Ich sage ‚in letzter Instanz', weil die Durchschnittspreise nicht direkt mit den Wertgrößen der Waren zusammenfallen, wie A. Smith, Ricardo usw. glauben."[21]

Abgesehen davon, dass die Behauptung inhaltlich nicht korrekt ist – die Abirrung der Preise von den Arbeitswerten hat Ricardo, wie gesehen, ziemliches Kopfzerbrechen bereitet –, in diese Richtung weisende Erläuterungen hätten früher und deutlicher erfolgen müssen. Darüber hinaus sollten nahezu dreißig Jahre verstreichen, bis Engels der Öffentlichkeit den dritten Band des Kapitals übergeben hat. Umso mehr wäre es nützlich gewesen, dem Publikum gleich zu Beginn des ersten Bandes zu eröffnen, der Wert einer Ware decke sich im Sprachgebrauch des Autors mit ihrem *Arbeitswert*; das Verhältnis zwischen Arbeitswert und Produktionspreis werde hingegen später aufgegriffen.

Diese Warnung hätte den Forschungsbemühungen von Marx keinerlei Abbruch getan. Selbstverständlich ist es legitim, das große Geheimnis der kapitalistischen Produktionsweise – woher kommt, obwohl anscheinend Leistung und Gegenleistung übereinstimmen, der Profit? – in einem ersten Anlauf unter der vereinfachenden Annahme anzupacken, die Waren tauschten sich gemäß ihrer (Arbeits-)Werte. Wäre es nicht einmal unter diesen Umständen gelungen, den Ursprung des Profits zu erklären, hätte das Projekt von vornherein keine Aussicht auf Erfolg gehabt.

In Wirklichkeit hat sich Marx an das soeben skizzierte Programm gehalten. Im ersten Band untersucht er die Herkunft des Profits unter der Voraussetzung, die Tauschverhältnisse der Waren entsprächen den auf

[20] Marx, K., Das Kapital, 1. Bd., a.a.O., S. 54.

[21] Ebenda, S. 180 f. Fn.

ihre Herstellung durchschnittlich verwandten Arbeitsmengen.[22] Zunächst sondert er die Möglichkeit aus, der Profit entspringe der Zirkulation. Beim Tausch von Nicht-Äquivalenten gewinnt der eine, was der andere verliert: „Die Gesamtheit der Kapitalistenklasse eines Landes kann sich nicht selbst übervorteilen."[23] Des Rätsels Lösung ist vielmehr in der Produktionssphäre zu suchen. Es gilt, eine Ware zu entdecken, die in ihrer „produktiven Konsumtion" mehr Wert hervorbringt, als zu ihrer Erzeugung notwendig ist, …

> „… deren Gebrauchswert selbst die eigentümliche Beschaffenheit besäße, Quelle von Wert zu sein, deren wirklicher Verbrauch also selbst Vergegenständlichung von Arbeit wäre, daher Wertschöpfung. Und der Geldbesitzer findet auf dem Markt eine solche spezifische Ware vor – das Arbeitsvermögen oder die Arbeitskraft."[24]

Da die Arbeitskraft eine Ware unter Waren ist, trifft auf sie gleichfalls zu, dass sich ihr Wert an der zu ihrer (Re-)Produktion gesellschaftlich notwendigen Arbeit bemisst. Im Güterkorb, den die Werktätigen zur Aufrechterhaltung ihrer Arbeitskraft erhalten, kommt ein „historisches und kulturelles Moment" zum Ausdruck und er umfasst auch die Lebensmittel der „Ersatzmänner", d. h. der Kinder der Arbeiter.[25] Als *Conditio sine qua non* zur Verwandlung von Geld in Kapital …

> „… muß der Geldbesitzer … den freien Arbeiter auf dem Warenmarkt vorfinden, frei in dem Doppelsinn, daß er als freie Person über seine Arbeitskraft als seine Ware verfügt, daß er andrerseits andre Waren nicht zu verkaufen hat, los und ledig, frei ist von allen zur Verwirklichung seiner Arbeitskraft nötigen Sachen."[26]

Die Trennung der Person des Proletariers von den Realisierungsbedingungen der Arbeitskraft installiert den Gegensatz zwischen Lohnarbeit und Kapital:

---

[22] „Der Austausch oder Verkauf der Waren zu ihrem Wert ist das Rationelle", kommentiert er (erst) im dritten Band, „das natürliche Gesetz ihres Gleichgewichts; von ihm ausgehend, sind Abweichungen zu erklären, nicht umgekehrt aus den Abweichungen das Gesetz selbst." Marx, K., Das Kapital, 3. Bd., a.a.O., S. 197.

[23] Marx, K., Das Kapital, 1. Bd., a.a.O., S. 177.

[24] Ebenda, S. 181.

[25] Vgl. ebenda, S. 185 f.

[26] Ebenda, S. 183. Vgl. auch ebenda, S. 743.

> „Der Prozeß, der das Kapitalverhältnis schafft, kann also nichts andres sein als der Scheidungsprozeß des Arbeiters vom Eigentum an seinen Arbeitsbedingungen, ein Prozeß, der einerseits die gesellschaftlichen Lebens- und Produktionsmittel in Kapital verwandelt, andrerseits die unmittelbaren Produzenten in Lohnarbeiter. Die sog. ursprüngliche Akkumulation ist also nichts als der historische Scheidungsprozeß von Produzent und Produktionsmittel."[27]

Aus dieser Aufspaltung ergibt sich, dass der Arbeiter länger arbeiten muss als nötig ist, um den Wert der Arbeitskraft zu reproduzieren. Die diese „notwendige Arbeitszeit" überschreitende Spanne nennt Marx „Surplusarbeitszeit". In ihr wird die „Mehrarbeit" geleistet:

> „So entscheidend es für die Erkenntnis des Werts überhaupt, ihn als bloße Gerinnung von Arbeitszeit, als bloß vergegenständlichte Arbeit, so entscheidend ist es für die Erkenntnis des Mehrwerts, ihn als bloße Gerinnung von Surplusarbeitszeit, als bloß vergegenständlichte Mehrarbeit zu begreifen. Nur die Form, worin diese Mehrarbeit dem unmittelbaren Produzenten, dem Arbeiter, abgepreßt wird, unterscheidet die ökonomischen Gesellschaftsformationen, z. B. die Gesellschaft der Sklaverei von der der Lohnarbeit."[28]

Die Mehrarbeit ist keine Erfindung des Kapitals.[29] Sie existiert in allen Gesellschaften, sobald die Arbeit eine gewisse Ergiebigkeit erreicht hat:

> „Braucht der Arbeiter alle seine Zeit, um die zur Erhaltung seiner selbst und seiner Race nötigen Lebensmittel zu produzieren, so bleibt ihm keine Zeit, um unentgeltlich für dritte Personen zu arbeiten. Ohne einen gewissen Produktivitätsgrad der Arbeit keine solche disponible Zeit für den Arbeiter, ohne solche überschüssige Zeit keine Mehrarbeit und daher keine Kapitalisten, aber auch keine Sklavenhalter, keine Feudalbarone, in einem Wort keine Großbesitzerklasse … Nur sobald die Menschen sich aus ihren ersten Tierzuständen herausgearbeitet, ihre Arbeit selbst also schon in gewissem Grad vergesellschaftet ist, treten Verhältnisse ein, worin die Mehrarbeit des einen zur Existenzbedingung des andern wird."[30]

---

[27] Ebenda, S. 742.

[28] Ebenda, S. 231.

[29] Vgl. ebenda, S. 249.

[30] Ebenda, S. 534 f.

Im Kontrast zu den früheren, am Gebrauchswert orientierten Kulturen, in denen mehr oder weniger ‚externe' Bedürfnisse die Mehrarbeit beschränken, wird jedoch in den vom Erwerbstrieb beherrschten Gesellschaften der „Heißhunger nach Mehrarbeit" unbändig.[31] Ein weiterer Gesichtspunkt tritt hinzu.

Während in zurückliegenden Epochen die Mehrarbeit mit bloßem Auge beobachtbar war – man denke nur an die Hand- und Spanndienste zu feudalen Zeiten –, lässt sie sich im Kapitalismus nicht ohne Weiteres erkennen. Hier muss entschleiert werden, dass trotz des Tausches von Äquivalenten *systematisch* unbezahlte Mehrarbeit verrichtet wird. Marx meinte, mit dem Konzept der Arbeits*kraft* sei der entscheidende Durchbruch gelungen: Die Mehrarbeit schaffe den Mehrwert; die Quelle, aus der sich der Profit speist, schien lokalisiert.

„Die Ricardosche Schule scheiterte gegen 1830 am Mehrwert", registriert Engels lakonisch im Vorwort zum zweiten Band des Kapitals[32]; Marx demgegenüber habe durch die Differenzierung zwischen Arbeit und Arbeitskraft „mit einem Schlag" eine der für den Niedergang verantwortlichen Schwierigkeiten gelöst, nämlich „... die Unmöglichkeit, den gegenseitigen Austausch von Kapital und Arbeit in Einklang zu bringen mit dem Ricardoschen Gesetz der Wertbestimmung durch Arbeit."[33] An dieser Stelle soll nicht weiter vertieft werden, ob dieses Konzept tatsächlich so neu war, wie es Marxisten gerne behaupten – inhaltlich läuft z. B. Smiths Unterscheidung zwischen *labour embodied* und *labour commanded* (vgl. S. 114 f.) auf dasselbe hinaus[34] –, wichtig ist hier vielmehr abzuschätzen, was bislang erledigt wurde.

„Alle Bedingungen des Problems sind gelöst", triumphiert Marx im ersten Band, „und die Gesetze des Warenaustausches in keiner Weise verletzt."[35] Doch die Erfolgsmeldung bezieht sich nur auf die bis dahin

[31] Vgl. ebenda, S. 249 ff.

[32] Engels, F., Vorwort zu Marx, K., Das Kapital, 2. Bd., a.a.O., S. 7-27, S. 25.

[33] Ebenda, S. 23.

[34] Marx spricht in diesem Zusammenhang vom „Vorzug Smiths vor Ricardo", bemängelt jedoch, Smith habe „... den Mehrwert als solchen nicht als eigne Kategorie geschieden von den besondren Formen, die er in Profit und Grundrente erhält. Daher bei ihm, wie noch mehr bei Ricardo, viel Irrtum und Mangelhaftes in der Untersuchung." Marx, K., Theorien über den Mehrwert, 1. Teil, in: Marx Engels Werke, Bd. 26.1, Berlin 1974, S. 52 f.

[35] Marx, K., Das Kapital, 1. Bd., a.a.O., S. 209.

aufgeworfenen Fragen. Was noch zu vollbringen war, konstatierte Engels wiederum im Vorwort des zweiten Bandes des Kapitals. „Tatsächlich produzieren gleiche Kapitale“, bemerkt er, „einerlei wie viel oder wie wenig lebendige Arbeit sie anwenden, in gleichen Zeiten durchschnittlich gleiche Profite. Hier liegt also ein Widerspruch gegen das Wertgesetz vor …“[36] Der nächste Schritt müsse nun zeigen, „… wie nicht nur ohne Verletzung des Wertgesetzes, sondern vielmehr auf Grundlage desselben eine gleiche Durchschnittsprofitrate sich bilden kann und muß …“[37]

Das Sprungbrett der von Marx (oder Engels?) vorgeschlagenen Lösung des Preisrätsels ist die Zerlegung des Warenwerts in drei Komponenten[38]:

$$W = c + v + m \tag{II.65}$$

W symbolisiert den Warenwert, *c* das „konstante Kapital“, d. h. den Wert der verbrauchten Produktionsmittel sowie der Rohstoffe, und *v* das „variable Kapital“. Im Gegensatz zum konstanten Kapital verändert der in Arbeitskraft verwandelte Kapitalteil *v* seinen Wert im Produktionsprozess.[39] Die geleistete Arbeit reproduziert als „notwendige Arbeit“ nicht nur den Wert der Arbeitskraft *v*, sondern schafft darüber hinaus einen Mehrwert *m*. Natürlich müssen alle Größen in Formel (II.65) in gleichen Maßzahlen ausgedrückt werden – hier: Arbeitszeit pro Wareneinheit –, sonst wäre es verwehrt, auf der rechten Seite das Pluszeichen zu verwenden. Verstößen gegen diese elementare Anforderung an die Dimensionskonsistenz begegnet man indes öfter, was wir bei passender Gelegenheit beanstanden werden.

Nach Marx kann die Größe der „unbezahlten Arbeit“ aus zwei Gründen zunehmen:

> „Durch Verlängrung des Arbeitstags produzierten Mehrwert nenne ich absoluten Mehrwert, den Mehrwert dagegen, der aus Verkürzung der notwendigen Arbeitszeit und entsprechender Verändrung im Größenverhältnis der beiden Bestandteile des Arbeitstags entspringt – relativen Mehrwert.“[40]

---

[36] Engels, F., Vorwort, a.a.O., S. 26.

[37] Ebenda.

[38] Vgl. Marx, K., Das Kapital, 3. Bd., a.a.O., S. 34 und Marx, K., Das Kapital, 1. Bd., a.a.O., S. 226 f.

[39] Vgl. Marx, K., Das Kapital, 1. Bd., a.a.O, S. 223 f.

[40] Ebenda, S. 334.

Wird der Mehrwert auf das variable Kapital bezogen, ergibt sich die Mehrwertrate $\frac{m}{v}$, die Marx mit m' abkürzt.[41] Diese reine Prozentzahl dient ihm als Maß der Ausbeutung.

Da nach Marxens Vorstellung der gesamte Mehrwert einer Wirtschaft ihren Profit ausmacht, liegt es anscheinend auf der Hand, „... daß der Durchschnittsprofit nichts sein kann als die Gesamtmasse des Mehrwerts, verteilt auf die Kapitalmassen in jeder Produktionssphäre nach Verhältnis ihrer Größen."[42] Die Profitrate (p') definiert Marx wie folgt:[43]

$$p' = \frac{m}{c+v} \qquad \text{(II.66)}$$

Diese Profitrate geht laut Marx in die Bildung der Produktionspreise ein. Allerdings ist die Symbolik nicht ganz klar. Schlüsselt sich der Profit in Proportion zum *gesamten* vorgeschossenen Kapital auf, kann Formel (II.66) nur richtig sein, wenn c alle Komponenten des konstanten Kapitals umfasst. Marx sieht durchaus die Diskrepanz zwischen dem fixen und dem zirkulierenden konstanten Kapital:

> „Der Wertteil c, der das in der Produktion *verzehrte* konstante Kapital darstellt, deckt sich nicht mit dem Wert des in der Produktion *angewandten* konstanten Kapitals. Die Produktionsstoffe sind zwar ganz verzehrt, und ihr Wert ist daher ganz auf das Produkt übertragen. Aber nur ein Teil des angewandten *fixen* Kapitals ist ganz verzehrt, sein Wert daher auf das Produkt übergegangen. Ein andrer Teil des fixen Kapitals, Maschinen, Gebäude etc., existiert und fungiert fort, nach wie vor, wenn auch mit durch den Jahresverschleiß vermindertem Wert."[44]

Auch die von Marx entwickelte Kategorie des „Kostpreises" enthält neben dem variablen Kapital v lediglich den Teil des konstanten Kapitals, der auf das Produkt weitergewälzt wird.[45] In den von ihm gebrachten Beispielen der Ummünzung des Mehrwerts in Profit hält er gleichfalls explizit das im Ganzen vorgeschossene und das verbrauchte konstante

---

[41] Vgl. Marx, K., Das Kapital, 3. Bd., a.a.O., S. 59.

[42] Marx, K., Das Kapital, 3. Bd., a.a.O., S. 183.

[43] Vgl. Marx, K., Das Kapital, 1. Bd., a.a.O., S. 546 und Marx, K., Das Kapital, 3. Bd., S. 59.

[44] Marx, K., Das Kapital, 2. Bd., a.a.O., S. 395.

[45] Vgl. Marx, K., Das Kapital, 3. Bd., a.a.O., S. 43.

Kapital auseinander.[46] Die Profitrate wird jedoch stets auf das Kapital *summa summarum* berechnet. Somit versinnbildlicht c in (II.66) nicht immer bloß den Stromgrößenanteil des konstanten Kapitals.

Dann allerdings ergeben sich schwerwiegende Dimensionsprobleme: Wenn m und v auf einen Zeit*raum* bezogen sind, z. B. einen Arbeitstag, kann im Nenner der Profitratengleichung (II.66) keine auf einen bestimmten Zeit*punkt* datierte Bestandsgröße für das fixe konstante Kapital zur notwendigen Arbeit v addiert werden.

Tatsächlich ist die Behandlung des fixen Kapitals komplexer als dies Marx anscheinend glaubte – später gehen wir auf diesem Problemkreis ausführlicher ein. Zur Vereinfachung sei die Krux zunächst durch die Annahme aus der Welt geräumt, es gebe kein fixes Kapital, das konstante Kapital schlage sich völlig in einer Periode um.

Bei der Herleitung der Produktionspreise unterstellt Marx eine in allen Zweigen der Wirtschaft gleiche Mehrwertrate[47], die einzelnen Sektoren sollen einen im Verhältnis zum jeweiligen variablen Kapital gleich großen Mehrwert erzeugen:

> „Solch eine allgemeine Rate des Mehrwerts – der Tendenz nach, wie alle ökonomischen Gesetze – ist von uns als theoretische Vereinfachung vorausgesetzt; in Wirklichkeit aber ist sie tatsächliche Voraussetzung der kapitalistischen Produktionsweise, obgleich mehr oder minder gehemmt durch praktische Friktionen ... Aber in der Theorie wird vorausgesetzt, daß die Gesetze der kapitalistischen Produktionsweise sich rein entwickeln. In der Wirklichkeit besteht immer nur Annäherung; aber diese Annäherung ist um so größer, je mehr die kapitalistische Produktionsweise entwickelt und je mehr ihre Verunreinigung und Verquickung mit Resten früherer ökonomischer Zustände beseitigt ist.“[48]

Die Distribution des Profits erfolge in Proportion zum gesamten eingebrachten Kapital $c + v$. Der Mehrwert, der den Profit speist, falle demgegenüber jeweils in Abhängigkeit der verausgabten Arbeit v an. Deswegen müsste ein Produzent, der relativ viel direkte Arbeit beschäftigt, in den Genuss einer hohen individuellen Profitrate kommen, während ein Unternehmer, der vergleichsweise viel konstantes Kapital anwendet, sich mit einer geringeren Profitrate zu bescheiden hätte.

---

[46] Vgl. ebenda, S. 166.

[47] Vgl. ebenda, S. 164 ff.

[48] Ebenda, S. 184.

> „Wenn ein Kapital, das prozentig aus $90_c + 10_v$ besteht", illustriert Marx das Dilemma, „bei gleichem Exploitationsgrad der Arbeit ebensoviel Mehrwert oder Profit erzeugte wie ein Kapital, das aus $10_c + 90_v$ besteht, dann wäre es sonnenklar, daß der Mehrwert und daher der Wert überhaupt eine ganz andre Quelle haben müßte als die Arbeit und daß damit jede rationelle Grundlage der politischen Ökonomie wegfiele."[49]

Mit dem Wissen, aus welcher Quelle der Profit entspringt, schien der Brückenschlag von der Wert- zur Preisrechnung in Marxens Augen nicht besonders schwierig zu sein: Er ermittelt die gesamtwirtschaftliche Durchschnittsprofitrate, indem er die Summe der Mehrwerte (M) durch die Aggregate der konstanten (C) und variablen Kapitale (V) teilt. Im Konkurrenzgleichgewicht muss laut Marx die individuelle Profitrate gleich der Durchschnittsprofitrate sein, so dass

$$p' = \frac{M}{C+V} \tag{II.67}$$

gilt. Es versteht sich, dass die so bestimmte Profitrate p' wegen der erforderlichen dimensionalen Homogenität der Größen auf der rechten Seite der Formel (II.67) ebenfalls eine reine Zahl sein muss.

Im Marxschen System, namentlich in Verbindung mit dem im dritten Abschnitt des dritten Bandes des Kapitals erörterten „Gesetz des tendenziellen Falls der Profitrate", erlangt die „organische Zusammensetzung des Kapitals" eine herausragende Stellung. Diese Größe wiederum orientiert sich an der „technischen Zusammensetzung des Kapitals", worunter Marx die „... Masse der angewandten Produktionsmittel einerseits und der zu ihrer Anwendung erforderlichen Arbeitsmenge andererseits" versteht.[50] Nach Auflösung der im Zähler und Nenner verkörperten Arbeit, resultiert das Verhältnis von „toter" zu „lebendiger" Arbeit.

---

[49] Ebenda, S. 158. Offenbar können sich im Einzelfall die Größen in der Warenwertformel (II.65) (vgl. S. 179) unterscheiden. Darum müssten die Symbole genau genommen einen auf die jeweilige Produktionsstätte bezogenen Index tragen.

[50] Vgl. Marx, K., Das Kapital, 1. Bd., a.a.O., S. 640 ff. Offenbar ist „die Masse der Produktionsmittel" nicht als homogenes Aggregat zu deuten, sondern als (fiktive) Liste aller einzelnen Bestandteile des Fixkapitals wie z. B. Gebäude und Maschinen.

Die einzelwirtschaftliche organische Zusammensetzung des Kapitals sei mit $q\left(\equiv \frac{c}{v}\right)$ bezeichnet.[51] Die gesamtwirtschaftliche organische Zusammensetzung des Kapitals wird mit $Q\left(\equiv \frac{C}{V}\right)$ abgekürzt. Dividiert man Zähler und Nenner der rechten Seite von Gleichung (II.67) durch V, erhält man, da im Resultat wiederum nur reine Zahlen auftauchen, für die dimensionslose Profitrate:

$$p' = \frac{m'}{Q+1} \tag{II.68}$$

Jetzt lässt sich das Verhältnis zwischen Wert und Preis aufspüren. Symbolisieren wir den Preis einer Wareneinheit mit Π, ergibt sich zunächst:

$$\Pi = (c+v)(1+p') \tag{II.69}$$

Die Umformung dieser Preisgleichung bringt:

$$\begin{aligned} \Pi &= c+v+(c+v)\left(\frac{m'}{Q+1}\right) = c+v+\frac{m'c+m}{Q+1} = \\ &= c+v+\frac{m(q+1)}{Q+1} = W+m\left(\frac{q+1}{Q+1}-1\right) = \\ &= W+\frac{m}{Q+1}(q-Q) \end{aligned}$$

Und damit:

$$\Pi = W + p'v(q-Q) \tag{II.70}$$

Der Preis ist höher als der Wert, sofern die individuelle organische Zusammensetzung des Kapitals die gesamtwirtschaftliche übertrifft; ist sie kleiner, unterschreitet der Preis den Wert. Lediglich in der Ausnahmesituation, in der sich die einzelwirtschaftliche organische Zusammensetzung des Kapitals mit der durchschnittlichen deckt, tritt keine Lücke zwischen den Werten und den Preisen auf.

---

51 Wieder wäre es angezeigt, die jeweiligen konstanten und variablen Kapitale zu indizieren.

Bei Marx findet sich kein der Formel (II.70) entsprechender Ausdruck.[52] Immerhin liefert der Begründer des wissenschaftlichen Sozialismus ein Zahlenbeispiel, in dem sich Differenzen zwischen den Werten und den Preisen auftun.[53] Von einer korrekten Lösung des Preisrätsels, wie es Engels auslobte, kann nicht die Rede sein: Im Normalfall etabliert sich eine uniforme Durchschnittsprofitrate anscheinend nur, wenn das Wertgesetz *verletzt* wird.

Allerdings garantiert die Art des Umwandlungsverfahrens die Unversehrtheit von zwei ‚Invarianzpostulaten' der Marxschen Theorie: Einerseits sind die addierten Profite der Produktionszweige gleich den zusammengezählten Mehrwerten; andererseits stimmen die Produktionspreise im Ganzen mit dem Gesamtbetrag der Werte überein.[54] Das Geheimnis des Profits schien gelüftet: Er entstehe nicht durch einen Preisaufschlag – die Summe der Werte ist mit der der Preise identisch –, es handele sich vielmehr um Mehrwert – Mehrwert in einer irreleitenden Verkleidung[55]:

> „Der wirkliche Größenunterschied zwischen Profit und Mehrwert – nicht nur zwischen Profitrate und Mehrwertsrate – in den besondren Produktionssphären versteckt nun völlig die wahre Natur und den Ursprung des Profits, nicht nur für den Kapitalisten, der hier ein besondres Interesse hat, sich zu täuschen, sondern auch für die Arbeiter."[56]

Kurz darauf heißt es:

> „Der einzelne Kapitalist …, dessen Blick borniert ist, glaubt mit Recht, daß sein Profit nicht allein aus der von ihm oder in seinem Zweig beschäftigten Arbeit herstamme. Es ist dies ganz richtig für seinen Durchschnittsprofit. Wieweit dieser Profit vermittelt ist durch die Gesamtexploitation der Arbeit durch das Gesamtkapital, d. h. durch alle seine Kapitalistengenossen, dieser Zusammenhang ist ihm ein vollständiges

---

[52] Bortkiewicz leitet eine ähnliche Beziehung ab, jedoch operiert er mit einem q, dessen Nenner $c + v$ lautet. Vgl. Bortkiewicz. L. v., Wertrechnung und Preisrechnung im Marxschen System, Zweiter Artikel, in: Archiv für Sozialwissenschaft und Sozialpolitik, Bd. 24 (1907), S. 10-51, S. 13 f.

[53] Vgl. Marx, K., Das Kapital, 3. Bd., a.a.O., S. 166 f. In der Literatur werden zahlreiche weitere Beispiele gegeben. Ein besonders einfaches bringt Napoleoni, C., a.a.O., S. 184 ff.

[54] Vgl. Marx, K., Das Kapital, 3. Bd., a.a.O., S. 166 f. und S. 182.

[55] Vgl. ebenda, S. 46.

[56] Ebenda, S. 177.

> Mysterium, um so mehr, als selbst die Bourgeoistheoretiker, die politischen Ökonomen, es bis jetzt nicht enthüllt hatten.“[57]

Es kann nicht bezweifelt werden, dass die Marxsche Analyse, wäre sie tragfähig, einen Fortschritt ohnegleichen in der Grundlagenforschung der ökonomischen Theorie darstellte. Aber sie bricht in der Gestalt, die ihr Marx gegeben hat, zusammen. Und er ahnte zumindest die Unzulänglichkeit seiner Transformationsmethode; sein „Kostpreis“ $c + v$ ist nie *Preis* geworden; er verharrt in der Wertsphäre:

> „Der Produktionspreis einer Ware ist aber für den Käufer derselben ihr Kostpreis und kann somit als Kostpreis in die Preisbildung einer andren Ware eingehn. Da der Produktionspreis abweichen kann vom Wert der Ware, so kann auch der Kostpreis einer Ware, worin dieser Produktionspreis andrer Ware eingeschlossen, über oder unter dem Teil ihres Gesamtwerts stehn, der durch den Wert der in sie eingehenden Produktionsmittel gebildet wird. Es ist nötig, sich … daher zu erinnern, daß, wenn in einer besondren Produktionssphäre der Kostpreis der Ware dem Wert der in ihrer Produktion verbrauchten Produktionsmittel gleichgesetzt wird, stets ein Irrtum möglich ist. Für unsre gegenwärtige Untersuchung ist nicht nötig, näher auf diesen Punkt einzugehn.“[58]

Auch später unterließ es Marx, diesen Aspekt zu vertiefen, obwohl er bemerkt hatte, woher die Problematik rührt:

> „Die ganze Schwierigkeit kommt dadurch hinein, daß die Waren nicht einfach als *Waren* ausgetauscht werden, sondern als *Produkt von Kapitalen*, die im Verhältnis zu ihrer Größe, oder bei gleicher Größe, gleiche Teilnahme an der Gesamtmasse des Mehrwerts beanspruchen.“[59]

Marxens Transformation von Werten in Preise ist letzten Endes gar keine: Seine Preise sind bloß korrigierte *Arbeitswerte*, die versprochene Expedition zur Oberfläche bleibt auf halber Strecke stecken. Doch die formalen Turbulenzen lassen sich meistern. Marx deutet sogar an, wie eine korrekte Transformation auszusehen habe. Dazu muss man die Tatsache berücksichtigen, dass …

---

[57] Ebenda, S. 179 f.

[58] Ebenda, S. 174, siehe auch S. 217.

[59] Ebenda, S. 184 f.

> „... in der kapitalistischen Produktion die Elemente des produktiven Kapitals in der Regel auf dem Markt gekauft sind, ihre Preise also einen bereits realisierten Profit enthalten und hiernach der Produktionspreis eines Industriezweigs samt dem in ihm enthaltnen Profit, daß also der Profit des einen Industriezweigs in den Kostpreis des andern eingeht."[60]

Mit einem solchen Verfahren ist einer Aufrollung der Problematik im Rahmen einer „Warenproduktion mittels Waren" der Weg gewiesen. Die Frage lautet, was dann von der Marxschen Wertlehre übrigbleibt – es wird weitaus mehr sein, als man ihr landläufig zugesteht.

2.4.2 Vom Wert zum Preis und zurück

Den entscheidenden Durchbruch zu einer *positiven* Kritik des Marxschen Systems bilden die einschlägigen Veröffentlichungen von Ladislaus von Bortkiewicz. Er sieht „das Brauchbare und wahrhaft Bedeutsame des Marxschen (aber auch des Ricardoschen) Systems" in der Auffassung, „... daß die Arbeit bzw. die ‚Mehrarbeit' der einzige Erzeuger des Kapitalprofits ist."[61]

Ferner hält er den Marx-Gegnern vor, sie machten es sich viel zu leicht, wenn sie lediglich Marx' eigene Lehre wiederholten, wonach der Preis nur ausnahmsweise mit dem Wert übereinstimme.[62] Vielmehr müsse man prüfen, ob eine korrekte Ableitung der Produktionspreise aus den Werten nicht doch möglich sei. Bortkiewicz hat diese Aufgabe in Angriff genommen. Dieser Abschnitt widmet sich der von ihm propagierten

---

[60] Ebenda, S. 169.

[61] Bortkiewicz, L. v., Wertrechnung und Preisrechnung im Marxschen System, Erster Artikel, in: Archiv für Sozialwissenschaft und Sozialpolitik, Bd. 23 (1906), S. 1-50, S. 50. Diese Abhandlung setzt sich hauptsächlich mit der zeitgenössischen Marx-Rezeption auseinander. Seine analytischen Untersuchungen präsentiert Bortkiewicz vor allem im zweiten und dritten Artikel sowie in seiner Arbeit „Zur Berichtigung der grundlegenden theoretischen Konstruktion von Marx im dritten Band des ‚Kapital' ", in: Jahrbücher für Nationalökonomie und Statistik, Bd. 34 (1907), S. 319-335. 86 Jahre später erschien in der gleichen Zeitschrift eine kritische Auseinandersetzung mit dem Beitrag. Vgl. Helmedag, F., Zur Berechtigung der grundlegenden theoretischen Konstruktion von Marx im ersten Band des „Kapital", in: Jahrbücher für Nationalökonomie und Statistik, Bd. 212 (1993), S. 442-450. Dieser Aufsatz beruht auf den folgenden Darlegungen.

[62] Vgl. Bortkiewicz, L. v., Wertrechnung ..., Erster Artikel, a.a.O., S. 5.

Transformation der Arbeitswerte in Produktionspreise. Aber sein Vorschlag erfreut sich keiner Monopolstellung: Wie anschließend zutage gefördert wird, befindet sich unter den Konkurrenten eine in jeder Hinsicht leistungsfähigere Alternative.

2.4.2.1 Der Beitrag von Ladislaus von Bortkiewicz

Bortkiewicz geht in seiner Analyse von einer stationären dreisektoralen Wirtschaft aus, in der sich das gesamte konstante Kapital in einer Periode umschlägt.[63] Abteilung I fertigt die Produktionsmittel an, Abteilung II stellt die Konsumgüter der Arbeiter her und Abteilung III erzeugt die Luxusgüter der Kapitalisten. Die Mehrwertrate m' sei in allen Abteilungen einheitlich.[64] Bei ‚einfacher Reproduktion' – Input und Output decken sich im Aggregat – ist die Ökonomie folgendermaßen strukturiert:

$$c_1 + v_1 + m_1 = c_1 + v_1(1 + m') = c_1 + c_2 + c_3 \tag{II.71}$$

$$c_2 + v_2 + m_2 = c_2 + v_2(1 + m') = v_1 + v_2 + v_3 \tag{II.72}$$

$$c_3 + v_3 + m_3 = c_3 + v_3(1 + m') = m_1 + m_2 + m_3 \tag{II.73}$$

Der ‚Trick', um zur Preisrechnung vorzudringen, besteht darin, die Beziehungen von Werten zu Preisen als Unbekannte in das System hineinzunehmen und es anschließend zu lösen. Bortkiewicz schreibt für das *Verhältnis* des Preises zum Wert der in Sektor I produzierten Waren x; y und z stehen analog für die entsprechenden Relationen in den Abteilungen II bzw. III.[65] ρ symbolisiert in folgendem Gleichungssystem die Profitrate, C, V und M figurieren wieder als die Aggregate der variablen und konstanten Kapitalien sowie der Mehrwerte:

---

[63] Vgl. zum Weiteren Bortkiewicz, L. v., Zur Berichtigung …, a.a.O., S. 319 ff.

[64] Die hier verwandte Symbolik lehnt sich durchwegs an die Marxsche an. Bortkiewicz benutzt teilweise andere Kürzel.

[65] Pasinetti unterläuft bei seiner Skizze des Bortkiewiczschen Ansatzes die Ungenauigkeit, die Arbeitswerte mit den jeweiligen Preisen zu multiplizieren. Die Größen x, y und z geben aber die *Beziehungen* zwischen Preisen und Werten wieder, damit sich die Zeitdimensionen kürzen lassen. Vgl. Pasinetti, L., Vorlesungen …, a.a.O., S. 45.

$$(1+\rho)(c_1 x + v_1 y) = Cx \qquad \text{(II.74)}$$

$$(1+\rho)(c_2 x + v_2 y) = Vy \qquad \text{(II.75)}$$

$$(1+\rho)(c_3 x + v_3 y) = Mz \qquad \text{(II.76)}$$

Bortkiewicz teilt in seinem Ansatz die von Marx und anderen vertretene klassische Hypothese, wonach sich der Profit im Gleichgewicht in Proportion zum sektoralen Gesamtkapital verteile. Die preisbasierte Bortkiewicz-Profitrate ρ deckt sich aber wegen der geänderten Bemessungsgrundlage nicht mehr mit der Marxschen Profitrate p'.

Die drei Gleichungen (II.74) bis (II.76) enthalten vier Unbekannte x, y, z und ρ. Bortkiewicz beseitigt den Freiheitsgrad durch die Annahme, die Preiseinheit sei mit der Werteinheit identisch. Ferner werde das als Preismaß dienende Gut (z. B. Gold) in Abteilung III hervorgebracht. Deswegen gilt $z \equiv 1$ *per definitionem*. Um die Formeln nicht allzu sehr anschwellen zu lassen, führt Bortkiewicz Abkürzungen ein:

$$\frac{v_1}{c_1} \equiv f_1, \quad \frac{v_1 + c_1 + m_1}{c_1} \equiv g_1$$

$$\frac{v_2}{c_2} \equiv f_2, \quad \frac{v_2 + c_2 + m_2}{c_2} \equiv g_2$$

$$\frac{v_3}{c_3} \equiv f_3, \quad \frac{v_3 + c_3 + m_3}{c_3} \equiv g_3$$

Bezeichnet man zusätzlich $(1 + \rho)$ als σ, reduziert sich das System (II.74) bis (II.76) auf:

$$\sigma(x + f_1 y) = g_1 x \qquad \text{(II.77)}$$

$$\sigma(x + f_2 y) = g_2 y \qquad \text{(II.78)}$$

$$\sigma(x + f_3 y) = g_3 \qquad \text{(II.79)}$$

(II.77) liefert:

$$x = \frac{f_1 y \sigma}{g_1 - \sigma} \qquad \text{(II.80)}$$

Substituieren wir dieses Ergebnis in (II.78), ergibt sich ein quadratischer Ausdruck:

$$(f_1 - f_2)\sigma^2 + (f_2 g_1 + g_2)\sigma - g_1 g_2 = 0 \qquad \text{(II.81)}$$

Bortkiewicz zeigt, dass für ein nichtnegatives σ nur eine Lösung existiert:

$$\sigma = \frac{-(f_2 g_1 + g_2) + \sqrt{(f_2 g_1 + g_2)^2 + 4(f_1 - f_2) g_1 g_2}}{2(f_1 - f_2)} \qquad \text{(II.82a)}$$

Zum Beweis formuliert Bortkiewicz die Gleichung (II.82a) um. Hierfür multipliziert er Zähler und Nenner auf der rechten Seite mit (– 1) und vereinfacht die Diskriminante:

$$\sigma = \frac{f_2 g_1 + g_2 - \sqrt{(g_2 - f_2 g_1)^2 + 4 f_1 g_1 g_2}}{2(f_2 - f_1)} \qquad \text{(II.82b)}$$

Anschließend betrachtet Bortkiewicz zwei Fälle.[66] Für $f_1 - f_2 > 0$ wäre $\sigma < 0$, sofern in (II.82a) vor der Wurzel ein negatives Vorzeichen stünde. Wenn $f_1 - f_2 < 0$ gilt und der letzte Summand in der Diskriminante unberücksichtigt bliebe, dann führte ein Plus vor der Wurzel in (II.82b) zu:

$$\sigma > \frac{g_2}{f_2 - f_1} \qquad \text{(II.83)}$$

Daraus folgt *a fortiori*:

$$\sigma > \frac{g_2}{f_2} \qquad \text{(II.84)}$$

Dies widerspricht jedoch der Gleichung (II.78), aus der sich die Relation

$$\sigma < \frac{g_2}{f_2} \qquad \text{(II.85)}$$

entnehmen lässt. Die Ausdrücke (II.82a) bzw. (II.82b) liefern demnach ein positives σ.

Aus den Gleichungen (II.78) und (II.79) lässt sich jetzt y berechnen:

[66] Vgl. Bortkiewicz, L. v., Zur Berichtigung … a.a.O., S. 322 f.

$$y = \frac{g_3}{g_2 + (f_3 - f_2)\sigma} \tag{II.86}$$

Schließlich gewinnt man nach Einsetzen von σ und y aus (II.80) den Wert von x. Damit sind die Wert-Preis-Verhältnisse und die Profitrate gefunden.

Bortkiewicz gelingt es ferner, den Nachweis anzutreten, dass die durch (II.82a) oder (II.82b) ermittelte Profitrate – abgesehen von einer Ausnahme – *kleiner* ist als die Mehrwertrate.[67] Dieser Satz sollte später – im Rahmen n-dimensionaler Modelle – als ‚Fundamentaltheorem der Marxschen Theorie' Furore machen. In der modernen Literatur nennt man es – wohl aus Mangel an lehrgeschichtlichem Wissen – Morishima-Okishio-Seton-Theorem.[68] Es besagt, Profit könne bloß anfallen, sofern Ausbeutung vorliege, d. h. die Profitrate sei nur dann positiv, wenn die Mehrwertrate größer als null ist. Das quantitative Verhältnis der beiden Kennzahlen bleibt indes unbestimmt: „Aber 1 und 2 sind positiv wie 1 und 10 000"[69] – darüber wird in kurzer Zeit ausführlich gesprochen.

Besonderes Interesse verdient Gleichung (II.81): Wie sie enthüllt, wird die Profitrate *ausschließlich* durch die Produktionsbedingungen in den Sektoren I und II determiniert.

---

[67] Vgl. Bortkiewicz, L. v., Zur Berichtigung … a.a.O., S. 332 f. Die Konstellation, in der die Profitrate mit der Mehrwertrate übereinstimmt, spielt im Kommenden eine wichtige Rolle.

[68] Vgl. Morishima, M., Seton, F., Aggregation in Leontief Matrices and the Labour Theory of Value, in: Econometrica, Bd. 29 (1961), S. 203-220, Okishio, N., A Mathematical Note on Marxian Theorems, in: Weltwirtschaftliches Archiv, Bd. 91 (1963), S. 287-299, deutsch in: Nutzinger, H. G., Wolfstetter, E. (Hrsg.), Die Marxsche Theorie und ihre Kritik, Bd. II, Frankfurt a. M. / New York 1974, S. 39-53. Die Einstufung dieses Funds als fundamental stammt von Morishima; seines Erachtens ist es „… the heart and soul of Marxian philosophy, since it implies that exploitation is necessary for the continued existence of a capitalist economy …" Morishima, M., Marx's Economics, a.a.O., S. 6.

[69] Cogoy, M., Wertstruktur und Preisstruktur, Die Bedeutung der linearen Produktionstheorie für die Kritik der politischen Ökonomie, Frankfurt a. M. 1977, S. 37. Im Übrigen ist Bortkiewicz' Resultat präziser. Er bestimmt nicht nur das Vorzeichen von Mehrwert- und Profitrate – wie das heute üblich geworden ist –, sondern er trifft zudem eine Feststellung hinsichtlich ihrer Größenrelation. Über die Rangfolge äußern sich noch Morishima, M., Seton, F., a.a.O., S. 209: „… the rate of exploitation will always *exceed* the rate of profit …"

> „Uebrigens ist dieses Ergebnis“, kommentiert Bortkiewicz, „gerade vom Standpunkte derjenigen Theorie des Kapitalprofits aus, die seinen Ursprung in der ‚Mehrarbeit‘ sieht, nicht überraschend. Schon Ricardo hat gelehrt, daß eine Aenderung in den Produktionsverhältnissen derjenigen Güter, die nicht in den Konsum der Arbeiterklasse eingehen, die Höhe der Profitrate nicht affizieren kann.“[70]

Die Deduktion von Bortkiewicz beruht zwar auf den Erfordernissen einer in Arbeitswerten ausgedrückten einfachen Reproduktion, d. h. den Gleichungen (II.71) bis (II.73) (vgl. S. 187). Aber die Profitrate ließe sich auch ohne Rückgriff auf eine stationäre Wirtschaft allein aus dem Schema (II.74) bis (II.76) hervorholen: In der abgeleiteten Formel für die Profitrate tauchen ebenfalls keine Größen der Abteilung III auf.[71] Mit der von Bortkiewicz empfohlenen Umwandlung von Werten in Preise scheint eine Kluft zwischen der Marxschen und der Ricardoschen Theorie eingeebnet. Eine zentrale, wenn nicht sogar die wichtigste Erkenntnis der Untersuchung Ricardos lautete, der Profit werde nur in der Lohngüterindustrie determiniert, die somit die gesamtwirtschaftliche Profitrate vorlege.

Im Marxschen System dagegen ist lediglich die Mehrwertrate vom Reallohn und dem Stand der Produktivkräfte in der Lohngüterindustrie abhängig, also von der Relation der Mehrarbeit zur notwendigen Arbeit. In die Bildung der Durchschnittsprofitrate schließt Marx jedoch die Kapitalien aller Sektoren ein. Infolgedessen beeinflusst eine Veränderung des Kapitals in der Luxusgüterindustrie die allgemeine Profitrate. Aufgrund dieser Anschauung kritisierte Marx des Öfteren Ricardo, der Mehrwert- und Profitrate miteinander konfundiere. Indem Bortkiewicz zeigt, die ‚richtige‘ Profitrate ergebe sich in den Abteilungen I und II, leuchtet der Kerngedanke Ricardos wieder auf; die von Marx geübte Kritik wirkt hinfällig. Des Weiteren gerät Marxens Lehre aus einem anderen Blickwinkel in ein schiefes Licht.

---

[70] Bortkiewicz, L. v., Zur Berichtigung…, a.a.O., S. 327. Andernorts hat Bortkiewicz eine algebraische Lösung des Preisproblems unterbreitet, die er, wie er selbst sagt, „im wesentlichen einer Schrift W. K. Dmitrieffs entnommen“ hat. In diesem Rahmen lässt sich der Preis einer Ware gleichermaßen auf ihre Produktionstechnik sowie auf die der Ware Arbeitskraft zurückführen. Vgl. Bortkiewicz, L. v., Wertrechnung …, Zweiter Artikel, a.a.O., S. 34 f.

[71] Vgl. Winternitz, J., Values and Prices: A Solution of the So-Called Transformation Problem, in: The Economic Journal, Bd. 58 (1948), S. 276-280, S. 279.

Die Berichtigung von Bortkiewicz bringt es mit sich, dass die Marxsche These, der Gesamtbetrag der Werte decke sich mit dem der Preise, generell nicht mehr haltbar ist. Dies lässt sich am besten anhand eines Zahlenbeispiels illustrieren, das überdies dazu dienen wird, die Bortkiewiczsche Preiskalkulation kritisch zu durchleuchten. Gegeben seien die Arbeitswerte in der Tabelle II.1.[72]

Tabelle II.1: Werte

Abteilung	Konstantes Kapital	Variables Kapital	Mehrwert	Produktwert
I	225	90	60	375
II	100	120	80	300
III	50	90	60	200
I – III	375	300	200	875

Die Kriterien einfacher Reproduktion sind erfüllt, die Zeilensummen stimmen mit den Spaltensummen überein. Die einheitliche Mehrwertrate beträgt $m' = \frac{2}{3}$. Mit Hilfe der passenden Formeln erhält man: $\sigma = \frac{5}{4}$, $\rho = \frac{1}{4}$, $y = 1,0\overline{6}$ und $x = \frac{32}{25} = 1,28$.

Die Tabelle II.2 gibt die mit den obigen Größen berechneten ρ- oder ‚Bortkiewicz-Preise' wieder. Da wir noch andere Preisbildungsverfahren kennenlernen, ist es sinnvoll, die einzelnen Alternativen anhand von Eigennamen zu sortieren.

Tabelle II.2: ρ- oder Bortkiewicz-Preise

Abteilung	Konstantes Kapital	Variables Kapital	Profit	Produktwert
I	288	96	96	480
II	128	128	64	320
III	64	96	40	200
I – III	480	320	200	1000

[72] Vgl. Bortkiewicz, L. v., Zur Berichtigung …, a.a.O., S. 323. Bortkiewicz lehnt sich an ein Exempel Tugan-Baranowskys an. Vgl. ebenda, Fn.

Die ρ-Preise garantieren die Reproduktion: Die Produktpreise der Inputs entsprechen den korrespondierenden Outputwerten.

Schauen wir interessehalber auf das Tableau II.3, in dem die p'- oder ‚Marx-Preise' verzeichnet sind. Im vorliegenden Fall hätte Marx gemäß Formel (II.67) (vgl. S. 182) $p' = \frac{200}{675} = \frac{8}{27} = 0,\overline{296}$ herausbekommen. Wie erkennbar, sichert die Marxsche Vorgehensweise die Kongruenz des Aggregats der Mehrwerte mit dem Gesamtprofit sowie die Identität der addierten Preise mit den zusammengezählten Werten. Die Kosten hierfür sind allerdings untragbar: Die Reproduktionskonsistenz ist verletzt, denn die Spalten- und Zeilensummen divergieren voneinander.[73] Die konstanten und variablen Kapitalien dürfen von einer Transformation in Preise nicht verschont werden.

Tabelle II.3: p'- oder Marx-Preise

Abteilung	Konstantes Kapital	Variables Kapital	Profit	Produktwert
I	225	90	$93,\overline{3}$	$408,\overline{3}$
II	100	120	$65,\overline{185}$	$285,\overline{185}$
III	50	90	$41,\overline{481}$	$181,\overline{481}$
I – III	375	300	200	875

Die Bortkiewicz-Methode hat zu einer gegenüber der Wertrechnung anderen Distribution des in seiner Höhe fixierten Gesamtprofits geführt. Die Nutznießerin davon ist die Abteilung I. Wie Tabelle II.2 im Vergleich zu Tabelle II.1 ausweist, vermindern sich die Gewinne der Branchen II und III, während der Profit des Sektors I von 60 auf 96 steigt. Das rührt daher, dass der Zweig I bei diesem Kalkulationsverfahren relativ mehr vom Gesamtprofit absorbiert. Waren es bei der Wertrechnung $\frac{v_1}{V} = 0,3$, so sind es im System der ρ-Preise $\frac{c_1 x + v_1 y}{Cx + Vy} = 0,48$. Dementsprechend hat sich der Profit der Produktionsmittelindustrie I um 60 % erhöht.

---

[73] An dem Beispiel lässt sich ebenfalls zeigen, dass die von Winternitz, J., a.a.O., vorgeschlagene Lösung des Transformationsproblems unter demselben Mangel leidet. Außerdem ist in dem Ansatz die Profitsumme kleiner als der Gesamtmehrwert.

Immerhin sorgte die Normierung $z \equiv 1$ für die Übereinstimmung der Mehrwertsumme mit dem Gesamtprofit. Freilich addieren sich die Preise auf 1000, wohingegen sich die der Tabelle II.1 entnommenen Werte nur auf insgesamt 875 belaufen.

Die Durchführung einer Transformation von Werten in Produktionspreise war zwar analytisch korrekt gelungen, unterwegs ging aber die Identität der Wert- und der Preissumme verloren. Obwohl der Profit durch die Normierung im Aggregat gleich dem Gesamtmehrwert ist, kann mit diesem Ergebnis nicht der Auffassung entgegengetreten werden, der Profit sei einfach als Preis- oder Kostenaufschlag zu interpretieren.

Andere der zahlreichen Lösungen, die im Lauf der Zeit präsentiert wurden, erreichen mittels einer geeigneten Besetzung des Freiheitsgrades dieselbe Summe von Werten und Preisen. Dann unterscheidet sich generell der aggregierte Mehrwert vom Gesamtprofit – ebenfalls ein harter Brocken für das Marxsche System, da dieses Resultat die Mehrarbeit als Quelle des Profits in Zweifel zieht.

Infolgedessen gewinnt die These Überzeugungskraft, der Beitrag von Bortkiewicz sei etwas *qualitativ* anderes als eine bloße ‚Berichtigung' eines formalen Schnitzers von Marx; in Wahrheit beschleunigte die Untersuchung von Bortkiewicz den *Fall* der klassischen Werttheorie. Die nach allen Regeln der Kunst vorgenommene Operation schwächte den Patienten, statt ihn zu stärken. Die Konkurrenz in Gestalt der subjektivistischen Wert- und Preislehre vermochte sich gewiss auch deshalb Wettbewerbsvorteile zu verschaffen, weil die Arbeitswerttheorie in eine *Sinnkrise* geraten war: Weshalb soll man von Werten ausgehen, um sie dann in Preise zu transformieren? Warum konzentriert man sich nicht direkt auf die Produktionspreise? Durch diese Brille erscheint die Wertrechnung als überflüssiger Umweg. – Bei der Behandlung der modernen Produktionspreistheorie werden wir den gerade aufgeworfenen Fragen wieder begegnen.

Die ‚Methode Bortkiewicz' ist jedoch keineswegs das einzige Preisbildungsverfahren, das mit Aussicht auf Erfolg um die Gunst des Publikums werben kann. Nicht nur wegen eines in Bälde angestrahlten Kardinalfehlers der ρ-Preise werfen wir daher einen Blick auf die Rivalen. Wie zutage gefördert wird, wurde es in diesem Stadium aufs Neue versäumt, den wirtschaftstheoretischen Zug auf die rechten Gleise zu heben.

2.4.2.2 Zwei alternative Kalkulationsverfahren

Bortkiewicz übernahm bei seiner Nachbesserung die von Marx (und anderen) intendierte Distribution des Profits im Verhältnis zum gesamten eingesetzten Kapital, ohne gegen diese Verteilungsbasis Bedenken anzumelden. Was bedeutet jedoch ‚gesamtes eingesetztes Kapital'? Sollte allein das Kapital gemeint sein, das *vor* Beginn der Produktion vom Kapitalisten ausgelegt werden *muss*, dann hängt es offenbar von den Zahlungsmodalitäten (und der Kreditwürdigkeit) ab, in welcher Höhe das Kapital wirklich vorzustrecken ist. Sind die Produktions*kosten* stets und in voller Höhe ‚Kapital'?

Marx selbst hat, was öfter vergessen wird, konstatiert, dass etwa die Löhne in der Realität erst im Nachhinein entrichtet werden:

> „In allen Ländern kapitalistischer Produktionsweise wird die Arbeitskraft erst gezahlt, nachdem sie bereits während des im Kaufkontrakt festgesetzten Termins funktioniert hat, z. B. am Ende jeder Woche. Überall schießt daher der Arbeiter dem Kapitalisten den Gebrauchswert der Arbeitskraft vor; er lässt sie vom Käufer konsumieren, bevor er ihren Preis bezahlt erhält, überall kreditiert daher der Arbeiter dem Kapitalisten."[74]

Jedoch fügt Marx im Kontext hinzu, es sei nützlich, *einstweilen* anzunehmen, der Lohn werde mit dem Verkauf der Arbeitskraft ausgehändigt.[75]

Prüfen wir, welche Konsequenzen eine Umwandlung von Werten in Preise hervorruft, wenn anstelle der gesamten Kosten nur das zirkulierende konstante Kapital als Bezugsgröße der Profitausschüttung gewählt wird. Demgemäß unterstellen wir, die ‚lebendige Arbeit' werde erst *ex post* vergütet, lediglich in die Produktionsmittel müsse am Anfang der Periode investiert werden. Das ist im Übrigen die in der modernen Literatur herrschende Sichtweise; deswegen werden wir die so kalkulierten Preise künftig ‚Sraffa-Preise' nennen.

Ferner hat es sich eingebürgert, die auf dieser Grundlage berechnete Profitrate mit r abzukürzen. Bezeichnen wir überdies $(1 + r)$ mit s, wird das Schema (II.77) bis (II.79) (vgl. S. 188) von den nachstehenden Gleichungen abgelöst:

---

[74] Marx, K., Das Kapital, 1. Bd., a.a.O., S. 188.

[75] Vgl. ebenda.

$$sx + f_1 y = g_1 x \tag{II.87}$$

$$sx + f_2 y = g_2 y \tag{II.88}$$

$$sx + f_3 y = g_3 \tag{II.89}$$

Aus (II.87) resultiert:

$$x = \frac{f_1 y}{g_1 - s} \tag{II.90}$$

Eingesetzt in (II.88) ergibt zunächst

$$sf_1 + f_2(g_1 - s) - g_2(g_1 - s) = 0$$

und anschließend:

$$s(g_2 + f_1 - f_2) + g_1(f_2 - g_2) = 0$$

Die Umformung bringt:

$$s = \frac{g_1(f_2 - g_2)}{f_2 - g_2 - f_1} \tag{II.91}$$

Durch Einsetzen verifiziert man leicht, dass $s > 1$ und mithin $r > 0$ zutrifft. Die Substitution von (II.90) und (II.91) in (II.89) liefert:

$$y = \frac{g_3}{g_2 - f_2 + f_3} \tag{II.92}$$

Die korrespondierenden Formeln sind jetzt wesentlich einfacher als im Fall der Bortkiewicz-Preise. Wir erhalten $r = 0{,}\overline{36}$, d. h. die Profitrate ist nun größer als $\rho = 0{,}25$. Außerdem sind x und y gestiegen: $x = 1{,}\overline{46}$ und $y = 1{,}\overline{1}$.

Wie Tabelle II.4 zeigt, wird die Reproduktionsbedingung erfüllt: Die r-Preise münden ebenfalls in einem prinzipiell funktionsfähigen System; dieser Teilnahmevoraussetzung am Wettbewerb ist genüge getan. Freilich hat sich bei steigender Preissumme die Verteilung des Profits gegenüber den ρ-Preisen verändert. Abermals ist Sektor I der Gewinner. Weil sein Anteil am Wert des konstanten Kapitals 60 % beträgt, vereinigt er den entsprechenden Anteil des gleich gebliebenen Gesamtgewinns auf sich.

Tabelle II.4: r- oder Sraffa-Preise

Abteilung	Konstantes Kapital	Variables Kapital	Profit	Produktwert
I	330	100	120	550
II	$146,\overline{6}$	$133,\overline{3}$	$53,\overline{3}$	$333,\overline{3}$
III	$73,\overline{3}$	100	$26,\overline{6}$	200
I – III	550	$333,\overline{3}$	200	$1083,\overline{3}$

Indes sind die Möglichkeiten der Preisbildung noch nicht ausgereizt. Wie die kapitalistische Praxis lehrt, räumen die Unternehmer einander *regelmäßig* Zahlungsziele ein; vor allem, wenn zwischen ihnen seit längerem Geschäftsverbindungen bestehen. Schon Marx wies auf die Existenz von Kreditketten hin, also die Tatsache, dass die Unternehmer einander *gegenseitig* Zahlungsversprechen – z. B. in Form von Wechseln – abgeben. In diesem komplexen Beziehungsgeflecht tritt bereits der Ausfall einiger Forderungen eine Lawine los, der das Potenzial einer generellen Krise innewohnt:

> „Der Flachsbauer hat auf den Spinner gezogen, Maschinenfabrikant auf Weber und Spinner. Spinner kann nicht zahlen, weil Weber nicht zahlen [kann], beide zahlen dem Maschinenfabrikanten nicht, dieser dem Eisen-, Holz-, Kohlenmann nicht … So entsteht allgemeine Krise … wir sehn hier … einen Zusammenhang der wechselseitigen Schuldforderungen und Obligationen, der Käufe und Verkäufe, wo die Möglichkeit sich zur Wirklichkeit entwickeln kann.“[76]

Mit dem empirischen Argument verbündet sich ein theoretisches. Das Modell ist auf eine *Gleichgewichtssituation* vollständiger Konkurrenz zugeschnitten, d. h. die Wirtschaftsaktivität wiederholt sich tagein tagaus auf demselben Niveau. Betrachten wir irgendeinen ‚Tag‘ aus dieser Reihe, an dem – wie an jedem Tag – die Bearbeitung einer gleichbleibenden Anzahl von Gütern in den Sektoren begonnen, weitergeführt und beendet wird, so spricht nichts gegen die Anschauung, die Zahlungen heute stammten aus dem Erlös von gestern.

Darüber hinaus bleibt Tag für Tag etwas übrig: ein Profit in Gestalt kapitalistischen Konsums. Allerdings unterliegt die Distribution des gegebenen Gesamtgewinns auf die Sektoren der jeweiligen Kalkulationsbasis.

---

[76] Marx, K., Theorien …, 2. Teil, a.a.O., S. 512.

Deswegen muss eine Methode entdeckt werden, die den Kapitalisten ‚gerecht' erscheint und die sie daher akzeptieren und praktizieren. Gesucht wird jener Mechanismus, welcher der gesellschaftlichen Arbeitsteilung im Rahmen einer kapitalistischen Warenproduktion erst Rationalität verleiht.

Ehe dieser Problemkreis ins Zentrum unserer weiteren Erörterungen rückt, komplettieren wir das Spektrum alternativer Preisbildungstechniken um die noch nicht begutachtete Version: den Profit in Proportionen zum variablen Kapital zu verteilen. Die Ahnung, welches Ergebnis sich daraufhin einstellt, wird zur Gewissheit, wenn wir die einschlägigen Gleichungen formulieren und nachrechnen. Die Profitrate dieses Systems sei als ε bezeichnet, e steht für $(1+\varepsilon)$. Somit erhält man:

$$x + ef_1 y = g_1 x \qquad \text{(II.93)}$$

$$x + ef_2 y = g_2 y \qquad \text{(II.94)}$$

$$x + ef_3 y = g_3 \qquad \text{(II.95)}$$

Aus (II.93) ergibt sich:

$$x = \frac{ef_1 y}{g_1 - 1} \qquad \text{(II.96)}$$

(II.96) in (II.94) bringt:

$$e = \frac{g_2(g_1 - 1)}{f_1 + f_2(g_1 - 1)} \qquad \text{(II.97)}$$

Es wäre eine schwerwiegende Unterlassung, die Analyse in diesem Stadium abzubrechen. Vielmehr lohnt es sich, die Abkürzungen (vgl. S. 188) wieder aufzulösen. Im ersten Schritt ermitteln wir:

$$e = \frac{V(v_1 + m_1)}{v_1 c_2 + v_2(v_1 + m_1)} \qquad \text{(II.98)}$$

Hieraus folgt nach Ausmultiplizieren und Subtraktion von 1:

$$e - 1 = \varepsilon = \frac{v_1 m_2 + v_1 m_1 + v_3 m_1}{v_1 c_2 + v_2 v_1 + v_2 m_1} \qquad \text{(II.99)}$$

Die Division des Zählers und des Nenners der rechten Seite von (II.99) durch v_1 liefert unter Beachtung der einheitlichen Mehrwertrate:

$$\varepsilon = \frac{m_1 + m_2 + m_3}{c_2 + v_2 + m_2} = \frac{M}{V} = m' \qquad \text{(II.100)}$$

Unsere Vermutung hat nicht getrogen: Wird das variable Kapital zur Bemessungsgrundlage des Profits gemacht, entspricht die Profitrate der Mehrwertrate. Und wie sieht es mit den Preis-Wert-Verhältnissen aus? Setzen wir (II.100) und (II.96) in (II.95) ein, gewinnt man anfangs:

$$(1+m')\frac{f_1 y}{g_1 - 1} + (1+m')f_3 y = g_3 \qquad \text{(II.101)}$$

Schließlich liefern einige Umformungen:

$$y = \frac{g_3 c_3}{c_3 + v_3 + m_3} = \frac{M}{M} = 1 \qquad \text{(II.102)}$$

Nach der Berücksichtigung von (II.100) und (II.102) in (II.96) gelangen wir sofort zu $x = 1$; die Preise stimmen mit den Werten überein. Tabelle II.1 (vgl. S. 192) gibt demnach nicht nur die Werte wieder, sondern auch die m'-Preise. Da das vorgelegte Wertschema die einfache Reproduktion sichert, wird die Konsistenzbedingung eingehalten.

Demnach kommen *drei* Prinzipien in Betracht, „kapitalistischen Kommunismus“[77], d. h. einen *konkurrenzfähigen* Profitverteilungsmodus, zu gewährleisten. Tabelle II.5 versammelt die sektoralen Profite, die bei diesen Kalkulationsvarianten jeweils verbucht werden. Der aufzuschlüsselnde Gesamtgewinn ist bei allen Alternativen gleich.

Tabelle II.5: Sektorale Profite alternativer Preissysteme

Abteilung	ρ-Preise	r-Preise	m'-Preise
I	96	***120***	60
II	64	$53,\overline{3}$	***80***
III	40	$26,\overline{6}$	***60***
I – III	200	200	200

[77] Vgl. Marx, K., Theorien …, 3. Teil, a.a.O., S. 79.

Die maximalen Profite jeder Abteilung sind kursiv und fett gedruckt; wie erkennbar, präferiert *keine* Branche die Kalkulation, welche Marx vorschwebte und die Bortkiewicz korrigiert hat. Dem Sektor I wäre es am liebsten, allein das konstante Kapital zur Berechnung der Profite heranzuziehen, die beiden anderen bevorzugten die Wertrechnung. Die Arbeitswerttheorie hätte also die Mehrheit der Kapitalisten hinter sich. Dieses Resultat dürfte den einen oder anderen überraschen, vor allem jene, die – aus undurchschaubaren Gründen – glauben, mit der Wertrechnung seien ausschließlich Arbeitseinkommen vereinbar. So meint Recktenwald:

> „Unverständlich bleibt nur, wie man mit der Forderung nach praktischer Anwendung der Arbeitswerttheorie hochentwickelte Industrienationen auf die Stufe eines primitiven Jägervolks zurückversetzen will, indem man den Wert einer Ware nur in dem Beitrag der Arbeit sieht und die beiden anderen Produktionsfaktoren unvergütet läßt."[78]

Doch die Höhe des zu verteilenden Mehrprodukts wird durch seine Distribution nicht berührt; selbstverständlich existiert bei der Wertrechnung ebenfalls Gewinn. Wie viel davon in die einzelnen Taschen fließt, hängt vom jeweiligen Kalkulationsverfahren ab.

Allerdings fällt die Entscheidung, auf welche Weise sich Konkurrenzpreise bilden, nicht auf demokratische Art im Stil ‚Ein Sektor, eine Stimme'.[79] Wie bei der Entstehung des Geldes handelt es sich um einen *gesellschaftlichen* Prozess. Ein Numéraire wird seiner Funktion gerecht, weil *alle* zu einer Geldgemeinschaft Gehörenden es in ihrer Rechnungsführung benutzen. Ebenso erwirbt das Geld seine Eigenschaft als generelles Entgelt, als universales Gut, indem es in allen ökonomischen Tauschakten von *jedem* Verkäufer als Gegenleistung des Kunden akzeptiert wird. Dasselbe muss für die gesuchte Kalkulationsregel zutreffen: Sie

[78] Recktenwald, H. C., a.a.O., S. LV. Ähnliches liest man bei namhaften älteren Autoren: „Der zentrale Satz der sozialistischen Wertlehre war, daß der Wert einer Ware gleich der Arbeitsmenge ist, die ihre Herstellung unter normalen Verhältnissen kostet. Dieser ganz willkürliche und der Wirklichkeit schroff widerstreitende Satz schließt natürlich von vornherein nicht nur den Zins selbst, sondern auch jede vernünftige Zinstheorie aus." Cassel, G., Theoretische Sozialökonomie (1918), 5. Aufl., Leipzig 1932, S. 170.

[79] Vgl. Helmedag, F., Ohne Fleiß kein Preis: Nochmals zur Erklärungskraft der Arbeitswerlehre, in: Jahrbücher für Nationalökonomie und Statistik, Bd. 214 (1995), S. 470-482, S. 481.

stiftet nur dann ein Konkurrenzgleichgewicht, wenn sie von den Unternehmern *ausnahmslos* angewandt wird. Welche Preisbildungsvorschrift darf im vorliegenden Rahmen auf generelle Anerkennung hoffen?

Nimmt man die Intensität der Diskussion dieser Frage als Indikator ihrer Bedeutung, sollte man in der Tat denken, sie stelle sich gar nicht. Da die Sache anscheinend dermaßen klar auf der Hand liegt, kam wohl niemand bislang auf die Idee zu prüfen, welche Effekte aufgrund einer Ausschüttung des Überschusses nach Maßgabe des gesamten Kapitals vorkommen können. Deswegen keimten Zweifel erst gar nicht auf, ob sich dieses Vorgehen grundsätzlich zur Abbildung eines Konkurrenzgleichgewichts eignet. Welches Preissetzungsverfahren hält keinen Produzenten davon ab, an der gesellschaftlichen Arbeitsteilung mitzuwirken? – Die Lösung findet man auf der Basis des ‚methodologischen Individualismus', des einzelwirtschaftlichen Vorteilsstrebens.

Wie Tabelle II.5 (vgl. S. 199) belegt, votierte *kein* Kapitalist für das traditionelle Procedere, d. h. für die Bortkiewicz-Preise. Ferner hat es, wie schon angekündigt, einen weiteren, schwerwiegenden Mangel: Es bringt mitunter *überhaupt kein* Konkurrenzgleichgewicht zuwege!

Bortkiewicz wies nach, dass ‚seine' Profitrate, außer in einem Sonderfall, kleiner ist als die Mehrwertrate. Die Extremkonstellation tritt ein, sofern die Abteilung II ohne konstantes Kapital produziert. Die Profitrate wird in dieser Situation unmittelbar durch die Gleichung des Sektors II im System der ρ-Preise determiniert. Für $c_2 = 0$ gewinnt man aus (II.75) (vgl. S. 188) und (II.72) (vgl. S. 187) direkt:

$$\sigma = 1 + \rho = \frac{V}{v_2} = \frac{v_2 + m_2}{v_2} = 1 + m' \qquad \text{(II.103)}$$

Bei dieser Lage der Dinge deckt sich die Bortkiewicz-Profitrate mit der Mehrwertrate, die von Abteilung II vorgegeben wird. Aber jetzt erhebt sich ein Problem: Die anderen Zweige *können* unter gewissen Umständen diese Profitrate gar nicht übernehmen. „Die Sache liegt vielmehr so, dass, wenn der Anteil des konstanten Kapitals in diesen Abteilungen … eine bestimmte Grenze überschritten hat, die Ausgleichung der Profitraten unmöglich wird."[80] Skizzieren wir das Kalkül.[81]

---

[80] Bortkiewicz, L., Zur Berichtigung …, a.a.O., S. 331.

[81] Vgl. ebenda, S. 330 ff.

Sprungbrett ist die Gleichung (II.74) (vgl. S. 188), die sich für $\rho = m'$ und $c_2 = 0$ wie folgt schreiben lässt:

$$(1+m')(c_1 x + v_1 y) = (c_1 + c_3)x \tag{II.104}$$

Aus (II.71) (vgl. S. 187) folgt im vorliegenden Fall:

$$c_3 = (1+m')v_1 \tag{II.105}$$

Die Substitution von (II.105) in (II.104) ergibt:

$$(1+m')(c_1 x + v_1 y) = c_1 x + (1+m')v_1 x \tag{II.106}$$

Daraus resultiert die Ungleichung:

$$c_1 x m' < (1+m')v_1 x \tag{II.107}$$

Die Vereinfachung bringt:

$$c_1 < \frac{1+m'}{m'} v_1 \tag{II.108}$$

Demgemäß gilt die Relation:

$$C = c_1 + c_3 < v_1(1+m')\left(\frac{1}{m'} + 1\right) \tag{II.109}$$

Von (II.72) weiß man, dass

$$V = v_2(1+m') \tag{II.110}$$

zutrifft. Dies führt zu:

$$v_1 < v_2 m' \tag{II.111}$$

Wegen (II.109) und (II.110) erhält man:

$$\frac{C}{V} = Q < \frac{v_1(1+m')\left(\frac{1}{m'} + 1\right)}{v_2(1+m')} \tag{II.112}$$

Berücksichtigung von (II.111) mündet schließlich in:

$$Q < \frac{v_2 m'\left(\frac{1}{m'}+1\right)}{v_2} = 1 + m' \qquad \text{(II.113)}$$

Da c_1 und somit Q keinerlei Restriktionen unterliegen, sind leicht Zahlenbeispiele konstruierbar, in denen die Ungleichung (II.113) verletzt wird. In diesen Fällen ist es *ausgeschlossen*, ein ρ-Preissystem à la Bortkiewicz aufzustellen, das eine uniforme Profitrate inkorporiert.

Desgleichen ist die r-Preisbildung im Stile Sraffas für $c_2 = 0$ unfähig, ein Konkurrenzpreissystem zu erzeugen: Nun geht y gegen null, da der Nenner des Bruchs in Ausdruck (II.92) (vgl. S. 196) unendlich groß wird. In Sparte II fiele demnach gemäß der rechten Seite von Gleichung (II.88) (vgl. S. 196) kein Profit an, obwohl sich dort eine positive physische Profitrate beobachten ließe. Die Wertrechnung profiliert sich als das *einzig* konsistente Konkurrenzpreissystem.

Der Einwand liegt nahe, die gerade analysierte kapitallose Produktion der Abteilung II tauche in der Realität kaum auf. Einverstanden; unbeschadet dessen nimmt der Bezug auf die Empirie dem Räsonnement den Wind nicht aus den Segeln. „Denn was im besonderen Fall nicht gilt", bemerkt Bortkiewicz mit Recht, „kann auch keine allgemeine Geltung beanspruchen."[82] Vielmehr deutet die Funktionstüchtigkeit der m'-Preiskalkulation bei Verhältnissen, in denen die beiden anderen Verfahren scheitern, auf ihre generelle Überlegenheit hin. Dazu gesellt sich ein weiteres Argument.

Die Anforderungen der einfachen Reproduktion bringen es mit sich, dass c_2 und c_3 keine aus ‚historischen' Vorgaben herrührenden, ‚vorgeschossenen' Größen sind, sondern sie repräsentieren lebendige Arbeit der *laufenden* Periode. Aus dem Schema (II.71) bis (II.73) (vgl. S. 187) lassen sich nämlich zwei Gleichgewichtsbedingungen ableiten:

$$c_2 = v_1 + v_3 - m_2 \qquad \text{(II.114)}$$

$$c_3 = m_1 + m_2 - v_3 \qquad \text{(II.115)}$$

---

[82] Ebenda, S. 320. Bortkiewicz münzt dieses Diktum auf die Vereinfachung, die Untersuchung unter der Annahme durchzuführen, das gesamte Kapital, inklusive des konstanten, schlage sich in einer Periode um.

Trotzdem ist neben der (irrigen) Meinung, die Wertkalkulation erlaube keinen Gewinn, die (genauso irrige) Behauptung anzutreffen, man müsse den Arbeitswert durch einen Regress ins Dunkel der Vorzeit berechnen. Dahingehend äußerte sich beispielsweise Joan Robinson:

> „The constant capital was produced in the past by labor-time working with then pre-existing constant capital and so on, *ad infinitum* backwards. It therefore cannot be reduced simply to a number of labor hours that can be added to the net value of the current year.“[83]

Es wäre aber grundsätzlich abwegig, die Tätigkeiten in früheren Zeiten als wertbestimmend anzusehen. „Der Wert jeder Ware – also auch der Waren, woraus das Kapital besteht – ist bedingt nicht durch die in ihr selbst enthaltne notwendige Arbeitszeit“, stellt Marx klar, „sondern durch die *gesellschaftlich* notwendige Arbeitszeit, die zu ihrer Reproduktion erheischt ist.“[84] Ausschlaggebend sind allein die aktuellen Arbeitseinsätze.

Jetzt liegen die Kriterien vor, die darüber entscheiden, ob die Unternehmer eine Preisbildungsregel akzeptieren oder nicht. Sie kennen den gegenwärtigen Wert der Produktionsmittel und prinzipiell hält nichts und niemand die Abteilungen II und III davon ab, sich die nötigen Inputgüter in einem Parallelprozess *selbst* zu verschaffen. Die verfügbare Arbeitskraft muss lediglich betriebsintern in geeigneten Proportionen mit der Fabrikation der materiellen Vorleistungen betraut werden.

Wegen der Möglichkeit einer alternativen Eigenfertigung von Vorprodukten *muss* im Gleichgewicht die allgemeine Profitrate mit der Mehrwertrate übereinstimmen. Wäre die Profitrate geringer, scherte zumindest eine Sparte aus der Arbeitsteilung aus.[85] Die Branchen können nur dann erwarten, Abnehmer ihrer Produkte zu finden, wenn die Tauschrelationen den *Werten* entsprechen; das ist die einzige, auf einmütige Billigung der ‚Unternehmerkollegen‘ stoßende Methode, das Mehrprodukt als Profit ‚richtig‘ aufzuschlüsseln.

---

[83] Robinson, J., Ideology and Analysis, wieder in: The Subtle Anatomy of Capitalism, hrsg. v. Schwartz, J., Santa Monica 1977, S. 364-370, S. 365.

[84] Marx, K., Das Kapital, 3. Bd., a.a.O., S. 150.

[85] Streng genommen gilt diese Aussage nur unter der Prämisse konstanter Skalenerträge. In der Realität kommt im Ausnutzen von Größenvorteilen – die *andere* Formen der Produktion erlauben – ein Hauptmotiv der gesellschaftlichen Arbeitsteilung zum Tragen. Darüber am Schluss dieser Schrift mehr.

In der vorliegenden Situation verkündet ausschließlich das Wertgesetz die rationelle Bildung der Tauschwerte. Die Transformation von Werten in Preise entpuppt sich als ein Scheinproblem. Wichtig ist jedoch, die hierarchische Struktur der Wirtschaft im Auge zu behalten: Es geht um Ricardos Erkenntnis, dass die Lohngütersparte – bei ihm die Nahrungsmittelerzeugung, d. h. Weizen – die Mehrwert- alias Profitrate im System determiniert. Der Handel zwischen dieser Basisindustrie mit der ‚Luxusbranche' vollzieht sich dann auf Grundlage der Arbeitswerttheorie.

Die Analyse des Austauschs zwischen den beiden ‚Subsystemen'[86] erweist sich als methodischer ‚Kniff', der erhebliche Erkenntnisgewinne ermöglicht. Einen ersten Eindruck von der Zweckdienlichkeit der Trennung in einen Primär- und Sekundärsektor haben wir schon bei der Untersuchung der Beschäftigungswirkungen internationaler Arbeitsteilung gemäß dem Theorem der komparativen Kostenvorteile bekommen (vgl. S. 157 ff.). Ein weiterer Beleg für die Fruchtbarkeit des Ansatzes schließt sich unmittelbar an.

2.4.3 Maximale Profitrate? Optimaler Reallohn!

Ausgangspunkt der folgenden Untersuchung ist die Marxsche Profitratenformel II.67 (vgl. S. 182), die nach Division von Zähler und Nenner durch das variable Kapital V zu dem Ausdruck II.68 (vgl. S. 183) führt. Damit gilt die Doppelgleichung:

$$p' = \frac{M}{C+V} = \frac{m'}{Q+1} \qquad \text{(II.116)}$$

Marx war der Meinung, dass bei gegebener Ausbeutungsrate m' – eine Voraussetzung, die, wie in Kürze gezeigt wird, strenger wirkt als sie tatsächlich ist – die Verwertungsrate des Kapitals „tendenziell" falle, weil die organische Zusammensetzung des Kapitals Q steige. Gewisse „retar-

---

[86] Vgl. Sraffa, P., Production …, a.a.O., S. 89. Die Idee der ‚integrierten Industrie' oder der ‚Subsysteme' ist im Keim schon bei Marx angelegt. Die von ihm entwickelte Gleichgewichtsbedingung einer zweisektoralen Wirtschaft drückt die im konstanten Kapital des Lohngütersektors verkörperte lebendige Arbeit aus: „Es ergibt sich, daß bei einfacher Reproduktion die Wertsumme v + m des Warenkapitals I … gleich sein muß dem ebenfalls als proportioneller Teil des gesamten Warenprodukts der Klasse II ausgeschiednen konstanten Kapital …" Marx, K., Das Kapital, 2. Bd., a.a.O., S. 401.

dierende" Momente könnten die Entwicklung zwar bremsen oder kurzfristig ins Gegenteil verkehren, aber die kapitalistische Produktionsweise gehe unweigerlich ihrem Ende entgegen.[87]

Jedoch interessiert nicht nur, wann die Verwertung des Kapitals aus der Welt geschafft sei, es steht auch im Raum, welchen Spitzenwert die Profitrate überhaupt erreichen könne. Insbesondere Heinz D. Kurz hat mehrfach auf die angebliche Existenz einer Obergrenze für die Profitrate im Marxschen System verwiesen.[88] Dabei geht er von der Annahme aus, die „... während eines Jahres insgesamt geleistete Menge an direkter Arbeit (die gesamtwirtschaftliche Nettowertschöpfung) ist gleich *L*."[89] Wenn wir bei der bisherigen Notation bleiben und statt *L* weiterhin *N* für die Beschäftigung alias Nettowertschöpfung schreiben, gilt nach Kurz:

$$N = M + V \qquad \text{(II.117)}$$

Gleichung (II.117) bringt eine äußerst strenge Prämisse zum Ausdruck, denn es wird in der aktuellen Periode offenbar gar kein konstantes Kapital erzeugt, Brutto- und Nettowertschöpfung sind darum identisch. So gewappnet schlussfolgert Kurz:

> „Der reziproke Wert der organischen Zusammensetzung ist nun aber gleich der *maximalen Profitrate*, *R*, des Systems, die realisiert werden würde, wenn der Reallohn und mit ihm das variable Kapital, *V*, gleich Null wären, wenn die Arbeiter sozusagen von der Luft und Liebe leben könnten ..."[90]

Die Einlassung erweckt Staunen: Für $V = 0$ verschwindet der Kehrwert der organischen Zusammensetzung des Kapitals $\frac{1}{Q} = \frac{V}{C}$ natürlich ebenfalls und erreicht keinen endlichen Höchstwert. Aber Kurz hat wohl etwas anderes im Sinn. Bei kostenloser Arbeit bestehe die Wertschöpfung allein aus Profit oder Mehrwert, darum erhalte man für die maximale Profitrate:

---

[87] Vgl. Marx, K., Das Kapital, 3. Bd., a.a.O., S. 221 ff.

[88] Außer in einigen Aufsätzen findet sich die Darlegung nahezu identisch an zwei Stellen in: Kurz, H. D., Ökonomisches Denken in drei Jahrhunderten, Band 1: Bedeutende Ökonomen, Marburg 2021, S. 201 und S. 238. In dem im selben Jahr am gleichen Ort erschienen zweiten Band mit dem Untertitel „Ausgewählte Felder und Themen" begegnet man auf S. 206 der Überlegung aus Neue.

[89] Kurz, H. D., Ökonomisches ..., Bd. 1, a.a.O., S. 201.

[90] Ebenda, S. 238.

$$0 < R = \frac{M}{C} = \frac{N}{C} < \infty \qquad \text{für} \qquad V = 0 < M = N, C < \infty \qquad \text{(II.118)}$$

Der Gedankengang gerät allerdings nur dann nicht ins Stolpern, wenn das konstante Kapital tatsächlich ausschließlich aus ‚toter' Arbeit besteht, also eine fixe positive Größe ist. Jedoch erheben sich dann ungelöste Dimensionsprobleme (vgl. S. 181): Eine zeitraumbezogene Stromgröße wird auf einen datierten Bestand bezogen; der erwähnte Charakter der Profitrate als reine Zahl (vgl. S. 179 ff.) gerät unter die Räder.

Die Sache wandelt sich indes fundamental, wenn in einer „Warenproduktion mittels Waren" die Gesamtarbeit N auch zur Erzeugung von konstantem Kapital dient:

$$N = C + M + V \qquad \text{(II.119)}$$

Die Umformung bringt:

$$C = N - V - M \qquad \text{(II.120)}$$

Unter Berücksichtigung der Gleichung (II.120) folgt für die allgemeine Profitrate r à la Marx:

$$r = \frac{M}{C + V} = \frac{M}{N - M} \qquad \text{(II.121)}$$

Im Fall einer verschwindenden Lohnsumme kennt die maximale Profitrate R nun jedoch kein Limit:

$$R = \frac{N}{0} = \infty \qquad \text{für} \qquad N = M \qquad \text{(II.122)}$$

Die Hypothese, es gebe eine Obergrenze der Profitrate, wird demnächst nochmals aufgegriffen (vgl. S. 228 ff.). Den Abschluss der Behandlung der klassischen Wertlehre in diesem Teil des Buches bildet der Nachweis, dass keineswegs alle gewinnmaximierenden Arbeitgeber danach trachten, die Profitrate möglichst weit nach oben zu treiben oder gar zu maximieren. Vielmehr gibt es einen ‚Fokalpunkt', auf den die Verwertung der Lohnarbeit unter Bedingungen vollständigen Wettbewerbs zusteuert.

Dabei wird die Existenz einer mehr oder weniger großen „industriellen Reservearmee" vorausgesetzt, d. h. es herrscht grundsätzlich Unterbeschäftigung, was den Kapitalismus in der überwiegenden Zeit seines Lebens prägt. Deswegen lässt sich im Normalfall die Ausbringung quantitativ ausdehnen, ohne an Kapazitätsgrenzen zu stoßen. Das folgende Modell soll wesentliche Elemente der Marxschen Kapitalismusanalyse auf kompakte und konsistente Weise wiedergeben.[91].

In quantitativer Hinsicht fällt auf, dass Marx in allen drei Bänden seines Hauptwerkes immer wieder eine Mehrwertrate von 100 % annimmt.[92] Der Begründer des wissenschaftlichen Sozialismus wählte diesen ‚runden' Wert wahrscheinlich deshalb, um möglichst einfache Zahlenbeispiele zu bilden. Nachfolgend wird indes gezeigt, dass die *hundertprozentige* Verwertung der Arbeitskraft nicht bloß der Bequemlichkeit dient, sondern „kapitalistischen Kommunismus" in Reinkultur repräsentiert. Die Schlüsselgröße der etablierten Wirtschaftsweise ist ein systemimmanentes Ergebnis von Interessengegensätzen im *Unternehmer*lager.

Im ersten Schritt sortieren wir die kaum überschaubare Produktvielfalt einer modernen Ökonomie – wozu selbstverständlich Dienstleistungen gehören – in zwei Warenkörbe. Der eine enthalte alle Lohngüter nebst allen Vorprodukten, die aus Arbeitseinkommen erworben werden. Der andere Behälter beherberge den gesamten Rest der Erzeugnisse, die ebenfalls vertikal integriert hergestellt werden.[93] Die einzelnen Posten innerhalb der beiden Güterkategorien unterscheiden sich nicht notwendigerweise materiell, sondern lediglich darin, *wer* als Käufer fungiert: Treten Unselbstständige als Abnehmer auf, handelt es sich stets um Lohnartikel, während die anderen Objekte alternativ als Luxus-, Mehrprodukt- oder Surpluswaren deklariert werden.[94] Vor diesem Hintergrund mag etwa ein Bleistift oder ein Briefumschlag prinzipiell in beide Nachfragekategorien fallen.

---

[91] Die Darstellung verwendet Abschnitte und Argumente aus Helmedag, F., Kapitalistischer Kommunismus, in: Ökonomie und Gesellschaft, Jahrbuch 24: Entfremdung – Ausbeutung – Revolte, Karl Marx neu verhandelt, Marburg 2012, S. 111-126, Helmedag, F., Principles of capitalistic commodity production, in: European Journal of Economics and Economic Policies: Intervention, Bd. 9 (2012), S. 23-34 und Helmedag, F., Über Kapital im „Kapital": Einige elementare Überlegungen, in: Wirtschaft und Gesellschaft, 40. Jg. (2014), S. 405-415.

[92] Vgl. Marx, K., Das Kapital, 1. Bd., a.a.O., S. 605, 2. Bd., a.a.O., S. 298 sowie 3. Bd., a.a.O., S. 37 und S. 221.

[93] Eine solche Separation in Subsysteme ist mit Methoden der Input-Output-Analyse durchführbar, wie im kommenden Teil dieser Schrift gezeigt wird

[94] Die hier vorgenommene Dichotomisierung aus Sicht der Nachfrage unterscheidet den Ansatz von Garegnanis „Integrated Wage-Goods Sector", in dem die Lohngüterproduktion von der Herstellung der anderen Waren getrennt erfolgt. Vgl. Garegnani, P., Value and Distribution ..., a.a.O., S. 313 ff.

Selbstverständlich weiß ein Anbieter häufig nicht, an welche Klientel er konkret liefert. Es ist in der Regel unklar, aus welchen Quellen das Geld stammt, das in der Kasse klingelt. Trotzdem lohnt es sich, die Warenwelt konzeptionell in Lohn- bzw. Luxusgüter zu gruppieren, obwohl sich diese Vorstellung auf keine konkreten Gebrauchswerte in der Wirklichkeit stützt. Dank dieser *virtuellen* Zerlegung der Wirtschaft wird sich nicht nur ihr Innenleben erschließen, sondern es lässt sich auch mit leicht zugänglichen statistischen Daten konkretisieren.

Wir deklarieren nun eine fiktive Einheitsware des jeweils betrachteten Sektors als dessen Ausstoß in einer bestimmten Periode. So fabriziert die Sekundärabteilung etwa in einer Woche X ‚Stück' Überschussgüter. Die Division der Beschäftigung in der stilisierten Mehrproduktindustrie N_X durch die Menge X führt zum vertikal integrierten Arbeitswert des imaginären Surplusguts v_X:

$$v_X = \frac{N_X}{X} \tag{II.123}$$

Analoges geschieht in der Basisindustrie. Die Teilung der Beschäftigung N_B durch den periodenbezogenen Output B liefert den Arbeitswert v_B:

$$v_B = \frac{N_B}{B} \tag{II.124}$$

Die Unselbständigen entrichten für das standardisierte Lebensmittel pro Einheit den Preis p_B. Die Multiplikation der uniformen Realvergütung (w) *pro rata temporis* in Quantitäten des Lohngutes mit dessen Preis liefert den nominalen Lohnsatz (typischerweise pro Stunde) wp_B. Gewinnerzielung setzt voraus, dass der Preis einer Ware um einen Zuschlagfaktor $\varepsilon > 0$ über den Stückkosten liegt. Für das Basisgut gilt dann:

$$p_B = v_B w p_B (1+\varepsilon) \tag{II.125}$$

Nach Kürzung des Preises p_B – der beliebig gewählt werden kann, um dann als Numéraire zu fungieren – und nach Umstellung ermittelt man aus der Gleichung (II.125) den Verwertungsfaktor ε als reine positive Zahl. Diese Größe darf somit nicht mit einem Zinssatz konfundiert werden, da dieser sich stets auf einen Zeitraum, meist ein Jahr, bezieht. Die

Profit- alias Mehrwertrate ist positiv, wenn in der Lohngutbranche der Ausstoß einer Arbeitsstunde, die Produktivität $\frac{1}{v_B}$, den Reallohn w übertrifft:

$$\varepsilon = \frac{1 - v_B w}{v_B w} > 0 \quad \text{für} \quad \frac{1}{v_B} > w \tag{II.126}$$

Beim *mark-up* $(1 + \varepsilon)$ handelt es sich um einen Betrag, der den *Roh*profit bestimmt, von dem die Abschreibungen und Zinsleistungen abgezogen werden müssen, um den *Rein*gewinn zu erhalten. Der Aufschlagmultiplikator $(1 + \varepsilon)$ kann als Gradmesser des Preis*niveaus* interpretiert werden.[95] Selbstverständlich bezieht er sich nur auf Prozesse zur Herstellung beliebig vermehrbarer Waren. Wenn man so möchte, korrespondiert dieser Index mit der sog. Kerninflation, welche die Preise für natürliche Ressourcen und Agrargüter ausschließt.

Der Kehrwert des Produktionspreisniveaus liefert die *realen* Lohnstückkosten als prozentualen Anteil des Arbeitsentgelts am nominalen Gesamteinkommen. Damit ist auch klar, worauf Ausbeutung beruht: Die abhängig Beschäftigten können das von ihnen hervorgebrachte Produkt nicht zurückkaufen. Dieser Befund bestätigt die Lehre von Adam Smith: Mit einer Ware vermag man mehr Arbeit zu erwerben (*labour commanded*) als in ihr enthalten ist (*labour embodied*), weil das Preisniveau mehr als 100 % beträgt (vgl. S. 114 f.)

Der Preis des Luxusgutes p_X ergibt sich gleichfalls durch eine Aufschlagskalkulation. Allerdings besteht zwischen den Sektoren ein hierarchisches Verhältnis: Die Gleichung (II.127) enthält den Nominallohnsatz $w_{nom} = wp_B$, der vom Basisbereich vorgelegt wird:

$$p_X = v_X w p_B (1 + \varepsilon) \tag{II.127}$$

Es liegt in der Luft, das Preisverhältnis unserer beiden Warenkategorien im Gleichgewicht, d. h. bei einheitlicher Verwertungsrate ε zu berechnen. Aus (II.125) und (II.127) folgt:

$$\frac{p_X}{p_B} = \frac{v_X w p_B (1 + \varepsilon)}{v_B w p_B (1 + \varepsilon)} = \frac{v_X}{v_B} \tag{II.128}$$

---

[95] Vgl. Helmedag, F., Ultra posse ..., a.a.O., S. 53 f.

Dies ist ein außerordentlich wichtiges Resultat: Die relativen Preise der herauspräparierten Warenkategorien ändern sich weder mit Reallohn- noch mit Nominallohnvariationen! Gegenteilige Vorstellungen in Theorie und Praxis erweisen sich als Trugschluss. Vielmehr determinieren allein die in den beiden Güterklassen verkörperten Arbeitsmengen das Tauschverhältnis.

Um die Beschäftigung N_B im integrierten Basissektor zu ermitteln, bedarf es einer ökonomischen Überlegung. Im Kapitalismus wird menschliche Arbeit letzten Endes nachgefragt, um Sekundärgüter für Nicht-Lohnabhängige herzustellen: Der Überschuss der Primärgüterproduktion dient zum Unterhalt der Belegschaft in der Luxusindustrie. Beide Größen hängen selbstverständlich von der realen Vergütung w ab.

Die Division des Versorgungsbedarfs $N_X w$ durch das in der Basisabteilung erzeugte Mehrprodukt pro Stunde liefert die dort benötigte Arbeitsverrichtung:

$$N_B = \frac{N_X w}{\frac{1}{v_B} - w} = \frac{N_X v_B w}{1 - v_B w} = \frac{N_X}{\varepsilon} \tag{II.129}$$

Offenbar beeinflusst die Mehrwert- oder Profitrate ε das Aktivitätsniveau im Primärbereich. Die Gesamtbeschäftigung summiert sich zu:

$$N = N_X + N_B = N_X\left(1 + \frac{1}{\varepsilon}\right) = \frac{N_X}{1 - v_B w} \tag{II.130}$$

Das Arbeitsvolumen steigt mit dem Arbeitskräfteeinsatz in der Luxusfertigung N_X und dem Reallohn, wenn, in Marxens Terminologie, der „Wert der Arbeitskraft“ $v_B w$ kleiner als 100 % ist. Diese Bedingung ist stets erfüllt, wenn die Mehrwert- oder Profitrate positiv ist (vgl. II.126).

Nun greifen wir die Erkenntnis auf, wonach unter den gegebenen Voraussetzungen die Lohnkosten des Luxuszweiges die nominalen Profite des Basisbereichs ausmachen:

$$N_X w p_B = X_B p_X \tag{II.131}$$

Unter Berücksichtigung der aus (II.123) (vgl. S. 209) entnommenen Beschäftigung im Sekundärbereich N_X und des Preisverhältnisses (II.128) ergibt sich aus Gleichung (II.131) der Realprofit im Basissektor (X_B):

$$X_B = X v_B w$$

Die Lohngutindustrie streicht damit einen ‚virtuell physischen' Gewinn ein, der dem Produkt aus der Gesamtmenge des imaginären Sekundärprodukts X mit dem Wert der Arbeitskraft $v_B w < 1$ entspricht. Die Gewinne im Luxussektor betragen demnach:

$$X_X = X(1 - v_B w) \qquad \text{(II.132)}$$

Als Schlüsselgröße hinter den Kulissen strukturiert die Profit- oder Mehrwertrate die Wirtschaft:

$$\varepsilon = \frac{N_X}{N_B} = \frac{X_X}{X_B} = \frac{X_X p_X}{X_B p_X} = \frac{1 - v_B w}{v_B w} \qquad \text{(II.133)}$$

Die uniforme Verwertungsrate ε ist im vorliegenden Fall kein Indikator der Höhe des Gesamtgewinns, sondern bestimmt stattdessen die Allokation der Arbeit sowie die Verteilung der Profite auf die stilisierten Branchen. Wie die umseitige Abbildung II.3 illustriert, entwickeln sich die sektoralen Gewinne in Abhängigkeit vom Wert der Arbeitskraft bzw. den realen Lohnstückkosten $v_B w$ *gegenläufig*. Wer hätte gedacht, dass hinter den Kulissen entgegengerichtete Zielvorstellungen in Bezug auf die Lohnhöhe das Unternehmerlager prägen?

Solange die Gewinnmöglichkeiten der an die zwei Kundenkreise verkaufenden Anbieter differieren, wechseln früher oder später einige die Sparte, bis keine Arbitragegelegenheit mehr besteht. Im Zuge solcher Prozesse auf hinreichend offenen Märkten werden bestehende Profitdifferenziale abgebaut: „Was die Konkurrenz zwischen den in den verschiednen Produktionssphären hausenden und verschieden zusammengesetzten Kapitalmassen anstrebt, ist der *kapitalistische Kommunismus*, nämlich daß die *jeder Produktionssphäre angehörige Kapitalmasse* … einen aliquoten Teil des Gesamtmehrwerts erhascht."[96]

Vor diesem Hintergrund erlangt der Schnittpunkt der Gewinnfunktionen bei ε = 100 % eine herausragende Bedeutung, denn dieses konkrete Niveau der Mehrwertrate ist in dem Sinn optimal, dass sich bei diesem Wert die widerstreitenden Profitinteressen der beiden Industrien die Waage halten. Ein Branchenwechsel erscheint dann nicht lukrativ. Aller-

[96] Marx, K., Brief an Friedrich Engels, 30. April 1868, in: Marx-Engels Werke, Bd. 32, Berlin 1974, S. 70-75, S. 73

dings hält der Basissektor das Heft in der Hand: Das dort zum eigenen Vorteil gezahlte reale Arbeitsentgelt führt zu nominalen Lohnstückkosten $v_B w$ in Höhe von 50 % bzw. einer Profitrate von 100 %.

Abbildung II.3: Die Profite im Lohn- und Luxussektor

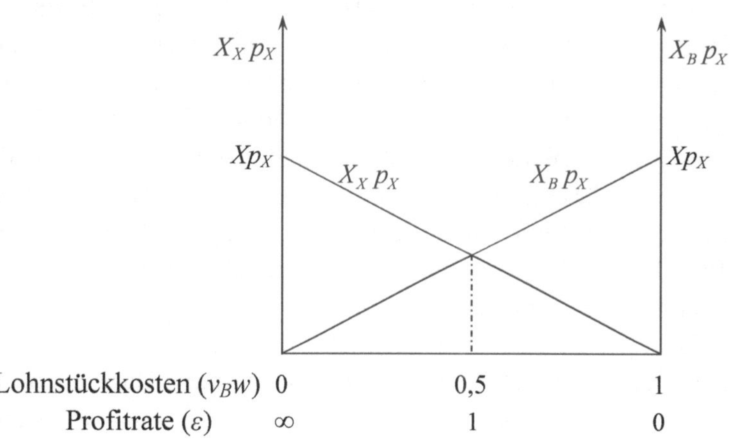

Welches Resümee der vorangegangenen Betrachtungen lässt sich ziehen? Ein Charakteristikum der Linie Smith – Ricardo – Marx besteht darin, dass der Nachfolger am Vorgänger jeweils bemängelte, zu früh von der Arbeitswertlehre abgewichen zu sein. Diesen Vorwurf kann man angesichts der vorangegangenen Analyse ebenso – welch eine Überraschung! – gegen Marx richten. In diesem Licht verblasst sein Tadel an Smith und Ricardo: Das Nettoprodukt zerfällt wirklich – abgesehen von der Rente – in die Kategorien Lohn und Profit und die Profitrate wird durch das Verhältnis von Mehrarbeit zur notwendigen Arbeit bestimmt.

Wie Ricardo dachte Marx ‚sukzessivistisch'[97], seine Behandlung der Transformation von Werten in Preise legt davon Zeugnis ab.[98] Für die frühen Klassiker entsprang der Gedanke, dass *vor* jeder Produktion die

---

[97] Mit diesem Attribut kennzeichnete Marshall die Methode Ricardos: „He does not state clearly, and in some cases he perhaps did not fully and clearly perceive how, in the problem of normal value, the various elements govern one another *mutually*, and not *successively* in a long chain of causation." Marshall, A., Principles …, a.a.O., S. 672.

[98] Vgl. näher Bortkiewicz, L. v., Wertrechnung …, Zweiter Artikel, a.a.O., S. 37 ff. Nach Bortkiewicz hat sich Walras das Verdienst erworben, die moderne Theorie vom „successivistischen Vorurteil zu befreien". Vgl. ebenda, S. 38.

Akkumulation eines Kapitalstocks stehe, freilich ihrer unmittelbaren Anschauung. In der damals beinahe vollständig landwirtschaftlichen Produktionsweise musste die Nahrung für Mensch und Tier eine längere Frist bis zur nächsten Ernte gespeichert und vorfinanziert werden. Dieser Kapitalstock inklusive Saatgut wurde zur quasi natürlichen Bemessungsgrundlage der Überschussallokation. Das trifft auf Kleingewerbetreibende ebenfalls zu: „Was dem Arbeiter zu Zeiten Smiths fehlte, waren nicht Werkstatt und Werkzeug – diese hatte er im oder hinter dem Haus – sondern Geld, um Vorräte zu kaufen und seine Familie während der Zeit der Fertigstellung dieser Waren zu ernähren.“[99] Vor diesem Hintergrund ist der klassische Brückenschlag von der Arbeitswertrechnung zum vermeintlich ‚normalen‘ Preis inklusive Verzinsung des vorfinanzierten Materialaufwands verständlich; konzeptionell verfehlt ist die praktizierte Profitaufschlüsselung dennoch.

Den modernen Theoretikern gegenüber ist indes die unreflektierte Anwendung des ‚agrarischen‘ Denkschemas in einer industriellen Welt *simultaner* Produktion weniger verzeihlich. Doch nach wie vor werden Kosten fortwährend mit Auszahlungen identifiziert, und diese wiederum klassifiziert man ohne Zwischenschritt als investiertes Kapital. Im nächsten Teil bietet sich mehrfach die Gelegenheit, diesen Tadel zu erhärten.

---

[99] Starbatty, J., a.a.O., S. 61. Vgl. weiterhin Bortis, H., Structure and Change Within the Circular Theory of Production, in: Baranzini, M., Scazzieri, R. (Hrsg.), The Economic Theory of Structure and Change, Cambridge u. a. 1990, S. 64-92.

3. Teil: Warenproduktion mittels Waren und Wertgesetz

3.1 Piero Sraffas Produktionspreistheorie

Das 1960 veröffentlichte schlanke Buch „Production of Commodities by Means of Commodities“ zählt zweifelsohne zu den wichtigsten Bestandteilen der modernen ökonomischen Literatur, die „wirkliche Wasserscheide in der kritischen Diskussion, die die älteren von den neueren Auffassungen trennte …“[1] Nicht nur bei seinen Anhängern gilt Sraffas Werk inzwischen als Kulminationspunkt der objektivistischen Werttheorie. Wie Sraffa im Vorwort mitteilte, war seine Theorie als *Plattform* einer später zu entfesselnden Auseinandersetzung mit der neoklassischen Preis- und Verteilungstheorie gedacht: „If the foundation holds, the critique may be attempted later, either by the writer or by someone younger and better equipped for the task.“[2]

Obwohl ein mehrere Jahre früher datierter Aufsatz von Joan Robinson den Auftakt zur modernen kapitaltheoretischen Debatte bildet[3], kam die Cambridge-Cambridge-Kontroverse erst so richtig auf Touren, nachdem das kritische Potenzial in Sraffas Œuvre einem größeren Publikum bewusst wurde. Sicherlich hat die höhere formale Geschlossenheit und Substanz dem Sraffaschen Entwurf langfristig mehr Attraktivität verliehen als dem eher metaphorischen Beitrag Joan Robinsons. In der Rückschau erweist sich der im Untertitel von Sraffas Schrift zum Ausdruck gebrachte Anspruch als berechtigt: „Prelude to a Critique of Economic Theory“. Dem äußerlich kurzen Vorspiel sollte ein bis heute nicht ganz abgeklungenes Echo folgen.

---

[1] Dobb, M., Wert- und Verteilungstheorien seit Adam Smith, Frankfurt a. M. 1977, S. 269.

[2] Sraffa, P., Production …, a.a.O., S. vi.

[3] Vgl. Robinson, J., The Production Function and the Theory of Capital, in: The Review of Economic Studies, Bd. 21 (1953/54), S. 81-106. Vgl. zudem Helmedag, F., Die Technikwahl …, a.a.O., S. 30 ff.

Im Verlauf der Diskussion erfuhr das Sraffasche System eine Umgestaltung – die kompaktere Matrizennotation hat heute Sraffas Niederschrift der einzelnen Gleichungen praktisch völlig verdrängt – und überdies eine inhaltliche Erweiterung. Mit Hilfe bestimmter Theoreme der Matrizenrechnung gelang es einerseits, diese oder jene Aussage Sraffas schärfer zu fassen und andererseits in komplexeren Fällen, wie etwa der Kuppelproduktion, Erkenntnisse zu gewinnen, die über Sraffa hinausdeuten.

Die *irreparablen* Schäden finden sich jedoch, wie so oft, im Fundament. Wieder wird es sich herausstellen, dass die nachfolgende Literatur die Basis der Sraffaschen Analyse gleichsam axiomatisch übernommen hat, während die von Sraffa selbst angemahnte Probe ihrer Stabilität ausblieb. Wenn man so will, unternahm man den zweiten Schritt ohne den ersten: *If the foundation holds*, the critique may be attempted later …

Das soll nicht heißen, Sraffas Werttheorie hätte sich keine Vorhaltungen gefallen lassen müssen. Des Öfteren wurde bemängelt, er sei mit seiner Argumentationsweise unzeitgemäß, die mit dem Namen Leontief und von Neumann verbundenen Modelltypen wären zumindest in formaler Hinsicht als *state of the art* anzusehen. In diesem Kielwasser schwimmt (mit seltsamer Sprachlogik) die These: „Nichts von all dem Neuen, das Sraffa in seinem Buch … verkündet, war 1960, als das Buch erschien, unbekannt.“[4] Aus anderem Mund erfährt man, die Leistungsfähigkeit der neoricardianischen Theorie sei geradezu „armselig“[5]. Sie entbehre einer Geldtheorie, berücksichtige die Finanzmärkte nicht und übergehe die Rolle von Unsicherheiten und Erwartungen – mit einem Wort: „Das Neoricardianische Modell gehört in jedes Lehrbuch über Dogmengeschichte in den Appendix zum Kapitel über Ricardo als moderne Rekonstruktion seiner Werttheorie.“[6]

Einleuchtend wirkt eine solche Beanstandung keineswegs: Zwar ist es richtig, dass all die genannten weißen Flecken (und weitere) von einer wirklich universellen Volkswirtschaftslehre überstrichen werden sollten – doch bis dahin ist gewiss noch ein weiter Weg. In diesem Licht kann man bei entsprechendem Anspruchsniveau die gesamte ökonomische Theorie

---

[4] Stamatis, G., Zur Entmythologisierung Sraffas, in: Staatsgrenzen, Argument-Sonderband AS 89, Berlin 1982, S. 168-182, S. 168. Vgl. ferner Stamatis, G., Sraffa und sein Verhältnis zu Ricardo und Marx, Göttingen 1984.

[5] Vgl. Schneider, J., Die Fortsetzung eines Irrwegs, Replik, in: Arbeit für alle ist möglich, hrsg. v. Matzner, E., Kregel, J., Roncaglia, A., Berlin 1987, S. 35-38, S. 38.

[6] Ebenda.

als armselig abtun – eine Meinung, die einiges für sich haben mag, aber nicht weiterhilft.[7] Kreidet man einer Forschungsrichtung das an, was sie (bislang) nicht leiste, moniert man lediglich, dass sie erweiterungsbedürftig sei. Zweifellos deckt der Neoricardianismus nur einige Problemfelder der Nationalökonomie ab, während Mitglieder des neoklassischen Clans praktisch auf jeder Hochzeit tanzen. Allerdings sind Bemühungen, das neoricardianische Lehrgebäude aufzustocken, des Längeren erkennbar.[8]

Selbst wenn das nicht der Fall wäre: Trotz aller Ergänzungswünsche kann nicht behauptet werden, Sraffas Buch thematisiere eine am Rande liegende Problematik. Im Gegenteil; wie eingangs dieser Schrift ausführlich begründet wurde, bilden die Gesetzmäßigkeiten des ökonomischen Tausches in erwerbswirtschaftlich ausgerichteten, arbeitsteiligen Gesellschaften der Kern der Wissenschaft, um den sich die weiteren Fragenkomplexe ranken. Die klassische Wertlehre war auserkoren, den Blick hinter die oberflächliche Erklärung der Preiserscheinungen durch Angebot und Nachfrage zu gewähren und den im Verborgenen wirkenden Mechanismus der neuen Wirtschaftsgesellschaft zu zeigen. Die Forschungen sollten ans Licht bringen, mit welchen Eigenschaften ein vom realen Wirtschaftsgeschehen *tendenziell* angesteuertes Gleichgewicht aufwarten kann und sie sollten das Bezugssystem liefern, an dem die tatsächlich beobachtbaren Abweichungen gemessen werden können. Das klassische

---

[7] John von Neumann und Oskar Morgenstern vergleichen in der Einleitung ihres, in seinem Metier bahnbrechenden Werkes den Stand der ökonomischen Theorie mit dem der Physik im Mittelalter – bekanntlich die Zeit der Alchimisten. Vgl. Neumann, J. v., Morgenstern, O., Spieltheorie und wirtschaftliches Verhalten (amerikanisch 1943), 2. Aufl., Würzburg 1967, S. 2 ff.

[8] So werben Kurz und Kalmbach für eine *neu*klassische Perspektive, d. h. *Sraffa plus Keynes*, als konkurrenzfähiges Substitut der Neoklassik, die (freilich wie eh und je) sämtliche Teilmärkte der ökonomischen Theorie mehr oder weniger monopolisiert. Vgl. Kurz, H. D., Kalmbach, P., Elemente einer neuklassischen Analyse von Verteilung, Wert, Akkumulation und Beschäftigung: eine Skizze, in: Wirtschaftstheorie und Wirtschaftspolitik, Gedenkschrift für Erich Preiser, hrsg. v. Mückl, W. J., Ott, A. E., Passau 1981, S. 283-311. Siehe dazu ferner die Diskussion in Hödl, E., Müller, G. (Hrsg.), Die Neoklassik und ihre Kritik, Frankfurt a. M. 1986, S. 133 ff. Vgl. zur Verwertbarkeit der „Warenproduktion mittels Waren" auf dem Gebiet der Außenwirtschaftstheorie Nobel, K., Außenhandelseffekte in linearen Wachstumsmodellen, Berlin 1982. Einen umweltökonomischen Ansatz in der Tradition von Ricardo und Sraffa bietet Kratena, K., Produktion, Umweltpolitik und Einkommensverteilung, in: Jahrbücher für Nationalökonomie und Statistik, Bd. 207 (1990), S. 417-431.

Erkenntnisobjekt zielt auf die permanenten und dominanten Faktoren ab, nicht auf die temporären und akzidentiellen.[9]

Wird nun ein Entwurf vorgelegt, der für sich geltend macht, dieses ‚klassische' Projekt vollendet zu haben, so spricht dessen Verbannung in den Appendix einer lehrgeschichtlichen Exposition seiner wahren Bedeutung Hohn: Sraffas Analyse repräsentiert ökonomische Grundlagenforschung *par excellence*. Dem kann die Rüge, einzelne Aussagen seien nicht unbedingt ‚neu' oder sie würden in etwas antiquierter Form aufgetischt, keinen Abbruch tun. Die Weiterverfolgung oder gar der Abschluss eines Programms setzt selbstverständlich voraus, dass vorher auf diesem Gebiet gearbeitet wurde. Im Übrigen wächst mit einem zunehmenden Quellenstudium die Scheu, von dem einen oder anderen Gedanken zu sagen, er sei noch nie dagewesen. Mit solchen Hinweisen befreit man sich nicht davon, die inhaltliche Auseinandersetzung mit dem Werk anzupacken.

Dies geschieht im Folgenden. Dabei geht es weniger um einen erläuternden und aktualisierten Kommentar zum Sraffa-System – daran herrscht kein Mangel mehr. Vielmehr stehen seine Prämissen und ihre *ökonomischen* Implikationen im Zentrum der Untersuchung. Aufgrund der bisher erlangten Ergebnisse dieser Studie liegt es nahe, vor allem auf das Verhältnis zwischen der Sraffaschen Produktionspreistheorie und der Arbeitswertlehre zu achten. Wie wir gesehen haben, steht diese keineswegs so zerzaust da, wie dies an jeder Ecke plakatiert wird. Umgekehrt: Das vermeintlich attraktivere Konzept der Produktionspreise, in denen sich eine uniforme Profitrate auf das ‚Kapital' niederschlägt, erlebte ein ums andere Mal ein Debakel. Schon in der einsektoralen Weizenwirtschaft erwies sich die Profitrate als schlechte Informantin, um über das Akkumulationsverhalten gewinnmaximierender Pächter verlässlich Bescheid zu erhalten. Und Bortkiewicz' Korrektur der Werte in Produktionspreise über die Berechnung der *Materialaufwandsrendite* alias Profitrate offenbarte sich ebenfalls nicht als der Weisheit letzter Schluss. Stattdessen bewährte sich die Wertrechnung als das einzig konsistente und problemadäquate Kalkulationsverfahren. Mit dieser Einsicht wird Sraffas Lehre im Weiteren konfrontiert.

Die hierfür angewandte Methode lässt sich als *Reductio ad absurdum* kennzeichnen: Nach und nach wird herausgeschält und mittels konkreter Zahlenbeispiele untermauert, dass die Sraffasche Preistheorie in gewis-

[9] Vgl. Kurz, H. D., Kalmbach, P., a.a.O., S. 286 f.

sen, *a priori* nicht auszuschließenden Konstellationen Resultate zeitigt, die mit den Anforderungen einer kapitalistischen Konkurrenzwirtschaft unvereinbar sind. Daher *kann* Sraffas Modell deren Funktionsweise nicht korrekt widerspiegeln. Der Gegner wird sogar hauptsächlich dort angegriffen, wo er am stärksten wirkt: im Rahmen der Einzelproduktion.

Einige ‚Abnormitäten' der Kuppelproduktion bereiten selbst Neoricardianern solche Kopfschmerzen, dass sie jene – so hat man mitunter den Eindruck – durch eine hartnäckige Vogel-Strauß-Politik verdrängen möchten. Trotzdem haben manche ihrer Vertreter die Kuppelproduktion herangezogen, um (angebliche) Paradoxa der Arbeitswerttheorie vor Augen zu führen, wobei allerdings die Anomalien der zum Maßstab erhobenen Kuppelproduktionstheorie geflissentlich unter den Teppich gekehrt worden sind. Zum Glück fällt die Behandlung der Verbundfertigung weitaus leichter, wenn man erst einmal weiß, wie die Einzelproduktion in den Griff zu bekommen ist. Deshalb lassen wir zunächst jene Grundlagen und Hauptaussagen der neoricardianischen Theorie Revue passieren, die Prozesse mit nur einer Ware als Ausstoß betreffen.

3.1.1 Von der Subsistenzwirtschaft in den Kapitalismus

Sraffa beginnt sein Buch mit der einfachsten Produktionswirtschaft, in der ein Tauschwertproblem auftauchen kann: In zwei auf jeweils eine Ware spezialisierten Abteilungen wird von jeder gerade so viel erzeugt, wie insgesamt im Produktionsprozess verbraucht wird. In der zweisektoralen Ökonomie ist die Tauschrelation – es existiert hier nur eine – mit dem *Mengenverhältnis* der einander gelieferten Gebrauchswerte identisch. Für höher dimensionierte Wirtschaften gilt dies nicht. Das Beispiel Sraffas kennen wir: Wie aus der Analyse der Weizen-Eisen-Schweine-Wirtschaft (vgl. S. 73 ff.) hervorging, ist der Bezug auf eine Recheneinheit unabdingbare Voraussetzung zur Ermittlung einer konsistenten Tauschstruktur in einer Ökonomie mit mehr als zwei Waren.

Seinerzeit wurde demonstriert, dass die direkte Gegenüberstellung der physischen Handelsströme bereits in der dreisektoralen Wirtschaft ein widersprüchliches System von Tauschwerten heraufbeschwört. Allein der Rückgriff auf ein Numéraire machte es möglich, den mengenmäßig heterogenen Input und Output auf einen Nenner zu bringen, damit die pretialen Budgetrestriktionen formuliert werden konnten. Gleichwohl kam es ohne allgemeines Tauschmittel, trotz Kenntnis der richtigen relativen

Werte, zu einem Dreieckstausch: Erst mussten die Weizen- und die Schweineabteilung ihr Geschäft abwickeln, damit der Getreidesektor in der Lage war, seine Eisenrechnung vollständig zu begleichen.

Die Tauschwertbildung in Subsistenzwirtschaften lässt sich verallgemeinern. Dabei lösen wir uns von der Schreibweise Sraffas und ergreifen die Gelegenheit, um die Matrizennotation einzuschleusen. Sei n die positive natürliche Zahl der produzierten Waren und, im Fall der Einzelproduktion, die der Fabrikationsstätten oder Branchen. Dividieren wir jede der n Produktionsgleichungen durch ihren Output, ergibt sich die Menge $a_{ij} \geq 0$ der Ware i, welche als Input zur Fertigung einer Einheit der Ware j benötigt wird. Da mindestens ein Koeffizient positiv ist, bilden die Elemente a_{ij} eine semipositive, n-dimensionale Direktbedarfsmatrix $\mathbf{A}$. Ihre *Spalten* bestehen aus dem jeweiligen Inputvektor des betreffenden Zweiges zur Herstellung einer Einheit seiner spezifischen Ware.[10] Unter den Verhältnissen einer reinen Subsistenzwirtschaft lautet das System der Preisgleichungen somit:

$$\mathbf{pA} = \mathbf{pI} = \mathbf{p} \qquad \text{(III.1)}$$

$\mathbf{p}$ bezeichnet den n-dimensionalen Zeilenvektor der Preise und $\mathbf{I}$ die Einheitsmatrix, d. h. die Outputmatrix einer auf Einheitsniveau betriebenen Einzelproduktion. Das System (III.1) ist nichts anderes als eine spezielle Eigenwertaufgabe der Form $\mathbf{pA} = \lambda\mathbf{p}$ mit $\lambda = 1$: Gesucht wird ein (positiver) Zeilenvektor $\mathbf{p}$, dessen Multiplikation mit den Spalten von $\mathbf{A}$ wieder zu $\mathbf{p}$ führt. In der Subsistenzwirtschaft entspricht $\lambda = 1$ dem maximalen Eigenwert $\lambda_{\max}$ von $\mathbf{A}$, der generell zwischen dem Minimum und dem Maximum der Zeilensummen der Koeffizientenmatrix liegt.

In der gegebenen Sondersituation addieren sich die Elemente jeder Zeile auf eins, Zeilenminimum und -maximum stimmen überein. Dem betragsmäßig größten Eigenwert von $\mathbf{A}$ ist ein positiver Eigenvektor $\mathbf{p}$ zugeordnet, sofern $\mathbf{A}$ unzerlegbar ist. Ökonomisch bedeutet dies, dass alle

---

[10] Ein gelungenes Kompendium der relevanten Mathematik bietet Pasinetti, L., Vorlesungen ..., a.a.O., S. 241-299. Dort finden sich alle künftig angesprochenen Theoreme der Matrizenrechnung nebst ihren Beweisen, insbesondere die Sätze von Perron und Frobenius über nicht-negative Matrizen. Der mathematisch weniger interessierte Leser kann ohne Verlust entscheidender Informationen die einschlägigen Stellen überspringen. Die spätere Argumentation stützt sich auf einfache Modelle, die keine tiefere Kenntnis der Matrizenrechnung erfordern.

Produkte Basiswaren im Sinne Sraffas sind, da sie wechselseitig in ihre Herstellung eingehen.[11] Aus der Matrizengleichung (III.1) folgt:

$$\mathbf{p}(\mathbf{A}-\mathbf{I})=0 \tag{III.2}$$

Die nicht-triviale Lösung von (III.2) verlangt, dass die Determinante von $(\mathbf{A}-\mathbf{I})$ verschwindet:

$$|\mathbf{A}-\mathbf{I}|=0 \tag{III.3}$$

Diese Bedingung trifft auf die vorliegende stationäre Produktion zu: Weil sich die Summe der Inputs mit der der Outputs decken muss, kann jede einzelne der n Gleichungen gewonnen werden, wenn die anderen bekannt sind. Damit stehen nur $(n-1)$ unabhängige Gleichungen zur Verfügung, um n Tauschverhältnisse zu berechnen. Erst nach der Vereinbarung eines Zählgutes erhält man die fehlende n-te Gleichung.

Sraffa verweilt nicht lange bei der Subsistenzwirtschaft. Was geschieht, wenn die betrachtete Ökonomie mehr erzeugt als in die Herstellungsprozesse zurückfließt? Welches Kriterium dient als Richtgröße zur Verteilung des nun vorhandenen Mehrprodukts? Für Sraffa ist die Angelegenheit klar: „… the surplus (or profit) must be distributed in proportion to the means of production (or capital) advanced in each industry…“[12] Hoppla, wird der sensibilisierte Leser denken: Nur eine Seite vorher hatten wir eine reine Subsistenzwirtschaft, welche lediglich imstande war, gerade die Lebensmittel derjenigen, die arbeiten, sowie die verbrauchten Produktionsmittel hervorzubringen, und jetzt haben wir, kaum dass ein Mehrprodukt da ist, bereits Profit und Kapital![13]

---

[11] Vgl. Sraffa, P., Production …, a.a.O., S. 8. Die Unterscheidung von Basis- und Nichtbasiswaren spielt in der Literatur eine bedeutende Rolle. Diese Klassifikation wird noch aufgegriffen.

[12] Ebenda, S. 6.

[13] Außerdem ist selbst im Zwei-Waren-Fall die Angelegenheit komplexer als es Sraffa ausführt: Die von ihm nicht dargestellte Profitratengleichung hat zwei positive Lösungen, von denen eine ausscheidet, weil mit ihr eine negative Preiszahl eines Guts verbunden ist. Vgl. im Einzelnen Helmedag, F., Die arbeitsteilungskompatible Kalkulation von Produktionspreisen, in: das wirtschaftsstudium (wisu), 26. Jg. (1997), S. 573-582, S. 575 f.

Die Identifikation von Überschuss und Profit einerseits sowie die Gleichsetzung des Werts der physischen Inputs mit dem Kapital andererseits ist einem kaum auffallenden, aber – wie sich zeigen wird – umso schwereren Geburtsfehler des Sraffaschen Systems geschuldet. Gleich im zweiten Satz seines Buches heißt es lapidar: „Commodities are produced by separate industries and are exchanged for one another at a market held after the harvest.“[14] Nach Sraffas beiläufigen Kommentaren wird der Markttag einmal im Jahr abgehalten.

Die neoricardianische Theorie hat diesen ‚bäuerlichen‘ Ansatz niemals in Frage gestellt, geschweige denn versucht, sich von ihm zu emanzipieren. Das ist Treue an verkehrter Stelle. Bei den Klassikern entsprang das sukzessivistische Denken, wie bemerkt, der unmittelbaren Anschauung einer Agrargesellschaft. In der modernen Industriewirtschaft, die gewiss schon 1960 zu beobachten war, werden die wenigsten Erzeugnisse nur auf Jahrmärkten feilgeboten: Unser Super-Markt ist werktäglich geöffnet.

Selbstverständlich muss das ‚Jahr‘ nicht zwölf Monate währen – Marshalls ‚Woche‘ erfüllte den gleichen (formalen) Zweck. Doch auf zweierlei ist in diesem Kontext hinzuweisen. Zunächst einmal belegen zahllose Passagen in der Literatur, dass Neoricardianer (und andere) tatsächlich glauben, die gesamten Materialkosten des unterstellten Zeitraums wären vorzufinanzieren. In diesem Zusammenhang wird sogar behauptet, „... the period of production is generally longer than the period over which the wage contract is made ...“[15]

In Wahrheit basiert die Annahme einer uniformen Produktionsperiode auf einer *Konvention* – seinerzeit erfreute sich eben das ‚Jahr‘ breiter Akzeptanz, wie es in der früher zitierten Definition von James Mill anklingt (vgl. S. 74 Fn.). Die wirkliche Vollendungsdauer der einzelnen Waren ist der Natur der Sache(n) nach höchst individuell: In einer Wirtschaft, in der nicht nur Büroklammern gebogen und Tageszeitungen gedruckt, sondern auch Wolkenkratzer errichtet und Schiffe auf Kiel gelegt werden, ist *jedes* einheitliche Herstellungsintervall ein willkürliches Konstrukt. Infolgedessen ist man berechtigt, bei der Wahl einer Standard-Produktionsperiode die klassische Sichtweise aufzugeben: warum nicht ein Tag, eine Stunde und – im Grenzfall – eine ‚logische‘ Sekunde? Die unfertigen Waren sind eben als Zwischenerzeugnisse zu interpretieren. – Dazu unten mehr.

---

[14] Ebenda, S. 3.

[15] Steedman, I., Marx After Sraffa, London 1977, S. 103.

Ein weiterer Aspekt verdient Beachtung. Die Produktionstheorie hat es *natürlicherweise* mit *Stromgrößen* zu tun – das ist unumstritten und geht aus der gerade angestellten Überlegung hervor.[16] Man begibt sich daher auf brüchiges Eis, falls man den *Markt* nach der Ernte zur Institution der Preisbildung erhebt. Denn auf einem Handelsplatz werden *Bestände* offeriert; Bestände, die in einer Agrarwirtschaft stark von außerökonomischen, vor allem von klimatischen Bedingungen beeinflusst werden. Nicht ohne Grund hielten die Klassiker Markt- und Produktionspreise auseinander. Die Erklärung solcher Preise, die von einem Tausch aus Vorräten stammen, kann auf die Kategorien Angebot und Nachfrage – also Knappheitsrelationen – nicht verzichten. Die Wertbildung beliebig herstellbarer Güter ist demgegenüber eine Sache für sich.

Die Entzifferung des Wertgesetzes ist das A und O des Forschungsprogramms der Klassiker. Sie wollten enthüllen, nach welchen Regeln sich die Werte jener Waren bilden, deren Fertigung ausschließlich durch das Reservoir an menschlicher Arbeit unter mehr oder weniger großer Mithilfe der Natur beschränkt ist. Liegt ein Teil der originären Produktionsfaktoren unfreiwillig brach, verliert der Begriff Knappheit seine erkenntnisleitende Funktion. Um die im Raum stehenden Fragen beeindruckend zu beantworten, muss man kräftigere Muster entwerfen.

Sraffas ‚Markt nach der Ernte' bringt die Analyse in ungewollte Nähe zur neoklassischen Theorie, deren Hauptthema die optimale Allokation von Ressourcen auf alternative Verwendungen ist. In diesem Raster figuriert Produktion bloß als indirekter Tausch; die Verteilung verkümmert zum Anhängsel der universalen Angebot-Nachfrage-Maschinerie: „… a sound distribution theory is hardly more than a corollary or footnote to an exposition of the mechanics by which resources are apportioned among different uses."[17]

Ist ein Überschuss zu registrieren, bestehen die Preise laut Sraffas Hypothese aus dem Wert der Vorprodukte plus einem Aufschlag gemäß einer einheitlichen Profitrate r:

---

[16] „Alle Inputs sind Stromgrößen" versichert Kesting, H., Produktionspreise, Wachstum und Verteilung, Marburg 1990, S. 34. Siehe des Weiteren Pasinetti, L., Vorlesungen …, a.a.O., S. 47.

[17] Knight, F. H., The Ricardian Theory of Production and Distribution, in: The Canadian Journal of Economics and Political Science, Bd. 1 (1935), S. 171-196, S. 171.

$$\mathbf{pA}(1+r)=\mathbf{p} \tag{III.4}$$

Mit der Definition

$$\frac{1}{1+r}\equiv\lambda \tag{III.5}$$

ergibt sich aus (III.4) wieder eine Eigenwertaufgabe:

$$\mathbf{p}(\mathbf{A}-\lambda\mathbf{I})=0 \tag{III.6}$$

Jetzt ist die interessante, weil mit nicht-negativen Preisen verbundene Lösung für λ_{max} kleiner als eins: Ein Mehrprodukt tritt auf den Plan, sofern mindestens von einer Ware mehr erzeugt als im Produktionsprozess verbraucht wird; wenigstens die Summe einer Zeile unterschreitet eins. Mit Hilfe des maximalen Eigenwerts der Koeffizientenmatrix, der Frobeniuswurzel, lässt sich eine Aussage über die Produktivität der Wirtschaft machen. Diese beruht unter den gegebenen Verhältnissen nicht nur auf dem Stand der Technik. Denn qua Annahme umfasst die Direktbedarfsmatrix **A** die Lebensmittel der Arbeiter „… entering the system on the same footing as the fuel for the engines or the feed for the cattle.“[18]

Das Lohngüterbündel kann verschieden reichhaltig geraten; je nachdem ist die Überschussrate kleiner oder größer. Mit steigendem Reallohn nimmt der maximale Eigenwert der Koeffizientenmatrix zu, da die Frobeniuswurzel mit den Matrixelementen wächst. Die Profitrate resultiert aus der Umstellung von (III.5):

$$r=\frac{1}{\lambda_{\max}}-1 \tag{III.7}$$

Der Aufschlagfaktor sinkt mit einer steigenden Frobeniuswurzel und verschwindet, wenn λ_{max} gleich eins ist. Wir sind dann wieder in einer stationären Wirtschaft. In diesem Fall konsumieren die *Arbeiter* alles, was als Netto-Überschuss in der Wirtschaft anfällt. Dies erfordert selbstverständlich einschlägige gesellschaftliche Verhältnisse. Sraffa hatte bei der Preisbildung gemäß dem Gleichungssystem (III.4) allerdings wohl die Welt der Klassiker im Kopf, in welcher der Lohnsatz praktisch allein das physische Überleben gestattete.

---

[18] Sraffa, P., Production …, a.a.O., S. 9.

Ist es sinnvoll, in diesem Modell von einer ‚Profitrate' zu sprechen? Sraffa beginnt seine Analyse mit einer vorkapitalistischen Gesellschaft ohne Mehrprodukt; die Werte entspringen dort geradewegs den Produktionsbedingungen. Systematisch gesehen hätte der nächste Schritt darin bestehen sollen, eine zwar arbeitsteilige, aber vorkapitalistische Warenproduktion *mit* Mehrprodukt unters Mikroskop zu nehmen. Sraffa verfährt anders: Ohne die Zuordnung der gesellschaftlichen Arbeit auf die Sektoren zu entschleiern, werden alle Dinge, die unmittelbar oder auf dem Umweg über die Lebensmittel einer (jeweils unbekannten) Zahl von Arbeitenden im Erzeugnis untergehen, als ‚Kapital' deklariert. Zwar hatte Ricardo seinerzeit die Waffen des Jägers ebenfalls ‚kapitalisiert', freilich beabsichtigte er ‚nur', Adam Smiths Arbeitswertlehre des frühen und rohen Zustands zu präzisieren. Maßgeblich für den Wert sei neben der direkten auch die indirekte Arbeit.

In derselben Manier gibt es bei Sraffa zunächst ‚Kapital', wenngleich sich die dazu gehörenden Kapitalisten verborgen halten. Sie bleiben so lange hinter den Kulissen, bis Sraffa in seinen Produktionsgleichungen den jeweiligen *Teil* der Gesamtarbeit sichtbar macht, der in dem entsprechenden Fertigungszweig geleistet wird.[19] Überzeugender wäre es gewesen, Sraffa hätte diesen direkten Arbeitseinsatz *von Anfang an* aufgedeckt, um anschließend zu analysieren, unter welchen Konditionen sich eine gesellschaftliche Arbeitsteilung anbahnt und behauptet.

Stattdessen setzt Sraffa – ganz im Stil seiner Vorläufer – die Existenz der einzelnen Sektoren einfach als gegeben voraus. Ferner kennzeichne ein uniformer *mark-up* auf die jeweiligen Vorleistungen – vulgo: das vorgeschossene Kapital – das Gleichgewicht freier Konkurrenz. Der Beziehung zwischen dieser Profitrate und der Arbeitsvergütung gehört nun unsere Aufmerksamkeit. Hierdurch schaffen wir die formalen Grundlagen zur versprochenen Klärung früher aufgeworfener Fragen.

3.1.2 Lohnsatz und Profitrate

Obwohl Sraffa bei der Aufstellung seiner allgemeinen Preisgleichungen die klassische Annahme aufgibt, die Löhne seien am Anfang der Produktionsperiode vorzustrecken, behält er ausdrücklich die ‚Agrarkonzeption' seiner Untersuchung bei: „We retain however the supposition of an an-

[19] Vgl. ebenda, S. 9 ff.

nual cycle of production with an annual market.“[20] Für Sraffa schien die damit postulierte Begabung der Werktätigen, ein Jahr lang von der Luft zu leben, nicht zu viel verlangt. Aber ein Jahr ist eben kein Jahr …

Ganz im Stile Ricardos ist Sraffas Umgang mit den einzelnen Arbeitsqualitäten. Die Unterschiede werden eingeebnet, indem kompliziertere Arbeit als ein entsprechend Vielfaches ‚einfacher‘ Arbeit zählt. Im Dunkeln bleibt, welche konkrete Lösung der Reduktionsproblematik ihm vorschwebt: „… we assume any differences in quality to have been previously reduced to equivalent differences in quantity so that each unit of labour receives the same wage.“[21] Schreibt man für diesen Lohnsatz w und für den *positiven* Zeilenvektor der direkten Arbeitseinsätze $\mathbf{a}_0$ – in *jedem* Sektor wird eine gewisse Menge direkte Arbeit a_{0j} verrichtet –, blickt man auf die zentrale Formel der neoricardianischen Theorie:

$$\mathbf{p} = \mathbf{pA}(1+r) + \mathbf{a}_0 w \qquad \text{(III.8)}$$

Während das Gleichungssystem (III.4) als Pendant der Bortkiewicz- oder ρ-Preise interpretiert werden kann, wie sie früher (vgl. S. 192) etikettiert wurden, ist (III.8) das Gegenstück zu den dortigen r-Preisen. Deswegen wurden damals die gemäß der *Hypothese* (III.8) berechneten Preise ‚Sraffa-Preise‘ (vgl. S. 195) genannt. Danach folgte der Beweis, dass weder die ρ- noch die r-Preise eine brauchbare Kalkulationsvorschrift liefern, um das Mehrprodukt nach den Prinzipien einer kapitalistischen Konkurrenzwirtschaft aufzuschlüsseln. Jetzt wird geprüft, was sich diesbezüglich über die Sraffa-Preise *grundsätzlich* aussagen lässt. Vorher zahlt es sich aus, den Extremwerten von (III.8) Beachtung zu schenken.

Angenommen, die Profitrate betrage null, mithin glänzen die Kapitalisten (noch) durch Abwesenheit. Dann vereinfacht sich (III.8):

$$\mathbf{p} = \mathbf{pA} + \mathbf{a}_0 w \qquad \text{(III.9)}$$

Im ersten Schritt gewinnt man:

$$\mathbf{p}(\mathbf{I}-\mathbf{A}) = \mathbf{a}_0 w \qquad \text{(III.10)}$$

Die Lösung dieses Systems lautet:

---

[20] Ebenda, S. 10.

[21] Ebenda.

$$\mathbf{p} = \mathbf{a}_0 w \left[\mathbf{I} - \mathbf{A}\right]^{-1} \tag{III.11}$$

$\left[\mathbf{I} - \mathbf{A}\right]^{-1}$ bildet die Gesamtbedarfsmatrix, der man oft unter dem Namen Leontief-Inverse begegnet. Künftig kürzen wir sie mit **L** ab. Ihre nichtnegativen Elemente drücken aus, wie viele Einheiten der Ware i *insgesamt* zur Produktion einer Einheit der Ware j erforderlich sind. Multipliziert man die Spalten der Leontief-Inversen von links mit dem Zeilenvektor der direkten Arbeitsinputs, ergibt sich der positive Vektor der Arbeitswerte **v**:

$$\mathbf{v} = \mathbf{a}_0 \left[\mathbf{I} - \mathbf{A}\right]^{-1} = \mathbf{a}_0 \mathbf{L} \tag{III.12}$$

Die Preise sind in der gegebenen Situation den Arbeitswerten parallel:

$$\mathbf{p} = w\mathbf{v} \tag{III.13}$$

Da n Gleichungen vorliegen und die n Preise sowie der Lohnsatz gesucht sind, ist das System erst nach Wahl einer Recheneinheit determiniert. Nach Normierung des Preises der Ware j auf eins erhält man für den Lohnsatz $w = \frac{1}{v_j}$, wobei v_j den Arbeitswert der Ware j symbolisiert. Das Tauschverhältnis zweier Waren entspricht dem Quotienten der jeweiligen Arbeitsmengen, die in den einzelnen Waren insgesamt verkörpert sind. Die Preise sind mit den Arbeitswerten identisch, falls wir in (III.13) w zum Numéraire erheben: *labour embodied* und *labour commanded* stimmen unter diesen Umständen überein.

Die Gleichungen (III.13) geben die Preisbildung im, wenn man so möchte, ‚frühen und rohen Zustand' (vgl. S. 109 f.) wieder. In vorkapitalistischen Gesellschaften, in denen es jedem freisteht, nach Belieben seine Arbeitskraft zu verwirklichen, käme es – im theoretischen Ideal – zu keinem Tausch, bei dem mehr Arbeit hingegeben als empfangen wird. Lässt man einmal die im Zuge der Arbeitsteilung entstehende Erhöhung der Produktivität außer Acht, muss es im Gleichgewicht einerlei sein, ob eine Ware in integrierter Produktion selbst- oder fremdgefertigt wird.

In Wahrheit wächst durch die Spezialisierung der insgesamt hervorgebrachte Ausstoß, wodurch es für *alle* lohnend wird, eigene Arbeit gegen die anderer zu tauschen (vgl. S. 158 Fn. zur Berufswahl). Je stärker die Effektivität der einzelnen Tätigkeit im Verhältnis zum Durchschnitt ansteigt, desto mehr Einheiten ‚einfacher' Arbeit repräsentiert sie. Aus der

Arbeits*mengen*theorie wird eine Arbeits*kosten*theorie. Die Preisbildung (III.13) sichert allen Produzenten eine leistungsbezogene Teilhabe am Sozialprodukt.

Schauen wir aufs andere Extrem: Der Lohnsatz betrage null – Sraffas Werktätige sind ja fähig, ein Jahr lang von der Luft zu leben. Das System (III.8) verwandelt sich jetzt in:

$$\mathbf{p} = \mathbf{pA}(1 + R) \qquad \text{(III.14)}$$

R figuriert als die mit dem Null-Lohnsatz einhergehende maximale Profitrate. Die Analogie zur Gleichung (III.4) (vgl. S. 224) springt ins Auge. Wieder sehen wir uns mit einer Eigenwertaufgabe konfrontiert. Nur erhält die Koeffizientenmatrix **A** nun die Lebensmittel der Arbeiter nicht mehr. Der maximale Eigenwert dieser Matrix bestimmt gemäß (III.7) als eine rein ‚technische' Größe den zulässigen Bereich der Profitrate. Doch besitzt R überhaupt Relevanz in einer Welt, in der alle Produktionsmittel nach Gusto durch den Einsatz kostenloser Arbeit in beliebiger Menge erzeugt werden können?

Im Anhang D seines Buches gibt Sraffa einige (knappe) Literaturhinweise. Dort erfährt man, der Gedanke einer maximalen Profitrate stamme von Marx. Sraffa zufolge habe Marx diese Doktrin direkt zum Ausdruck gebracht, als er beiläufig die Möglichkeit „… of a fall in the rate of profits ‚even if the workers could live on air' …"[22] andeutete. Es dürfte kaum mangelnde Übung sein, wenn Sraffa, der zwar sonst in seinem Buch auf wörtliche Zitate beinahe völlig verzichtet, aber dessen Ricardo-Edition selbst die kleinsten Nuancen der einzelnen Auflagen akribisch registriert, hier *nicht* korrekt zitiert. Marx erörtert in der fraglichen Passage das Phänomen, dass der Gesamtmehrwert bei zunehmender Produktivkraft zwei entgegengerichteten Einflüssen ausgesetzt sein könne. Da er sich aus dem Produkt von Ausbeutungsrate und dem Wert der Arbeitskraft ergibt, kompensiere eventuell ein starker Rückgang des variablen Kapitals einen Anstieg der Mehrwertrate. Wie die Überschrift des Abschnitts ankündigt, thematisiert Marx dort den Konflikt zwischen Ausdehnung und Verwertung der Produktion. Hören wir ihn selbst und – um Missverständnissen vorzubeugen – in Englisch:

---

[22] Ebenda, S. 94. Womöglich hat Kurz diese Stelle im Kopf gehabt, als er formal nachweisen wollte, dass es bei Marx eine maximale Profitrate gebe, vgl. S. 206 f.

„To the extent that the development of the productive power reduces the paid portion of employed labor, it raises the surplus-value, by raising its rate; but to the extent that it reduces the total mass of labor employed by a certain capital, it reduces the factor of numbers with which the rate of surplus-value is multiplied in order to calculate its mass. Two laborers, each working 12 hours daily, cannot produce the same mass of surplus-value as 24 laborers each working only 2 hours, even if *they* could live on air and did not have to work for themselves at all.“[23]

In dem letzten Satz bezieht sich „they“ auf die *im vorangegangenen Beispiel genannten* „laborers“. Die Einbindung in diesem Kontext bleibt verborgen, sofern man – stillschweigend – „they“ durch „the workers“ ersetzt und somit den Eindruck erweckt, Marx spräche in dieser Situation von einer maximalen Profitrate, die sich einstelle, falls alle Arbeiter von der Luft lebten. Stattdessen konstatiert Marx lediglich, bei einheitlicher Mehrwertrate, unabhängig von ihrer konkreten Höhe, könne in 24 Arbeitsstunden nicht so viel Mehrwert geschaffen werden wie in 48. Dieser Trumpf von Sraffa sticht also nicht.

Sraffa meint, ein weiteres Ass in der Hand zu haben. Er stützt sich dabei auf die Marxsche Kritik an Smiths Komponententheorie des Preises. Die vollständige Auflösung des Preises in die Einkommenskategorien impliziere ‚letzte Waren‘, die ohne Mithilfe produzierter Produktionsmittel erzeugt worden seien. Das widerspräche, so Sraffa, einer festen Obergrenze für die Profitrate.[24] Diese (Fehl-)Einschätzung liegt nahe, wenn man eine spezielle Darstellungsweise der Sraffa-Preise im Hinterkopf hat.

Um das zu verdeutlichen, blicken wir auf die Lösung von (III.8) (vgl. S. 226). Die Umstellung bringt zunächst:

$$\mathbf{p}\left[\mathbf{I}-(1+r)\mathbf{A}\right]=\mathbf{a}_0 w \qquad \text{(III.15)}$$

Daraus resultiert:

---

[23] Marx, K., Capital, Volume III, Chicago 1909, S. 290, eigene Hervorhebung. Auch in der deutschen Version, die Grundlage für die Übertragung ins Englische war, ist diese Stelle eindeutig: „… selbst wenn sie von der Luft leben könnten …“ Marx, K., Das Kapital, 3. Bd., a.a.O., S. 257. Die Herausgeber der zunächst in der ehemaligen DDR erschienenen deutschen Übersetzung von Sraffas Buch haben Marx korrekt wiedergegeben und hinter „sie“ den Klammerzusatz „die Arbeiter, d. Hrsg.“ eingefügt. Vgl. Sraffa, P., Warenproduktion mittels Waren, Frankfurt a. M. 1976, S. 126.

[24] Vgl. Sraffa, P., Production …, a.a.O., S. 94.

$$\mathbf{p} = \mathbf{a}_0 w\left[\mathbf{I} - (1+r)\mathbf{A}\right]^{-1} = \mathbf{a}_0 w\,\mathbf{S} \tag{III.16}$$

Die ‚Sraffa-Inverse' $\mathbf{S} \equiv \left[\mathbf{I} - (1+r)\mathbf{A}\right]^{-1}$ weist ausschließlich für zulässige r positive Elemente auf, d. h. es muss $0 \leq r < R$ gelten. Unter diesen Umständen lässt sich (III.16) gemäß der unendlichen Reihe

$$\mathbf{p} = \mathbf{a}_0 w\left[\mathbf{I} + (1+r)\mathbf{A} + (1+r)^2\mathbf{A}^2 + (1+r)^3\mathbf{A}^3 + \ldots\right] \tag{III.17}$$

expandieren. Sraffa nennt diese Form der Preisdekomposition sehr anschaulich, aber, wie in Bälde erläutert wird, etwas irreführend „Reduktion auf datierte Arbeitsmengen"[25]. Bestünde keine Interdependenz zwischen den Verteilungsparametern w und r – eine Ansicht, für die Adam Smith verantwortlich gemacht wird –, wäre der Einfluss ihrer Entwicklung auf die Preise klar: Sie folgten den ‚natürlichen' Sätzen von w und r.[26] Jedoch herrscht zwischen Lohnsatz und Profitrate – wie Ricardo lehrte – eine inverse Relation.

Das System (III.16) umfasst n Gleichungen mit $n + 2$ Unbekannten: den n Preisen sowie dem Lohnsatz und der Profitrate. Wieder kann ein Freiheitsgrad durch die Wahl einer Recheneinheit eliminiert werden. Sinnvollerweise sucht man jetzt einen Preis aus; nehmen wir an, $p_j \equiv 1$. Die Ermittlung des Verhältnisses zwischen Lohnsatz und Profitrate macht es erforderlich, aus den Gleichungen (III.16) die Preisgleichung für Ware j herauszuschälen. Hierfür multiplizieren wir (III.16) von rechts mit $\mathbf{e}_j$, ein n-dimensionaler Spaltenvektor, dessen j-tes Element 1 ist und in dem sonst nur Nullen vorkommen:

$$\mathbf{p}\mathbf{e}_j = \mathbf{a}_0 w^{(j)}\mathbf{S}\mathbf{e}_j \equiv 1 \tag{III.18}$$

$w^{(j)}$ steht für den in Ware j gemessenen Lohnsatz. Aus (III.18) erhält man nach Umstellung:

$$w^{(j)} = \frac{1}{\mathbf{a}_0\mathbf{S}\mathbf{e}_j} \tag{III.19}$$

---

[25] Vgl. ebenda, S. 34 ff.

[26] Bei modernen Autoren findet sich desgleichen die Auffassung, die allgemeine Profitrate stehe in keiner Verknüpfung zum Reallohnsatz. Vgl. z. B. Preiser, E., Wachstum und Einkommensverteilung, 3. Aufl., Heidelberg 1970, S. 19.

Da die Elemente von **S** gemäß (III.17) mit r wachsen, ist $\frac{dw}{dr} < 0$. Der Lohnsatz sinkt, wenn die Profitrate steigt und umgekehrt. Über die zweite Ableitung lässt sich jedoch keine allgemeine Aussage treffen. Die ‚Lohnkurve' fällt zwar im w-r-Diagramm; in höher dimensionierten Modellen können aber konvexe und konkave Kurvenabschnitte einander ablösen.[27]

Wegen des gegenläufigen Zusammenhangs zwischen Lohnsatz und Profitrate ist es *a priori* verwehrt zu prognostizieren, welchen Kurs der Preis einer Ware einschlägt, sobald sich ein Verteilungsparameter verändert. Multipliziert man die rechte Seite von (III.17) aus, wird erkennbar, dass jeder Summand der Reihe den divergierenden Bewegungen von Lohnsatz und Profitrate ausgesetzt ist. Es ist nicht vorherzusagen, welcher Effekt die Oberhand behält.

Wie Sraffa mittels eines Beispiels demonstriert, sind aufgrund einer kontinuierlichen Variation der Profitrate komplizierte Muster an Preisfluktuationen denkbar; ein Phänomen, mit dem er den Versuch der österreichischen Kapitaltheorie kritisiert, eine von der Verteilung autonome Produktionsperiode als quantitatives Kapitalmaß zu betrachten.[28] Ferner sei laut Sraffa auch das Konzept einer makroökonomischen Produktionsfunktion mit dem Argument ‚Kapital' zum Scheitern verurteilt: „The reversals in the direction of the movement of relative prices, in the face of unchanged methods of production, cannot be reconciled with *any* notion of capital as a measurable quantity independent of distribution and prices."[29]

Aus den Gleichungen (III.17) wurde (fälschlicherweise) geschlossen, sie eigneten sich, die Smithsche Komponententheorie ihrer Grundlage zu berauben.

> „In fact", meint etwa Roncaglia, „whenever there is at least one commodity directly or indirectly necessary for the production of all other commodities in the economy (a ‚basic product' in Sraffa's terminology),

---

[27] Vgl. ausführlich Helmedag, F., Die Technikwahl …, a.a.O., S. 189 ff. Wie noch anhand eines Exempels gezeigt wird, schlägt sich die Wahl des Zählgutes in der Gestalt der negativ geneigten w-r-Kurve nieder.

[28] Sraffas Behauptung ist zu pauschal, denn in Böhm-Bawerks Kapitaltheorie lässt sich durchaus eine physisch determinierte optimale Rotationsperiode identifizieren. Vgl. Helmedag, F., Böhm-Bawerks Kapitaltheorie …, a.a.O.

[29] Sraffa, P., Production …, a.a.O., S. 38.

> the cost of production of each commodity will include a residual of such commodities, and no matter how many times the process of reduction is repeated this residual cannot be eliminated, even as the process of reduction tends to infinity … it is impossible to arrive at a commodity whose cost of production consists solely of wages, profits, and rents, because, by definition, there exists no commodity which does not require at least one basic commodity for its production.“[30]

Eine solche Interpretation leuchtet freilich, wie früher angedeutet, nicht ein. Das Reduktionsverfahren verliert sich keineswegs in einem infiniten historischen Regress. Zwar besteht (III.17) aus einer unendlichen Reihe, aber sie enthält nur Daten und Parameter der laufenden Periode. Dies hat bereits Dmitriev unzweideutig formuliert[31], und es wird von anderen post-Sraffaschen Neoricardianern nicht angefochten. So stellt Steedman fest, „… the backward resolution of means of production into dated labour quantities is a purely conceptual resolution, and *not* a ‚historical story‘ …“[32] Und Garegnani assistiert: „… the reduction to dated labour constitutes a more logical device, as is shown by the fact that, when the production of a commodity is ‚circular‘, it cannot be conceived as starting with unassisted labour.“[33]

Deswegen wurde der zunächst anschaulich wirkende Begriff „Reduktion auf datierte Arbeitsmengen“ als irreführend eingestuft. Er leistet ei-

---

[30] Roncaglia, A., Sraffa and the Theory of Prices, Chichester u. a. 1978, S. 9.

[31] „… we can always find the total sum of the labour directly and indirectly expended on the production of any product *under present-day production conditions*, … the fact that all capital under *present-day* conditions is itself produced with the assistance of other capital in no way hinders a precise solution of the problem.“ Dmitriev, V. K., a.a.O., S. 44.

[32] Steedman, I., Marx …, a.a.O., S. 73.

[33] Garegnani, P., Value …, a.a.O., S. 315 Fn. Im Übrigen wurde mit diesem Erklärungsschema versucht, der neo-österreichischen Kapitaltheorie den Boden zu entziehen: „It is sometimes argued that if history could be traced back far enough, the production of every capital good must be explained by labour inputs alone. This argument … is entirely fallacious … *it may never again be efficient to produce hammers by the process which uses labour alone*. All that is required is the existence of a (sufficiently productive) alternative process for producing hammers using labour *and* a machine … When such realistic simultaneity is admitted, the neo-Austrian description of the feasible technology becomes inadequate.“ Burmeister, E., Synthesizing the Neo-Austrian and Alternative Approaches to Capital Theory: A Survey, in: Journal of Economic Literature, Bd. 12 (1974), S. 413-456, S. 416.

nem sukzessivistischen Aufrollen des Problems Vorschub, das in einer Modellwelt simultaner Produktion verfehlt ist. Wer in solchen Bahnen denkt, neigt dazu, irgendetwas als ‚vorgeschossen' und deshalb als Bestandsgröße zu behandeln, was in Wirklichkeit *während* einer Periode in einem zirkulären Produktionsprozess angefertigt wird und demgemäß eine Stromgröße sein *muss*.

Bezeichnenderweise wurde von neoricardianischer Seite das Faktum nicht weiter ausgewertet, dass die Zerlegung des Preises einer Ware, wie sie (III.17) wiedergibt, auf die laufende Periode abhebt. Der sich eigentlich aufdrängende Schritt, die *Konvergenz* der unendlichen Reihe zu verarbeiten, blieb aus. Das Motiv für den vorzeitigen Halt lässt sich leicht aufspüren. Akzeptiert man die Existenz eines Grenzwertes der Annäherung, hieße das im Klartext, eine Trennung des Preises in einen Lohn- und einen Profitanteil in Smithscher Manier müsse durchführbar sein. Infolgedessen verlöre (zumindest) Sraffas Postulat einer maximalen Profitrate jeden Halt:

> „If the ‚total decomposition' were possible, the rate of profits corresponding to a zero wage rate would be infinite, for the rate of profits would be obtained from the division of a finite quantity (total profit, which would be equal to the value of output) by a zero quantity (capital advanced which would be composed entirely of wages and thus zero)."[34]

Zwar mag eine unendliche Profitrate wenig realistisch erscheinen – für einen Null-Lohnsatz gilt das aber ebenso. Überhaupt: Wer sagt denn, in einer solchen Extremsituation – kostenloser Arbeitseinsatz! – sei der Wert des Outputs positiv und endlich? Wäre es nicht eher denkbar, dass sich dann die Preise der Güter wie ihre Kosten auf null reduzieren, womit sich als Profitrate $\frac{0}{0}$ ergäbe, ein mathematisch unbestimmter Ausdruck? Ist ein Kapitalismus ohne *Lohn*arbeit wirklich noch Kapitalismus?

Ein solches Räsonnement könnte sich zudem auf ein wichtiges Ergebnis der Input-Output-Analyse berufen. Unbestrittenermaßen lassen sich in diesem Rahmen sämtliche Waren – auch diejenigen, welche wieder in die Produktion einfließen, d. h. die Zwischenprodukte – allein auf den *einzigen* nicht (kapitalistisch) produzierten Input reduzieren: Arbeit. „It is characteristic of Leontief's model that it reduces the primary factors to

[34] Roncaglia, A., a.a.O., S. 9.

one only – homogeneous labour, the inputs of each industry are the outputs of other industries.“[35] Dieses Ergebnis gilt desgleichen, wie später belegt werden wird, für die Sraffasche Analyse; nicht umsonst spricht man vom Sraffa-Leontief-Modell.

Es kommt noch besser. Einige Neoricardianer räumen *expressis verbis* ein, die ‚totale Auflösung‘ sei möglich. Einer der prominentesten unter ihnen ist Luigi Pasinetti. In seiner Argumentation subtrahiert er im ersten Schritt **pA** auf beiden Seiten der neoricardianischen Preisformel (III.8) (vgl. S. 226):

$$\mathbf{p} - \mathbf{pA} = \mathbf{pA}r + \mathbf{a}_0 w \qquad \text{(III.20)}$$

Rechtsmultiplikation mit $\mathbf{L} \equiv [\mathbf{I} - \mathbf{A}]^{-1}$ bringt:

$$\mathbf{p} = \mathbf{pAL}r + \mathbf{a}_0\mathbf{L}w = \mathbf{pH}r + \mathbf{v}w \qquad \text{(III.21)}$$

Auf der rechten Seite von (III.21) enthält die ‚Pasinetti-Matrix‘ $\mathbf{H} \equiv \mathbf{AL}$ alle direkt und indirekt in die Produktion der Produktionsmittel eingehenden Waren.[36] Offensichtlich enthält $\mathbf{v}w$ die Lohnkomponenten der Preise, während die Interpretation des Vektors $\mathbf{pH}r$ als Profitanteile naheliegt und die ‚Vorschuss-These‘ zu bestätigen scheint. „This is a remarkable expression“, wirbt Pasinetti für (III.21), „as it explicitly shows that each price is ultimately made up of only two components: wages and profits.“[37] Also hat der gute Adam Smith mit seiner vielfach gerügten Komponententheorie zwar ins Blaue geschossen, aber doch ins Schwarze getroffen?! – Ein solches Fazit wäre voreilig.

Wie ein zweiter Blick auf den Ausdruck (III.21) lehrt, stehen die Preise **p** auf *allen* Seiten der Gleichungen: Pasinettis Darlegung untermauert deshalb mitnichten, dass sie sich *letztlich* allein aus Lohn und Profit zu-

---

[35] Hicks, J. R., Linear Theory (1960), wieder in: Surveys of Economic Theory, Bd. III (Resource Allocation), London u. a. 1966, S. 75-113, S. 104. In einer Rezension benutzte Solow die für diesen Sachverhalt bemerkenswerten Worte: „The intermediate goods are *spurlos versenkt* inside the process.“ Vgl. Solow, R. M., Review of „Capital and Time“ by J. Hicks, in: The Economic Journal, Bd. 84 (1974), S. 189-192, S. 189.

[36] Vgl. Pasinetti, L., The Notion of Vertical Integration in Economic Analysis, wieder in: Pasinetti, L. (Hrsg.), Essays on the Theory of Joint Production, London / Basingstoke 1980, S. 16-43, S. 20 f.

[37] Ebenda, S. 22.

sammenfügen; die Lösung der Matrizengleichung (III.8) ist nicht (III.21), sondern (III.16) (vgl. S. 230), und dieses System liefert keine Handhabe, um die Komponententheorie zu verifizieren.

Ein anderes Vorgehen, den Smithschen Ansatz zu prüfen, hat Heinz D. Kurz praktiziert. Er operiert mit dem Konzept des Subsystems – wir kommen noch auf die Einzelheiten. In diesem Modell, das die Rente berücksichtigt, möchte Kurz demonstrieren, der Preis eines Gutes spalte sich völlig in Lohn, Profit und Rente auf. Damit werde „auf rein formelle Weise die *Smithsche* ‚Adding-up'-Theorie" widergespiegelt.[38] Dieser Fund steht in scharfem Kontrast zu Kurz' eingangs gemachter Äußerung, die Skepsis gegenüber der Komponententheorie sei angebracht.[39] Unmittelbar vor dem Ergebnis, wonach sich der Preis in Lohn, Profit und Rente auseinanderdividieren ließe, konstatiert er abermals den Schiffbruch der Komponententheorie.[40]

Der Smithsche Vorschlag ist demgemäß einerseits falsch, wiewohl andererseits formal richtig. Diese Zwiespältigkeit im Urteil beruht auf einer Vermengung von ‚Statik und Dynamik' der Komponententheorie. Es ist etwas anderes zu sagen, der Preis einer Ware teile sich letzten Endes in Lohn und Profit (sofern wir von der Rente absehen), als zu behaupten, zwischen den Einkommen existiere keine Beziehung. Die erste (statische) Aussage ist richtig, die zweite (dynamische) nicht.

Worin besteht der Nutzen einer Doktrin, die suggeriert, es gebe einen vorgeschossenen Kapitalwert, der mit einer uniformen Profitrate zu ‚verzinsen' sei, wenn Arbeit der einzige originäre Faktor ist und Lohn und Profit restlos den Preis bilden? Wäre es vor diesem Panorama nicht plausibler, die Arbeit zur Bemessungsgrundlage des Gewinns zu machen? Selbstverständlich wird dieser Frage weiterhin unsere Aufmerksamkeit gelten. Hierbei entpuppt sich ein scheinbarer Umweg in Wahrheit als Abkürzung. Denn das Sraffasche Werk wurde nicht nur gegen die Neoklassik gewendet. Stattdessen diente es als Bunkerstation einer (erneuten) Attacke gegen die Marxsche Wertlehre. Wiederum wird es sich –

---

[38] Vgl. Kurz, H. D., Adam Smiths Komponententheorie…, a.a.O., S. 707. Die Kurzsche Darstellung leidet ebenfalls an dem Manko, dass der gesuchte Preis in der ‚Lösung' links und rechts auftritt. Vgl. ebenda, Gleichung (17a).

[39] Vgl. ebenda, S. 691.

[40] „Auf Grund seines mangelhaften Verständnisses des Verteilungszusammenhanges mußte *Smith* notwendigerweise auch mit seiner additiven Komponententheorie der relativen Preise scheitern." Ebenda, S. 706.

wie bei der Korrektur der Wertrechnung durch Bortkiewicz – als fruchtbar herausstellen, die Kritik kritisch zu durchleuchten.

3.1.3 Ausbeutung und Profit: Das Fundamentaltheorem

Sraffa wollte seine Analyse als Unterbau eines Angriffs gegen die Neoklassik verstanden wissen, trotzdem wurde er *nolens volens* zum Hauptbelastungszeugen im Fall Marx. Jetzt ist (vermeintlich) entschleiert, was hinter einer korrekten Transformation der Werte in Preise steckt. Tatsächlich lässt sich ohne größere Schwierigkeit eine Verwandlung der Arbeitswerte in Sraffa-Preise durchführen. Dazu multipliziert man das Wertsystem (III.12) $\mathbf{v} = \mathbf{a}_0\mathbf{L}$ von rechts mit $w\mathbf{L}^{-1}\mathbf{S}$, um sofort (III.16) (vgl. S. 230) zu gewinnen[41]:

$$\mathbf{v}w\mathbf{L}^{-1}\mathbf{S} = w\mathbf{a}_0\mathbf{L}\mathbf{L}^{-1}\mathbf{S} = w\mathbf{a}_0\left[\mathbf{I} - (1+r)\mathbf{A}\right]^{-1} = \mathbf{p} \qquad \text{(III.22)}$$

Dieses Verfahren zeigt in besonders klarer Weise, wie die Transformation vonstattengeht: Zunächst wird die Leontief-Inverse ‚beseitigt', indem man sie mit ihrer Inversen multipliziert. Von den Werten bleibt nur noch der (auf eine Einheitsmatrix multiplizierte) Vektor der direkten Arbeitseinsätze übrig – der ist ja zur Kalkulation der Sraffa-Preise erforderlich. Was zum guten Schluss fehlt, die Sraffa-Inverse **S** und der Lohnsatz, wird erwartungsgemäß mitgebracht. Aus dieser Sicht landete Samuelson mit seiner oft zitierten Polemik einen Volltreffer:

> „‚Betrachte zwei alternative, widersprüchliche Systeme. Schreib das eine hin. Zur Transformation nimm einen Radiergummi und radiere es aus. Schreib dann statt dessen das andere hin. Voilà! Damit ist der Transformationsalgorithmus beendet.' Nach diesem Verfahren kann man Phlogiston in Entropie ‚transformieren'; Ptolemäus in Kopernikus; Newton in Einstein; die Genesis in Darwin – und schließlich wieder Entropie in Phlogiston …"[42]

---

[41] Vgl. Wolfstetter, E., Wert, Profitrate und Beschäftigung, Frankfurt a. M. 1977, S. 78.

[42] Samuelson, P. A., Zum Verständnis des Marxschen Begriffs „Ausbeutung": Ein Überblick über die sogenannte Transformation von Werten in Produktionspreise (amerikanisch 1971), wieder in: Nutzinger, H. G., Wolfstetter, E. (Hrsg.), Die Marxsche …, a.a.O., Bd. 1, S. 237-295, S. 239. Weitere, hier nicht besprochene

Die Lösung des Transformationsproblems begründe demnach endgültig, dass die Berechnung von Werten einer sinnlosen Beschäftigungstherapie gleichkommt, da sich Preise ermitteln lassen, ohne die Werte zu kennen. In diesem Licht wirkt die Marxsche Werttheorie – zumindest als quantitative Theorie der Gleichgewichtspreise – überflüssig[43], das Transformationsproblem offenbart sich als „intrinsically unimportant problem“[44], und überhaupt sei die Wertanalyse durch eine Untersuchung der Produktionsverhältnisse ‚vor Ort‘ zu ersetzen.[45]

Selbstverständlich gab es Gegenstimmen: „Marx würde die ökonomische Theorie Sraffas Vulgärökonomie nennen.“[46] Andere versuchten, wohl mit der Reduktion auf datierte Arbeitsmengen im Hinterkopf, eine ausgleichende Position einzunehmen:

> „By solving the problem of the transformation of Marxian values into long-run competitive prices, Sraffa provides a viable labor theory of value ... It is a labor theory in the limited sense that relative prices can be shown to be determined by amounts of direct and indirect labor.“[47]

Diese Lesart ist indes dubios. Im Kontrast zur Wertrechnung werden bei den Sraffa-Preisen die einzelnen Arbeitsmengen mit von der Verteilung abhängigen Gewichten versehen. Daraus wurde sogar geschlossen, dass „... gar kein systematischer Zusammenhang zwischen Wertgrößen und Produktionspreisen existieren kann.“[48] Jedoch verwehrt der Sraffa zuzuweisende Standort im Spektrum der ökonomischen Theorie, ihn allzu harsch gegen Marx auszuspielen; nicht nur äußerlich fühlten sich beide

---

Ansätze zur Überführung von Produktionspreisen in Arbeitswerte referiert Fröhlich, N., a.a.O., S. 137 ff.

[43] Vgl. Fees-Dörr, E., Die Redundanz der Mehrwerttheorie, Ein Beitrag zur Kontroverse zwischen Marxisten und Neoricardianern, Marburg 1989 und Stanger, M., Krisentendenzen der Kapitalakkumulation, Berlin 1988, S. 177.

[44] Steedman, I., Marx ..., a.a.O., S. 29.

[45] „Hence, we conclude that value analysis should be displaced by a direct investigation of the production process.“ Nutzinger, H. G., Concepts of Value in Linear Economic Models, in: Operations Research Verfahren, Bd. 26 (1977), S. 717-724, S. 717.

[46] Stamatis, G., Zur Entmythologisierung ..., a.a.O., S. 180. Vgl. auch Shaikh, A., a.a.O.

[47] Harcourt, G. C., The Rate of Profits in Equilibrium Growth Models: A Review Article, in: Journal of Political Economy, Bd. 81 (1973), S. 1261-1277, S. 1262.

[48] Wolfstetter, E., Wert ..., a.a.O., S. 137.

– bei aller Eigenständigkeit sonst – dem ‚klassischen' Auftrag verpflichtet:

> „In dieser Hinsicht", urteilte Kurz seinerzeit, „ist die Position einiger Vertreter der neuen Kritik verblüffend geschichtslos, denn offenbar wird ihre Attacke auf Marx nicht durch das Bewußtsein der gemeinsamen Zugehörigkeit zu *ein und derselben theoriegeschichtlichen Tradition* gezügelt."[49]

Jenen Neoricardianern, welche die Auffassung vertreten, Marx und Sraffa stünden in einem Komplementaritätsverhältnis zueinander, fällt es relativ leicht, das Transformationsproblem nicht als ein solches zu betrachten: Sie verfügen ja ihrer Meinung nach über eine bruchfeste Produktionspreistheorie, die sich zudem in der Kritik an der Neoklassik bewährt habe. Ferner seien durch das *Fundamentaltheorem* Ausbeutung und Profit miteinander verknüpft. Infolgedessen bleibe ein wesentliches Element der Marxschen Kapitalismuskritik bewahrt.

Wie erwähnt, hat bereits von Bortkiewicz das Verhältnis zwischen Mehrwert- und Profitrate angeschnitten. Es lohnt sich, diesen Zusammenhang in dem hier aufgespannten Rahmen vorzustellen. Zweckmäßigerweise geht man vom Mengensystem der Wirtschaft aus. Mehrwert und Profit sind nur beobachtbar, sofern die Technik produktiv ist, d. h. es gilt:

$$\mathbf{Ae} \leq \mathbf{e} \qquad \text{(III.23)}$$

e symbolisiert den Summationsvektor, in dem ausschließlich Einsen auftreten.[50] Bedingung (III.23) ist für alle Koeffizientenmatrizen **A** erfüllt, deren betragsmäßig größter Eigenwert $\lambda_{\max} < 1$ ist. Zieht man vom (Spalten-)Vektor **q** der Gesamtproduktion die im Produktionsprozess verbrauchten Waren ab, ergibt sich das Nettoprodukt **y**:

$$\mathbf{q} - \mathbf{Aq} = \mathbf{y} \qquad \text{(III.24)}$$

---

[49] Kurz, H. D., Zum Problem der Rente in der Wert- und Produktionspreistheorie, in: Gesellschaft, Beiträge zur Marxschen Theorie 13, Frankfurt a. M. 1979, S. 174-200, S. 175.

[50] In den Gleichungen (III.23) muss mindestens einmal das Kleinerzeichen zutreffen. Strikte Produktivität liegt vor, wenn von *allen* Waren mehr ausgestoßen werden kann, als in den Produktionsprozess einfließt.

Das System (III.24) besteht aus $2n$ Unbekannten, nämlich $\mathbf{q}$ und $\mathbf{y}$. Sucht man für einen exogenen Outputvektor $\mathbf{y}$ die notwendigen Bruttoproduktionsmengen, erhält man:

$$\mathbf{q} = \mathbf{Ly} \tag{III.25}$$

Die n Freiheitsgrade werden um einen reduziert, falls wir – wie Sraffa – das gesellschaftliche Arbeitsvolumen einer Periode als eins definieren[51]:

$$\mathbf{a}_0\mathbf{q} \equiv 1 \tag{III.26}$$

Linksmultiplikation von (III.25) mit $\mathbf{a}_0$ bringt:

$$1 = \mathbf{a}_0\mathbf{q} = \mathbf{a}_0\mathbf{Ly} = \mathbf{vy} \tag{III.27}$$

Die insgesamt geleistete Arbeit spiegelt sich somit in der Summe der Arbeitswerte des Nettoprodukts wider. In der betrachteten Periode erhalten die Werktätigen als Reallohn ein Güterbündel, das in einem semipositiven Spaltenvektor $\mathbf{d}$ aufgelistet ist. Dann ergibt sich für die Mehrwertrate:

$$m' = \frac{\mathbf{vy} - \mathbf{vd}}{\mathbf{vd}} \tag{III.28}$$

Nun besagt das Fundamentaltheorem, dass für eine positive Profitrate die Ausbeutungsrate ebenfalls größer als null sei. Um diesen Beweis anzutreten, richten wir den Blick auf das Preissystem. Wird der nominelle Lohnsatz w auf eins fixiert, gewinnt man eine Normierung für die Preise, da mit ihm *ex hypothesi* das Güterbündel $\mathbf{d}$ erworben werden kann:

$$w \equiv 1 = \mathbf{p}^*\mathbf{d} \tag{III.29}$$

Die arbeitskommandierenden Preise $\mathbf{p}^*$ sind die in einer Zeitspanne gemessenen Preise, die angeben, wie lange ein Arbeiter beim Lohnsatz

[51] Vgl. Sraffa, P., Production …, a.a.O., S. 10. Bei der Normierung handelt es sich um eine reine Zahl, da sich die Dimensionen kürzen. Unter der Voraussetzung konstanter Skalenerträge liegt die Deutung dieser Vereinbarung als Pro-Kopf-Betrachtung nahe, wie sie beispielsweise in der neoklassischen Wachstumstheorie gang und gäbe ist. Der Ausdruck zeigt im Übrigen, dass die Gesamtbeschäftigung durch die ‚effektive Nachfrage' determiniert wird, die sich aus Konsum- und Investitionsgütern zusammensetzt.

$w \equiv 1$ für eine bestimmte Ware arbeiten muss. Bei positiver Profitrate übersteigen die so gemessenen Preise die Werte. Das wird sofort erkennbar, wenn man die expandierte Form der beiden Größen miteinander konfrontiert:

$$\mathbf{v} = \mathbf{a}_0\mathbf{L} = \mathbf{a}_0\left[\mathbf{I} + \mathbf{A} + \mathbf{A}^2 + \mathbf{A}^3 + \ldots\right] \qquad \text{(III.30)}$$

$$\mathbf{p}^* = \mathbf{a}_0\mathbf{S} = \mathbf{a}_0\left[\mathbf{I} + (1+r)\mathbf{A} + (1+r)^2\mathbf{A}^2 + (1+r)^3\mathbf{A}^3 + \ldots\right] \qquad \text{(III.31)}$$

Aus dem Vergleich zwischen (III.30) und (III.31) resultiert für $0 < r < R$ unmittelbar:

$$\mathbf{p}^* > \mathbf{v} \qquad \text{(III.32)}$$

Gemäß (III.27) und (III.29) gilt ferner:

$$\mathbf{vy} = 1 = \mathbf{p}^*\mathbf{d} \qquad \text{(III.33)}$$

Die Umformung von (III.28) unter Berücksichtigung von (III.33) und (III.32) liefert:

$$m'\mathbf{vd} = \mathbf{vy} - \mathbf{vd} = \mathbf{p}^*\mathbf{d} - \mathbf{vd} = (\mathbf{p}^* - \mathbf{v})\mathbf{d} > 0 \qquad \text{(III.34)}$$

Ist der Wert der Arbeitskraft **vd** positiv, trifft dies nach (III.34) auch für m' zu: Eine positive Profitrate geht mit einer positiven Mehrwertrate Hand in Hand.[52]

Fatalerweise läuft das Fundamentaltheorem jedoch auf eine *Äquivalenzaussage* hinaus: Die Positivität von r und m' bedingen einander wechselseitig. *Dieses* Theorem bestätigt also nicht, dass der Profit die Erscheinungsform des Mehrwerts sei. Aus formaler Sicht hätte man genauso gut mit der Positivität der Mehrwertrate beginnen können, um anschließend im Mehrwert die Erscheinungsform des Profits zu identifizieren.[53] Damit nicht genug.

---

[52] In der Literatur finden sich zahlreiche Varianten der Herleitung des Fundamentaltheorems. Vgl. nur Morishima, M., Marx' Economics, a.a.O., S. 53 ff. und Roemer, J. E., Analytical Foundations of Marxian Economic Theory, Cambridge 1981, S. 16 f.

[53] Vgl. Samuelson, P. A., Zum Verständnis …, a.a.O., S. 268 f. Siehe außerdem Steedman, I., Marx …, a.a.O., S. 58: „The very fact that the proposition in question ‚runs both ways' … means at once that it does not constitute a theory of why r is positive."

Erweitert man die Direktbedarfsmatrix **A** um den in den einzelnen Sektoren anfallenden Reallohn, der sich als dyadisches Produkt $\mathbf{da}_0$ schreiben lässt, erhält man die um den Arbeiterkonsum ‚angereicherte' Koeffizientenmatrix **M**:

$$\mathbf{M} = \mathbf{A} + \mathbf{da}_0 \qquad \text{(III.35)}$$

Unter der Annahme, **M** sei produktiv, besteht die Fähigkeit, neben den Lohngütern der Arbeiter ein Mehrprodukt zu erzeugen. Allerdings verbirgt sich die Arbeit in den Produktionsgleichungen, sie dringt als Quelle der Wertschöpfung nicht mehr nach außen.[54] In dieser, wenn man so möchte, ‚Sklavenhalterwirtschaft' werden Menschen wie Maschinen in einem kapitalistischen Produktionsprozess fabriziert und wie Waren behandelt. Bei solchen Verhältnissen kann, worauf mehrere Autoren hingewiesen haben, die Produktivität von **M** mit der ‚Ausbeutung' jeder beliebigen Ware in Verbindung gebracht werden. Anscheinend muss das Mehrprodukt keineswegs auf die Ausbeutung der Arbeit zurückgeführt werden.

Roemer z. B. berechnet ein Wertsystem, dessen Basis Stahl ist. Seiner Analyse zufolge reiche die Produktivität von **M** aus, dass „… the steel value of steel is less than one, and hence that steel is exploited."[55] Dies gelte in einem produktiven System für alle Waren: „Hence profitability of capitalism is not explained by the exploitation of labor unless some other reason can be provided to choose labor as the value numeraire instead of steel."[56]

Der Gesichtspunkt ist nicht neu, Dmitriev hatte bereits den gleichen Gedanken entwickelt. Freilich fehlt bei ihm die Andeutung, der Arbeit vielleicht aus anderen Gründen eine Sonderrolle einzuräumen:

> „… whenever a known quantity of some product α has been used up in the production of α and we can obtain a *larger* quantity *of the same* product within some definite period of time as a result of the production process, the profit rate in the given branch of industry will be a fully-determined quantity *greater than zero, irrespective of the price of the product* α. If the production costs of the other goods … are reduced

---

[54] Vgl. Schneider, J., Der Beitrag der Arbeitswertlehre zur Theorie der kapitalistischen Warenproduktion, Frankfurt a. M. / New York 1980, S. 13.

[55] Roemer, J. E., Value …, a.a.O., S. 26.

[56] Ebenda.

> *in the final analysis* to the same product α, the same profit rate should also be established in these branches under conditions of free mobility from one branch of production to another …"[57]

Anschließend erwähnt Dmitriev eine reine Roboterwirtschaft, in der – ohne menschliche Arbeit – Profit denkbar sei[58], und er schlussfolgert: „… the origin of industrial profit does not stand in any ‚special' relationship to the human labour used in production."[59]

Dieses Fazit schüttet aber das Kind mit dem Bade aus. Natürlich gibt es ohne Arbeitseinsatz keine Ausbeutung der Arbeit.[60] In einer solchen Situation ist es grundsätzlich problematisch – trotz Mehrprodukt – die Vokabel Profit zu gebrauchen. Im Übrigen setzt eine Fiktion die Realität nicht außer Kraft: Tatsächlich wird, wie für jeden wahrnehmbar, menschliche Arbeit im Produktionsprozess verrichtet. Für die absehbare Zukunft ist diesbezüglich auch keine Änderung zu erwarten.

Zudem stellt Arbeit im hier gegebenen Modellrahmen den *einzigen* Originärfaktor dar: Stahl wird eben – wie alle Waren – mittels Arbeit (und produzierter Produktionsmittel) *produziert*; das bleibt so, ob man den Reallohn in der angereicherten Koeffizientenmatrix **M** ‚versteckt' oder nicht. In Ricardos Kornökonomie ist es ebenfalls möglich, die eingesetzte Arbeit in Form einer entsprechenden Menge als Lohn gezahlten Weizens auszudrücken, um daraufhin von einer ‚Ausbeutung' des Getreides zu reden. In Wahrheit liegt jedoch keine Ausbeutung der Feldfrucht vor. Vielmehr tritt eine ‚material rate of produce' in der Wirklichkeit erst auf, nachdem vorher Personen (mehr oder weniger) fleißig waren.

Diese Überlegung lässt sich auf alle produzierten Inputs anwenden. Wie schon bemerkt, gesteht man den linearen Einzelproduktionsmodellen die Eigenschaft zu, ihr Output könne völlig auf Arbeit reduziert werden: „Remember, however", steht in der ‚Bibel' der Linearen Optimierung, „that everything is congealed labor in a Leontief system."[61] Wie verträgt sich diese Aussage mit der These, der Profit stamme von ‚ausge-

---

[57] Dmitriev, V. K., a.a.O., S. 62 f.

[58] Vgl. ebenda.

[59] Ebenda, S. 64.

[60] Vgl. zu diesem Komplex Pichler, E., Vollautomatische Güterproduktion, Marburg 1990.

[61] Dorfman, R., Samuelson, P. A., Solow, R. M., Linear Programming and Economic Analysis, New York / Toronto / London 1958, S. 249.

beuteten' Zwischenprodukten, die zugleich zur Richtgröße seiner Verteilung erhoben werden? Um zum Kern der Sache vorzustoßen, müssen wir weitergraben.

3.1.4 Nachfrage und Technikwahl: Das Non-Substitutionstheorem

Im Rahmen der Einzelproduktion belegt das Fundamentaltheorem die wechselseitige Positivität von Mehrwert- und Profitrate. *Daraus* lässt sich freilich nicht folgern, der Profit sei die Erscheinung des Mehrwerts, wenngleich diese Auffassung dem Theorem nicht widerspräche. Gelänge der Nachweis, dass Arbeitswerte eine tragende Rolle in kapitalistischen Marktwirtschaften spielten, bliebe die Frage nach der Kausalität zwischen ihnen und den Preisen aktuell. Nach dem gegenwärtig etablierten Meinungsbild sieht es in dieser Hinsicht für die Wertrechnung indes ziemlich düster aus.

Die stoffliche Gestalt von Mehrwert und Profit ist das Mehrprodukt, dessen Umfang von der benutzten Technik abhängt. Praktisch bieten sich meist mehrere Alternativen an, eine Ware zu erzeugen. Die zum Zuge kommende Technik ist Mittel zum Zweck: der Gewinnmaximierung. Dieses Verhalten orientiere sich laut der orthodoxen Lehre an Preisen, nicht an Werten. Die Arbeitswerte seien *ex post*-Größen, welche sich erst berechnen ließen, nachdem die Technik bestimmt sei; die Profitrate rangiere *vor* der Mehrwertrate:

> „The determination of the profit rate is thus *logically prior* to any determination of value magnitudes – it is hardly surprising, then, that the latter have nothing to contribute to the former ... All value quantities are purely derivative of the physical conditions of production and the real wage, and, indeed, in the presence of a choice of technique – which does always exist – those value quantities can only be determined *after* the rate of profit has already been determined in the profit maximizing choice of technique."[62]

Die Auswahl der im Wert- und Mengensystem auftretenden Koeffizientenmatrix **A** geschehe – so die einhellig verfochtene Auffassung – ausschließlich im Preissystem; allein die Profitrate bzw. der Lohnsatz entscheide über die präferierte Technik. Die Marxsche Doktrin der Hierarchie

[62] Steedman, I., Marx ..., a.a.O., S. 65.

von Werten und Preisen scheint demnach vom Kopf auf die Füße gestellt.

Wie das sog. Non-Substitutionstheorem zudem zeige, übe – unter gewissen Voraussetzungen – nicht einmal die Nachfrage einen Einfluss auf die gewinnmaximale Technik aus. Das Theorem ruht auf drei Pfeilern: lineare Skalenerträge, Einzelproduktion und ein Primärfaktor – Arbeit. Auf denselben Prämissen basiert die hier zu studierende Modellwelt; nicht nur deswegen verdient das Non-Substitutionstheorem eine nähere Begutachtung. Die Auswirkung einer Nachfrageveränderung auf die eingesetzten gewinnmaximalen Produktionsprozesse kann nämlich nur analysiert werden, wenn die Technik zuvor gewählt wurde – ein zentraler Punkt dieser Untersuchung.

In diesem Kontext fallen, wie schon angedeutet, immer wieder Bemerkungen, die eine gewisse Unsicherheit hervorrufen, ob Arbeitswerte für die Verfahrensauslese wirklich belanglos sind. Vielmehr herrscht, zumindest auf den ersten Blick, ein Widerspruch zwischen den verteilungsabhängigen Preisen einer Sraffa-Wirtschaft und den in das Leontief-System eingebetteten, *unveränderlichen* Preisverhältnissen. Hören wir dazu eine Charakterisierung des Leontiefschen Input-Output-Modells, die nach einer Arbeitswerttheorie reinsten Wassers klingt. Die Konstanz der dort herausholbaren Tauschrelationen wird wie folgt erklärt:

> „The reason is essentially that there is *by assumption* only one fixed factor, only one true social cost. Relative prices of commodities will depend only on their direct and indirect labor content. A change in wage rates, for example, will simply increase the prices of all commodities in the same proportion, leaving relative prices unchanged. Since there is only one thing to be economized, labor, it is perhaps plausible that one set of activities should turn out to be the most economical of labor, regardless of what final goods are desired.“[63]

Vor diesem Hintergrund scheint eine genauere Kontrolle des Non-Substitutionstheorems lohnend. Tatsächlich wird sich ergeben, dass die Darstellung der Technikwahl *à la* Sraffa wichtige Erkenntnisse der Input-Output-Analyse missachtet hat und sich stattdessen auf zwar einleuchtend erscheinende, aber in Wahrheit fragwürdige Annahmen stützt. Wie die Geschichte des Non-Substitutionstheorems aufs Neue bestätigt, wurde

---

63 Dorfman, R., Samuelson, P. A., Solow, R. M., a.a.O., S. 225. Siehe auch Bliss, C. J., a.a.O., S. 252 ff.

an Knotenpunkten der ökonomischen Theorie voreilig eine Richtung favorisiert, ohne ernsthaft zu erwägen, ob vielleicht ein anderer Kurs der richtige gewesen wäre.

Die ursprüngliche Version des Theorems wurde, wie Samuelson berichtet[64], im Jahr 1949 jeweils selbständig von N. Georgescu-Roegen sowie ihm formuliert und in einem Sammelband veröffentlicht, der mehrere Beiträge zu dieser Thematik enthält.[65] Der Duktus war anfänglich neoklassisch: Es sollte die Vereinbarkeit von Leontiefs fixen Produktionskoeffizienten mit der für neoklassische Analysen typischen Substitutionalität zwischen den Inputs herausgearbeitet werden: „Actually, *all* his theory in its present form is compatible with the more general case of substitutability."[66] Bereits in der Situation zweier Faktoren veranschaulicht das aus der Standard-Mikroökonomik vertraute Isoquantendiagramm die Existenz eines Kontinuums an Alternativen, ein bestimmtes Gut zu erzeugen. Trotzdem ließe sich unabhängig vom Niveau des Outputs ein konstantes Faktoreinsatzverhältnis beobachten: „This appears to be, in fact, a revival of the Walrasian assumption regarding the constancy of production coefficients under a more general form."[67] In diesem Licht wird der dem ersten Anschein nach widersinnige Sprachgebrauch begreifbar, das Non-Substitutionstheorem gelegentlich – bis in die Gegenwart – als ‚Substitutionstheorem' zu titulieren.

Die Kreation verfügt nicht nur über einen Doppelnamen, sie liegt auch in zwei Ausprägungen vor. Die einfache oder statische Variante setzt eine profitlose Wirtschaft voraus. Jedenfalls wurde in den frühen Beweisen stets so getan – ein weiteres Indiz für die neoklassische Abstammung des Theorems; gibt es doch für Neoklassiker, zumindest auf lange Sicht,

---

[64] Vgl. Samuelson, P. A., A New Theorem on Nonsubstitution, in: Money, Growth and Methodology and Other Essays in Economics in Honor of Johan Åkerman, hrsg. v. Hegeland, H., Lund 1961, S. 407-423, S. 408.

[65] Vgl. Koopmans, T. C. (Hrsg.), Activity Analysis of Production and Allocation, New York / London / Sydney 1951.

[66] Samuelson, P. A., Abstract of a Theorem Concerning Substitutability in Open Leontief Models, in: Koopmans, T. C. (Hrsg.), a.a.O., S. 142-146, S. 142 f. Leontief sieht seinen Ansatz ebenfalls in der Tradition der neoklassischen Theorie. Vgl. Leontief, W., The Structure of the American Economy 1919-1935, An Empirical Application of Equilibrium Analysis, 2. Aufl., New York 1960, S. 33 ff.

[67] Georgescu-Roegen, N., The Aggregate Linear Production Function and Its Applications to von Neumann's Economic Model, in: Koopmans, T. C. (Hrsg.), a.a.O., S. 98-115, S. 98.

keinen ‚reinen' Profit. Wir diskutieren das Non-Substitutionstheorem in einem Rahmen, der sich für das Anliegen dieser Untersuchung besonders eignet: die lineare Programmierung.[68] Sie erlaubt es, anschließend die allgemeine oder dynamische Spielart einzuschätzen.

Für einige oder alle Waren seien mehr als eine Produktionsmöglichkeit verfügbar, wobei jede dieser Aktivitäten n Inputkoeffizienten umfasst.[69] Sobald mehr Prozesse (m) vorhanden sind als Waren (n), also $n < m$ gilt, ist es unzweckmäßig, die einzelnen Prozesse allein anhand ihrer Inputkoeffizienten zu identifizieren. Deswegen vereinbaren wir, wie in der Aktivitätsanalyse üblich[70], eine Vorzeichenregel: In die Spalte, die sich auf eine Aktivität bezieht, werden Inputs mit negativem Vorzeichen notiert, während ein positiver Wert den Output der betreffenden Ware indiziert. Die Verfahren können bei Bedarf so proportioniert werden, dass sich der Output stets auf eine Einheit beläuft.

Die Alternativen werden in einer rechteckigen $n \times m$ Technologiematrix $\mathbf{T}$ vereinigt, deren Zeilen mit den Waren und die Spalten mit den Aktivitäten korrespondieren. Sofern das Element t_{ij} dieser Matrix positiv bzw. Eins ist, verkörpert das i-te Gut das Produktionsergebnis des j-ten Verfahrens. Selbstverständlich tritt in jeder Zeile und in jeder Spalte mindestens ein positives Element auf: Sämtliche Waren lassen sich erzeugen, und alle Prozesse haben einen Ausstoß.[71]

Bei Betrieb der m Prozesse auf einem durch den Vektor $\mathbf{q} \geq \mathbf{0}$ vorgeschriebenen Niveau ergibt sich für den Nettooutput $\mathbf{y}$:

$$\mathbf{Tq} = \mathbf{y} \tag{III.36}$$

---

[68] Erstmals stößt man auf diese Herleitungsmethode in Gale, D., The Theory of Linear Economic Models, New York / Toronto / London 1960, S. 301 ff., der die Idee dem Pionier der linearen Optimierung, G. Dantzig, verdankt. Vgl. ebenda, S. 318.

[69] Im Grenzfall wird sogar die für die Neoklassik charakteristische kontinuierliche Substitution der Inputs abgedeckt: „... in the Sraffa-Leontief model, it is usual to consider discrete techniques ... but continuous substitution could also be allowed. It would simply require the existence of an infinite number of techniques each differing in an infinitesimal way from its ‚neighbour'." Mainwaring, L., Value and Distribution in Capitalist Economies, Cambridge 1984, S. 177.

[70] Vgl. Hildenbrand, K., Hildenbrand, W., Lineare ökonomische Modelle, Berlin / Heidelberg / New York 1975, S. 22 ff.

[71] Ist für jede Ware nur ein Prozess vorhanden – es liegt demnach eine quadratische Koeffizientenmatrix $\mathbf{A}$ vor –, wird $\mathbf{T}$ zu $(\mathbf{I} - \mathbf{A})$.

Wenn das System (III.36) m Variablen q_j enthält, aber es nur $n < m$ Gleichungen gibt, sind mehrere Ergebnisse denkbar. Man muss eine Zielfunktion formulieren, um die Problemstellung in eine lösbare Optimierungsaufgabe zu verwandeln. Worin besteht der Plan? Richtig; weil Arbeit der einzig nicht produzierte Input ist, kommt es darauf an, die Ausgaben für diesen Originärfaktor, d. h. die Löhne unter der Nebenbedingung (u. d. N.) (III.36) zu minimieren.[72]

Setzen wir den Lohnsatz gleich Eins, dann führt die Zielfunktion zu einer Minimierung des gesamten Bedarfs an Arbeit. Den m-dimensionalen Zeilenvektor der Arbeitseinsätze bezeichnen wir mit $\mathbf{t}_0$. Das Element t_{0j} repräsentiert die direkte Arbeit, die in Aktivität j geleistet wird. Das lineare Programm lautet somit:

$$\mathbf{t}_0\mathbf{q} \rightarrow \text{Min} \qquad \text{u. d. N.} \quad \mathbf{Tq} = \mathbf{y}, \quad \mathbf{q} \geq \mathbf{0} \qquad \text{(III.37)}$$

Aus der Theorie der linearen Programmierung ist bekannt, dass jede Basislösung von (III.37) höchstens n positive Elemente von $\mathbf{q}$ einschließt. Unter der Bedingung, die n Waren seien allesamt in exogen fixierten, positiven Mengen zu fertigen, determiniert die optimale Lösung genau n Aktivitäten aus $\mathbf{T}$, von der jede eine Ware erzeugt. Nicht zum Zuge kommende Spalten der Technologiematrix $\mathbf{T}$ sind irrelevant.

Die optimale Basislösung ändert sich nicht, falls statt des Nettooutputs $\mathbf{y}$ die Endnachfrage $\mathbf{y}' \neq \mathbf{y}$ produziert werden soll. Stellt man mit der Koeffizientenmatrix $\mathbf{A}$ und dem dazugehörigen Arbeitseinsatz $\mathbf{a}_0$ den Output $\mathbf{y}$ mit minimalem Arbeitsaufwand her, trifft das für die Produktion $\mathbf{y}'$ ebenso zu. Die Arbeitswerte variieren bei linearer Technik nicht mit den Prozessniveaus.[73] Trotz wachsender oder schrumpfender Nachfrage bleibt

---

[72] Vgl. Gale, D., a.a.O., S. 304, Lancaster, K., Mathematical Economics, New York 1968, S. 82, Bliss. C. J., a.a.O., S. 254.

[73] Selbstverständlich muss das Programm realisierbar sein, d. h. der minimale Arbeitsaufwand zur Produktion eines gewünschten Güterbündels darf die vorhandene Arbeitsmenge nicht übersteigen. Einen formalen Beweis liefert Lancaster, der den entsprechenden Satz „Basistheorem der Linearen Programmierung" nennt. Vgl. Lancaster, K., a.a.O., S. 39. Ohne diesen Namen findet sich die gleiche Aussage in Gale, D., a.a.O., S. 304 (Lemma 9.3). In der Planwirtschaftstheorie existieren ähnliche Überlegungen. Beispielsweise begegnet man bei Nowoshilow einem linearen Programm zur Minimierung des Arbeitsaufwandes. Vgl. Nowoshilow, W., Arbeitswerttheorie und Mathematik, in: Sowjetwissenschaften, 1965, S. 1029-1047. In der betriebswirtschaftlichen Literatur tauchen solche Ansätze ebenfalls auf. Vgl. Weitz-

die optimale Technik dieselbe; die einzelnen Aktivitäten werden lediglich auf das passende Niveau expandiert oder kontrahiert.

Blicken wir auf das Dual von (III.37). Da das Primal ein Mengenminimierungsproblem ist, handelt es sich jetzt um eine Preismaximierungsaufgabe:

$$\mathbf{py} \rightarrow \text{Max} \quad \text{u. d. N.} \quad \mathbf{pT} = \mathbf{t}_0, \quad \mathbf{p} \geq \mathbf{0} \tag{III.38}$$

Dieses Programm wirft den gleichen Zielfunktionswert für die optimale Lösung wie das Primal aus, zudem werden die gleichen Prozesse aktiviert. Schreiben wir für den aus $\mathbf{t}_0$ ausgewählten Vektor $\mathbf{a}_0$, gilt:

$$\mathbf{a}_0\mathbf{q} = \mathbf{py} \tag{III.39}$$

Auch in diesem Modell deckt sich die Gesamtarbeit $\mathbf{a}_0\mathbf{q}$ mit der Summe der Arbeitswerte des Nettooutputs $\mathbf{vy}$. Demnach wird aus (III.39):

$$\mathbf{p} = \mathbf{v} \tag{III.40}$$

Dem Leontief-System wohnt mithin implizit eine Arbeitswerttheorie inne. Fungiert der Lohnsatz als Recheneinheit, stimmen die Arbeitswerte direkt mit den Gleichgewichtspreisen einer – wie es heißt – profitlosen Wirtschaft überein. Neoklassiker reden in einer solchen Situation (aus unerfindlichen Gründen) gelegentlich von einer ‚zeitlosen Ökonomie', eine Sprachverwirrung, die auf Mirrlees zurückgehen dürfte.[74] In Wahrheit ist weder der angeblich fehlende Faktor ‚Zeit' für ein Preissystem (III.40) bzw. (III.13) (vgl. S. 227) verantwortlich, noch eine spezielle Verteilungssituation. Wie gleich unterbreitet wird, darf diese Preisbildung kei-

man, M., On Choosing an Optimal Technology, in: Management Science, Bd. 19 (1967). S. 413-428.

[74] Vgl. Mirrlees, J. A., The Dynamic Nonsubstitution Theory Theorem, in: Review of Economic Studies, Bd. 36 (1969), S. 67-76. Es fehlt freilich nicht an Versuchen, das Vokabular zu rechtfertigen: „Die optimale Technik minimiert den Einsatz des primären Faktors Arbeit und gewährleistet dadurch Effizienz. Denn bei zeitloser Produktion verkörpert der Arbeitsaufwand die einzig wirklichen Kosten, und kostendeckende Produktionspreise und Arbeitswerte sind daher verständlicherweise identisch (bzw. bei anderer Normierung zueinander proportional)." Kesting, H., a.a.O., S. 141 f. In der Fußnote auf S. 141 behauptet Kesting sogar: „Wegen der vorausgesetzten zeitlosen Produktion besteht das Nettosozialprodukt nur aus dem Konsum der Haushalte …".

neswegs bloß für verteilungs- oder produktionstheoretische Spezialfälle Gültigkeit beanspruchen.

Der Gedanke, das einfache Non-Substitutionstheorem auf Situationen auszudehnen, die durch eine positive Profitrate charakterisiert sind, lag mehrere Jahre in der Luft[75], ehe analytisch verankert wurde, dass die Preisstruktur im Allgemeinen nicht mit der Nachfrage verkoppelt ist. Üblicherweise werden in diesem Zusammenhang die Arbeiten von Mirrlees und Stiglitz[76] aus dem Ende der 60er Jahre zitiert. Indes hatte der Samuelson-Schüler Levhari schon einige Jahre vorher bemerkt: „...in each rate of interest *r* there exists a matrix *a* composed of pure activities which will minimize prices in terms of wages, or rather, maximize real wages."[77] Dieselbe Botschaft verkünden alle Beweise des ‚dynamischen' Non-Substitutionstheorems. Ein weiteres Beispiel mag genügen: „The nonsubstitution theorems assert that ... only one vector of relative prices is possible for the economy ... In equilibrium, the price of each produced commodity is equal to the *minimum cost of producing it* ..."[78]

Das letzte Zitat wurde zum einen ausgesucht, um noch einmal – doppelt genäht hält besser – zu belegen, das allgemeine Non-Substitutionstheorem bescheinige, die Preisstruktur sei losgelöst von der Endnachfrage. Zum anderen enthüllt der Passus die der Ermittlung des Preisvektors vorausgesetzte Funktionsweise einer Konkurrenzwirtschaft. Neo-

---

[75] Vgl. Bliss, J., C., a.a.O., S. 251 Fn.

[76] Vgl. Mirrlees, J. A., a.a.O. und Stiglitz, J. E., Non-Substitution Theorems With Durable Capital Goods, in: Review of Economic Studies, Bd. 37 (1970), S. 543-553.

[77] Levhari, D., A Nonsubstitution Theorem and Switching of Techniques, in: The Quarterly Journal of Economics, Bd. 79 (1965), S. 98-105, S. 102. *a* entspricht der Koeffizientenmatrix **A**. Anschließend brachte Levhari eine *falsche* Deduktion, wonach die Wiederkehr einer Technik bei geänderter Verteilung ausbleibe. Dies hat die Debatte um ‚Reswitching' erst richtig in Schwung gebracht. Vgl. Morishima, M., Refutation of the Nonswitching Theorem, in: Quarterly Journal of Economics, Bd. 80 (1966), S. 520-525, Levhari, D., Samuelson, P. A., The Nonswitching Theorem is False, in: Quarterly Journal of Economics, Bd. 80 (1966), S. 518 f. Die Thematik wird gleich vertieft.

[78] Mirrlees, J. A., a.a.O., S. 67, eigene Hervorhebung. Siehe auch Weizsäcker, C. C. v., Steady State Capital Theory, Berlin / Heidelberg / New York 1971, S. 53. Bliss bevorzugt das Etikett „general non-substitution theorem": „This is to be greatly preferred to Mirrlees' unfortunate terminology – dynamic non-substitution theorem. There is nothing dynamic about these results." Bliss, C. J., a.a.O., S. 260 Fn.

klassiker *und* Neoricardianer meinen, die Entscheidung zwischen den Verfahren „... will be exclusively grounded on cheapness ...“[79] Unter Wettbewerbsbedingungen gewinne die (vermeintlich) kostengünstigste Technik die Oberhand. Für eine fixierte Profitrate sei das jene, welche die geringsten Preise hervorrufe. Hierdurch werde *uno actu* der Reallohn maximiert. Jedoch ist es nicht ausgeschlossen, dass bei einer *anderen* Profitrate eine *andere* Auswahl aus **T** niedrigere Sraffa-Preise nach sich zieht. Im Gegenteil.

Wenn sich mehrere Techniken auf der sog. Lohngrenze abwechseln, würden je nach Verteilungskonstellation unterschiedliche Verfahren angewandt. In Abbildung III.1 sind die Lohnkurven dreier Techniken T^A, T^B und T^C zu sehen, die sich gemäß (III.19) (vgl. S. 230) ergeben, wobei der Preis der Ware 1 zum Numéraire erhoben wurde.

Abbildung III.1: Die Lohnkurven dreier Techniken

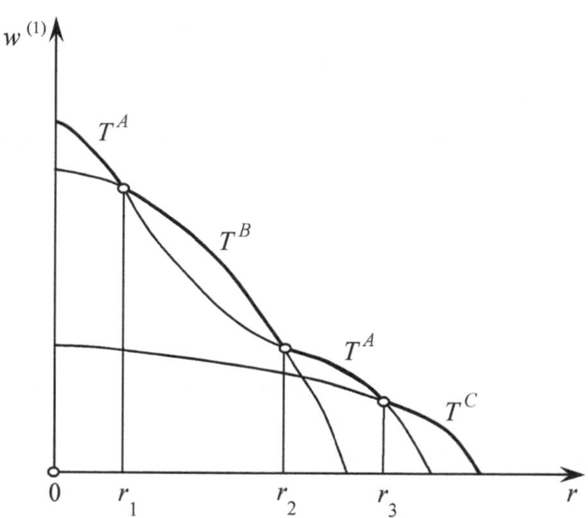

Die etwas dicker gezeichneten, am weitesten nord-östlich gelegenen Segmente der drei Lohnkurven bilden die Lohn*grenze*. Sie informiert für jede Profitrate über die höchstmögliche Vergütung, oder – was auf das Gleiche hinausläuft – sie ordnet den einzelnen Lohnsätzen die größte erzielbare Profitrate zu. Zwischen $0 \leq r < r_1$ werde also T^A eingesetzt, für

---

[79] Sraffa, P., Production ..., a.a.O., S. 83.

$r_1 < r < r_2$ die Technik *B*, während in dem Intervall $r_2 < r < r_3$ wieder Technik *A* geringere Preise zuwege bringe: Es komme zu Reswitching, das ehedem eingesetzte und später abgelöste Verfahren *A* erweise sich jetzt wieder als profitabler.

Schließlich schiebe sich für $r \geq r_3$ die zuvor inferiore Technik *C* nach vorne. Sie bleibe am Ruder, bis der in Ware 1 gemessene Lohnsatz null beträgt, d. h. bis zur maximalen Profitrate dieses Verfahrens. In den Schnittpunkten zweier Lohnkurven, den Switchpunkten, könnten die benachbarten Techniken koexistieren. Das jedenfalls propagiert die neoricardianische (Irr-)Lehre.

So sehr der Glaube verbreitet ist, wonach der Konkurrenzprozess zu den niedrigsten Preisen führe, sowenig zeigt das allgemeine Non-Substitutionstheorem, dass dies tatsächlich geschieht. Denn was lässt sich im Rahmen dieses Theorems wirklich demonstrieren? Ans Licht gebracht wird allein die Unabhängigkeit einer bestimmten Preisbildungs*hypothese* von der Endnachfrage – nichts anderes.[80] Keineswegs wird zutage gefördert, die auf der Lohngrenze erscheinende Technik sei jene, welche profitmaximierende Unternehmer stets bevorzugen.

Man kann sich eigentlich nur wundern, dass das einfache um ein (angeblich) allgemeines Non-Substitutionstheorem erweitert wurde. Tatsächlich bedurfte es keiner Ausdehnung der ‚zeitlosen' Variante auf eine ‚profitable' Wirtschaft: Die Lösung des Programms (III.37) (vgl. S. 247) und die darauf aufbauende Herleitung des Non-Substitutionstheorems umfasst diesen Fall bereits. Sollte der ursprüngliche Nettooutputvektor $\mathbf{y}$ nur das Reallohnbündel enthalten haben, verursacht – wie der Kernsatz des Non-Substitutionstheorems besagt – ein anderer Outputvektor $\mathbf{y}' \geq \mathbf{y}$ keinen Technikwechsel. Nichts hindert jemanden daran, die semipositive Differenz $\mathbf{y}' - \mathbf{y}$ als Mehrprodukt zu interpretieren.

Das Dual des Programms instruiert ferner, wie der Vektor des physischen Mehrprodukts zu bewerten ist, um die skalare Größe Profit zu berechnen: mit Preisen, die den Arbeitswerten entsprechen. Diese Kalkulationsvorschrift determiniert die niedrigsten Preise, auf welche die freie Konkurrenz zusteuern kann, soll und wird.

---

[80] Pasinetti deutet gleichfalls darauf hin, die im Non-Substitutionstheorem gezeigte Preisunabhängigkeit vom Produktionsniveau habe nichts mit Substitution zu tun: „...'non-variation of prices' and the ‚possibility of variation of prices' are something quite different from ‚non-substitution' and ‚substitution'." Pasinetti, L., On ‚non-substitution' in production models, in: Cambridge Journal of Economics, Bd. 1 (1977), S. 389-394, S. 390.

Anders als die Sraffa-Preisbildung berücksichtigt das *Wertgesetz* das korrespondierende (optimale) Mengensystem. Der Gesamtprofit in der betrachteten Frist besteht ja nicht lediglich aus einem Gewinn pro Stück, sondern das Betriebsergebnis resultiert aus der Multiplikation des Überschusses pro Einheit mit dem (verkauften) Ausstoß in der gewählten Zeitspanne.[81]

Bei Sraffa blieb – wider Willen – der klassische Gedanke auf der Strecke, wonach der Überschuss den Profit beschränkt. Sicherlich lässt sich ein gewisses Mehrprodukt mit verschiedenen Techniken erzeugen, darunter ist allerdings für die Entrepreneure jene am günstigsten, die den dafür nötigen Arbeitseinsatz minimiert; es gibt keine anderen originären Faktoren. Die Preisbildung *à la* Ricardo, Marx, Dmitriev, Bortkiewicz, Sraffa und wie sie alle heißen setzt – ohne Prüfung! – einfach voraus, eine höhere Rendite vulgo Profitrate auf (irgend)einen angeblich „vorgeschossenen" Kapitalwert verheiße einen größeren Reibach. Der scheinbar verlässliche Gewinnindikator einer falschen Kalkulationsvorschrift liefert jedoch niemals das richtige Entscheidungskriterium zur Technikwahl.

Im Gegensatz zu dem am Anfang dieses Abschnitts referierten Dogma erfüllen Arbeitswerte eine zentrale Funktion in kapitalistischen Marktwirtschaften. Die analytisch gewonnenen Resultate werden im Weiteren mit Beispielen konfrontiert. Dabei bestätigt sich die inzwischen begründete Überlegenheit der Arbeitswertrechnung auch und gerade in Situationen, in denen die moderne Form der klassischen Werttheorie, die neoricardianische Doktrin, ein Fiasko erlebt.

---

[81] In der Betriebswirtschaftslehre gilt diese Erkenntnis seit Längerem als gesichert: „Wir wissen, dass das Maximum des Stückgewinns mit dem Maximum des Periodengesamtgewinns nicht zusammenzufallen braucht … der Unternehmer (disponiert) nur dann mit höchster Wirtschaftlichkeit, wenn er das Maximum des Periodengewinns erreicht, d. h. das Maximum des absoluten Gewinns der Vergleichsperiode." Koch, H., Das Wirtschaftlichkeitsprinzip als betriebswirtschaftliche Maxime, in: Zeitschrift für handelswirtschaftliche Forschung, 3. Jg. (1951), S. 160-170, S. 166 f.

3.2 Paradoxa und Anomalien der Sraffa-Preisbildung bei Einzelproduktion

Ausgangspunkt der folgenden Betrachtungen ist eine schlichte, aber elementare Erkenntnis. Unter kapitalistischen Verhältnissen muss der Preis einer Ware mindestens ihre (variablen) Stückkosten decken, damit sie produziert wird:

$$\mathbf{p} \geq \mathbf{pA} + \mathbf{a}_0 w \qquad \text{(III.41)}$$

Dieses fundamentale Faktum ist, wie Dmitriev mit Recht konstatiert, „... not a result of a scientific analysis of the phenomena of economic life, but a simple statement of the self-evident fact that production cannot continue (at least for any appreciable length of time) if the price of the product does not cover the costs incurred."[1] Die spannende Frage lautet, wie die Lücke geschlossen wird, sofern in den obigen Gleichungen das Größerzeichen gilt.

Die Wirtschaftstheoretiker – angefangen von den Klassikern bis heute – haben darin niemals ein Problem erblickt: Stets scheint es in ihren Augen eine ebenso auf der Hand liegende Tatsache wie das System (III.41) selbst zu sein, dass der Profit in Proportion zum sektoralen *Materialaufwand* – nichts anderes ist **pA** – aufgeschlüsselt werden müsse. Dabei wird immer eine *vorhandene* unternehmensspezifische Arbeitsteilung *unterstellt*, ohne jemals dem Gedanken näherzutreten, dieses Verteilungsverfahren könne möglicherweise geradezu absurde Ergebnisse nach sich ziehen; Ergebnisse, welche die ‚diskriminierten' Unternehmer davon abhielten, sich in die gesellschaftliche Arbeitsteilung einzuschalten. Wie den zusammengetragenen Indizien zu entnehmen sein wird, eignet sich der Sraffa-Ansatz entweder grundsätzlich nicht als Preisbildungsvorschrift oder nur unter Verzicht auf das Gewinnmaximierungsziel.

Gleichzeitig wird sich aus der Kritik ergeben, welche Preisgestaltung die ‚Unregelmäßigkeiten' von vornherein ausschließt: die Wertrechnung. Damit sind jene Kalkulationsmethoden gemeint, die zu Preisen führen, die proportional zu den Arbeitswerten sind bzw. – bei passender Normierung – mit ihnen übereinstimmen. Die Betrachtungen zum Non-Substitutionstheorem haben erwiesen, dass diese Form der Preispolitik mit der Wahl der gewinnmaximalen Technik korrespondiert. Des Weiteren über-

[1] Dmitriev, V. K., a.a.O., S. 39.

windet sie die als verfehlt einzustufende sukzessivistische Behandlung der Problemstellung im Rahmen einer simultanen Fertigung. Die Wertkalkulation harmoniert mit den für einen Produktionsprozess typischen Stromgrößen, während die Sraffa-Preise auf einer verkappten Beständerechnung beruhen.

Die obigen Überlegungen zur (Un-)Abhängigkeit der optimalen Technik von der Endnachfrage waren auf einem gesamtwirtschaftlichen Niveau angesiedelt. Die ‚unsichtbare Hand' koordiniert allerdings das *mikroökonomische* Verhalten. Wie müssen die Preise auf dieser Ebene ermittelt werden, um die angekündigten Unregelmäßigkeiten zu verhüten? Jawohl, das gesuchte Preissystem greift Platz, wenn der Profit in der einzelwirtschaftlichen Kalkulation nach Maßgabe des wirklichen, weil nicht kapitalistisch reproduzierten Kostenfaktors, der Arbeit, anfällt:

$$\mathbf{p} = \mathbf{pA} + \mathbf{a}_0 w\,(1+\varepsilon) = \mathbf{pA} + \mathbf{a}_0 we \tag{III.42}$$

Das Symbol für den Lohnkostenaufschlag ist dasselbe, das bereits bei der Analyse des Vorschlags von Bortkiewicz zur Transformation von Werten in Preise benutzt wurde (vgl. S. 197 ff.). Als Lösung von (III.42) erhält man Preise, die den Arbeitswerten parallel sind:

$$\mathbf{p} = \mathbf{a}_0\mathbf{L}we = \mathbf{v}we \tag{III.43}$$

Dieses Preissetzungsverfahren verdankt seine Existenz keineswegs bloß einem Schuss ins Blaue. Wie später verdeutlicht wird, stellt es stattdessen die aus individueller Sicht einzig rationale Methode zur Produktionspreisbildung auf offenen Märkten dar.

Man mag einwenden, bei einer Kalkulation *à la* (III.42) müsse der Unternehmer nichts mehr ‚vorschießen' und ‚verzinsen', denn auch der Lohn werde erst am Ende der Periode bezahlt. Dieser Protest verkennt den wahren Sachverhalt. Zunächst einmal tragen Zinsen für das investierte eigene oder fremde Geld den Charakter von *Fixkosten* und sie sind daher für die betrachtete Periode (und womöglich lange darüber hinaus) *entscheidungsirrelevant*. Vor diesem Hintergrund bietet es sich an, den ‚Gewinn', von dem hier fortwährend die Rede ist, als *Deckungsbeitrag* zu interpretieren. Dies passt außerdem zur betriebswirtschaftlich korrekten Sichtweise.

Ferner räumen im modernen Wirtschaftsleben die Unternehmer einander regelmäßig Zahlungsziele ein und entrichten die Löhne meist erst nach vollbrachtem Werk. Die Teilnehmer am Rennen müssen jedoch als solvent gelten: Die Gewährung einer Zahlungsfrist oder eines Lieferantenkredits setzt in der Regel *Bonität*, d. h. Vermögen des Schuldners voraus. *Insoweit* stellt die Verfügung über ‚Vertrauenskapital' die Bedingung dar, um als Unternehmer am Wirtschaftsleben partizipieren zu dürfen.

Die Produktion vollzieht sich naturgemäß in einem Zeitraum, die Begleichung hingegen erfolgt zu einem Zeit*punkt* nach Lieferung der Vorleistungen. Dem widerspricht nicht, dass für manche Projekte An- oder Teilzahlungen zu leisten sind. In solchen Fällen fungiert dieser Geldbetrag sozusagen als Eintrittspreis, der zur Beteiligung an der Veranstaltung berechtigt. Mag es im Einzelnen sein wie es will: Die Finanzverflechtungen setzen die Gesetzmäßigkeiten der Produktionssphäre nicht außer Kraft.

So gesehen ist die Sraffa-Preisbildung vom Ansatz her realitäts*ferner* als das empfohlene Kontrastprogramm: Der Materialaufwand etablierter Unternehmen wird in den wenigsten Fällen per Vorkasse beschafft; zumindest nicht in voller Höhe. Im Übrigen dehnt sich die ex post-Abrechnung zunehmend auf die Endnachfrage aus, die Nennung des Stichworts Kreditkarte genügt.

Die Gleichungen (III.43) haben den Vorteil, mathematisch wesentlich einfacher zu sein als das System (III.16) $\mathbf{p} = \mathbf{a}_0 w \mathbf{S}$ (vgl. S. 230), immerhin ein Polynom n-ten Grades in r. Darüber hinaus funktionieren sie auch dann, wenn (III.16) versagt. Das System (III.43) liefert stets Qualitätserzeugnisse, wohingegen die Gleichungen (III.16), wie wir alsbald erleben, nur Ausschuss hervorbringen.

3.2.1 Basis- und Nichtbasiswaren

Die handfesten Probleme, unter gewissen Umständen die Sraffa-Preise zu bilden, wurden ziemlich rasch nach Erscheinen der „Warenproduktion mittels Waren" publik. In einem sich auf die Einzelproduktion beschränkenden Besprechungsartikel unterbreitete Peter Newman erstmals ein Zahlenbeispiel, in dem bei einer uniformen Profitrate ein Preis negativ wird.[2]

In Anlehnung an Ricardos Kornökonomie figuriert im Newmanschen Zwei-Sektoren-Modell Weizen als Basisware, die in beiden Prozessen als

[2] Vgl. Newman, P., Production of Commodities by Means of Commodities, in: Schweizerische Zeitschrift für Volkswirtschaft und Statistik, 98. Jg. (1962), S. 58-75, S. 66 f.

Input auftritt, sei es als Produktionsmittel oder als Konsumgut der Arbeiter. Die andere Ware, Eisen, hat Luxusgutcharakter; als Nichtbasisware fließt sie lediglich in ihre eigene Erzeugung ein.

Die Existenz von Nichtbasiswaren im Sinne Sraffas impliziert, dass durch eine geeignete Vertauschung von Zeilen und Spalten die Koeffizientenmatrix **A** zerlegbar ist, d. h. im Allgemeinen auf folgende Gestalt gebracht werden kann[3]:

$$\mathbf{A} = \begin{pmatrix} \mathbf{A}_{11} & \mathbf{A}_{12} \\ \mathbf{0} & \mathbf{A}_{22} \end{pmatrix} \tag{III.44}$$

$\mathbf{A}_{11}$ und $\mathbf{A}_{22}$ sind quadratische Untermatrizen, die nicht unbedingt gleicher Ordnung sein müssen. Bei einer zerlegbaren Koeffizientenmatrix **A** verschwindet $\mathbf{A}_{21}$. Ihr entspricht im zweidimensionalen Fall der Koeffizient a_{21}. Die Ware 2, hier Eisen, wird demnach nicht zur Herstellung von Ware 1, Korn, gebraucht. Newman schlägt in seinem Beispiel den Reallohn der Koeffizientenmatrix zu; a_{11} und a_{12} repräsentieren über den Produktionsmittelinput von Weizen hinaus den jeweiligen Arbeitseinsatz pro Stück. Normiert man den Getreidepreis auf eins und schreibt für den Eisenpreis p, ergeben sich die beiden Preisbestimmungsgleichungen:

$$1 = a_{11}(1+r) \tag{III.45}$$

$$p = (a_{12} + a_{22}p)(1+r) \tag{III.46}$$

Aus (III.45) erhält man direkt die Profitrate als Netto-Reproduktionsrate der Feldfrucht:

$$r = \frac{1-a_{11}}{a_{11}} > 0 \qquad \text{für} \qquad 0 < a_{11} < 1 \tag{III.47}$$

Die Profitrate wird, ganz im Stile Ricardos, allein von der Basisgüterindustrie vorgelegt. Für die anderen Sektoren ist sie ein Datum; im Gleichgewicht müssen sie die physisch determinierte Weizenprofitrate übernehmen. „The fact, however, that they *must* accept it, does not mean that they *can* accept it.“[4] Um aufzudecken, wann der Nicht-Basiszweig die

---

[3] Vgl. die klare Erläuterung des Permutationsverfahrens bei Takayama, A., Mathematical Economics, 2. Aufl., Cambridge u. a. 1985, S. 368 ff.

[4] Zaghini, E., On Non-Basic Commodities, in: Schweizerische Zeitschrift für Volkswirtschaft und Statistik, 103. Jg. (1967), S. 257-266, S. 261. Zaghini klassifi-

Profitrate des Weizensektors nicht anwenden kann, selbst wenn er es wollte, berechnen wir aus (III.46) die Profitrate der Eisenindustrie:

$$r = \frac{(1-a_{22})p - a_{12}}{a_{12} + a_{22}p} \qquad \text{(III.48)}$$

Geht der Weizenverbrauch pro Eiseneinheit a_{12} gegen null, strebt die Profitrate ihrem Höchstwert $\left(r_{\max}^{E}\right)$, d. h. ihrer Selbstreproduktionsrate zu. Mit $a_{12} = 0$ reduziert sich (III.48) auf:

$$r_{\max}^{E} = \frac{1-a_{22}}{a_{22}} > 0 \quad \text{für} \quad 0 < a_{22} < 1 \qquad \text{(III.49)}$$

Im Gleichgewicht sollten sich (III.47) und (III.48) decken. Für $a_{11} < a_{22}$ ist aber selbst die maximale Profitrate des Nichtbasissektors (III.49) kleiner als die der Weizenindustrie (III.47): Der Preis des Eisens wird dann negativ. Setzt man nämlich (III.47) und (III.48) gleich, gewinnt man nach kurzer Umformung für p[5]:

$$p = \frac{a_{12}}{a_{11} - a_{22}} \qquad \text{(III.50)}$$

Die Bedingung positiver Preise ist offenbar für $a_{11} < a_{22}$ verletzt.[6] Da dem keine ökonomischen Gründe entgegenstünden, resümiert Newman: „... 'non-basics' do not exist, if we are not to confine ourselves to a rather odd and restricted class of situations."[7] Dies widerspricht dem hohen Rang, den Sraffa den Nichtbasiswaren in seinem Werk einräumt. Deshalb lehnt er die von Newman gezogene Konsequenz ab.

In einem Schreiben an Newman weist Sraffa zunächst darauf hin, er habe den fraglichen Sachverhalt durchaus kommentiert[8]: „Have you not

---

ziert die einzelnen Typen von Nichtbasiswaren, die bei einer zerlegbaren Untermatrix $\mathbf{A}_{22}$ auftauchen können.

5 Eine Graphik der Entwicklung des Eisenpreises in Abhängigkeit von der Profitrate bringt Kurz, H. D., Zur neoricardianischen ..., a.a.O., S. 67.

6 Im Allgemeinen unterschreitet die maximale Profitrate des Nichtbasisbereichs die des Basissektors, wenn der maximale Eigenwert von $\mathbf{A}_{11}$ kleiner als der von $\mathbf{A}_{22}$ ist.

7 Newman, P., Production ..., a.a.O., S. 67.

8 Der Abdruck des Briefwechsels zwischen Sraffa und Newman findet sich bei Bharadwaj, K., On the Maximum Numbers of Switches Between Two Production

overlooked my Appendix B, to which the reader was referred to by a footnote on p. 28?"[9] Des Weiteren bemerkt er, das Problem entstehe nur bei einer hinreichend geringen maximalen Profitrate der Nichtbasisproduktion. Das trete in Wirklichkeit, wenn überhaupt, kaum auf: „I certainly failed to discover any faintly realistic example of this which I could use, and had to invent those ‚beans'."[10]

Es ist instruktiv, wie Sraffa das zwar seines Erachtens exzeptionelle, aber nicht völlig von der Hand zu weisende Gebrechen verarzten möchte. Sollte der Bohnenanbau eine relativ (zu) kleine Selbstreproduktionsrate (III.49) abwerfen, gibt es – laut Sraffa – dennoch eine Methode, die einheitliche Profitrate bei positiven Preisen zu retten: „The ‚beans' could however still be produced and marketed so as to show a normal profit if the producer sold them at a higher price than the one which, in his bookkeeping, he attributes to them as means of production."[11]

Allerdings vermag weder der Bezug auf die angeblich seltene Existenz solcher Phänomene in der Realität zu überzeugen, noch erscheint die Art ihrer Behandlung, soweit sie denn auf den Plan treten, akzeptabel: Die Begebenheit *kann* vorkommen, obschon die Wahrscheinlichkeit dafür geringer wird, je mehr die Arbeiter am Überschuss partizipieren.[12] Vielmehr ist das Versagen einer Theorie in Grenz- und Extremfällen – die gleichwohl von ihr abgedeckt werden sollten – Symptom ihrer Schwäche. Die Ausnahme *widerlegt* die Regel und ist Vorbote einer neuen.

Systems, in: Schweizerische Zeitschrift für Volkswirtschaft und Statistik, 106. Jg. (1970), S. 409-429, S. 425 ff.

[9] Sraffa, P., Brief an Newmann, 4. Juni 1962, a.a.O., S. 425 f., S. 425.

[10] Ebenda, S. 426. Die Bohnen sind das von Sraffa gewählte hypothetische Beispiel im Anhang B seines Buches, um die Möglichkeit negativer Preise der Nichtbasiswaren zu illustrieren. Vgl. Sraffa, P., Production …, a.a.O., S. 90 f. Newman teilt die Sicht, die Frage müsse empirisch behandelt werden: „It seems to me that more empirical considerations would have to be brought in." Newman, P., Brief an Sraffa, 8. Juni 1962, a.a.O., S. 426 f., S. 427. In seinem zweiten Schreiben wiederholt Sraffa seine Einschätzung, der Fall sei empirisch extrem unwahrscheinlich: „It has not been possible to find a reasonable case in reality in which the rate is smaller …" Sraffa, P., Brief an Newman, 19. Juni 1962, a.a.O., S. 427 f., S. 428.

[11] Sraffa, P., Production …, a.a.O., S. 91. Man beachte die Formulierung: Ganz in der Art Ricardos wird von ‚normal profit' gesprochen, wo die ‚normal *rate* of profit' gemeint ist.

[12] Vgl. Kurz, H. D., Zur neoricardianischen …, a.a.O., S. 69.

Auch die Bortkiewiczsche Korrektur der Wert-Preis-Transformation misslingt, falls das konstante Kapital der Abteilung II null beträgt. In dieser Konstellation, die der hier Gegebenen analog ist, stimmt die Profitrate mit der ausschließlich in Abteilung II determinierten Mehrwertrate überein. Jedoch sind die anderen Abteilungen unter gewissen Konditionen unfähig, diese Profitrate zu veranschlagen. Es ist dann ein vergebliches Bemühen, das Bortkiewicz-Preissystem, welches den Gleichungen (III.45) und (III.46) entspricht, aufzustellen. *Nur* die Wertrechnung hat sich in dieser zugespitzten Lage behaupten können.

Sraffas Vorschlag, die Krankheit zu heilen, gleicht einem Aderlass: Er schwächt den Patienten, ohne Linderung oder gar Heilung zu verschaffen. Keinem Bohnenproduzenten sei verwehrt, sich durch Manipulation der Buchhaltung etwas in die Tasche lügen zu wollen – Papier ist geduldig; ein Attribut, welches der ökonomischen Theorie im Verlauf ihrer Geschichte das Leben ebenfalls erleichtert hat.

Trotzdem stößt die Umsetzung der Empfehlung Sraffas auf ungeahnte Schwierigkeiten: Angesichts zweier Unbekannter ist eine Gleichung eine zu wenig. Selbst bei Kenntnis von r genügt (III.46) nicht, um einen ‚Verkaufspreis' – links vom Gleichheitszeichen – und einen ‚Buchhaltungspreis' – rechts vom Gleichheitszeichen – zu ermitteln. Die Produktionsbedingungen allein sind in diesem Rahmen unzulänglich, um ein eindeutiges Preissystem abzuleiten. Doch die Aufgabe lässt sich bewältigen, ohne das Heil in der Nachfrage oder in der willkürlichen Besetzung des Freiheitsgrades (bzw. einschlägig vieler bei mehreren Eisen- und Bohnensorten) zu suchen.

Der Weg aus der Sackgasse bleibt so lange versperrt, wie man die verausgabte Arbeit in die Koeffizientenmatrix abschiebt. Um die Preise gemäß (III.42) (vgl. S. 254) zu bilden, sind die direkten Arbeitseinsätze a_{0j} sichtbar zu machen. Unter den gleichen Annahmen, die (III.45) und (III.46) zugrunde liegen, erhält man:

$$1 = a_{11} + a_{01}we \tag{III.51}$$

$$p = a_{12} + a_{22}p + a_{02}we \tag{III.52}$$

Die Umformung von (III.51) bringt:

$$e = \frac{1 - a_{11}}{a_{01}w} \tag{III.53}$$

Substitution in (III.52) liefert:

$$p = \frac{a_{12} + \dfrac{a_{02}(1 - a_{11})}{a_{01}}}{1 - a_{22}} \tag{III.54}$$

Aus (III.54) geht hervor, dass p jetzt stets positiv ist. Das Tauschverhältnis Eisen zu Weizen lässt sich zudem durch die Berücksichtigung des Wertsystems vereinfachen:

$$v_1 = v_1 a_{11} + a_{01} \tag{III.55}$$

$$v_2 = v_1 a_{12} + v_2 a_{22} + a_{02} \tag{III.56}$$

Die Lösungen lauten:

$$v_1 = \frac{a_{01}}{1 - a_{11}} \tag{III.57}$$

$$v_2 = \frac{v_1 a_{12} + a_{02}}{1 - a_{22}} \tag{III.58}$$

Mit (III.57) und (III.58) ergibt sich für p aus (III.54):

$$p = \frac{a_{12} + \dfrac{a_{02}}{v_1}}{1 - a_{22}} = \frac{v_2}{v_1} \tag{III.59}$$

Unabhängig vom Verwertungsfaktor $e = (1 + \varepsilon)$ bestimmen die Arbeitswerte die Tauschrelation zwischen Eisen und Weizen. Das Verhältnis ist immer positiv; erneut werden die Sraffa-Preise von der Wertrechnung geschlagen.

Ferner deutet das Resultat an, welchen Waren in Wahrheit Basischarakter zuzuweisen ist: den Lohngütern. Dieser klassische Standpunkt wird weiter gefestigt, sobald der Gewinn in der Analyse explizit auftaucht. Das ist noch nicht geschehen. Bislang ging es nur um den Nachweis, die Wertrechnung sei dort zu gebrauchen, wo man mit der neoricardianischen Doktrin auf verlorenem Posten steht. Nun gilt es, zutage zu fördern, dass in Situationen, in denen Sraffas Preisbildungshypothese formal anwendbar ist, Ergebnisse zustande kommen, die den Prämissen widersprechen.

3.2.2 Profitrate, Kapitalwert und Gesamtgewinn

In einer Hinsicht jedenfalls entfaltete das Werk Sraffas eine ‚sägensreiche' Wirkung: Dem *uneingeschränkten* Geltungsanspruch des ‚neoklassischen Postulats', das die gleichgerichtete Bewegung von Lohnsatz und Kapitalwert fordert[13], wurde der Boden entzogen. Hiermit war aber keineswegs die Auffassung ausgerottet, dieser Zusammenhang dominiere eben doch in der Realität. Die neoklassische ‚Faustformel', eine Lohnsatzsteigerung sei mit einer Substitution von Arbeit durch ‚Kapital' verknüpft, strahlt wie eh und je eine große Anziehungskraft auf die Ökonomen in Theorie und Praxis aus. Der *Modus vivendi* bestand für viele darin, die extremen Ausschläge von Kapitalwert und Pro-Kopf-Sozialprodukt, wie sie gemäß der Technikwahl *à la* Sraffa zu erwarten wären, als *theoretische* Möglichkeit nicht (mehr) anzuzweifeln. Im selben Atemzug wird den genannten Modelleigenschaften angesichts der Fakten die *empirische* Relevanz abgesprochen.

Im Endeffekt haben die mit dem ‚gesunden Menschenverstand' Gesegneten recht – wenngleich aus falschem Grund: Die Erkenntnisse der neoricardianischen Lehre sind nicht belanglos, weil die Wirklichkeit – warum auch immer – die den Neoklassikern ins Konzept passenden relativ stabilen Verhältnisse favorisiert. Die im Licht des Sraffa-Ansatzes nicht nur als denkbar, sondern sogar als äußerst wahrscheinlich einzustufenden Amplituden der Kapitalintensität lassen auf sich warten, da die Realität im Studierzimmer fabrizierte, vermeintliche Funktionsmechanismen kapitalistischer Marktwirtschaften ignoriert.

Ein einfaches Mehrzweckmodell soll die These erhärten. Mit ihm wird die neoricardianische Theorie der Technikwahl sowie der Preisbildung illustriert und – *ad absurdum* geführt. Das Blaupausenbuch der betrachteten Wirtschaft beschränke sich auf zwei Techniken: A (T^A) und B (T^B). Beide erzeugen zwei gleiche Waren in jeweils zwei Einzelproduktionsprozessen. Die Koeffizienten der Technik A sind wie folgt spezifiziert:

$a_{01} = 0{,}002$ $\qquad$ $a_{02} = 0{,}01$

$a_{11} = 0{,}35$ $\qquad$ $a_{12} = 0{,}1$

$a_{21} = 0{,}05$ $\qquad$ $a_{22} = 0{,}1$

---

13 Sprachprägend wirkte Sato, K., The Neoclassical Postulate and the Technology Frontier in Capital Theory, in: The Quarterly Journal of Economics, Bd. 88 (1974), S. 353-384.

Im Gegensatz zu dem gerade behandelten Fall sind beide Waren nun ‚Basics', jede geht in die Fertigung der anderen ein. Dasselbe gilt für Technik *B*, die von Technik *A* nur in den Koeffizienten des Sektors 1 differiert:

$b_{01} = 0{,}001$	$b_{02} = 0{,}01 = a_{02}$
$b_{11} = 0{,}254542$	$b_{12} = 0{,}1 \quad = a_{12}$
$b_{21} = 0{,}161435$	$b_{22} = 0{,}1 \quad = a_{22}$

Das System der Sraffa-Preise weist zwei Freiheitsgrade auf, von denen einer durch die Definition einer Zähleinheit beseitigt werden kann. Hier interessiert die Beziehung zwischen Lohnsatz und Profitrate. Gemäß (III.19) (vgl. S. 230) lassen sich für jede Technik zwei Lohnkurven ableiten, je nachdem, welcher Preis als Standard dient.

Die Abbildung III.2 gibt die Lohnkurven der Techniken *A* und *B* wieder, wobei zunächst Ware 1 als Numéraire fungiert ($p_1 \equiv 1$). Deswegen wurde die Ordinate mit $w^{(1)}$ beschriftet. Die beiden Lohnkurven schneiden einander bei $r_{S1} = 0{,}11193$ und $r_{S2} = 1{,}10928$.

Abbildung III.2: Die $w^{(1)}$-r-Beziehungen der Techniken A und B

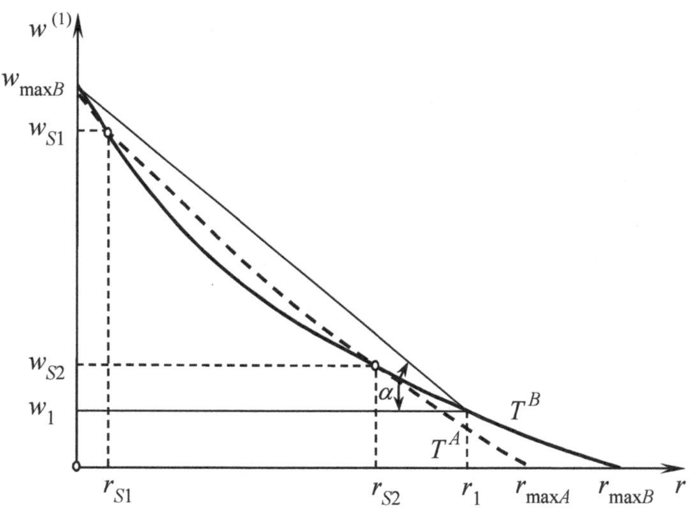

Im Kontext mit dem Non-Substitutionstheorem wurde skizziert, wie sich die neoricardianische Theorie die Technikentscheidung denkt: Sinkt z. B.

der Lohnsatz ausgehend vom maximalen Lohnsatz der Technik B ($w_{\max B}$), werde zunächst T^B präferiert, denn sie ordnet anfänglich jedem Lohnsatz eine höhere Profitrate zu (und umgekehrt). Beim Lohnsatz w_{S1} gelten beide Techniken als gleich profitabel und man meint, sie könnten gemeinsam existieren: „The point of intersection … is where the two alternative methods of production are equally profitable …“[14]

Sinkt der Lohnsatz weiter, schalte die Wirtschaft angeblich um: T^A liefert für $w_{S2} < w < w_{S1}$ eine höhere Profitrate. Wird der Lohnsatz w_{S2} unterschritten, folge Reswitching: Die Wirtschaft kehre zu der früher bereits benutzten und zwischendurch aufgegebenen, nun aber anscheinend lukrativeren Technik B zurück.

Generell berechnet man im Sraffa-System die gesamtwirtschaftliche Kapitalintensität (k) zu:

$$k = \frac{\mathbf{pAq}}{\mathbf{a}_0\mathbf{q}} \tag{III.60}$$

Um etwas über k aussagen zu können, muss der Bruttoproduktionsvektor $\mathbf{q}$ bekannt sein. Tatsächlich wurden und werden Lohnkurven fast immer aufgetischt, ohne mitzuteilen, wie die n Freiheitsgrade des Mengensystems (III.25) $\mathbf{q} = \mathbf{Ly}$ besetzt worden sind. Nach Normierung der Gesamtarbeit auf eins bleiben im Mengensystem immer noch $(n - 1)$ Freiheitsgrade übrig. Diese dürfen nach Gutdünken exogen fixiert werden: Änderungen der Endnachfrage beeinflussen die Preise nicht. Setzen wir alle Komponenten von $\mathbf{y}$ bis auf eine (y_i) gleich null, liefern die Gleichungen zur Berechnung des Ausstoßes die Anzahl der Einheiten, die im Subsystem der Ware i hergestellt werden.

Werfen wir einen genaueren Blick auf die integrierte Industrie der Ware 1. Der Nettooutputvektor wird als $\mathbf{y}_1$ geschrieben, ein Spaltenvektor, der außer y_1 nur Nullen birgt. Wir haben somit:

$$\mathbf{q} = \mathbf{Ly}_1 \tag{III.61}$$

Linksmultiplikation mit $\mathbf{a}_0$ führt unter Beachtung von (III.26) $\mathbf{a}_0\mathbf{q} \equiv 1$ zu:

$$1 = \mathbf{a}_0\mathbf{Ly}_1 = \mathbf{vy}_1 = v_1 y_1 \tag{III.62}$$

Daraus gewinnt man die gesuchte Menge y_1:

---

[14] Sraffa, P., Production …, a.a.O., S. 85.

$$y_1 = \frac{1}{v_1} \tag{III.63}$$

Im Allgemeinen ergibt sich der Nettooutput des Subsystems einer ausgewählten Ware als Quotient der Gesamtarbeit durch ihren Arbeitswert. Dieses Ergebnis wird gleich weiterverarbeitet. Vorher richten wir abermals den Blick auf Abbildung III.2.

Angenommen, die Modellwirtschaft bilde die integrierte Produktion der Ware 1 ab, deren Preis zur Recheneinheit erhoben wurde. Dann erzeugen die Techniken einen Nettooutput an Ware 1, der mit dem Ordinatenabschnitt der jeweiligen Lohnkurve übereinstimmt. In diesem Fall kann man aus dem Lohnsatz-Profitratendiagramm auf besonders einfache Weise den Kapitalwert – der wegen des auf eins normierten Arbeitseinsatzes mit der Kapitalintensität übereinstimmt – ablesen. Aus der Verteilungsgleichung $y = kr + w$ erhält man sofort $k = \frac{y - w}{r}$. Darin sind y und w physische Mengen der Ware 1, die den alleinigen Nettoausstoß bildet.[15] In der gegebenen Situation misst etwa tan α den Kapitalwert der Technik B beim Lohnsatz w_1 und der Profitrate r_1. Wendet man dieses Verfahren auf die Lohn*grenze* an, also die am weitesten nordöstlich gelegenen Segmente der Lohnkurven, ermittelt man im Bereich $0 \leq r < r_{S1}$ eine negative Korrelation zwischen Profitrate und Kapitalintensität, die als ‚*positiver Preis*-Wicksell-Effekt' firmiert. Im Switchpunkt r_{S1} stelle sich durch den Übergang auf T^A ein ‚*positiver realer* Wicksell-Effekt' ein. Zwischen r_{S1} und r_{S2} bleibt der Preis-Wicksell-Effekt positiv. Bis hierher ist die neoklassische Welt in Ordnung.

Das ändert sich jetzt: Steigt die Profitrate auf r_{S2}, *erhöht* sich im Zuge des (angeblichen) Wechsels auf Technik B der Kapitalwert sprunghaft, es komme zu einem *negativen* realen Wicksell-Effekt. Mit diesem erneuten Einsatz von T^B sei ‚paradoxes Konsumverhalten' verbunden, da das Sozialprodukt mit der Profitrate wachse – ein Zusammenhang, der aus neoklassischer Sicht widersinnig erscheint.[16] Ist die Profitrate jedoch größer

---

[15] Die Modellierung ist weniger restriktiv, als man vielleicht *prima facie* meinen mag. Selbst bei einem heterogenen Nettooutput lässt sich dank des Non-Substitutionstheorems analytisch für jede einzelne Ware ihr Subsystem herausschälen. Die beobachtete Bruttoproduktion ist das Aggregat der Subsysteme mit entsprechendem Gewicht.

[16] Vgl. Burmeister, E., Capital Theory and Dynamics, Cambridge 1980, S. 116 f.

als r_{S2}, nehme die Kapitalintensität wieder ab, erneut trete ein positiver Preis-Wicksell-Effekt auf.

Der ‚backward switch' bei r_{S2} in der Abbildung III.2 zieht ‚Capital Reversing' nach sich, wie man – unabhängig von der Ursache – die gleichgerichtete Bewegung von Profitrate und Kapitalwert nennt. Reswitching ist demnach ein Unterfall von Capital Reversing. Angesichts solcher Phänomene haben Neoricardianer das Konzept als gescheitert bezeichnet, die Einkommensverteilung auf die entgegengesetzten Kräfte von Angebot und Nachfrage zu stützen.[17]

Wegen der konvexen Gestalt der beiden Lohnkurven weist jede Technik in Abbildung III.2 einen positiven Preis-Wicksell-Effekt auf. Dies erklärt das neoklassische Streben, den Nachweis zu erbringen, die Lohnkurven verliefen in der Realität konvex und besäßen höchstens einen Schnittpunkt mit einer anderen *w*-*r*-Beziehung.[18]

Bemerkenswerterweise liegt aber auch manchem Neoricardianer daran, Reswitching *auszuschließen*. Zunächst einmal muss man sich vor Augen halten, dass die Zahl denkbarer Switch- und Reswitchpunkte in der Praxis ungeheuer groß wäre. Wie man zeigen kann, unterscheiden sich Techniken, die einander in Switchpunkten ablösen, nur in der Produktion einer (Basis-)Ware; somit ist die maximale Zahl der Switchpunkte zweier Techniken durch die Anzahl der Basiswaren in beiden Systemen (ohne Doppelzählung) festgelegt.[19] In der Wirklichkeit stehen regelmäßig mehrere Verfahren zur Verfügung, eine in die Tausende gehende Zahl von Waren herzustellen. Man erhält dann im Hinblick auf Switch- und Reswitchingmöglichkeiten *astronomische* Größenordnungen[20]: „So that as the rate of profits rises", orakelt Sraffa, „there will be a

---

[17] Vgl. die auf diesem Gebiet Schule machende Arbeit von Garegnani, P., Heterogeneous Capital, the Production Function and the Theory of Distribution, in: Review of Economic Studies, Bd. 37 (1970), S. 407-436, deutsch in: Garegnani, P., Kapital ..., a.a.O., S. 77-124.

[18] Namentlich Krelle hat das in mehreren Arbeiten versucht. Vgl. nur Krelle, W., Die kapitaltheoretische Kontroverse, Test zum Reswitching-Problem, in: Zeitschrift für Wirtschafts- und Sozialwissenschaften, 98. Jg. (1978), S. 1-31.

[19] Vgl. Sraffa, P., Production ..., a.a.O., S. 82, Bharadwaj, K., On the Maximum ..., a.a.O. und Helmedag, F., Die Technikwahl ..., a.a.O., S. 212 ff. Darum differiert im Zahlenbeispiel die Technik *B* nur in den Produktionskoeffizienten der Ware 1 von Technik *A*.

[20] Vgl. Schefold, B., Capital, Growth, and Definitions of Technical Progress, in: Kyklos, Bd. 32 (1979), S. 236-250, S. 244.

rapid succession of switches in the methods of production of one or other of the commodities.“[21] Die Realität müsste selbst bei kleinsten Variationen der Profitrate oder des Lohnsatzes von gewaltigen Änderungen in der Produktionsweise geprägt sein – was offensichtlich nicht zutrifft. Vielmehr sprechen Ökonomen mit Recht von gewissen ‚stylized facts‘, d. h. von bestimmten, über die Zeit hinweg ziemlich konstanten ökonomischen Größen bzw. stabilen Relationen zwischen ihnen. Diese empirischen Tatsachen stehen in seltsamem Kontrast zur neoricardianischen Theorie, für die der permanente Switch eigentlich das Normale sein müsste.

Vor dieser Kulisse verblüfft nicht, wenn Sraffa-Anhänger – wie Neoklassiker – nach Motiven fahnden, warum Reswitching die Welt verschone: „One has to show that wage curves do, under realistic assumptions, not deviate to any considerable extent from straight lines, and if they intersect at all, they should intersect to the right of the actual rate of profit.“[22]

Dieses Bemühen wurzelt darin, dass Reswitching die Theorie des technischen Fortschritts jeder materiellen Basis beraubt. Steuerte nämlich die Materialaufwandsrendite alias Profitrate die Verfahrenswahl, würde unter Umständen eine Technik benutzt, die einen *Rückgang* des Nettoausstoßes heraufbeschwörte. Das ergäbe sich in Abbildung III.2, falls die Technik *A*, deren Ordinatenabschnitt unter dem der Technik *B* liegt, sich durchsetzte.

Im Rahmen der Sraffaschen Konzeption bleibt letztlich offen, „... ob technischer Wandel ein Fortschritt oder Rückschritt darstellt, weil eine von der Verteilung unabhängige technisch-physische Beurteilungsgrundlage entfällt.“[23] Die neoricardianische Lehre lässt Raum für ein denkbares Variantenspektrum, das die beobachteten Vorgänge in der Wirklichkeit tief in den Schatten stellt:

> „Die Theorie erscheint daher wie ein Rasiermesser“, urteilt Cogoy, „dessen Schärfe in keiner Beziehung zu den mit diesem Instrument zu bewältigenden praktischen Problemen steht; der theoretischen Schärfe, mit der neoklassische oder marxistische werttheoretische Ansätze kritisiert

---

[21] Sraffa, P., Production ..., a.a.O., S. 85, eigene Hervorhebung.

[22] Schefold, B., Capital ..., a.a.O., S. 244 f. Siehe auch Schefold, B., Different Forms of Technical Progress, in: The Economic Journal, Bd. 86 (1976), S. 806-819.

[23] Cogoy, M., Produktion, Markt und technischer Fortschritt, in: Analyse und Kritik, 4. Jg. (1982), S. 39-70, S. 59.

werden können, entsprechen keine parallelen Erfolge in der empirischen Analyse des technischen Wandels und die Schärfe des Instruments scheint die Erfordernisse der anvisierten praktischen Tätigkeit weit zu übersteigen."[24]

Das Forschungsziel, Ursachen für einen möglichst linearen Verlauf von Lohnkurven beizubringen, ist im Übrigen eine zweischneidige Angelegenheit: Sollte dies (wider Erwarten) gelingen, löschten die Neoricardianer eigenhändig das Feuer, das sie im neoklassischen Gebäude entfacht haben. Ohnehin hätte der Brand früher und effektiver bekämpft werden können. Denn eine gleichgerichtete Beziehung zwischen Profirate und Kapitalintensität lässt sich bereits mittels einer geeigneten Recheneinheit knüpfen.

Die Definition des Zählgutes ist eine Entscheidung, die aus freien Stücken getroffen werden darf. In der Abbildung III.3 sind die Lohnkurven für T^A und T^B verzeichnet, wobei jetzt der Preis der Ware 2 zur Maßeinheit erhoben wurde. Die Ordinatenbeschriftung $w^{(2)}$ bringt dies zum Ausdruck.

Abbildung III.3: Die $w^{(2)}$-r-Beziehungen der Techniken A und B

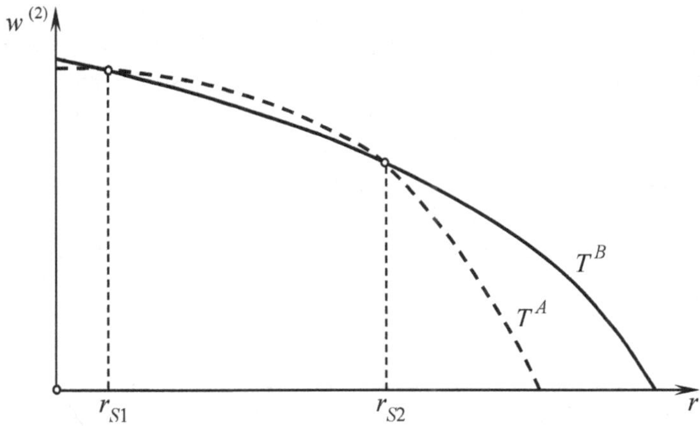

Ein erster Blick bestätigt, dass das Numéraire keinen Einfluss auf Reswitching ausübt; ohne Rücksicht auf den Standard rufen die Verfahren in den Switchpunkten r_{S1} und r_{S2} jeweils das gleiche Preissystem hervor.[25] Allerdings hat sich der absolute Wert des Lohnsatzes geändert, der

[24] Ebenda, S. 60.

[25] Vgl. Pasinetti, L., Vorlesungen ..., a.a.O., S. 181.

mit einer bestimmten Profitrate korrespondiert. Ferner hat sich die *Gestalt* beider Lohnkurven gegenüber Abbildung III.2 gravierend gewandelt. Sie verlaufen jetzt konkav, obwohl den Berechnungen dieselben technischen Koeffizienten zugrunde liegen.

Untersucht man die Kapitalwertentwicklung, wie das bereits für die Abbildung III.2 geschehen ist, stellt sich heraus, dass die realen Wicksell-Effekte wie vorher auftreten: Bei r_{S1} ist er positiv, bei r_{S2} negativ. Im Gegensatz zu Abbildung III.2 sind die Preis-Wicksell-Effekte hingegen stets negativ. Damit kommt es im Fall von Verteilungsänderungen auch ohne Technikwechsel zu Capital Reversing.[26] Durch eine passende Zählgutwahl sind nach Belieben Preis-Wicksell-Effekte produzierbar.[27] Das willkürlich auszusuchende Numéraire wirkt sich auf die Ergebnisse der Analyse aus, da es das Erscheinungsbild der Lohnkurven und folglich den Zusammenhang zwischen Profitrate und Kapitalwert prägt.[28]

---

[26] Das Bemühen, solche unerwünschten Konsequenzen auszuschließen, gipfelt in dem Dogma, die freie Festlegung der Recheneinheit einfach zu verbieten. Vgl. dazu Helmedag, F., Kapitale Böcke in der Kapitaltheorie: Der Test zum Protest, in: Jahrbücher für Nationalökonomie und Statistik, Bd. 216 (1997), S. 744-760, S. 745 ff.

[27] Vgl. Burmeister, E., On the Social Significance of the Reswitching Controversy, in: Revue d'Economie Politique, 87. Jg. (1977), S. 335-350, S. 340. Unverständlich erscheint vor diesem Hintergrund die Behauptung, Preis-Wicksell-Effekte seien wichtiger als Reswitching. So Backhouse, R., A History of Modern Economic Analysis, Oxford / New York 1985, S. 450 Fn.

[28] In Sraffas Buch nimmt die Konstruktion einer Standardware als Zählgut einen hohen Rang ein. Drückt man die Lohnsatz-Profitratenbeziehung in ihr aus, wird die Lohnkurve zu einer Geraden. Freilich besitzt jede Technik im Allgemeinen eine eigene Standardware, so dass mit ihr die einzelnen Techniken nicht verglichen werden können. Tatsächlich wartet die Standardware nicht mit den Eigenschaften auf, die ihr Sraffa zuschreibt. Vgl. im Einzelnen Helmedag, F., Die verteilungsinvariante Messung von Produktionspreisen, in: das wirtschaftsstudium (wisu), 27. Jg. (1998), S. 266-274, 284 f. Sraffa selbst bezeichnet die Standardware als reine Hilfskonstruktion: „The Standard system is a purely auxiliary construction. It should therefore be possible to present the essential elements of the mechanism under consideration without having recourse to it.“ Sraffa, P., Production ..., a.a.O., S. 31. Vgl. ferner Flaschel, P., Sraffa's Standard Commodity: No Fulfillment of Ricardo's Dream of an „Invariable Measure of Value“, in: Journal of Theoretical and Institutional Economics, Bd. 142 (1986), S. 588-602, Schefold, B., The Standard Commodity as a Tool of Economic Analysis: A Comment on Flaschel, ebenda, S. 603-622 und Flaschel, P., The Standard Commodity as a Tool of Economic Analysis: A Reply to Schefold, ebenda, S. 623-625.

Angesichts dessen bereitet allein das von der Recheneinheit losgelöste Reswitching Magenbeschwerden. Neoricardianer haben mehrfach beklagt, das Phänomen sei nicht gebührend gewürdigt worden: „... distinguished economists ..., when coming across the reswitching phenomenon, instinctively shied away from it, by reacting with illogical exorcizing sentences – as if against the appearance of a dangerous demon."[29] Nun, die Verhaltensweise ist vielleicht einer gewissen kognitiven Dissonanz geschuldet: Einerseits ist die Analyse anscheinend logisch wasserdicht, andererseits meldet der gesunde Menschenverstand berechtigte Zweifel an; nicht zuletzt, weil praktisch keine empirischen Belege für die Wiederkehr einer Technik bekannt sind. Wird doch einmal versucht, eine Beobachtung entsprechend zu deuten, geschieht dies mit abschirmenden Vorbehalten.[30]

Das Problem ist aber nicht empirischer, sondern theoretischer Natur: Das Votum für eine Technik nach dem Kriterium der Maximierung der Profitrate darf nicht mit Profitmaximierung gleichgesetzt werden. Unbeeindruckt von der Höhe des Lohnsatzes wirft stets diejenige Technik den höchsten Gewinn ab, die den größeren Nettooutput erzeugt. Der Profit offenbart sich in den Abbildungen III.2 und III.3 als Differenz zwischen dem maximalen Lohnsatz, d. h. dem Pro-Kopf-Produkt, und der tatsächlichen Vergütung: Im Beispiel ist Technik B für *jeden* (zulässigen) Lohnsatz mit einem höheren Profit verknüpft. Trotzdem liefert T^A bei allen Entlohnungen $w_{S2} < w < w_{S1}$ eine höhere Profitrate als T^B. Wie lässt sich dies mit der Tatsache vereinbaren, dass T^B immer zu einem höheren Gewinn führt?

Formal gesehen sollte die Antwort nicht schwerfallen: Weil der Profit aus der Multiplikation von Kapitalwert und Profitrate resultiert, geht eine höhere Profitrate mit einem geringeren Gewinn einher, sofern die Bemessungsgrundlage eben niedrig genug ausfällt. Der Kapitalwert ist ja keine vorgeschossene Größe, vielmehr wird er in der Sraffa-Wirtschaft *uno actu* mit den Preisen determiniert. Es genügt schon, einen Switchpunkt unter die Lupe zu nehmen, um die Repräsentation der Gewinnhöhe durch die Profitrate als Etikettenschwindel zu entlarven.

Angeblich können in einem Switchpunkt beide Verfahren koexistieren, da die Profitrate und das Preissystem übereinstimmen. Jedoch unter-

---

[29] Pasinetti, L., The Unpalatability of the Reswitching of Techniques, in: Revue d'Economie Politique, 89. Jg. (1979), S. 637-642, S. 638.

[30] Vgl. Albin, P. S., Reswitching: An Empirical Observation, a Theoretical Note, and an Environmental Conjecture, in: Kyklos, Bd. 28 (1975), S. 149-153.

scheidet sich der Kapitalwert beider Techniken. Wendet man die bereits benutzte Methode zur graphischen Ermittlung der Kapitalintensität an, stellt sich heraus, das T^B einen höheren Kapitalwert hervorruft. Zweifellos erzielen die Unternehmer, die T^B benutzen, *bei gleicher Profitrate mehr Profit* als jene, die T^A einsetzen.

Die Techniken sind also – entgegen der Meinung Sraffas und seiner Schüler – in einem Switchpunkt *nicht* gleich profitabel. Wie sich weiterhin zeigen lässt, weist T^A trotz höherer Profitrate zwischen den Switchpunkten einen geringeren Gesamtgewinn als T^B auf.[31] Sraffas Theorie der Technikwahl muss falsch sein.

Zu klären ist, ob der höhere Gesamtgewinn schon ausreicht, um die Technikwahl abschließend zu beurteilen. Den einzelnen Kapitalisten interessiert gemäß dem methodologischen Individualismus ja keineswegs, wie hoch der Überschuss insgesamt ist. Vielmehr orientiert er sich an dem, was ihm persönlich zufließt. Ist es dann vielleicht doch sinnvoll, auf die Profitrate zu achten? Diesem Problemkreis widmen wir uns nun.

3.2.3 Der individuelle Gewinn

Erstaunlicherweise wurden die vorangegangenen Gedanken in Bezug auf den Gesamtprofit nicht früher geäußert. Obwohl Lohnkurven zu den verbreitetsten Diagrammen in der ökonomischen Literatur gehören dürften, wurden die sehr einfach zu erkennenden Kapitaleinkünfte der Techniken übersehen oder übergangen. Anstandslos wurde die Profitrate als Gewinnindikator akzeptiert, womit die Aufmerksamkeit von den Ordinatenabschnitten ferngehalten wurde.

Das unendliche Vertrauen in die Materialaufwandsrendite verhinderte überdies die Prüfung, welche sektoralen Gewinnverteilungen durch uniforme Profitraten zustande kommen (können). Die Minimierung der Vorleistungskosten pro Stück im Zuge des Konkurrenzprozesses erscheint dermaßen plausibel, dass alle Lager darin in sonst selten anzutreffender Einmütigkeit das Kriterium der Technikwahl erblickt haben.

Die entscheidende Frage sollte sich indes vorher aufdrängen: Kosten sind bewertete Mengen; aber *wie* werden sie bewertet? Niemals wurde der Beweis erbracht, dass die Sraffa-Kalkulation Preise erzeuge, die mit den Prinzipien einer arbeitsteiligen Konkurrenzwirtschaft kompatibel sind.

---

[31] Vgl. ausführlich Helmedag, F., Die Technikwahl ..., a.a.O., S. 226 ff.

Stets wurde ohne weitere Begründung angenommen, alle Unternehmen akzeptierten eine Profitverteilung proportional zum Materialaufwand als ‚gerechten' Anteil am Überschuss.[32]

Der richtige Weg, die Stichhaltigkeit der Minimierung der Sraffa-Preise als Kriterium der Technikwahl zu belegen, hätte darin bestanden, nicht bloß verbale Versicherungen abzugeben, sondern explizit individuelle Gewinnfunktionen herzuleiten, um an ihnen den Profit der einzelnen Sparte direkt abzulesen. Selbstverständlich ist es korrekt, dass die Unternehmer unter Konkurrenzverhältnissen nicht bewusst als Klasse agieren und kollektive Gewinnmaximierung betreiben. Der jeweilige Entrepreneur bekundet am Einkommen anderer kein Interesse, er persönlich möchte möglichst viel einstreichen.

Obwohl zweifelsfrei ausfindig gemacht werden kann, welche Technik das Unternehmereinkommen *in toto* maximiert, zieht eine bestimmte Abteilung unter Umständen ein anderes Verfahren vor. Unser Mehrzweckmodell ist erwartungsgemäß daraufhin zugeschnitten, das Studium einer solchen Situation zu erlauben. Im ersten Schritt fahnden wir nach den Gewinngleichungen für die beiden Branchen.

Begonnen sei mit dem Mengensystem der Wirtschaft mit zwei Sektoren, die jeweils durch ein typisches Unternehmen repräsentiert werden. Angenommen, die Ware 1 wäre ein zum Verzehr geeigneter Artikel und Ware 2 ein Produktionsmittel. Der Nettoausstoß soll sich ausschließlich auf das Konsumgut beschränken, d. h. wir wenden die Subsystem-Methode an.[33]

$$q_1 - (a_{11}q_1 + a_{12}q_2) = y_1 \tag{III.64}$$

$$q_2 - (a_{21}q_1 + a_{22}q_2) = 0 \tag{III.65}$$

---

[32] Mit dieser Sichtweise können sich Neoklassiker leicht anfreunden, da die passende Sprachregelung auf der Hand zu liegen scheint: „By pure profits I understand the difference between receipts and costs where the latter include the opportunity cost of investment by r times the value of the investment." Hahn, F., The neo-Ricardians, a.a.O., S. 306 Fn. Doch beim Materialaufwand handelt es sich nicht um „investment", und die nächstbeste Alternative hat für den Profit lediglich die Funktion einer Untergrenze.

[33] Vgl. zum Folgenden Helmedag, F., Technikwahl, Profitstruktur und Arbeitsproduktivität, in: Jahrbücher für Nationalökonomie und Statistik, Bd. 203 (1987), S. 408-421, S. 411 ff.

Der Arbeitseinsatz der integrierten Industrien wird auf eins normiert[34]:

$$a_{01}q_1 + a_{02}q_2 \equiv 1 \tag{III.66}$$

(III.64), (III.65) und (III.66) bringen nach kurzer Rechenarbeit:

$$q_1 = \frac{1 - a_{22}}{a_{01}(1 - a_{22}) + a_{02}a_{21}} \tag{III.67}$$

$$q_2 = \frac{a_{21}q_1}{1 - a_{22}} \tag{III.68}$$

$$y_1 = \frac{(1 - a_{11})(1 - a_{22}) - a_{12}a_{21}}{a_{01}(1 - a_{22}) + a_{02}a_{21}} \tag{III.69}$$

(III.63) (vgl. S. 264) lehrt zudem, dass y_1 der Kehrwert des Arbeitswerts der Ware 1 ist; jene Technik beschert einen höheren Nettoausstoß, die pro Einheit weniger Arbeit – die einzig nicht produzierte Ressource – verbraucht. Das Sozialprodukt verteilt sich auf die Unternehmer der Branchen 1 (G_1) und 2 (G_2) sowie auf die Arbeiter. Wegen (III.66) entspricht die Lohnsumme dem Lohnsatz w. Zweckmäßigerweise deklariert man den Preis des Konsumguts zur Zähleinheit. Hierdurch fallen nominale und reale Größen von Lohn und Profit zusammen. Der Gesamtgewinn (GG) ergibt sich mithin zu:

$$GG = G_1 + G_2 = y_1 - w \tag{III.70}$$

Die Subtraktion der sektoralen Kosten von den jeweiligen Erlösen informiert über die einzelnen Gewinne:

$$G_1 = q_1(1 - a_{11} - p_2a_{21} - a_{01}w) \tag{III.71}$$

$$G_2 = q_2(p_2 - a_{12} - p_2a_{22} - a_{02}w) \tag{III.72}$$

Es wäre ein vergebliches Unterfangen, aus den Gleichungen (III.70), (III.71) und (III.72) die Unbekannten G_1, G_2 und p_2 ermitteln zu wollen:

---

[34] Diese Konvention impliziert keine Vollbeschäftigungsannahme. Das Beschäftigungsniveau wirkt sich bei linearer Technik auf die hier zu erörternden Sachverhalte nicht aus. Vgl. näher Helmedag, F., Profit-Raten mittels Profitraten, in: Jahrbücher für Nationalökonomie und Statistik, Bd. 207 (1990), S. 67-83, S. 80 f.

Die Gleichsetzung der Summe von (III.71) und (III.72) mit (III.70) mündet in $p_2 = \frac{0}{0}$, ein unbestimmter Ausdruck. Man entflieht dieser Sackgasse, sobald eine Hypothese hinsichtlich des Profitverteilungsmodus eingeführt wird. Gemäß der allgemein verbreiteten Mutmaßung muss sich im Gleichgewicht das Gewinn-Kapitalverhältnis aller Zweige decken:

$$\frac{G_1}{q_1(a_{11} + p_2 a_{21})} = \frac{G_2}{q_2(a_{12} + p_2 a_{22})} \tag{III.73}$$

Gleichung (III.73) reflektiert die Annahme einer einheitlichen Profitrate r auf die mit dem Kapitalwert identifizierten Materialkosten. Deswegen werden die so gebildeten Profite in Anlehnung an die dabei beachtete Kalkulationsvorschrift künftig ‚Sraffa-Gewinne' genannt. Aus den Formeln (III.70), (III.71) und (III.73) lässt sich G_1 berechnen. Nach einigen Zwischenschritten erhält man die Lösung einer quadratischen Gleichung:

$$G_1 = -\frac{z}{2} \pm \sqrt{\left(\frac{z}{2}\right)^2 - u} \tag{III.74}$$

mit

$$z = q_1 \left\{a_{11} - a_{22} - 2 + w\left[a_{01}(2 - a_{22}) + a_{02}a_{21}\right]\right\}$$

und

$$u = q_1(1 - a_{22})(y_1 - w)(1 - a_{01})$$

Ferner ist in (III.74) die Wurzel negativ zu nehmen, da $\left(-\frac{z}{2}\right)$ für alle w größer ist als der Gesamtgewinn. Wenige Umformungen bestätigen dies. Offenbar steigt z mit w. Daher trifft die Aussage bereits zu, wenn $\left(-\frac{z}{2}\right)$ für $w = 0$ größer als y_1 ist. Also muss

$$\frac{(1-a_{22})(2+a_{22}-a_{11})}{2\left[a_{01}(1-a_{22}) + a_{02}a_{21}\right]} > \frac{(1-a_{11})(1-a_{22}) - a_{12}a_{21}}{a_{01}(1-a_{22}) + a_{02}a_{21}} \tag{III.75}$$

stimmen. Über

$$(1 - a_{22})(2 + a_{22} - a_{11}) > 2(1 - a_{22})(1 - a_{11}) - 2a_{12}a_{21} \tag{III.76}$$

gelangt man zu:

$$(1-a_{22})(a_{11}+a_{22}) > -2a_{12}a_{21} \tag{III.77}$$

Die Bedingung (III.77) gilt immer: In (III.74) ist nur das negative Vorzeichen vor der Wurzel zu berücksichtigen. Nun lassen sich aus (III.70) und (III.73) p_2 und G_2 in Erfahrung bringen.

Die umseitige Abbildung III.4 gibt die Sraffa-Gewinnfunktionen des Sektors 1, der allein eine Verfahrensalternative kennt, in Abhängigkeit vom Lohnsatz wieder. Die Techniken wurden so gewählt, dass diese Profitkurven einander schneiden.

Für Lohnsätze, die $\overline{w}$ übertreffen, erweist sich – bei Gültigkeit der Sraffa-Preisbildung – die zum höheren Gesamtgewinn führende Technik *B* als vorteilhaft für den Sektor 1. Beim Lohnsatz $\overline{w} = 104{,}13$ sind aus dessen Sicht die beiden Verfahren gleichwertig, der Gewinn beträgt in beiden Fällen $G_1 = 143{,}349$.

Für einen geringeren Lohnsatz als $\overline{w}$ scheint sich ein Widerspruch zwischen der Technik, welche den Sektoren- und jener, die den Gesamtgewinn maximiert, aufzutun: Der Profit des Sektors 1 bei T^A liegt über dem von T^B. Kommt es also doch zu einem Switch? Durch die Orientierung am Gewinn statt an der Profitrate ist zwar nun – trotz identischer technischer Koeffizienten – von *Re*switching keine Spur mehr; dennoch entsteht der Eindruck, als bliebe im konkurrenzwirtschaftlichen Kapitalismus die gesamtwirtschaftlich produktivste Technik eventuell in der Schublade.

Ehe ein so weitreichender Schluss gezogen wird, sollte die Gewinnsituation des Sektors 2 betrachtet werden. Wie die Abbildung III.5 verdeutlicht, wirft für diesen Sektor die Technikentscheidung keine Frage auf: T^B liefert für jeden Lohnsatz einen mehr oder weniger deutlich höheren Profit als T^A. Ein Vergleich im Einzelnen ergibt, dass bei Umschalten auf Technik *A*, sofern der Lohnsatz entsprechend niedrig ist, der Gewinnrückgang des Sektors 2 größer wäre als der Überschusszuwachs des Sektors 1.[35] Da der repräsentative Unternehmer des Sektors 2 ebenfalls als Profitmaximierer agiert, eröffnet sich ihm die Alternative, mittels einer Abstandzahlung an den Fabrikanten des Sektors 1 einen Technikwechsel zu verhindern. Unter diesen Umständen würde sich – zum Vor-

[35] Vgl. die Tabellen 2 und 3 des (geringfügig abweichenden) Zahlenbeispiels bei Helmedag, F., Technikwahl …, a.a.O., S. 415 f.

teil beider Akteure – die gesamtgewinnmaximale Technik durchsetzen. Von einer uniformen Profitrate in den verschiedenen Zweigen der Wirtschaft könnte allerdings nicht die Rede sein. In diese Richtung weisende Gedankengänge wurden vorgetragen.[36] Solche Plausibilitätsüberlegungen greifen aber nicht, wenn eine uniforme Verwertungsrate als konstitutive Eigenschaft eines Gleichgewichts der vollständigen Konkurrenz im klassischen Sinn verlangt wird. Dann bleibt zu klären, welche Bemessungsgrundlage eine Aufschlüsselung des Profits in der geforderten Manier bewerkstelligt.

Abbildung III.4: Die Sraffa-Gewinne des Sektors 1

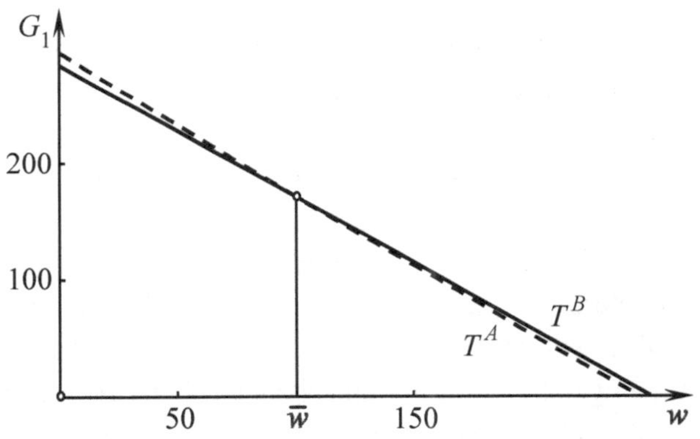

Abbildung III.5: Die Sraffa-Gewinne des Sektors 2

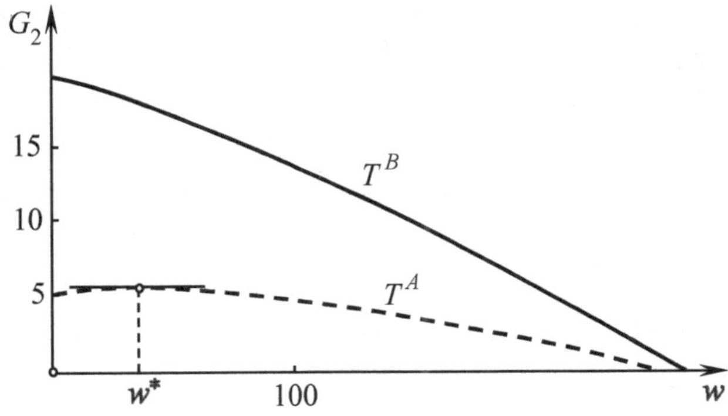

---

36 Vgl. ebenda, S. 417 f.

In Wahrheit steht die These, aufgrund von Seitwärtszahlungen (oder Preisnachlässen) gewinne die gesamtprofitmaximale Technik zum Nutzen *aller* Unternehmer die Oberhand, auf wackligem Podest. In ihr äußert sich der (noch) unerschütterte Glaube an das Dogma, die Sraffa-Kalkulation sei das *Nonplusultra* der Gewinnverteilung unter Konkurrenzbedingungen. Anscheinend hatte die Häufung paradoxer Ergebnisse und Anomalien nicht zu bewirken vermocht, die auf der ersten Seite platzierte Standardprämisse kritisch zu prüfen, auf der die ganze weitere Analyse beruht: die Profitausschüttung gemäß des Materialaufwands. Vielmehr wurde – verbindliche Empfehlung von der Epizyklentheorie – durch Spezialbehandlungen versucht, die widerspenstigen Querulanten zu bändigen.

Die Sraffa-Preisbildung kann mit einem weiteren Effekt aufwarten, der selbst bei bestem Willen nicht mehr zu rationalisieren ist. Die Technik A wurde zusätzlich so austariert, dass ein außerordentlich verblüffendes Kuriosum demonstriert werden kann. Nehmen wir einmal an, es gäbe nur dieses Verfahren; das Problem der Technikwahl stellt sich also (noch) nicht.

Die Abbildung III.6 zeigt in der Vergrößerung ein Phänomen, das in Abbildung III.5 bereits angedeutet wurde: die Existenz eines *absoluten* sektoralen Profitmaximums bei einem *positiven* Lohnsatz.[37] Wegen der besonderen Wichtigkeit sind in der umseitigen Tabelle III.1 einige ausgesuchte Werte aufgeführt, die der Abbildung III.6 zugrunde liegen. Ferner sind andere interessierende Größen wiedergegeben.

Der Nettooutput der betrachteten Wirtschaft umfasst bei Einsatz der Technik A 252,174 Einheiten der Ware 1, die vereinbarungsgemäß als Zählgut dient. Beim Lohnsatz null deckt sich dieser Nettoausstoß mit dem Gesamtgewinn. Wird der Lohn angehoben, stürzt das neoricardianische Weltbild zusammen: Zwar nimmt – wie vermutet – der Profit des Sektors 1 mit dem Gesamtgewinn ab – doch wie verändert sich der Überschuss des Sektors 2? Er *steigt* zunächst, um erst nach Erreichen eines Maximums zu fallen! Bis $w^* = 36{,}87$ *wächst* der Gewinn des Sektors 2 mit *sinkender* Profitrate, d. h. die gegenläufige Entwicklung von Lohnsatz und Gesamtgewinn wird auf der sektoralen Ebene in ihr Gegenteil

[37] Die Untersuchung, ob bei der Sraffa-Kalkulation – angesichts ihrer zahlreichen sonstigen ‚Unregelmäßigkeiten' – ein sektorales Gewinnmaximum bei positivem Lohnsatz denkbar sei, initiierte eine Aachener Studentin namens Rosi Schings, die in einer Spezialveranstaltung eine dahingehende Frage formulierte.

verkehrt. Für diesen Bereich verbucht der Sektor 1 sogar einen Einkommensrückgang, der *größer* ist als die Verminderung des Gesamtgewinns. Ja, bei einem Lohnsatz kleiner als w^* könnte der Sektor 2 durch eine freiwillige Lohn*erhöhung*, die unter Konkurrenzbedingungen auf den Sektor 1 überschwappte, seinen Ertrag *vermehren*.[38]

Abbildung III.6: Der Sraffa-Gewinn des Sektors 2 bei Einsatz von T^A in Abhängigkeit des Lohnsatzes

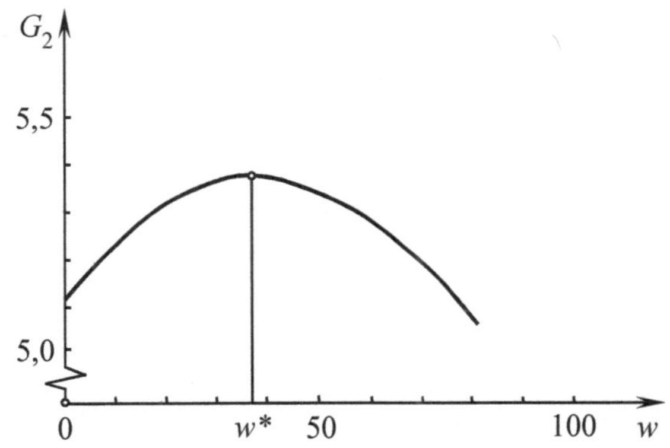

Tabelle III.1: Ausgewählte Lohnsätze, Sraffa-Gewinne und Profitraten von T^A

w	GG	G_1	G_2	r
0,00	252,174	247,064	5,110	1,71286
10,00	242,174	236,937	5,237	1,61686
20,00	232,174	226,854	5,320	1,52457
30,00	222,174	216,810	5,364	1,43568
36,87	215,304	209,932	5,372	1,37643
40,00	212,174	206,803	5,370	1,34992
50,00	202,174	196,831	5,343	1,26707
60,00	192,174	186,890	5,284	1,18692

[38] Nach Kenntnis der *sektoralen* Profitfunktion *à la* (III.74) (vgl. S. 273) lassen sich *nach Belieben* einschlägige Techniken konstruieren. Die Koeffizienten sind lediglich so zu wählen, dass die erste Ableitung der Gewinnkurve nach dem Lohnsatz bei einem positiven Lohnsatz verschwindet.

Das Fiasko der Profitrate neoricardianischer Provenienz als Indikator der Höhe des Gewinns und seiner Entwicklung ist vollkommen: Was soll man mit dieser Profitrate anfangen, wenn definitiv feststeht, dass sie trotz eines zurückgehenden sektoralen Gewinns eventuell steigt? Mit dem Nachweis dieser möglichen ‚Perversität' hängt schon der produktionspreistheoretische *Ansatz* von Ricardo, Marx, Dmitriev, Bortkiewicz, Sraffa und wie sie alle heißen völlig in der Luft. Dem letzten Rest an Vertrauen, das – ungeachtet der hier aufgedeckten, vorgelagerten Schwächen der (einzelnen) Lehrmeinung(en) – vielleicht noch bestanden hat, ist jeder Boden weggebrochen: Die Distribution des Mehrprodukts im Verhältnis zum Materialaufwand ist kein Kennzeichen klassischer Konkurrenz; auch dieser Kaiser ist nackt.

Tatsächlich hätte in der Realität – wäre sie in der Reinheit wie auf dem Reißbrett anzutreffen – die nunmehr zertrümmerte Sraffa-Kalkulation nie eine ernsthafte Chance gehabt. Bei den gegebenen Verhältnissen – Arbeit als einzig nicht produzierter Input sowie konstante Skalenerträge – verfügt *jeder* Unternehmer über ein Referenzsystem, an dem er testen kann, ob sich die arbeitsteilige Produktion für ihn auszahlt: ‚sein' Subsystem.

Gesellschaftliche Arbeitsteilung ist eben nicht, wie die herrschende Theorie glauben machen möchte, einfach als vorhanden zu unterstellen; stattdessen sind die konkreten Bedingungen freizulegen, deren Erfüllung eine sektorale Spezialisierung in der Wirtschaft erst hervorbringt. Die horizontale Differenzierung darf keinesfalls zu einem schlechteren Ergebnis führen als die vertikale Integration. Ein Unternehmen ordert bei einem Zulieferer nur, falls es dabei mindestens so gut fährt wie bei vollständig integrierter Eigenfertigung seiner Ware.

Studieren wir die sich unseren Modellunternehmern stets bietende Alternative näher. Dafür ist es zweckmäßig, zwei Fälle zu unterscheiden. Begonnen wird mit einer Situation, in der es nur *eine* Technik gibt. Jedem Unternehmer stünde es bei linearen Produktionsprozessen frei, den in seinem Sektor beschäftigten Teil der Gesamtarbeit so einzusetzen, dass im Nettoprodukt lediglich Konsumgüter auftauchen. Selbstverständlich addieren sich die einzelnen Gewinne zum selben Gesamtprofit wie vorher. Als sektorale Gewinnfunktionen erhält man demzufolge:

$$G_1 = a_{01}q_1(y_1 - w) \qquad \text{(III.78)}$$

$$G_2 = a_{02}q_2(y_1 - w) \qquad \text{(III.79)}$$

Welcher Preisbildung muss man sich bedienen, damit bei arbeitsteiliger Produktion jeder Sparte der durch (III.78) und (III.79) festgelegte Gewinn zufließt? Aufgrund unserer obigen Untersuchungen drängt sich auf, wie die richtige Antwort lauten muss: Ja, Bemessungsbasis des Profits kann nur die jeweilige Lohnsumme $a_{0j}q_jw$ ($j = 1, 2$) sein. Wie man aus der Lösung (III.43) (vgl. S. 254) von (III.42) weiß, sind in diesem Fall die Preise parallel zu den Arbeitswerten.

Betrachten wir die Normierung für den Preis des Konsumguts:

$$p_1 = v_1 w(1+\varepsilon) \equiv 1 \qquad \text{(III.80)}$$

Hieraus errechnet sich unter Berücksichtigung von (III.63) (vgl. S. 264) die ‚neue' Profitrate zu:

$$\varepsilon = \frac{y_1 - w}{w} \qquad \text{(III.81)}$$

In beiden Sektoren fällt nun als Stückgewinn $a_{0j}w\varepsilon = a_{0j}(y_1 - w)$ an. Nach Multiplikation mit der jeweiligen Menge q_j resultieren die durch (III.78) und (III.79) bestimmten Gewinne. Kein Unternehmer schaltete sich in die gesellschaftliche Arbeitsteilung ein, hätte er weniger Profit zu verbuchen. Ferner ist erkennbar, dass bei Anwendung dieser Preisbildungsvorschrift die sektoralen Gewinnkurven *Geraden* sind. Deswegen gibt es kein Maximum einer Profitfunktion bei einem positiven Lohnsatz.

Überdies garantiert diese Kalkulationsmethode – losgelöst von der Höhe des Lohnsatzes – die *Konstanz* der Gewinn*verhältnisse*. Bei der Sraffa-Preisbildung variiert der prozentuale Anteil der Sektoren am Gesamtüberschuss mit der Vergütung der Arbeit.[39] Schon dieses Faktum für sich genommen weckt massive Zweifel, ob alle Unternehmer ein Verfahren akzeptieren, das ihnen so etwas zumutet.

Spannender wird es, wenn *mehrere* Techniken bekannt sind. Im ersten Anlauf mag man glauben, bei einer Aufschlüsselung des Profits nach Maßgabe der Beschäftigung bestünde das einzelwirtschaftlich rationale Kalkül darin, den sektoralen Arbeitsinput möglichst groß zu gestalten. Dadurch stiege die Proportion am Gesamtgewinn ($y_1 - w$), die ein Sektor beanspruchen darf. Diese Hypothese hält einer Prüfung nicht stand.

[39] Vgl. die Spalten der relativen Gewinne in den Tabellen 2 und 3 bei Helmedag, F., Technikwahl …, a.a.O., S. 415 f.

Unser Mehrzweckmodell ist ebenfalls in der Lage, die jetzige Situation zu illustrieren. In der Abbildung III.7 finden sich die Gewinne der Abteilung 1 für die Techniken A und B als Funktionen des Lohnsatzes. $G^A_{1\max}$ und $G^B_{1\max}$ stellen den jeweiligen maximalen Gewinn des Sektors 1 für Technik A bzw. Technik B dar. Wie ersichtlich, schneiden die Gewinngeraden einander. Es wäre aber voreilig, hieraus zu schließen, es gäbe bei der Wertrechnung einen verteilungsabhängigen Technikwechsel.

Unter der Voraussetzung, die Unternehmer kalkulieren gemäß den Arbeitswerten, bringt die Technik A der Branche 1 für $0 \le w < \hat{w}$ einen höheren Gewinn als die gesamtgewinnmaximierende Technik B. Verständlicherweise würde daher die Sparte 1 in diesem Bereich T^A bevorzugen. Anders der Sektor 2. Ihm gewährt die Produktion mit Technik B einen Gewinn, der durchwegs den von T^A übertrifft. Wieder würde die Differenz genügen, den Sektor 1 zu entschädigen, falls er T^A ruhen lässt.

Abbildung III.7: Gewinnkurven des Sektors 1 für T^A und T^B

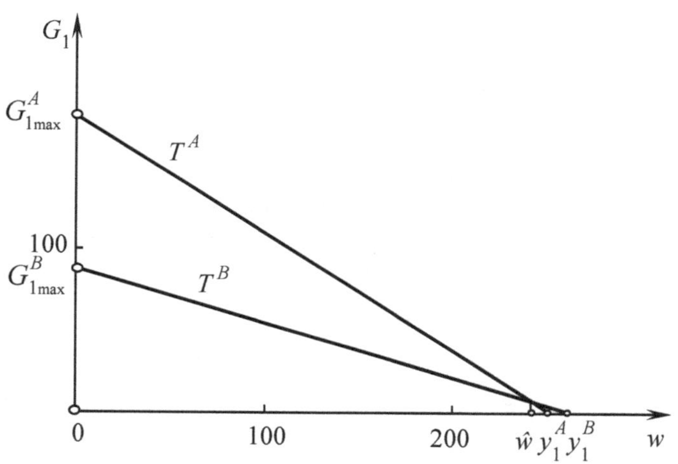

Die Ursache für das gute Abschneiden des Sektors 1 bei Gebrauch von T^A rührt indes einfach daher, dass die mit ihr verbundene Inanspruchnahme der Gesamtarbeit gegenüber T^B wesentlich höher ist. Die jeweilige Bruttoproduktion der Abteilung j bei T^A oder T^B sei mit $q_j{}^A$ bzw. $q_j{}^B$ symbolisiert. Für die Technik A beläuft sich die Beschäftigung des Sektors 1 auf $a_{01}q_1{}^A = 0{,}782608$, d. h. beinahe achtzig Prozent der Gesamtarbeit. Hingegen ist der Anteil bei Verwendung von Technik B wesentlich geringer: $b_{01}q_1{}^B = 0{,}357945$. Jetzt wissen wir, warum der Sektor 1 die Technik A favorisierte, würde der Profit allein nach Maßgabe des Arbeitseinsatzes von den Zweigen absorbiert: Der mehr als doppelt so hohe (prozentuale) Beschäftigungsstand überkompensiert für Lohnsätze bis $\hat{w}$ den höheren Gesamtgewinn, den T^B abwirft.

Der Vergleich ist in dieser Form jedoch verfehlt. Die Abteilung 2 würde dem Sektor 1 gewiss nicht nachgeben, sollte dieser auf den Einsatz von T^A pochen. Bei ausbleibender Arbeitsteilung produzierte auch die Branche 1 mit der gewinnmaximierenden Technik B. Somit käme es zwangsläufig in beiden Abteilungen zu einer integrierten Herstellung des Konsumguts. Die arbeitsminimierende Methode machte überall das Rennen. Im Gleichgewicht wäre die Übereinstimmung des Profits *pro Arbeitseinheit* in beiden Sektoren gesichert. Arbeitsteilung erfordert die ‚Konkurrenzbeständigkeit' der Techniken; der Ausstoß darf lediglich die beim erreichten Niveau des technischen Wissens *gesellschaftlich notwendige* Arbeit binden. Freilich verhält sich jeder Unternehmer *indifferent* gegenüber einer betrieblichen Arbeitsteilung, solange er davon nicht mehr profitiert als bei einer Ausdifferenzierung der innerbetrieblichen Arbeitsteilung.

Einzelwirtschaftlich lohnt sich die Eigenfertigung von Produktionsmitteln immer, wenn das verfügbare Verfahren eine Kostenbelastung mit sich bringt, die niedriger ist als jene bei Fremdbezug. Unter solchen Umständen ginge mit der Beschaffung von einem anderen Unternehmen ein Verzicht auf die Bestallung profitbringender Arbeit einher. Interindustrielle Wertschöpfungsketten bilden sich erst heraus, sofern der Zukauf Vorteile bietet, die über die integrierte Eigenfabrikation hinausgehen: Der Marktpreis des Inputs muss die Lohnkosten der vollständigen Selbsterzeugung unterschreiten. Zwischenlösungen in Form des Zukaufs aus einem Spektrum mehr oder weniger fertiggestellter Vorprodukte, sind möglich und realistisch.

Der Profit des Lieferanten beruht auf der von ihm benutzbaren günstigeren Technik, etwa wegen Massenproduktionsvorteilen. Die Spezialisierung beschert ihm eine Produktivität der Arbeit, die seinen Kunden versagt ist. Der Wettbewerb zwischen den Produktionsmittel- und Vorleistungsherstellern ruft Anstrengungen zur weiteren Arbeitsproduktivitätssteigerung hervor. Dasselbe gilt für ihre Abnehmer, die im Konkurrenzkampf einen Vorsprung erzielen, indem sie über den Hebel Kostensenkung die notwendige Arbeit zur Erzeugung ihrer Ware verringern. Das erhellt, welche Energiequelle den Motor der Prozessinnovationen in kapitalistischen Marktwirtschaften speist.

Diese Überlegungen sollten einer sich vielleicht im Hinterkopf befindlichen Vorstellung entgegenwirken, die Unternehmer könnten, indem sie den Personalaufwand über das gesellschaftlich notwendige Maß hinaus künstlich nach oben schrauben, nach Belieben ihren Gewinn vergrößern. Das Umgekehrte trifft zu: Sie sind nur in der Lage, preislich mitzuhalten, falls sie sich für die aus gesamtwirtschaftlicher Sicht *arbeitsminimierende* Technik entscheiden. Auf Firmenebene tritt diese Technik als die kostengünstigste in den Vordergrund. Bei der Sraffa-Kalkulation vermag ein Sektor ebenso wenig durch Aufblähung der Inputkoeffizienten seinen Profit zu vermehren: Die freie Konkurrenz erzwingt die denkbar geringsten Preise. Doch die niedrigsten Preise sind nicht die, in welchen der Überschuss im Verhältnis zum Materialaufwand aufgeschlüsselt wird, sondern jene, die den Gewinn den minimalen Arbeitskosten zuschlagen. Abermals erringt die Wertkalkulation die Oberhand, wobei die der Sraffa-Vorschrift geschuldeten, der Profitmaximierung widersprechenden Paradoxa ausbleiben.

Ehe die Umrisse der Konsequenzen skizziert werden, welche die neue alte Theorie fordern, wird die Tragfähigkeit dieses Ansatzes einer weiteren Belastungsprobe unterzogen. Bewährt sich die Konzeption im Fall der Kuppelproduktion? Die Ahnung trügt nicht: Die Wertkalkulation ist *in jeder Hinsicht* leistungsfähiger als die Sraffa-Preisbildung.

3.3 Wert und Preis im Allgemeinen: Die Kuppelproduktion

Sraffa billigt dem Phänomen, dass ein Herstellungsprozess mehr als ein Erzeugnis hervorbringt, einen hohen Rang zu: Den zweiten Teil seiner Schrift, der über die Hälfte des Buches ausmacht, widmet er der Kuppelproduktion. Meist wird diesem Gebiet der Werttheorie nicht dieselbe Aufmerksamkeit geschenkt wie der Einzelfabrikation. Im Gegensatz zu Ricardo finden sich zwar bei Marx einige verstreute Notizen zur simultanen Anfertigung mehrerer Güter, allerdings griff er sie bei der analytisch-formalen Erörterung der Produktionspreisbildung nicht auf.[1] Sraffa betrat mit der Ausdehnung seiner Untersuchung auf Verfahren, die einen gemischten Ausstoß generieren, ein Feld, das zuvor kaum beackert worden war.

Es wäre überdies wirklichkeitsfremd, Kuppelproduktionsprozesse ausschließlich im sekundären Sektor anzusiedeln, etwa in der chemischen Industrie. Zahlreiche in der Literatur genannte Beispiele, die sich auf Ackerbau und Viehzucht betreibende Gesellschaften beziehen, schärfen das Bewusstsein, dass in solchen Wirtschaften die gemeinsame Erzeugung an der Tagesordnung ist, wenn sie nicht sogar dominiert. In dem von Adam Smith ins Auge gefassten Wildbeutervolk geschieht die Jagd nach den Tieren Hirsch und Biber keineswegs nur zur Deckung des Fleischbedarfs:

> „Felle und Häute dienen der Bekleidung und dem Zeltbau, Knochen, Zähne und Sehnen finden Verwendung in der Herstellung von Jagdwaffen und Schmuck, usw. Bei jedem der genannten Objekte handelt es sich daher um ein *compositum mixtum* verschiedener Gebrauchswerte oder Güter (und daneben möglicherweise auch einiger Ungüter), die bei der Zerlegung des Tieres als Kuppelprodukte anfallen."[2]

Die Erweiterung des Problemhorizonts erscheint demnach durchaus geboten. Die Verbundfertigung stellt nicht bloß ein Spezialfall der Produktionstheorie dar, sondern darf allgemeine Geltung beanspruchen: „... these cases of joint production", bemerkte schon Jevons im Zuge seiner

---

[1] Vgl. zur Geschichte der Kuppelproduktionstheorie Kurz, H. D., Classical and Early Neoclassical Economists on Joint Production, in: Metroeconomica, Bd. 36 (1986), S. 1-37.

[2] Kurz, H. D., Adam Smith, die Regel der freien Güter und die „vent for surplus"-Begründung des Außenhandels, in: Kurz, H., D. (Hrsg.), Adam Smith (1723-1790), Marburg 1990, S. 237-260, S. 239 f.

Kritik an Mills Behandlung der Thematik, „far from being ‚some peculiar cases' form the general rule, to which it is difficult to point out any clear or important exceptions."[3]

Die Bedeutung der Kuppelproduktion für die Werttheorie wird zudem nicht von der Häufigkeit solcher Prozesse in der Realität beeinflusst. Die Existenz eines Verfahrens, das mehr als ein Gut hervorbringt, genügt bereits, um die Eigenschaften einer sonst vielleicht nur aus Einzelproduktionszweigen bestehenden Wirtschaft zu verändern.[4]

Die generelle formale Beherrschung der Kuppelproduktion gestattet es selbstverständlich, weniger komplexe Aufgaben zu bewältigen. So kann fixes Kapital als Verbundprodukt begriffen werden: Mit dem Einsatz einer neuen Maschine und anderer Inputs wird nicht nur ein bestimmter Output erzeugt, sondern zugleich eine benutzte Maschine. Die Preise der gebrauchten Maschinen der einzelnen Altersstufen und folglich ihre *ökonomische* Lebensdauer sind in der Sraffaschen Theorie verteilungsabhängig.[5] Schließlich erlaubt die Kuppelproduktion, neben der Arbeit weitere originäre Inputs zu integrieren. Hierzu gehören natürliche Ressourcen wie Weideland und Ackerflächen, die in die Herstellung eingehen und sie wieder verlassen.[6] Vor diesem Hintergrund thematisieren wir im Weiteren die Verbundfertigung in genereller Form und diskutieren die Teilfragen fixes Kapital und Boden nicht gesondert.

Zunächst wird Sraffas Lösung vorgestellt und gewürdigt. Dabei interessiert vor allem, wie die mit seinem Erklärungsschema verbundenen ‚Unregelmäßigkeiten' beurteilt und verarbeitet worden sind. Allerdings begnügen wir uns nicht damit, die Defizite von Sraffas Theorie der Kuppelproduktion zu schildern. Vielmehr werden die wesentlichen Defekte des Entwurfs gerade an dem konkreten Modell veranschaulicht, mit des-

---

[3] Jevons, W. St., a.a.O., S. 215.

[4] Vgl. z. B. Steedman, I., Joint Production and the Wage-Rent Frontier, in: The Economic Journal, Bd. 92 (1982), S. 377-385.

[5] Vgl. Sraffa, P., Production …, a.a.O., S. 63 ff., Varri, P., Prices, Rate of Profit and Life of Machines in Sraffa's Fixed-Capital Model, in: Pasinetti, L. (Hrsg.), a.a.O., S. 55-87, Baldone, S., Fixed Capital in Sraffa's Theoretical Scheme, in: Pasinetti, L. (Hrsg.), a.a.O., S. 88-137 und Schefold, B., Fixed Capital as a Joint Product and the Analysis of Accumulation with Different Forms of Technical Progress, in: Pasinetti, L. (Hrsg.), a.a.O., S. 138-217.

[6] Vgl. Sraffa, P., Production …, a.a.O., S. 74 ff. und Kurz, H. D., Rent Theory in a Multisectoral Model, in: Oxford Economic Papers, Bd. 36 (1978), S. 16-37.

sen Hilfe versucht wurde, der Arbeitswerttheorie jeden Sinn abzusprechen. Trotz der Schwächesymptome der Sraffaschen Doktrin schien sie dem ein oder anderen robust genug, um mit ihrem Beistand zu zeigen, dass sich in der Kuppelproduktion ein negativer Mehrwert ergeben könne, obwohl die Preise und der Profit positiv seien.

Jedoch wird sich unter dem Mikroskop bestätigen, was wir nach dem Erlebten schon vermuten: Unheilbar krank ist in Wahrheit die neoricardianische Produktionspreistheorie; die vermeintliche Leiche Arbeitswertlehre zuckt hingegen nicht nur. Die nähere Durchforstung des erwähnten Beispiels kräftigt vielmehr aufs Neue den Eindruck, wonach die Scheintote die Anlagen besitzt, sich als Prinzessin zu entpuppen.

3.3.1 Sraffas Ansatz, seine Mängel und ihr Echo

Anders als in der Einzelfabrikation, wo Neoricardianer (irrtümlich) keine Hindernisse erkennen, die Sraffa-Preiskalkulation anzuwenden, wimmelt es in der Literatur von Kuriositäten, die unter Kuppelproduktionsbedingungen vorkommen können. Daher sind wir nicht gezwungen, das Idyll wie im Fall der isolierten Herstellung systematisch zu entzaubern; stattdessen genügt es jetzt manchmal schon, die von Neoricardianern selbst mitunter eingestandene Skepsis hinsichtlich des Erreichten zu referieren. Dementsprechend liest man in Pasinettis Einleitung zu der von ihm herausgegebenen einschlägigen Aufsatzsammlung folgende Einschätzung:

> „... on the wave of enthusiasm and mathematical elegance, there has been a tendency to concentrate efforts on the most general possible case of joint production. Unfortunately, this case is so general as to allow too many possibilities, and these have indeed led to many negative conclusions and to very few positive ones.“[7]

Wird beabsichtigt, die Tauschrelationen unter Kuppelproduktionsverhältnissen zu ermitteln, begegnet man fürs Erste der Schwierigkeit, dass

---

[7] Pasinetti, L., Introductory Note: Joint Production, in: Pasinetti, L. (Hrsg.), a.a.O., S. xii-xvii, S. xv. Vgl. außerdem die nüchternen Vorbemerkungen von Steedman zum Band „Sraffian Economics II“, in dem ausgewählte Artikel zur Kuppelproduktion abgedruckt sind. Dort heißt es „... it is only especially restricted forms of fixed capital system that are free from the general complexities of joint production ...“ Steedman, I., Introduction, in: Steedman, I. (Hrsg.), Sraffian Economics II, Aldershot 1988, S. 1-7, S. 5.

die Zahl der Gleichungen gegenüber der Anzahl der zu bestimmenden Preise ins Hintertreffen geraten kann. Bei der Einzelproduktion ist dem ein Riegel vorgeschoben: Die einzelnen Prozesse lassen sich mit ‚ihrer' Ware identifizieren.

Wenn z. B. in einem Verfahren sowohl Eisen als auch Weizen erzeugt werden, ist es verwehrt, von der Eisen- oder Weizenindustrie zu sprechen. Wie behilft sich Sraffa in dieser Situation? „In these circumstances", beschwichtigt er, „there will be room for a second, parallel process which will produce the two commodities by a different method and, as we shall suppose at first, in different proportions."[8]

Das Modell Sraffas zur Preisbestimmung erzwingt notwendigerweise ein ‚quadratisches' System, die Zahl der Waren muss gleich der der Prozesse sein. Vor diesem Hintergrund *nimmt Sraffa einfach an*, hinreichend viele Verfahren würden tatsächlich benutzt werden: „... the number of processes should be equal to the number of commodities."[9] Mit diesem, ökonomisch völlig unmotivierten Postulat wurde bereits hier der Weg verbaut, das anstehende Pensum erfolgversprechend in Angriff zu nehmen. Die in der Sraffaschen Konzeption ausschlaggebende, aber freischwebende Prämisse hat etliche Vorschläge initiiert, die ihr ein solides Fundament bieten sollte. Insbesondere Schefold hat in zahlreichen Arbeiten versucht, diese, wie er selbst sagt, „strange and crucial assumption"[10] durch Plausibilitäts- und Wahrscheinlichkeitsbetrachtungen zu rechtfertigen.[11]

Am ehesten überzeugen solche Behelfe noch, wenn unterstellt wird, die als Verbundprodukte anfallenden ‚bads' würden in Entsorgungsprozessen beseitigt, mit denen das System zu vervollständigen sei. Freilich vermag das Räsonnement nur denjenigen zu beeindrucken, der seinen Glauben bestärkt sehen möchte. Wie sattsam bekannt sein dürfte, sind Übel des Öfteren recht zählebig; ganz zu schweigen davon, dass nicht alle Nebenerzeugnisse als ‚Schader' einzustufen sind und neutralisiert werden (müssen). Tut man den Neoricardianern dennoch den Gefallen und schützt vor, das System sei quadratisch, steckt man sofort in neuen Turbulenzen.

---

[8] Sraffa, P., Production ..., a.a.O., S. 43.

[9] Ebenda, S. 44.

[10] Schefold, B., Sraffa and Applied Economics: Joint Production, in: Political Economy, Bd. 1 (1985), S. 17-40, S. 23.

[11] Vgl. Schefold, B., Mr Sraffa on Joint Production and Other Essays, London 1989 und die dort genannten Artikel.

Es ist üblich, für die quadratische Outputmatrix **B** zu schreiben. Ihre Spalten, die den Ausstoß des jeweiligen Verfahrens enthalten, können mehr als ein positives Element aufweisen. Jeder Zeilenvektor dieser Matrix ist semipositiv, denn jedes Gut wird in mindestens einem Prozess produziert. **B** rückt an die Position der aus der Einzelproduktion vertrauten Einheitsmatrix **I**. Für die Produktionspreise erhält man

$$\mathbf{pA}(1+r)+\mathbf{a}_0 w=\mathbf{pB} \tag{III.82}$$

woraus

$$\mathbf{p}=\mathbf{a}_0 w\left[\mathbf{B}-(1+r)\mathbf{A}\right]^{-1} \tag{III.83}$$

folgt. Eine Lösung setzt voraus, dass $\left[\mathbf{B}-(1+r)\mathbf{A}\right]$ regulär ist, die Determinante dieser Matrix muss also existieren. Hiermit sind jedoch keineswegs ökonomisch brauchbare Ergebnisse garantiert. In dieser Hinsicht bahnbrechend wirkte eine Arbeit von Manara[12], der den zweiten Teil des Sraffaschen Buches mathematisch präzise formulierte, ähnlich wie seinerzeit Newman die erste Hälfte. Manara erbringt den Beweis, wonach die Sraffasche Standardware neben negativen Warenmengen – was Sraffa wusste[13] –, sogar *komplexe* Elemente beherbergen kann.[14] Es bedarf keines langen Plädoyers, die angesichts dieses Ergebnisses aufkeimenden, ernsthaften Zweifel zu begründen, der Standardware und der mit ihr gewonnenen linearen Lohnsatz-Profitratenbeziehung irgendeinen besonderen Stellenwert einzuräumen.

Selbst wenn man – wie das hier im Rahmen der Einzelproduktion schon geschehen ist – auf das Standardsystem als reiner Hilfskonstruktion keinen gesteigerten Wert legt, tauchen in Sraffas Theorie der Kuppelproduktion weitere, schwer interpretierbare Kuriosa auf: Wie wir gleich im Konkreten erleben, können die den einzelnen Waren zuzurechnenden Arbeitsmengen und mit ihnen die Sraffa-Preise negativ sein. Ferner sind ‚bumps' in der Lohnsatz-Profitratengrafik denkbar. In einem solchen Fall bewegen sich die Verteilungsgrößen in einem bestimmten Intervall in

---

[12] Vgl. Manara, C. F., Sraffa's Model for the Joint Production of Commodities by Means of Commodities (italienisch 1968), in: Pasinetti, L. (Hrsg.), a.a.O., S. 1-15.

[13] Vgl. Sraffa, P., Produktion …, a.a.O., S. 47 ff.

[14] Vgl. Manara, C. F., a.a.O., S. 9 f.

dieselbe Richtung.[15] Die Höcker der Lohnkurven bei Kuppelproduktion führen dazu, dass gewissen Vergütungen jeweils mehrere Profitraten entsprechen. Mithin wirbt die Sraffa-Welt mit attraktiven Möglichkeiten: Im Kontrast zu Ricardos Kredo mündet ein gesteigertes Salär unter Umständen in einer Erhöhung der Profitrate.

Im Rahmen der Einzelproduktion fiel das Kriterium der Technikwahl, Kostenminimierung, mit der Maximierung des Reallohns bei einer gegebenen Profitrate zusammen. Jene Technik, welche auf der Lohnfront am weitesten nordöstlich gelegen ist, liefert die geringsten Sraffa-Preise. Im Fall einer Verbundfabrikation stimmt das nicht mehr. Die Sraffa-Kalkulation zeichnet eventuell ein System als kostenminimal aus, in dem der Reallohn *nicht* am höchsten ist. Weiterhin kann es sein, dass die kostenminimierende Technik bei bestimmten Profitraten mit negativen Preisen verbunden ist. Und – um das Fass endgültig zum Überlaufen zu bringen – die Existenz eines kostenminimalen Systems ist keineswegs garantiert[16]: Ausgehend von den Sraffa-Preisen einer Technik *A* erscheint die Technik *B* kostengünstiger, während von Technik *B* aus gesehen die Technik *A* lukrativer eingeschätzt wird!

Zusätzlich zu den formalen Kalamitäten des Sraffaschen Kuppelproduktionsansatzes bestehen die für die Einzelfabrikation herausgearbeiteten Schwächen fort. Das kostenminimierende Sraffa-System scheitert an der Gewinnmaximierung und verteilt den Überschuss anders als es die Konkurrenzannahme fordert. Vor diesem Hintergrund sollte man den konstruierten Irrationalitäten des Kapitalismus kein allzu hohes Gewicht beimessen: Da die neoricardianische Theorie im Allgemeinen versagt, werden die Unternehmer im Besonderen gewiss nicht von dem Alptraum gepeinigt, die Technikwahl arte in eine dem Wettlauf zwischen Hase und Igel ähnelnde Veranstaltung aus.

---

[15] Dies darf nicht mit der vorher beschriebenen Möglichkeit verwechselt werden, der zufolge in Einzelproduktionssystemen ein *sektoraler* Profit mit der Lohnhöhe positiv korreliert ist. Auf der gesamtwirtschaftlichen Ebene verändern sich dort Lohnsatz und Profitrate stets gegenläufig.

[16] Vgl. Salvadori, N., Existence of Cost-Minimizing Systems within the Sraffa Framework, in: Zeitschrift für Nationalökonomie, Bd. 42 (1982), S. 281-298. In einer anderen Arbeit hat Salvadori Zahlenbeispiele für die genannten Phänomene gegeben. Vgl. Salvadori, N., Switching in Methods of Production and Joint Production, in: The Manchester School, Bd. 53 (1985), S. 156-178.

Trotz der sich auftürmenden Absonderlichkeiten der Einzel- und Kuppelproduktion scheute man vor der naheliegenden Konsequenz zurück. Statt die auf den ersten Seiten eingeschlagenen Eckpfeiler der Sraffaschen Preistheorie auf ihre Tragfähigkeit hin zu kontrollieren, wurde messerscharf geschlossen, dass nicht sein kann, was nicht sein darf. Der Meister hat auf diesem Gebiet desgleichen einschlägiges Übungsmaterial bereitgestellt. Werden aufgrund einer Lohnänderung manche Preise negativ, ist das nach Sraffas Meinung nichts Aufsehenerregendes:

> „All that it implies is that, although in actual fact all prices were positive, a change in the wage might create a situation the logic of which required some of the prices to turn negative: and this being unacceptable, those among the methods of production that gave rise to such a result would be discarded to make room for others which in the new situation were consistent with positive prices."[17]

Im Prinzip wurde diese Methode von den Anhängern Sraffas niemals aus dem Verkehr gezogen. Lässt die Doktrin Resultate zu, die mit bestem Willen keiner stichhaltigen Rechtfertigung mehr zugänglich sind, wird die Schwierigkeit beseitigt, indem man den Problemverursacher verbannt: Weil das Erklärungsmuster negative Preise nicht ausgrenze, diese in der Realität aber unbeobachtbar seien, gebe es infolgedessen keine Prozesse, die negative Preise erzeugten. Sollte solches doch einmal ins Haus stehen, zaubert man eben andere Verfahren mit den passenden Eigenschaften herbei, die – welch ein Glück! – zur rechten Zeit am rechten Ort verfügbar sind.

Die ‚dominante Technik' ist also jene, die gerade ins Konzept passt. Daher verblüfft es nicht, wenn Charakterisierungen dieses Wunschkindes unwillkürlich zu einer Karikatur geraten. So meint Schefold gezeigt zu haben, dass …

> „… the dominant technique, *appropriately defined*, exists in the *relevant range*, … that it is unique, ‚square', and that the wage curve is *essentially* monotonically falling."[18]

Im Klartext ist diese Feststellung ein Offenbarungseid der Sraffaschen Theorie der Kuppelproduktion: Lediglich die „geeignet definierte" Tech-

---

[17] Sraffa, P., Production …, a.a.O., S. 59.

[18] Schefold, B., The dominant technique in joint production systems, in: Cambridge Journal of Economics, Bd. 12 (1988), S. 97-123, S. 102, eigene Hervorhebungen.

nik hat allein im „relevanten Bereich“ die erwünschten Merkmale, und die Lohnkurve fällt nur „im Grunde genommen“, d. h. falls sie nicht steigt. Immerhin wird diese bittere Medizin nicht ohne eine Beruhigungspille verabreicht. Trotz nicht leugbarer Fehler des Entwurfs verdiene er Vertrauen:

> „The important assertions have been proved; it is of interest only to the specialist that some details have turned out to be incorrect, especially regarding Sraffa's description of the choice of technique in the joint production case. We are now free to turn to new tasks like the analysis of the social forces defining the socially necessary technique …“[19]

Obschon die Spezialisten bislang keineswegs Beeindruckendes geleistet haben, wird dem erteilten Ratschlag Beachtung geschenkt: Mögen sich manche Fachleute den Detailfragen des Sraffaschen Denkmodells (weiterhin) widmen; das Studium der Kräfte hingegen, welche die gesellschaftlich notwendige Technik determinieren, stellt für andere nicht in jedem Fall eine neue Aufgabe dar – sie ist seit langem ein Gegenstand dieser Untersuchung. Fortsetzung folgt.

3.3.2 Von Steedman über Morishima zu von Neumann

Es kommt einem Treppenwitz der Geschichte der ökonomischen Theorie gleich, dass Sraffas Werk, das als Grundlage einer Kritik der neoklassischen Wert- und Verteilungslehre gedacht war, nicht nur im Rahmen des Transformationsproblems gegen die Arbeitswerttheorie gewandt wurde, sondern auch dazu herhalten sollte, die (vermeintlich) letzte Bastion der Arbeitswertlehre zu schleifen: das Fundamentaltheorem. Mitte der 70er Jahre hat Ian Steedman das Feuer auf die anscheinend einzige gesicherte Aussage der Werttheorie eröffnet, gemäß der Ausbeutung und Profit positiv miteinander korreliert seien. Mittels eines Zahlenbeispiels versuchte er, die Ungültigkeit des Fundamentaltheorems im Fall der Verbundfertigung nachzuweisen: „In brief, in the presence of joint production, the existence of positive surplus value is neither a necessary nor a sufficient condition for the existence of positive profits and prices.“[20]

---

[19] Ebenda, S. 111.

[20] Steedman, I., Positive Profits With Negative Surplus Value, in: The Economic Journal, Bd. 85 (1975), S. 114-123, S. 114.

Da Steedman gewiss um die erheblichen Nöte des Sraffaschen Kuppelproduktionsansatzes wusste, kann man seine Verwegenheit nur bewundern, sich bei seinem Angriff auf einen solchen Bundesgenossen zu verlassen. Wenngleich die Sache zu seinen Ungunsten ausgeht, hat er sich dennoch um die Weiterentwicklung der Werttheorie verdient gemacht: Steedmans Attacke unterstreicht in Wahrheit die Stärke der Arbeitswertlehre im Generellen. Die Analyse des von ihm präsentierten Exempels dient als Nagelprobe der umfassenden Überlegenheit der Wertrechnung gegenüber der Sraffa-Preisbildung, die für die Einzelproduktion bereits hieb- und stichfest begründet wurde.[21]

Tabelle III.2 gibt das Zahlenbeispiel wieder, mit dem Steedman der Arbeitswerttheorie den letzten Schlag versetzen wollte. Er betrachtet eine Situation, in der zwei Prozesse je zwei Waren produzieren können. Links von den Pfeilen steht der Input und rechts der Output.[22]

Tabelle III.2: Steedmans Beispiel

	Ware 1		Ware 2		Arbeit		Ware 1		Ware 2
Prozess 1	5	+	0	+	1	→	6	+	1
Prozess 2	0	+	10	+	1	→	3	+	12

[21] In seinem Buch „Marx After Sraffa“ verficht Steedman die These, die Wertrechnung sei prinzipiell – also nicht nur unter Kuppelproduktionsbedingungen – überflüssig. So heißt es mit Bezug auf die Einzelfertigung: „What have any value magnitudes to contribute to this analysis? Nothing. The labour values of commodities, or of any aggregates of commodities, are known only when it is known which methods of production are in use. The choice of production methods is itself determined, however, only in the process of determining the maximum achievable rate of profit … The determination of the profit rate is thus *logically prior* to any determination of value magnitudes – it is hardly surprising, then, that the latter have nothing to contribute to the former.“ Steedman, I., Marx …, a.a.O., S. 64 f. Da die Sraffa-Profitrate, wie gesehen, kein brauchbarer Indikator für die Ermittlung des maximalen Gewinns und seiner Verteilung bei Einzelproduktion ist, gehen wir auf diesen Teil der Steedmanschen Kritik nicht detailliert ein. Gleichwohl läge der ein oder andere Kommentar zu Steedmans Text auf der Zunge. Eine kritische Besprechung des Buches liefert Kurz, H. D., Sraffa After Marx, in: Australien Economic Papers, Bd. 18 (1979), S. 52-70.

[22] Vgl. zum Weiteren Steedman, I., Positive …, a.a.O., S. 115 ff. Das gleiche Beispiel findet sich in Steedman, I., Marx …, a.a.O., S. 150 ff.

In beiden Verfahren wird eine Arbeitseinheit verrichtet. Ferner unterliegen beide Prozesse linearen Skalenerträgen, d. h. die Input-Koeffizienten variieren nicht mit der erzeugten Menge. Aus den Daten der Tabelle III.2 lassen sich die Bestimmungsgleichungen der Größen l_1 und l_2 formulieren, die Steedman als Arbeitswerte interpretiert:

$$5l_1 + 1 = 6l_1 + l_2 \tag{III.84}$$

$$10l_2 + 1 = 3l_1 + 12l_2 \tag{III.85}$$

Daraus gewinnt man die Sraffa-Steedman-Werte:

$$l_1 = -1 \tag{III.86}$$

$$l_2 = 2 \tag{III.87}$$

Demnach ‚enthält' die Ware 1 eine *negative* Menge insgesamt zu ihrer Herstellung aufgewandter Arbeit; fürwahr ein überraschender und grotesker Fund.[23] Sraffa hätte das Phänomen freilich anders gesehen; zwar räumte er zunächst ein: „This looks at first as if it were a freak result of abstraction-mongering that can have no correspondence in reality."[24] Doch wer meint, aufgrund dieses (richtigen) Eindrucks würden endlich die Prämissen gemustert, welche die Verantwortung für dieses bizarre Ergebnis tragen, hat sich zu früh gefreut. Schon wenig später erfährt der geneigte Leser: „… nothing abnormal will be noticeable …"[25] Wie das?

Das Absurde dringt nicht bis zur ‚Oberfläche' vor, weil die Sraffa-Preise beider Waren *ab* einer gewissen Profitrate positiv werden. Die von Steedman kalkulierten Werte ($\mathbf{l}$) sind ja nichts anderes als die arbeitskommandierenden Sraffa-Preise (vgl. (III.83) auf S. 287 mit $w \equiv 1$) bei einer Profitrate von null. Allgemein:

$$\mathbf{l} = \mathbf{a}_0 [\mathbf{B} - \mathbf{A}]^{-1} \tag{III.88}$$

Wie wir wissen, hat Sraffa negative Preise einfach durch die Behauptung ausgeschlossen, es würden rechtzeitig, d. h. bei (von ihm) unerwünscht kleiner Profitrate, Verfahrensalternativen ohne diese peinliche Nebenwirkung benutzt werden. Hält man diese Konstruktion für ein Luftschloss,

[23] So Kurz, H. D., Zur neoricardianischen …, a.a.O., S. 185.

[24] Sraffa, P., Production …, a.a.O., S. 60.

[25] Ebenda.

ließe sich die Auffassung vertreten, sowohl die negativen Werte als auch die negativen Preise deuteten auf ein Desaster der neoricardianischen Theorie hin. Zumindest hätte man fairerweise als toleranter Sraffa-Anhänger – der anderen das gleiche Recht gewährt, das er selbst in Anspruch nimmt – die These erwägen können, irgendwelche neue Verfahren oder Änderungen in der Struktur des Arbeitseinsatzvektors brächten negative Werte und somit negative Preise zum Verschwinden.

Diesen Weg beschreitet Steedman nicht; er verlässt sich darauf, die Technikwahl orientiere sich an den Sraffa-Preisen, deren Berechnung, wie er zu beteuern nicht müde wird, ohne Arbeitswerte auskomme. Vielmehr möchte er mit der schon von Sraffa erwähnten Möglichkeit negativer Arbeitswerte dem Fundamentaltheorem den Boden entziehen. Folglich hat der *Mehrwert* negativ zu sein. Das zu bewerkstelligen ist kein Hexenwerk: Man muss nur postulieren, die Kapitalisten eigneten sich hauptsächlich die Waren an, die einen negativen Sraffa-Steedman-Arbeitswert aufweisen.

Dementsprechend fixiert Steedman einen Reallohn, der dazu führt, dass der den Unternehmern zufließende Rest des Nettoprodukts mehr als das Doppelte an Ware 1 umfasst als an Ware 2. Nach seinen Annahmen werden in Prozess 1 fünf Arbeitseinheiten und in Verfahren 2 eine Arbeitseinheit geleistet. Das Nettoprodukt beziffert sich dann auf acht Einheiten an Ware 1 und sieben der Ware 2. Laut Steedman verdienen die sechs Arbeiter insgesamt drei Einheiten von Ware 1 und fünf der Ware 2. Die restlichen fünf Einheiten der Ware 1 und die verbleibenden zwei der Ware 2 gehen an die Kapitalisten. In diesem Aggregat überwiegt der Steedman-Arbeitswert der Ware 1. Ergo wird der Mehrwert negativ; das erste Etappenziel scheint erreicht.

Bemerkenswerterweise wurde im Verlauf der anschließend nachgezeichneten, intensiven Diskussion das zu einem negativen Mehrwert duale Paradoxon nicht erörtert: Der Wert der Arbeitskraft, also die im Reallohn ‚verkörperte' Arbeitszeit, beträgt sieben Einheiten und ist damit *größer* als die Gesamtbeschäftigung von sechs Einheiten. Dieses Resultat ist desgleichen kaum dazu angetan, das Vertrauen in Steedmans Argumentation zu stärken.

Selbstverständlich konnte der Coup nur erfolgreich beendet werden, falls in dieser Konstellation die Preise und die Profitrate positiv sind. Zur Bestimmung der arbeitskommandierenden Preise, d. h. für $w \equiv 1$, erhält man aus den Daten der Tabelle III.2 die beiden Gleichungen:

$$(1+r)5p_1 + 1 = 6p_1 + p_2 \tag{III.89}$$

$$(1+r)10p_2 + 1 = 3p_1 + 12p_2 \tag{III.90}$$

Das von Steedman geschnürte Reallohnbündel liefert ferner die Bedingung:

$$3p_1 + 5p_2 = 6 \tag{III.91}$$

Aus dem System (III.89), (III.90) und (III.91) lassen sich eine Profitrate von 20 %[26] sowie $p_1 = \frac{1}{3}$ und $p_2 = 1$ berechnen. Der Übungszweck ist erfüllt: positiver Profit bei negativem Mehrwert. „Marxists should therefore concentrate on developing the materialist account of why production conditions and real wages are what they are", schreibt Steedman den Anhängern des Fundamentaltheorems ins Stammbuch, „leaving the discussion of ‚value magnitudes' to those concerned only with the development of a new Gnosticism."[27]

Erwartungsgemäß bleibt Steedman keine Erklärung schuldig, warum ein negativer Arbeitswert unter Kuppelproduktionskonditionen nichts Besonderes sei. Bei solchen Verhältnissen ist es generell nicht möglich, *genau* eine Ware zu erzeugen und so ihren Arbeitswert aufzuspüren. Der richtige Weg, die Werte zu ermitteln, bestünde aufgrund dieser Tatsache darin, die Beschäftigungs*veränderung*, die von einer Zunahme des Nettooutputs um exakt eine Einheit einer Ware herrührt, als deren Wert zu interpretieren.

In Steedmans Exempel kommt die Erhöhung des Ausstoßes der Ware 1 um eine Einheit durch die *Verringerung* des Arbeitsinputs um eine Einheit zustande. Setzt man in Prozess 1 drei statt fünf Arbeitseinheiten und in Verfahren 2 zwei anstelle einer ein, fällt *summa summarum* ein Nettoausstoß von neun Einheiten der Ware 1 und sieben der Ware 2 an. Obwohl gegenüber der Ausgangssituation die Gesamtbeschäftigung um eine Einheit *zurück*geht, *steigt* der Nettooutput um eine Einheit der Ware 1: „This is the meaning of the result that commodity 1 has a value of − 1 …

---

[26] Es existiert eine zweite Lösung für r, die aber mit einem negativen Preis der Ware 1 verbunden ist: „The negative price p_1 makes this solution economically insignificant." Steedman, I., Positive …, a.a.O., S. 115 Fn.

[27] Steedman, I., Marx …, a.a.O., S. 162.

there is nothing at all strange about a negative value. It follows that there is nothing strange about negative surplus value."[28]

Mit Recht riefen die provozierenden Thesen Steedmans ein starkes Echo in der ökonomischen Literatur hervor. Mehrere Autoren haben die Ursache der dem gesunden Menschenverstand zuwiderlaufenden Ergebnisse Steedmans in den Prämissen lokalisiert. Dreh- und Angelpunkt dieser Betrachtungen sind deshalb die von Steedman präsentierten Daten seines Zahlenbeispiels.

Ein Blick auf die Tabelle III.2 (vgl. S. 291) genügt, um zu erkennen, dass dort Verfahren verzeichnet sind, die in einer eigenartigen Proportion zueinander stehen: Die in Prozess 2 realisierte Arbeit ist weitaus produktiver als die in Verfahren 1 verwirklichte. Dieser direkte Vergleich ist möglich, weil beide Verfahren mehr als ihren notwendigen Input selbst herstellen; sie sind für sich alleine lebensfähig und nicht – wie bei der Einzelproduktion – aufeinander angewiesen. Der Nettoausstoß des Prozesses 1 pro Arbeitseinheit beläuft sich auf jeweils eine Einheit der beiden Güter, während aus Verfahren 2 drei Einheiten Ware 1 und zwei Einheiten Ware 2 hervorgehen.

Somit erhebt sich die Frage, ob in beiden Prozessen die gleiche homogene Arbeit verausgabt wird und wenn ja, ob dann überhaupt der Prozess 1 eine reelle Chance hat, sich gegenüber Prozess 2 zu behaupten. In der Tat lässt ein negativer Arbeitswert einer Ware stets auf die Zerlegbarkeit des entsprechenden Subsystems in zwei Unterabteilungen mit verschiedener Produktivität schließen:

> „... der Arbeitswert einer Ware wird nur dann negativ sein, wenn in dem Subsystem, das die fragliche Ware isoliert herstellt, mehr Arbeit in den Prozessen aufgewendet wird, die zur isolierten Produktion der Ware kontrahiert werden müssen, als in denen, die dabei expandieren."[29]

Vor diesem Hintergrund liegt es nicht allzu weit, die in den beiden Verfahren des Steedmanschen Exempels jeweils vollbrachte Arbeit mit einem Produktivitätsindex $\pi_i (i = 1, 2)$ zu multiplizieren, der den Arbeitsinput gewichtet. Die kalkulierten Werte in ‚einfacher Arbeit' sind positiv, so-

[28] Steedman, I., Positive ..., a.a.O., S. 119.

[29] Schefold, B., Sraffas Theorie der Kuppelproduktion, in: Zeitschrift für Wirtschafts- und Sozialwissenschaften, Jg. 103 (1983), S. 315-340, S. 323. Vgl. auch Cogoy, M., Wertstruktur ..., a.a.O., S. 160 ff.

fern die Relation der Gewichtungsfaktoren $\frac{\pi_1}{\pi_2}$ aus dem Intervall $\left(\frac{1}{3},\frac{1}{2}\right)$ gewählt wird, das durch die Produktivitäten der beiden Prozesse abgesteckt wird.[30]

Die Schwäche solcher Konzepte zur Modifikation der Arbeitseinsätze liegt auf der Hand: Trotz Übereinstimmung der Zahl der Waren und der Prozesse hängen die Werte von dem aus dem Bereich willkürlich herausgreifbaren Verhältnis der Produktivitätsindizes ab. Will man dagegen eine theoretisch fundierte Entscheidung fällen, befindet man sich im Zentrum der Reduktionsproblematik, ebenfalls kein besonders schöner Flecken der ökonomischen Theorie.[31] Der Kasus sollte (er)klärbar sein, ohne das Heil in heterogener Arbeit zu suchen, deren Berücksichtigung letztlich nur zu einer Verlagerung der Problemstellung auf ein anderes Feld führt, nicht aber zu ihrer Lösung.

Der am anderen Ende ansetzende Einwand wurde erstmals von Morishima ausgesprochen: Darf das weniger produktive Verfahren 1 grundsätzlich zur Bestimmung der Werte herangezogen werden? Er war besonders berufen, den Vorstoß Steedmans zu kommentieren: In einer 1974 veröffentlichten Antrittsvorlesung hatte Morishima eine Verallgemeinerung des Fundamentaltheorems unterbreitet und propagierte daran anknüpfend eine ‚neue' Arbeitswertlehre.[32] Diese rekurriert allerdings nicht auf tatsächlich zu beobachtende Werte, sondern auf ‚optimale', welche die Schattenpreise eines Arbeitsminimierungsprogramms sind:

> „As soon as joint production and choice of techniques are admitted, we must discard the labour theory of value, at least in the form Marx formulated it … There is an alternative way to formulate the labour theory of value, not as the theory of ‚actual values' calculating the embodied-labour contents of commodities on the basis of the prevailing production coefficients as Marx did, but as the theory of ‚optimum values' considering values as shadow prices determined by a linear program-

[30] Vgl. Kurz, H. D., Sraffa …, a.a.O., S. 66 f. Siehe zum ‚Dogma homogener Arbeit' Krause, U., Elemente einer multisektoralen Analyse der Arbeit, in: Gesellschaft, Beiträge zur Marxschen Theorie 13, Frankfurt a. M. 1979, S. 15-53.

[31] Vgl. zur Kritik an dem Beitrag von Kurz Fujimori, Y., Modern Analysis of Value Theory, Berlin / Heidelberg / New York 1982, S. 154 Fn.

[32] Vgl. Morishima, M., Marx in the Light of Modern Economic Theory, in: Econometrica, Bd. 42 (1974), S. 611-632.

> ming problem that is dual to another linear programming problem for the efficient utilisation of labour.“[33]

Morishima definiert die ‚notwendige‘ Arbeit als *Minimum* der Arbeitszeit, die beim anzutreffenden Stand des technischen Wissens aufzuwenden wäre, um die Güter zu erzeugen. Die Mehrarbeit resultiert aus der Differenz der wirklich geleisteten Arbeit abzüglich der so interpretierten notwendigen Arbeit. Darauf aufbauend zeigt er, dass Ausbeutung vorliegen müsse, damit die betrachtete Wirtschaft wachsen könne und den Kapitalisten Profite zuflössen. Diese Sicht der Dinge widerspricht dem Steedmanschen Beispiel völlig. Daher ergriff Morishima das Wort, um die Diskrepanz zu erläutern.

Der Hauptvorwurf gegenüber Steedman lautet, dieser drücke die relevanten Beziehungen in *Gleichungs*form aus, statt sie, wie es Kuppelproduktionssystemen angemessen wäre, in *Ungleichungen* zu gießen:

> „... Steedman simply extends the value equations so as to include joint outputs and calls formal solutions to them ‚values‘ with a wrong justification ... As far as his example is concerned, these Steedman values have nothing to do with the labour values of commodities, nor with Marxian values, because the latter should be non-negative by definition, while the former contain negative ones. Thus the Steedman equations fail to determine the labour values. Nevertheless, he continues his mathematical exercise and calculates the ‚surplus value‘ at a negative amount on the basis of his ‚values‘ or pseudo-values. It is clear, however, that the pseudo-surplus value obtained from the pseudo-values has nothing to do with Marx's surplus value ...“[34]

Morishimas Werte werden ermittelt, indem man einen Aktivitätsvektor $\mathbf{q}$ sucht, der den zur Produktion eines Nettoausstoßbündels $\mathbf{y}$ notwendigen Arbeitseinsatz minimiert[35]:

$$\mathbf{a}_0\mathbf{q} \to \text{Min} \quad \text{u. d. N.} \quad \mathbf{Bq} \geq \mathbf{Aq} + \mathbf{y} \qquad \text{(III.92)}$$

---

[33] Ebenda, S. 615 f.

[34] Morishima, M., Positive Profits With Negative Surplus Value – A Comment, in: The Economic Journal, Bd. 86 (1976), S. 599-603, S. 600.

[35] Vgl. ebenda, S. 601 f.; die Symbolik wurde an die hier eingeführte angepasst. Zur detaillierten Erläuterung des Modells siehe Morishima, M., Catephores, G., Value, Exploitation and Growth, London 1978, S. 22 ff.

Nach Morishima liefert der Wert der Zielfunktion den ‚wahren' Arbeitswert des Güter*bündels* **y**.[36] Der optimale Aktivitätsvektor ist dabei nicht notwendigerweise eindeutig, der Zielwert jedoch immer. Unter Umständen ist der Nettooutput einer Ware größer als es **y** vorsieht.

Wie man ohne große Rechenarbeit bemerkt, lässt sich der von Steedman vorgegebene Nettoausstoß von acht Einheiten Ware 1 und sieben der Ware 2 statt mit sechs schon von dreieinhalb Arbeitseinheiten erzeugen. Diese werden ausschließlich in Verfahren 2 beschäftigt; der Prozess 1 wird überhaupt nicht mehr gebraucht. Der Nettooutput besteht nun aus zehneinhalb Einheiten der Ware 1 und sieben der Ware 2. Von Gut 1 werden also zweieinhalb Einheiten *mehr* geschaffen als Steedman fordert: Das Ungleichheitszeichen der Nebenbedingung in (III.92) kommt zur Geltung. Entsprechend kann man die notwendige Arbeit zur Herstellung des Reallohns im Sinne Morishimas ausfindig machen; die so kalkulierte Ausbeutungsrate ist stets positiv.

Tatsächlich werden Kuppelproduktionssysteme in eine Zwangsjacke gesteckt, sofern man verlangt, ein bestimmter Output müsse *exakt*, d. h. ohne Hervorbringung auch nur eines weiteren Guts, angefertigt werden. Hiermit wird die prinzipiell höhere Ergiebigkeit solcher Techniken durch eine ökonomisch unbegründete Restriktion wieder zunichte gemacht, wenn nicht gar ins Gegenteil verkehrt. Die Eigenschaft eines Prozesses, *mehrere* Waren zu erzeugen, verhindert die Erfüllung der Auflage, genau eine Einheit davon auszustoßen.

Im Sraffaschen Kuppelproduktionsansatz führt die universelle Produktivkraft eines Verfahrens zu einem negativen Wert, weil zur Komplettierung des Systems (mindestens) ein weiterer, aber inferiorer Prozess betrieben werden muss. In Steedmans Exempel wird das Verfahren 1, welches gegenüber Prozess 2 auf allen Gebieten benachteiligt ist, *nur* benutzt, um den exogen festgelegten Nettooutput *ohne Überschuss* zu produzieren.

So gesehen beruht Steedmans Räsonnement auf einer Prämisse, „… die letztlich auf das kaum kreditwürdige Saysche Gesetz hinausläuft …"[37] Statt die einzelwirtschaftlich fundierte Gewinnmaximierung zur Ermittlung der Aktivitäten heranzuziehen, orientiert sich Steedman an der aus

[36] Morishimas „true values" unterscheiden sich konzeptionell von seinen früher vorgeschlagenen „optimum values", die das Programm $\mathbf{vy} \rightarrow \text{Max}$ u. d. N. $\mathbf{vB} \leq \mathbf{vA} + \mathbf{a}_0$ abwirft. Vgl. Morishima, M., Positive …, a.a.O., S. 601 f.

[37] Kurz, H. D., Zum Problem …, a.a.O., S. 178.

der Luft gegriffenen Bedingung, die hergestellten Mengen müssten sich vollkommen und ohne Ausnahme mit einem beliebig fixierten Endnachfragevektor decken. Diese Vorschrift widerspricht theoretisch und empirisch der Funktionsweise einer kapitalistischen Marktwirtschaft.

Allerdings vermengen sich bei Morishima normative und positive Aussagen. Einerseits plädiert er dafür, wahre Werte als Maß der notwendigen Arbeit anzuerkennen; andererseits konstatiert er, Steedmans Verfahren 1 werde nicht angewandt. Freilich behauptet Morishima nicht, seine wahren Werte seien die in der Wirklichkeit zu beobachtenden; ebenso wenig übt er eine grundsätzliche Kritik an Sraffas Konzeption der Technikwahl und nirgends hält er dessen Preisbildungshypothese für verfehlt.

Morishimas Ausführungen zur Kuppelproduktionsthematik widersprechen keineswegs dem Befund, dass die realisierte Beschäftigung den geringstmöglichen Arbeitseinsatz regelmäßig übertrifft. Ausbeutung im Sinn von Morishima heißt somit: Die Lohnabhängigen müssen unter kapitalistischen Verhältnissen systematisch mehr Arbeit verrichten als bei Verwendung der Technik mit höchster Arbeitsproduktivität. Anhänger der Preistheorie Sraffas können freilich mit dieser Botschaft durchaus leben.

Vor diesem Hintergrund konnte Steedman es sich in seiner Antwort auf Morishimas Kommentar leicht machen.[38] Ohne die Frage Gleichungen versus Ungleichungen zu erörtern, wies er darauf hin, Marx erachte den minimalen Arbeitsaufwand lediglich an *einer* Stelle – und das in einer Frühschrift – als maßgebend zur Wertbestimmung.[39] Später begegnet man dieser Auffassung im Werk von Marx nicht mehr.

Zwar akzeptiert Steedman die Logik des generellen Fundamentaltheorems ebenso wie Morishimas Konzept der wahren Werte, doch diese Kreationen hätten sich, wie Steedman betont, weit von Marx entfernt. Da die Verfahren, welche in der Praxis die Oberhand gewinnen, im Normalfall nicht die arbeitseffizientesten seien[40], musste sich die Wertrechnung

---

[38] Vgl. Steedman, I., Positive Profits With Negative Surplus Value: A Reply (künftig als „A Reply" zitiert), in: The Economic Journal, Bd. 86 (1976), S. 604-608.

[39] „Es ist wichtig, den Umstand im Auge zu behalten, dass, was den Wert bestimmt, nicht die Zeit ist, in welcher eine Sache produziert wurde, sondern das *Minimum* von Zeit, in welchem sie produziert werden kann, und dieses Minimum wird durch die Konkurrenz festgestellt." Marx, K., Das Elend der Philosophie (französisch 1847), in: Marx Engels Werke, Bd. 4, Berlin 1977, S. 63-182, S. 95.

[40] Vgl. Steedman, I., A Reply, a.a.O., S. 607. Siehe außerdem Steedman, I., Marx …, a.a.O., S. 192 ff.

à la Morishima den Vorwurf gefallen lassen, dass sie „… in keiner Weise die Funktionsmechanismen des kapitalistischen Systems widerspiegelt …“[41]

Eine solche Sichtweise lässt sich indes nur rechtfertigen, falls die Sraffasche Theorie der Kuppelproduktion wirklich korrekt ist. Und in dieser Hinsicht wurde Protest laut. Dahingehend äußerte sich etwa Wolfstetter in einem Diskussionsbeitrag zu Steedmans Aufsatz:

> „… the possibility of negative labour value, and the more extreme possibility of a negative surplus value coexisting with positive prices and profits, indicate a fundamental weakness in Sraffa's (1960) theory of joint production, which deprives that theory of valid economic meaning. Thus we hope both to comment on Steedman, and to contribute to a comparative evaluation of Sraffa's and von Neumann's (1937) theories of joint production.“[42]

Wie Wolfstetter darlegt, unterscheiden sich die Arbeitswerte im Vorzeichen, sofern ein Verfahren – hier Prozess 1 des Steedmanschen Beispiels – als ‚absolut inferior‘ eingestuft werden kann, d. h. es ist dem anderen Verfahren in keiner Hinsicht gewachsen.[43] Daran anknüpfend bemängelt Wolfstetter, die Sraffasche Kuppelproduktionstheorie sei unzulänglich, weil sie mit Gleichungen anstelle von Ungleichungen operiere. Dem Sraffaschen Entwurf fehle es an einem Entscheidungskriterium für die Technikwahl: „… the formulation of the restrictions in terms of equalities prevents the application of any choice criterion to determine how the activity vector is chosen.“[44] Deswegen sei der von Neumann-Ansatz fruchtbarer. Wolfstetter greift folglich nicht nur die Gleichungsmethode Sraffas zur Berechnung der *Werte* an, sondern überdies die Behandlung der Verbundfertigung in Gleichungen *per se*. Gehen wir diesem Fingerzeig nach.

Die Problematik, die von Neumann in seinem berühmt gewordenen Artikel bearbeitet, ist so allgemein gehalten, dass auch die Kuppelproduktion abgedeckt wird. Einleitend bemerkt er, Güter würden in erster

---

[41] Cogoy, M., Traditionelle und neue Arbeitswerttheorie, in: Gesellschaft, Beiträge zur Marxschen Theorie 13, Frankfurt a. M. 1979, S. 115-139, S. 132.

[42] Wolfstetter, E., Positive Profits With Negative Surplus Value: A Comment, in: The Economic Journal, Bd. 86 (1976), S. 864-872, S. 864.

[43] Vgl. ebenda, S. 867.

[44] Ebenda, S. 870.

Linie „auseinander“ erzeugt und es könnten mehr technische Produktionsprozesse als Güter existieren. Im Gegensatz zu Sraffa postuliert von Neumann jedoch kein quadratisches Gleichungssystem: „Die landläufige Methode des ‚Gleichungen-Abzählens‘ versagt … Unsere Fragestellung führt zwingend zu einem System von Ungleichheiten …“[45]

Nach Steedman sind die Theorien Sraffas und von Neumanns trotz dieser prinzipiellen Diskrepanz miteinander vereinbar: „… a particular piece of analysis which is very much in the ‚spirit‘ of von Neumann (1945-6) yields certain results which are perfectly compatible with those of Sraffa's analysis, the implication for Wolfstetter's remarks will be clear.“[46] Vor dem Urteil, ob Steedmans Analysestück wirklich im Geiste von Neumanns ist, steht die Beweisaufnahme. Inspizieren wir dafür den Quellentext.

Da von Neumann annimmt, dass „… jedes über das Lebensminimum hinausgehende Einkommen vollkommen reinvestiert wird“[47], figuriert der Subsistenzlohn wie die anderen Produktionsmittel als Input; die in den Prozessen direkt eingesetzte Arbeit ist nicht wahrnehmbar:

> „Wage costs are not considered as such, for labourers are not separately considered any more than are farm animals. It is supposed that they will do their work in return for rations of shelter, fuel, food and clothing, just as a horse works when it is fed and cared for … The essential point about v. Neumann's theory of prices is that goods are made out of goods *alone* and that the cost price of any good or collection of goods consists of the value of the goods from which they are made plus an interest charge.“[48]

---

[45] Neumann, J. v., Über ein ökonomisches Gleichungssystem und eine Verallgemeinerung des Brouwerschen Fixpunktsatzes (1937), wieder in: Mathematische Wirtschaftstheorie, hrsg. v. Beckmann, M. J., Sato, R., Köln 1975, S. 172-181, S. 172. Der Abdruck leidet unter einigen Fehlern, die in der englischen Version nicht auftreten. Vgl. Neumann, J. v., A Model of General Economic Equilibrium (1945/6), wieder in: Readings in the Theory of Growth, hrsg. v. Hahn, F., London / Basingstoke 1971, S. 1-9.

[46] Steedman, I., Positive Profits With Negative Surplus Value: A Reply to Wolfstetter (künftig als „A Reply to Wolfstetter“ zitiert), in: The Economic Journal, Bd. 86 (1976), S. 873-876, S. 873.

[47] Neumann, J. v., Über …, a.a.O., S. 173.

[48] Champernowne, D. G., A Note on J. v. Neumann's Article on „A Model of Economic Equilibrium“ (1945/6), wieder in: Readings in the Theory of Growth, hrsg. v. Hahn, F., London / Basingstoke 1971, S. 10-18, S. 12, eigene Hervorhebung. In der

Unter Rückgriff auf die schon bekannten Kürzel – **M** symbolisiert die um die Lebensmittel der Arbeiter angereicherte Koeffizientenmatrix und **B** die Outputmatrix einer Verbundproduktion –, lassen sich die zentralen Ungleichungen (7) und (8) des von Neumannschen Ansatzes[49] wie folgt zu Papier bringen:

$$\alpha \mathbf{Mq} \leq \mathbf{Bq} \tag{III.93}$$

$$\beta \mathbf{pM} \geq \mathbf{pB} \tag{III.94}$$

Die Matrizen **M** und **B** verzeichnen in den Spalten die einzelnen Verfahrensalternativen, die Zeilen beziehen sich auf die Güter. Das System ist nicht notwendigerweise quadratisch. Selbstverständlich sind **q** und **p** geeignet angepasst. Die Größe α fungiert im Mengenschema (III.93) als ‚Expansionskoeffizient', β dient in den Preistermen (III.94) als ‚Zinsfaktor', d. h. $\beta = 1 + \frac{z}{100}$. Dabei ist z laut von Neumann der Zinsfuß in Prozent pro Zeiteinheit. Entscheidende Bedeutung erlangt das Prinzip, wonach bei Gültigkeit des Kleinerzeichens in (III.93) der Preis des fraglichen Produkts null wird. Formal ist diese ‚Regel der freien Güter' einsehbar: In dieser Situation übersteigt die Produktion eines Gutes den Bedarf, es liegt im Überschuss vor.[50] Ganz analog verfährt man im Preisteil (III.94). Die ‚profitability rule' besagt, ein Prozess werde nicht aktiviert, sofern die Kosten inklusive Zinsaufschlag nicht von den Erlösen gedeckt werden.

Mit diesen Vorschriften gewinnt man die beiden Gleichungsgruppen

$$\mathbf{p}(\mathbf{B} - \alpha \mathbf{M})\mathbf{q} = 0 \tag{III.95}$$

und

$$\mathbf{p}(\mathbf{B} - \beta \mathbf{M})\mathbf{q} = 0 \tag{III.96}$$

---

ersten Fußnote dieses Kommentars dankt Champernowne unter anderem Sraffa „for instruction in subjects discussed in this article". Sraffa war laut Vorwort seines Buches während der dreißiger und frühen vierziger Jahre – also ungefähr zur gleichen Zeit – mit der Abfassung seiner Theorie der Kuppelproduktion beschäftigt. Allerdings ist die Vertrautheit Sraffas mit dem Ansatz von Neumanns in der „Warenproduktion mittels Waren" nicht zu erkennen. Vgl. Sraffa, P., Production …, a.a.O., S. vi.

[49] Vgl. Neumann, J. v., Über …, a.a.O., S. 174.

[50] Eine andere Frage ist es, ob der Preis einer überproduzierten Ware tatsächlich auf null sinken muss. Wir kommen darauf noch zu sprechen.

Zusätzlich lässt sich ein positiver Wert des Outputs fordern:

$$\mathbf{pBq} > 0 \tag{III.97}$$

Mittels topologischer Konzepte beweist von Neumann, dass seine Aufgabenstellung (mindestens) eine Lösung besitzt, welche durch die Übereinstimmung des Zinsfaktors und des Expansionskoeffizienten charakterisiert ist.[51]

Was ist aus von Neumanns Modell in der Diskussion geworden? Steedman tischt (wie zahlreiche andere Autoren) ein lineares Programm auf, das dem Duktus von Neumanns entsprechen soll.[52] In unserer Notation lautet das Steedmansche Primal:

$$\mathbf{pd} \to \text{Max} \quad \text{u.d.N.} \quad \mathbf{pB} \leq (1+r)\mathbf{pA} + \mathbf{a}_0, \;\; \mathbf{p} \geq \mathbf{0} \tag{III.98}$$

Das Konsumgüterbündel der Arbeiter ist wieder in **d** aufgeführt, der Vektor **p** enthält die arbeitskommandierenden Preise. Zunächst einmal fällt der Wandel der Methode gegenüber der von Neumannschen auf; die lineare Programmierung wurde erst später entwickelt, woran dieser freilich maßgeblich beteiligt war.[53] Zweifellos wäre der Gebrauch des moderneren Kalküls nicht zu beanstanden, wenn es zur Beantwortung des gleichen ökonomischen Fragenkatalogs benutzt werden würde. Dem ist jedoch nicht so.

Das System (III.94) korrespondiert nur auf den ersten Blick mit den Nebenbedingungen des Programms (III.98). In diesem ist der direkte Arbeitseinsatz explizit ausgewiesen und die Profitrate wird nur auf die Produktionsmittel berechnet. Bei von Neumann gehen demgegenüber die Subsistenzmittel in die Koeffizientenmatrix ein und werden ebenfalls verzinst. Im Zuge der Analyse des Vorschlags von Bortkiewicz, wie die Transformation der Werte in Preise zu vollziehen sei, wurde dargelegt, dass die beiden Kalkulationsverfahren in qualitativ verschiedenen Ergeb-

---

[51] Mit seiner Verallgemeinerung des Brouwerschen Fixpunktsatzes hat von Neumann den Kern von Kakutanis Theorem aus dem Jahr 1941 vorweggenommen. Vgl. statt vieler Nikaido, H., Introduction to Sets and Mappings in Modern Economics, Amsterdam / London 1970, S. 309 ff.

[52] Vgl. Steedman, I., A Reply to Wolfstetter, a.a.O., S. 874.

[53] Vgl. Dantzig, G. B., linear programming, in: The New Palgrave, Bd. 3, London / New York / Tokyo 1987, S. 203-206.

nissen enden. Gemeinsam teilen sie indes die Eigenschaft, falsch zu sein. Dazu tritt ein weiterer Gesichtspunkt.

Wie im Zusammenhang mit dem Fundamentaltheorem verdeutlicht wurde, ist es dem Studium der Prämissen einer gesellschaftlichen Arbeitsteilung abträglich, den direkten Arbeitseinsatz in der um den Reallohn erweiterten Koeffizientenmatrix **M** unterzubringen. Nur wegen einer solchen Vorgehensweise war es möglich, den Überschuss aus der ‚Ausbeutung' einer Ware, z. B. Stahl, abzuleiten. Des Weiteren verbaut man sich so die Gelegenheit zu prüfen, ob die Ausschüttung des Mehrprodukts in Form einer einheitlichen ‚Verzinsung' der Materialkosten überhaupt generell akzeptiert wird: Zumindest für die Einzelproduktion gilt dies *nicht*. Da die allgemeine Theorie von Neumanns der speziellen Situation gerecht werden sollte, wissen wir aufgrund dessen definitiv, dass die von ihm favorisierte Preisbildungsmethode den Erfordernissen einer unternehmensspezifischen Arbeitsteilung unter Konkurrenzverhältnissen zuwiderläuft. Auch das von Neumannsche System ist keineswegs der Weisheit letzter Schluss.

Durch die ‚geschickte' Überführung der von Neumannschen Ungleichungen in das Steedman-Programm glückte es ferner, diese, ohne Aufsehen zu erregen, wieder zur Hintertüre hinauszukomplimentieren. Die Zielfunktion der Optimierung (III.98) postuliert, die arbeitskommandierenden Preise des Lohngüterbündels zu maximieren. Bei einem normierten Nominallohn $w \equiv 1$ heißt das nichts anderes, als den Reallohn zu minimieren: „… the primal problem thus determines the *lowest* real wage rate and the associated prices consistent with the given value of r, under competitive conditions."[54] Gleichzeitig *diktiert* die Nebenbedingung, die Preise laut der Sraffaschen Hypothese zu kalkulieren: Die Erlöse dürfen nicht größer sein als der mit einer *vorgegebenen* Rendite (alias Profitrate r) verzinste Sachaufwand plus den Lohnkosten. Das Kleinerzeichen erlangt jedoch keine Geltung, weil im Gleichgewicht (angeblich) in jedem zum Zuge kommenden Verfahren die einheitliche Materialaufwandsrendite r veranschlagt werde.

Die Nebenbedingungen entpuppen sich letzten Endes als die Preisbestimmungs*gleichungen* Sraffas (III.82) (vgl. S. 287) für die Kuppelproduktion. Dabei ist das Rennen schon gelaufen, sofern – wie das Steedman macht – die Profitrate exogen fixiert wird. Um ja nichts anbrennen zu lassen, kam die Nichtnegativitätsbedingung der Preise hinzu. Wir sind

---

[54] Steedman, I., A Reply to Wolfstetter, a.a.O., S. 874.

also wieder beim System Sraffas gelandet: Die Zielfunktion des Primals (III.98) ist redundant, das Drama spielt sich hinter den Kulissen der Nebenbedingung ab. Nun begreift man, warum Steedman von keinen Zweifeln angekränkelt ist, die Leistungsfähigkeit dieses Ansatzes anzuerkennen, der nach seiner Meinung den Geist von Neumanns ausstrahlt: „The most powerful analysis available of a capitalist, joint production economy is that due to von Neumann …“[55]

Allerdings entsteht für die neoricardianische Theorie durch die Aufopferung der (in Wahrheit entbehrlichen) Zielfunktion, die Steedman über sein lineares Programm geschrieben hat, ein Dilemma. Wenn der Reallohn wie bei von Neumann ein Datum ist, verursachte die Maximierung des Wertes des Konsumgüterbündels der Arbeiter bei festem nominalem Entgelt einen Rückgang des Reallohns. Das darf annahmegemäß nicht sein. Nach Schefold münde das Programm in einer Technikwahl, welche die Profitrate *minimiere*:

> „This minimisation of the rate of profits is usually interpreted as the result of a competitive process … It appears to be paradoxically opposed to the classical principle of a maximisation of the rate of profit (given the real wage).“[56]

Schefold tadelt deshalb die Zuflucht Steedmans zur ‚minimum real-wage frontier‘[57] und fügt hinzu, diese Bezugnahme sei überflüssig:

> „Steedman has succumbed to the temptation of introducing a minimum wage curve in the Sraffa approach in order to make it comparable with von Neumann, but it turns out that this is not necessary. We can prove that the processes which are activated and the commodities which are produced but not overproduced according to the solution of the linear

---

[55] Steedman, I., Marx …, a.a.O., S. 186.

[56] Schefold, B., Von Neumann and Sraffa: Mathematical Equivalence and Conceptual Difference, in: The Economic Journal, Bd. 90 (1980), S. 140-156, S. 144.

[57] „The analysis referred to is that embodied in Burmeister and Kuga's Minimum Real-Wage Frontier (1970), as modified by Fujimoto (1975) in his discussion of von Neumann equilibria.“ Steedman, I., A Reply to Wolfstetter, a.a.O., S. 873. Gemeint sind die Arbeiten von Burmeister, E., Kuga, K., The Factor-Price Frontier, Duality and Joint Production, in: Review of Economic Studies, Bd. 37 (1970), S. 11-19 und Fujimoto, T., Duality and the Uniqueness of Growth Equilibrium, in: International Economic Review, Bd. 16 (1975), S. 781-791.

> programme define the *same* Sraffa system in a simultaneous determination as would be chosen according to the Sraffa approach in a finite number of successive comparisons of different Sraffa systems, taking into account processes which could be used but which are ultimately discarded in the final solution."[58]

Da Schefold von demselben Primal wie Steedman ausgeht, sind wir im Bilde, was die Kraft der Nebenbedingungen zu bewirken vermag; die Zielfunktion wird funktionslos, die Erklärungsnöte verschwinden:

> „The apparent contradiction between the maximisation of the real wage according to Sraffa and its minimisation according to von Neumann is thus resolved: if we compare systems which are technically feasible … the real wage is maximised, whereas the rule ‚Max **d'p**' of the primal plays no rôle whatsoever in this comparison."[59]

Dem Publikum wird demnach zum Beweis der Richtigkeit einer Theorie ein lineares Programm präsentiert, dessen Nebenbedingungen die Anwendung der fraglichen Lehre voraussetzen, wodurch die Probleme eben dieser Doktrin nicht auftreten. Die *Petitio principii* lässt herzliche Glückwünsche ausrichten. Doch der Zweck heiligt die Mittel: Die Zielfunktion muss weichen. Ihr weinen Neoricardianer sowieso keine Träne nach. Denn zum Primal gehört ein Dual, das es in sich hat:

$$\mathbf{a}_0\mathbf{q} \rightarrow \text{Min} \quad \text{u. d. N.} \quad \mathbf{Bq} \geq (1+g)\mathbf{Aq}+\mathbf{d}, \quad \mathbf{q} \geq \mathbf{0} \qquad \text{(III.99)}$$

Wie erwartet, sichern hier die Nebenbedingungen gleichfalls, dass bei steady-state Wachstum gemäß der Goldenen Regel, d. h. Profit- gleich Wachstumsrate *(g)*, die Sraffasche Welt („flukes apart", wie es immer so schön an dieser Stelle heißt) ein Reich des Friedens bleibt. Aber die Zielfunktion des Duals: Minimierung des Arbeitseinsatzes … – gelobt seien die Nebenbedingungen.

Nachdem Neoricardianer demonstriert zu haben glauben, das von Neumann-Modell entziehe sich nicht ihrer Sicht der Dinge, darf ein Plädoyer für die Überlegenheit des eigenen Standpunktes nicht fehlen:

---

58 Schefold, B., Von Neumann …, a.a.O., S. 144.

59 Ebenda, S. 145. Schefold definiert **d** und **p** als Spaltenvektoren. Daher lautet die Zielfunktion seines Primals **d'p**, was inhaltlich unserem **pd** entspricht.

> „It is clear", wirbt Schefold, „that the two approaches are *conceptually* different in that the Sraffa method allows one to view the adoption of a preferred method as a transition, facilitated by surplus profits accruing to innovating entrepreneurs, from one system to another, with the preferred system yielding a *higher* real wage, given the rate of profit."[60]

Damit ist der Prüfstein angesprochen, an dem sich weisen muss, ob Sraffas Kuppelproduktionskonzept Anerkennung verdient. Wie sieht es mit den Profiten aus, die bei den einzelnen Verfahren anfallen? Welchen Einfluss hat eine variierende Profitrate auf den Gewinn und seine Verteilung? Kurz: Genügt Sraffas Entwurf den Prämissen einer arbeitsteiligen, kapitalistischen Konkurrenzwirtschaft? Entgegen der weitverbreiteten Gepflogenheit sollte man indes den zweiten Schritt nicht vor dem ersten tun: Ehe über Extragewinne dynamischer Unternehmer spekuliert wird, lohnt es sich, den Profiten der Steedman-Wirtschaft Aufmerksamkeit zu schenken.

3.3.3 Die Probe aufs Exempel

Das große Thema Sraffas war die Kritik jener Ansätze, die suggerieren, man könne das Kapital ohne Kenntnis der Preise bestimmen. Wegen der offenen Reaktion der Sraffa-Preise auf Verteilungsänderungen lässt sich *a priori* nicht sagen, in welche Richtung sich der Wert der aggregierten Produktionsmittel bewegt. Mit seiner Analyse versuchte Sraffa, die gängige Vorstellung einer zwangsläufigen Substitution von Arbeit durch Kapital nach einer Lohnerhöhung zu unterminieren. Allerdings erfolgte die Diskussion dieser Thematik praktisch ausschließlich im Rahmen der Einzelproduktion. Dies ist kein Wunder: Betrachtet man unter Verbundfertigungsbedingungen die Entwicklung der Sraffa-Preise in Abhängigkeit von der funktionellen Einkommensverteilung, wird die neoricardianische Scheu verständlich, dem Argument mittels solcher Modelle eine breitere Basis zu bieten. Wie bereits geschildert, geizt Sraffas Kuppelproduktionstheorie nicht mit exotischen Seltsamkeiten, die den Zweifel schüren, ob sie sich in unseren Breiten behaupten kann. Der Steedman-Wirtschaft wurde einiges davon in die Wiege gelegt.

Steedman ermittelte die beiden Preise und die Profitrate seines Beispiels durch die Vorgabe des Reallohns (vgl. (III.91), S. 294). Möchte man hingegen den Einfluss einer variierenden Profitrate auf die Preise

---

[60] Ebenda, S. 143.

studieren, ist es zweckmäßig, die Normierung $w \equiv 1$ zu verwenden. Für die arbeitskommandierenden Preise erhält man dann aus (III.89) und (III.90):

$$p_1 = \frac{1-10r}{50r^2-20r-1} \qquad \text{(III.100)}$$

$$p_2 = \frac{-(2+5r)}{50r^2-20r-1} = p_1(5r-1)+1 \qquad \text{(III.101)}$$

Abbildung III.8 zeigt die Graphen der beiden Preise als Funktion der Profitrate. Offenbar ist Steedmans Exempel, mit dem er die Arbeitswerttheorie *ad absurdum* führen wollte, auch geeignet, die früher erwähnten ‚unangenehmen' Situationen für Sraffas Preistheorie zu veranschaulichen.

Abbildung III.8: Profitrate und Sraffa-Preise im Steedman-Beispiel

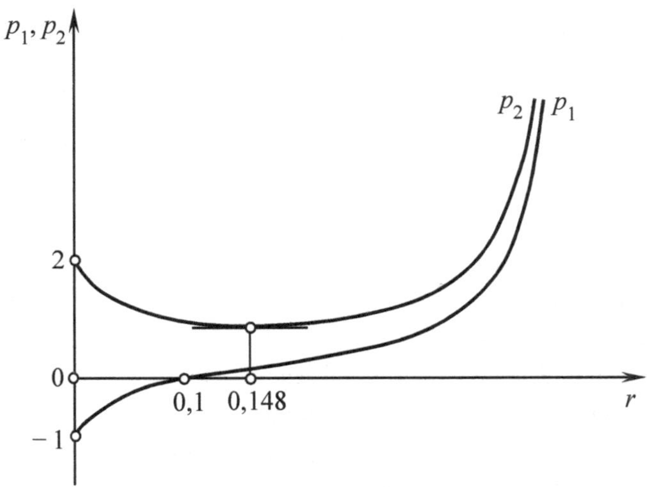

Es fällt schwer zu entscheiden, welche Gestalt der beiden Kurven den höheren Kuriositätsgrad beanspruchen darf: Für $0 \leq r < 0{,}1$ ist der Preis der Ware 1 negativ, aber wenigstens steigt er mit der Profitrate. Der Preis der Ware 2 ist immerhin stets positiv, doch er fällt zunächst, erreicht ein Minimum bei $r \approx 14{,}8\,\%$, um sich erst daraufhin zu erhöhen. Drückt man den Lohn in Einheiten der Ware 2 aus, ruft dieses Phänomen anfangs eine ‚Beule' der $w^{(2)}$-r-Beziehung hervor: Die Lohnkurve hat ein absolutes Maximum bei einer positiven Profitrate; Steedmans Exempel krankt an den Gerbrechen, die einer ‚dominanten' Technik fremd sein sollten.

Selbstverständlich wusste Steedman, was mit den Sraffa-Preisen in seinem Beispiel geschehen kann, er bringt sogar gegen Ende seines Aufsatzes eine einschlägige Abbildung.[61] Allerdings geht Steedman auf das Außergewöhnliche der Kurvenverläufe nicht näher ein, sondern er begnügt sich mit der bloßen Aufzählung ihrer Eigentümlichkeiten. Anscheinend haben Neoricardianer die jede ökonomische Norm sprengenden Besonderheiten ihrer Theorie dermaßen verinnerlicht, dass ihnen ein Kommentar redundant erscheint: *Credo, quia absurdum*.

Stattdessen heizt Steedman gleich anschließend nach und versucht, die Aufmerksamkeit wieder auf die in seinem Modell auftretenden negativen *Werte* zu lenken: Wenn man seine beiden Prozesse als Basissystem interpretiere, seien zahlreiche Ökonomien denkbar, die zusätzlich Nichtbasiswaren erzeugten, welche einen negativen Arbeitswert aufwiesen. Analog zur Konstruktion eines negativen Mehrwerts müsse dafür nur der Verbrauch der Ware 1 in der entsprechenden Nichtbasisware genügend hoch sein.[62]

Steedman misst jedoch mit zweierlei Maß: Die ökonomisch irrwitzigen Resultate der Sraffa-Theorie werden einfach ausgeschlossen, indem behauptet wird, sie kämen nicht zustande. Sinke die Profitrate unter 10 %, werde eben ein anderer Prozess aktiviert – wie praktisch. Die Wertlehre darf sich freilich solche Grillen nicht erlauben. Ein negativer Sraffa-Steedman-Arbeitswert bedeutet indes *stets*, dass der zugehörige Sraffa-Preis gleichfalls bis zu einer bestimmen Profitrate negativ ist. Sind die Sraffa-Preise über dem gesamten Intervall $0 \leq r < R$ positiv, sind es die Werte ebenso. Die Stoßrichtung hätte umgekehrt werden müssen: Mit einer Abschaffung der Anomalien der Preise verschwinden die der Arbeitswerte.

Wie im Rahmen der Einzelproduktion demonstriert wurde, eignet sich die Profitrate Sraffascher Manier weder als Indikator des Gesamtgewinns

---

[61] Vgl. Steedman, I., Positive…, a.a.O., S. 122 f. Steedman stellt die Zusammenhänge unter Verwendung des Standard-Nettoprodukts als Recheneinheit dar. Daher sehen seine Kurven auf den ersten Blick etwas anders aus; sie weisen gleichwohl dieselben Abnormitäten auf.

[62] Vgl. ebenda, S. 123.

noch gelingt es mit ihr, eine annehmbare Verteilung des Überschusses auf die Sektoren zu bewerkstelligen. Dasselbe trifft für die Kuppelproduktionsprozesse zu.

In Abbildung III.9 sind die Sraffa-Roherträge E_1 und E_2 beider Steedmanschen Musterverfahren in Abhängigkeit der Profitrate verzeichnet. Die Bruttoüberschüsse ergeben sich als Differenz zwischen den mit den jeweiligen Sraffa-Preisen bewerteten Outputs und Inputs. Davon sind die – in beiden Steedman-Prozessen gleichen – Lohnkosten abzuziehen, um den Gewinn der einzelnen Methoden zu beziffern. Weil jedes Verfahren für sich gesehen lebensfähig ist – sofern der Reallohn nicht zu üppig gerät –, ist ein Vergleich auf dieser Basis ökonomisch sinnvoll. Bereits bei der Einzelproduktion hat sich dieses Konzept bewährt.

Abbildung III.9: Profitrate und Sraffa-Roherträge im Steedman-Beispiel

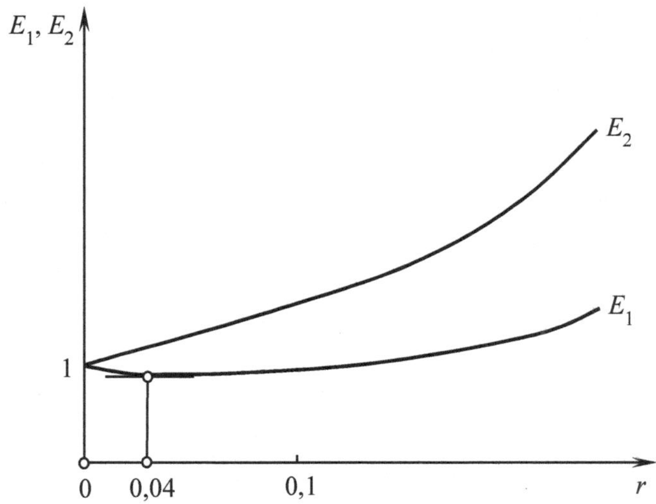

So abwegig die Ergebnisse der Sraffa-Kalkulation sonst sind, diesmal wird die ökonomische Grundtatsache der deutlich höheren Produktivität des Prozesses 2 nicht zugedeckt. Bei *jeder* positiven Profitrate ist der Rohertrag der superioren Produktionstechnik 2 größer als der des inferioren Verfahrens 1. Darum liegt der Gewinn des Prozesses 2 *immer* über dem der Methode 1. Bei einem hinreichend hohen Lohnsatz würde Prozess 1 sogar einen Verlust einfahren, während Verfahren 2 noch Gewinn brächte.

Hübsch ist ferner der Effekt, dass sich der Gewinn des Prozesses 1 zunächst mit wachsender Profitrate *verringert*, um erst ab einer kritischen Grenze (bei $r \approx 4$ %) zu steigen. Für uns ist das nichts Neues: Das Pendant dazu haben wir bei der Einzelproduktion als Rosi-Schings-Kuriosum (vgl. S. 276 Fn.) kennengelernt.

Gibt es unter diesen Umständen überhaupt einen Unternehmer, der sich bereitfindet, das Verfahren 1 einzusetzen? Selbst wenn man Steedman und den anderen Neoricardianern die Freude macht und akzeptiert, aus irgendwelchen Gründen betrage die Profitrate genau 20 %, wäre ein nach Gewinnmaximierung strebender Entrepreneur, der Verfahren 1 gegenüber dem Prozess 2 präferierte, offenkundig ein nicht repräsentativer Vertreter der Gattung *Homo oeconomicus*.

Neoricardianer begegnen der Abbildung III.9 voraussichtlich mit Skepsis: Sie beruht – so lautet aller Wahrscheinlichkeit nach die Gegenrede – auf der Annahme, der mit den Sraffa-Preisen bewertete Nettoausstoß könne verkauft werden. Sei aber die Endnachfrage so fixiert, dass die alleinige Anwendung des Verfahrens 2 von einer Ware mehr erzeuge als nachgefragt werde, müsse der Prozess 1 eine Überproduktion unterbinden.

An dieser Stelle ist es wichtig, sich eine wesentliche Divergenz zwischen Einzel- und Kuppelproduktion erneut ins Gedächtnis zu rufen. Im Rahmen der Einzelfertigung liegt es nahe, einen Sektor der Wirtschaft durch seine Ware und sein Herstellungsverfahren zu charakterisieren. Diese Identifikation ist bei der Erzeugung im Verbund nicht länger aufrecht zu erhalten. Dennoch suggeriert die Entscheidung zwischen mehreren Verfahren, in jedem Zweig der Wirtschaft werde nur *ein* Prozess betrieben. Um die Endnachfrage exakt decken zu können, trifft dementsprechend einen Unternehmer das Los, mit Methode 1 wirtschaften zu müssen, wohingegen der andere das Glück hat, die profitablere Technik 2 benutzen zu dürfen. Diese Lesart ist aber keineswegs verständlich.

Das zu lösende Problem besteht – wenn überhaupt – nicht bloß darin, jene Aktivitätsniveaus der Prozesse zu eruieren, die eine gegebene Nachfrage ohne Überschuss bedienen. Was wirklich fehlt, ist die Kenntnis, welche Preiskalkulation mit einer sektoral ausdifferenzierten Wirtschaft verträglich ist. Die willkürliche Zuweisung von Aktivitätsniveaus einzelner Verfahren auf die Sparten stillt diesen Wissensdurst nicht. Stattdessen ist davon auszugehen, die Unternehmer könnten zwischen den bekannten Prozessen nach Belieben wählen; eine Anschauung, die bei konstanten Skalenerträgen leichtfällt.

Ist Überproduktion – koste es, was es wolle – untersagt, wird in der Steedman-Wirtschaft in *jedem* Unternehmen eine geeignete *Kombination* der *beiden* Verfahren realisiert. Dann existiert ausschließlich eine Technik, die sich eben aus zwei Prozessen zusammenfügt. Die Herstellung geschieht in allen Firmen auf gleiche Weise und vollständig integriert. Unter anderen Umständen ist gesellschaftliche Arbeitsteilung auch in Steedmans Beispiel nicht möglich.

Im Rahmen der Einzelproduktion leistete die sich jedem Unternehmer prinzipiell eröffnende Alternative, seine Ware *ab ovo* zu fertigen, die entscheidende Hilfe, um das Rätsel der Technikwahl zu entschlüsseln: Als gewinnmaximal offenbarten sich jene Verfahren, welche den Personalaufwand minimieren. Die Tauschverhältnisse entsprechen infolgedessen den Arbeitswerten. Die Preisbildung unter den Bedingungen freier Konkurrenz treibt somit Prozessinnovationen an, die im Zeitablauf die ‚gesellschaftlich notwendige Arbeitszeit' verringern.

Ein Unternehmer wirkt an der sektoralen Spezialisierung gewiss nur mit, sofern er dadurch gegenüber dem Betrieb seines eigenen Subsystems zumindest nicht schlechter wegkommt. Auch in der Verbundfertigung ist Arbeit die einzig nichtproduzierte Ressource.[63] Darum bedeutet Gewinnmaximierung im Rahmen freier Konkurrenz, einerlei ob Kuppel- oder Einzelproduktion: Lohnkostenminimierung!

Erfüllt man Steedmans (unbegründete) Forderung und verbietet einen Outputüberschuss, erhält man das Programm zur Bestimmung der gewinnmaximalen Aktivitätsniveaus:

$$\mathbf{a}_0\mathbf{q} \rightarrow \text{Min} \quad \text{u. d. N.} \quad \mathbf{Bq} = \mathbf{Aq} + \mathbf{y} \qquad \text{(III.102)}$$

Das Gleichheitszeichen in den Nebenbedingungen bringt zum Ausdruck, dass **y** den *exakt* auszubringenden Nettooutput vorschreibt. Hierfür können in einem Sektor mehrere Prozesse zum Zuge kommen. Auf das Exempel Steedmans übertragen verhindert dies, den einzelnen Bestandteilen der in ihrer Struktur unveränderlichen Endnachfrage Arbeitswerte zuzurechnen, schon gar keine negativen. Vielmehr ist das fixe Güterbündel **y** als *Misch-*

---

63 Sobald man den Boden bzw. natürliche Ressourcen als Produktionsfaktoren berücksichtigt, lassen sich die Rentensätze – ganz im Stile Ricardos – als Kompensation der differierenden Arbeitsproduktivitäten auf den verschiedenen fruchtbaren Böden deuten. Am Schluss darüber mehr.

produkt zu interpretieren, dessen Wert aus der Zielfunktion von (III.102) bzw. deren Dual resultiert. Wegen des Fortfalls der isolierten Verfahrensanwendung in den Sektoren weiß man nur noch, wie viele Arbeitseinheiten sich in **y** *insgesamt* verkörpern, die Aufspaltung auf die Komponenten bleibt im Dunkeln – eine Gleichung genügt nicht, um zwei Unbekannte zu determinieren.

Jedoch ist die Bedingung des Konkurrenzgleichgewichts zu beachten: Extragewinne gegenüber anderen Sparten sind unzulässig. Im Kontrast zum Sraffaschen Erklärungsschema bereitet die Einhaltung dieser Vorschrift jetzt keine Schwierigkeiten. Das Preissystem muss lediglich dafür sorgen, dass in allen Zweigen der Wirtschaft die Verwertungsrate der Arbeit übereinstimmt.

Wird das in einem Verfahren erzeugte Mischprodukt einzeln in klingende Münze verwandelt, steht damit das Preisverhältnis der Bestandteile fest. In der Praxis dürfte allerdings die Zahl absolut superiorer Prozesse recht gering sein: Typischerweise werden Kuppelproduktionsprozesse kaum wegen der abfallenden Nebenerzeugnisse durchgeführt: „... the more conspicuous part consists of the marketable commodity that is the primary object of the process."[64]

Man steckt die Analyse in eine Zwangsjacke, wenn verlangt wird, die Endnachfrage ohne Rest herzustellen. Die Substitution des Sraffaschen Ansatzes durch die hier propagierte Lehre gestattet es, diese Fesselung abzustreifen. Ein Angebotsüberhang ist ein typisches Merkmal realer kapitalistischer Marktwirtschaften.

Fasst man Steedmans Beispiel so auf, als stünde es jedem Fabrikanten frei, sich ausschließlich für *ein* Verfahren zu entscheiden, wird das Postulat der Gleichheit von Produktion und Absatz besonders fragwürdig. *Kein* gewinnmaximierender Unternehmer votierte, selbst auf die Gefahr eines partiellen Absatzmangels, für Prozess 1:

> „Since the battle of competition is fought by the cheapening of commodities", moniert Kurz die Argumentation Steedmans, „the capitalists that use process II will drive their competitors that use the inferior process I out of the market. This can lead to an overproduction and hence wastage of one of the commodities that may be compared, for example, to the wastage of energy in connection with fast breeders as it is observable in terms of the heating up of rivers whose water is used for cooling purposes ... Competition weeds out any potential method

[64] Sraffa, P., Production ..., a.a.O., S. 63.

of production that is inferior and that endangers the survival of the individual capitalist, who uses it."[65]

Sofern man Überproduktion nicht von vornherein ausklammern möchte, sind die Nebenbedingungen von (III.102) zu lockern:

$$\mathbf{a}_0\mathbf{q} \rightarrow \text{Min} \quad \text{u. d. N.} \quad \mathbf{Bq} \geq \mathbf{Aq} + \mathbf{y}, \ \mathbf{q} \geq \mathbf{0} \tag{III.103}$$

Das Dual dieses Programms wirft die den Werten parallelen arbeitskommandierenden Preise ab:

$$\mathbf{py} \rightarrow \text{Max} \quad \text{u. d. N.} \quad \mathbf{pB} \leq \mathbf{pA} + \mathbf{a}_0, \ \mathbf{p} \geq \mathbf{0} \tag{III.104}$$

Was geschieht mit den Preisen der zu viel erzeugten Waren? Bei Gültigkeit der Regel der freien Güter fallen sie auf null. Doch man muss nicht immer so radikal antworten. Vielleicht beschränkt z. B. der Exportpreis den Rückgang. Ferner ist es denkbar, Verwertungsalternativen für die zunächst unveräußerlichen Güter zu suchen und allenfalls zu finden. Im Übrigen darf man die Möglichkeit nicht über Gebühr dramatisieren: Kuppelproduktionsprozesse sind häufig durch eine gewisse Variabilität in Bezug auf das Mischungsverhältniss des heterogenen Ausstoßes gekennzeichnet; Anpassungsspielräume erlauben dann die Synchronisation von Produktion und Absatz.

Man kann es drehen und wenden wie man will: Unter der Regentschaft der freien Konkurrenz behauptet sich die arbeitsminimierende Technik – sie allein maximiert die Gewinne. Darüber hinaus erzwingt die unternehmensspezifische Arbeitsteilung im Fall konstanter Skalenerträge, dass die sektoralen Profite im Verhältnis der jeweiligen Arbeitskosten ausgeschüttet werden. Keine andere Preiskalkulation ist mit den gemachten Annahmen vereinbar.

Von negativen Arbeitswerten keine Spur; es ist nicht die Wertlehre, die über Bord zu werfen ist, sondern das Konzept der Produktionspreise und damit die Hypothesen Sraffas. Die Vermutung von Kurz hat sich bewahrheitet:

„Many people have maintained that the labour theory of value is dead. However, as is the case with Nietzsche and God, after a while the critics die, whereas the labour theory of value lives on. On the basis of

[65] Kurz, H. D., Sraffa ..., a.a.O., S. 68.

> overwhelming historical evidence in support of this fact I presume that Steedman will not be the exception to the rule.“[66]

Im Licht der erzielten Ergebnisse sollte es nicht gänzlich ausgeschlossen sein, auch Kritiker vom Format Steedmans zu beeindrucken. Nach dessen Dafürhalten stellt die Kuppelproduktionsproblematik das *Experimentum crucis* zur Gewinnung einer hieb- und stichfesten Argumentation dar: „The challenge is, of course, to create an alternative and superior theory, able to take the fact of joint production in its stride.“[67] Die alternative und überlegene Lehre muss jedoch nicht erst geschaffen werden – schon gar nicht durch Revitalisierungsbemühungen des Sraffaschen Modells. Vielmehr bewältigt bereits der originäre Entwurf der Altvorderen, richtig gehandhabt, all das, was einer Produktionspreistheorie zu erfüllen aufgegeben ist.

---

[66] Ebenda, S. 58.

[67] Steedman, I., Joint Production and Technical Progress, in: Political Economy, Bd. 1 (1985) S. 41-52, S. 52. Steedman münzt diesen Satz auf die neoklassische Theorie, deren Leistungskraft als bescheiden eingestuft wird.

3.4 Wertgesetz und Wirtschaftstheorie

Im Verlauf dieser Schrift hat sich eine ebenso einfache wie folgenreiche Aussage zunehmend profiliert: In arbeitsteiligen, durch ökonomischen Tausch integrierten Wirtschaften fallen im Gleichgewicht die sektoralen Brutto-Profite inklusive Zinsen und Renten proportional zu den Lohnkosten an, die somit die Tauschrelationen der Waren determinieren. Dies ist das *einzige* Kalkulationsverfahren, das der Profitmaximierung unter den Bedingungen freier Konkurrenz, konstanter Skalenerträge und Arbeit als einzigem Originärfaktor gerecht wird. Nicht die Kandidatin Arbeitswertlehre hat sich als unqualifiziert entpuppt, sondern die Maßstäbe, die zu ihrer Bewertung herangezogen wurden. Die seit Längerem vorherrschende und stets aufs Neue beschworene Auffassung, das Wertgesetz als Produktionspreistheorie erleide Schiffbruch, ist zu revidieren.[1]

Ein ökonomisches Gesetz muss einerseits logisch richtig und darf andererseits faktisch nicht widerlegt sein, sofern ihm eine Funktion zuerkannt werden soll, die über eine akademische Fingerübung hinausreicht. Wie im ersten Teil dieses Buches bemerkt wurde, dient der Blick auf die Realität der Überprüfung, in welchem Grad die Analyse einen relevanten Ausschnitt der Wirklichkeit widerspiegelt.

Was die Arbeitswerttheorie anbelangt, befinden wir uns (bisher) in der ungewöhnlichen Situation, dass sie, obwohl (angeblich) theoretisch falsch, an der Realität (zumindest) nicht scheitert. Dies unterstreichen die früher erwähnten, recht aktuellen Publikationen, die eine weitgehende Kongruenz der Tauschverhältnisse der bei freien Kapazitäten in beliebiger Menge erzeugbaren Güter mit dem jeweiligen Arbeitsaufwand ermitteln (vgl. S. 137 Fn.). Demnach ist die Arbeitswertlehre im Wettbewerb keineswegs so konditionsschwach, wie man aufgrund ihrer Papierform urteilen müsste. Vor diesem Hintergrund wächst das Gewicht des Nachweises, das Wertgesetz bringe die Logik des ökonomischen Warentau-

---

[1] „Marx's labour theory of value, one can thus conclude, no longer serves a useful purpose … Having had a function in the past, it must no longer confuse us today, and it now can be disposed of.“ Weizsäcker, C. C. v., On Ricardo and Marx, in: Paul Samuelson and Modern Economic Theory, hrsg. v. Brown, E. C., Solow, R. M., New York u. a. 1983, S. 203-210, S. 208. Desgleichen forderte Haberler, „als erste Aufgabe die Ausschaltung der Arbeitswertlehre“ beim Einbau der Theorie des internationalen Handels in die moderne Theorie des wirtschaftlichen Gleichgewichts. Vgl. Haberler, G., Der internationale Handel, Berlin 1933, S. 132.

sches in einer arbeitsteiligen, erwerbswirtschaftlich orientierten Konkurrenzwirtschaft zum Ausdruck.

Der Kredit, den man der Arbeitswerttheorie einzuräumen geneigt ist, hängt neben ihrer logischen und faktischen Bestätigung davon ab, inwieweit sie verspricht, ‚besser' als andere Konzepte über ökonomische Sachverhalte, Zusammenhänge und Handlungsalternativen aufzuklären. Diese Studie soll daher mit einigen knappen Thesen abgerundet werden, welcher Status dem Wertgesetz im Hinblick auf die Interpretation der Realität und ihrer Gestaltung beizulegen ist.

3.4.1 Der Unternehmer, der Kapitalist und die Rendite

Bemerkenswerterweise fand zu Beginn der 60er Jahre in der deutschsprachigen betriebswirtschaftlichen Literatur eine Kontroverse statt, die mit der in dieser Untersuchung aufgegriffenen Fragestellung verwandt ist. In jener Debatte wurde darüber gestritten, ob das Unternehmensziel Gewinnmaximierung mit der Maximierung der Rentabilität Hand in Hand gehe. Formal gesehen handelt es sich um die Abwägung zwischen der Optimierung einer Differenz – dem Gewinn als Spanne zwischen Erlösen und Kosten – und der eines Quotienten – der Relation Gewinn zu Kapital.[2]

Wie im Gesamtwirtschaftlichen hier, hat im Einzelwirtschaftlichen dort die Quotientenmaximierung den Kürzeren gezogen: „Das Rentabilitätsmaximum kann vom Gewinnmaximum abweichen", hat Hax seinerzeit mit Recht konstatiert, „wenn durch die zu treffende Entscheidung nicht nur der Gewinn, sondern auch die jeweilige Bezugsgröße, also Kapitaleinsatz bzw. Umsatz beeinflusst werden."[3] Dementsprechend stuft er die Zielsetzung der Rentabilitätsmaximierung „als weniger bedeutsam für die praktische Betriebspolitik" ein.[4]

---

[2] Eine Würdigung der vielfältigen Unternehmensziele, die in der Literatur genannt werden, bietet Helmedag, F., Indikatoren erwerbswirtschaftlichen Erfolgs, in: das wirtschaftsstudium (wisu), 35. Jg. (2006), S. 1294-1299, S. 1318, S. 1320.

[3] Hax, H., Rentabilitätsmaximierung als unternehmerische Zielsetzung, in: Zeitschrift für handelswissenschaftliche Forschung, Jg. 13 (1963), S. 337-344, S. 338. In diesem Aufsatz werden weitere einschlägige betriebswirtschaftliche Veröffentlichungen genannt. Vgl. ebenda, Fn.

[4] Vgl. ebenda, S. 344.

Die Diskrepanz zwischen Rentabilitäts- und Gewinnmaximierung spiegelt einen tieferen Unterschied zwischen zwei Wirtschaftssubjekten wider, auf den früher hingewiesen wurde, der jedoch erst jetzt auf den Punkt gebracht werden kann: die Trennung zwischen Unternehmer und Kapitalisten (vgl. S. 95). Im Kern ist die Identifikation dieser beiden Akteure für den Kollaps der klassischen Produktionspreistheorie verantwortlich.

Das Klischee, im Gleichgewicht müsse die Materialaufwandsrendite alias Profitrate in allen Abteilungen der Wirtschaft dieselbe sein, entspricht der Denkweise eines *Kapitalisten*, der eine *Geldsumme* anlegt und dafür eine gewisse *Verzinsung* erwartet. Von Smith bis Sraffa hat man stets darauf gebaut, dieses Kalkül charakterisiere auch den Unternehmer.

In dieser Arbeit ist ausgebreitet worden, zu welch absonderlichen Effekten es käme, falls die *Gewinnmaximierer* die Preise ‚kapitalistisch' bildeten. Um zu demonstrieren, dass die Wertrechnung diese Paradoxa ausschließt, wurde seinerzeit vorausgesetzt, es bestünden Kreditverflechtungen zwischen den Betrieben, welche die Vorfinanzierung des Materialaufwands nicht erforderlich machten. Hierdurch sollte der Investoren-Mentalität entgegengewirkt und das unternehmerische Kalkül veranschaulicht werden: Das Gleichgewicht freier Konkurrenz stiftet *allein* die Ausschüttung des Profits als Lohnzuschlag. Das Wertgesetz wird den typischen Verhaltensmustern der als Entrepreneure agierenden Kapitalisten gerecht.

Völlig aus der Luft gegriffen war die Arbeitshypothese bestehender Zahlungsziele nicht, im Gegenteil: Zweifellos trifft sie eine Eigenart moderner Marktwirtschaften. Schumpeter z. B. meint, eine Kredittheorie des Geldes sei eventuell einer Geldtheorie des Kredits vorzuziehen: „Es könnte vorteilhafter sein, … das kapitalistische Geldwesen als Clearingsystem zu betrachten, in dem Forderungen und Schulden gegeneinander aufgerechnet und die Differenzen vorgetragen werden – so dass ‚Geld'-Zahlungen nur als Sonderfall ohne grundlegende Bedeutung auftreten."[5]

Schon von daher ist die Arbeitswertlehre wirklichkeitsnäher als die Sraffa-Preistheorie. Weder stimmen Materialaufwand und ‚Kapital' miteinander quantitativ überein, noch sind die Vorleistungen – zumindest nicht in voller Höhe – sofort zu vergüten. Trotzdem muss Vermögen oder

---

[5] Schumpeter, J. A., Geschichte …, a.a.O., S. 876. In die gleiche Richtung geht das ‚Wall Street-Paradigma' zur Analyse einer kapitalistischen Wirtschaft bei Minsky, H. P., John Maynard Keynes (amerikanisch 1975), Marburg 1990, S. 99 f.

Kreditwürdigkeit als Sprungbrett unternehmerischen Handelns vorhanden sein. Ein Obdachloser wird seinen Plan, ein Stahlwerk zu eröffnen, mit an Sicherheit grenzender Wahrscheinlichkeit begraben müssen.

Es ist kein Zufall, dass die großen Anbieter heute fast ausnahmslos Kapitalgesellschaften sind. Mit den vereinigten Finanzmitteln werden die Investitionen bestritten, die sozusagen als Eintrittskarte fungieren, um auf bestimmten Märkten mit Erfolgschancen agieren zu können, d. h. als Podest einer im Schumpeterschen Sinne unternehmerischen Aktivität. In dessen Augen sind Unternehmer …

> „… die Wirtschaftssubjekte, deren Funktion die Durchsetzung neuer Kombinationen ist und die dabei das aktive Element sind … auch wenn sie, wie gegenwärtig immer häufiger, ‚unselbständige' Angestellte einer Aktiengesellschaft – aber auch Privatfirma –, wie Direktoren, Vorstandsmitglieder usw. sind … Eigentum am Betrieb – oder überhaupt irgendwelches ‚Vermögen' – ist für uns kein wesentliches Merkmal … Nicht nur Bauern, Handwerker, Angehörige freier Berufe – die man *mitunter* einschließt –, sondern auch ‚Fabrikherren' oder ‚Industrielle' oder ‚Kaufleute' – die man *immer* einschließt – brauchen nicht notwendig ‚Unternehmer' zu sein."[6]

In der Perspektive des Unternehmers stellt die Kapitalrendite einen Kostenfaktor dar, der in Kauf zu nehmen ist, damit ein Gewinn erst möglich wird. Zinsen für Fremdkapital bzw. die (nicht unbedingt auszahlungswirksamen) kalkulatorischen Eigenkapitalzinsen sind *Fix*kosten. Soll das Unternehmen Bestand haben, dürfen sie langfristig nicht über dem Deckungsbeitrag liegen. Dieser fällt in einer gleichgewichtigen Wirtschaft, wie gezeigt, in Relation zum Arbeitseinsatz an, keineswegs im Verhältnis zum vorgeschossenen Geld. Durch diese Brille lässt sich der Zins als eine Art Steuer auf den Unternehmensgewinn deuten[7], wenngleich die Abgabe nicht vom Fiskus, sondern von den Eigentümer-Financiers erhoben wird.

Der entscheidende Mangel der klassischen Produktionspreistheorie besteht darin, den auf Verwertung des *Geldes* erpichten Kapitalisten mit dem nach Verwertung der *Arbeit* trachtenden Unternehmer zu verquicken. Aus analytischer Sicht sind beide streng voneinander zu scheiden, ob-

---

[6] Schumpeter, J. A., Theorie der wirtschaftlichen Entwicklung (1912), 6. Aufl., Berlin 1964, S. 111 f.

[7] Vgl. ebenda, S. 317. Allerdings hinkt der Vergleich, da die Fremdkapitalzinsen unabhängig von der Gewinnhöhe zu entrichten sind.

wohl in der Praxis die zwei Bestrebungen öfter von einer Person verfolgt werden.

Die *Conditio sine qua non*, einen Herstellungsprozess längerfristig zu betreiben, verlangt, dass der Preis einer Ware im Mittel mindestens gleich den vollen Stückkosten ist. Der den einzelnen Zweigen in Proportion zum Arbeitsaufwand zufließende Profit muss ausreichen, um die Einlage der Eigentümer zu verzinsen.

Deshalb beeinflusst der Finanzmarktzins, dessen Niveau maßgeblich durch die Geldpolitik gesteuert wird[8], in erheblichem Umfang die Beträge, die von den Unternehmen an die Fremd- oder Eigenkapitalgeber abzuführen sind. Eine gegenüber der Verwertungsrate der Produktion höhere Rendite bei Geldanlagen übt einen stärkeren Reiz aus als das Engagement in Unternehmen.

In diesem Sinne gängelt der monetäre Bereich die Realsphäre: Die Investition in Sachanlagen wird gezügelt, weil es profitablere Verwendungen pekuniärer Mittel gibt. Die Verwertung und Verwendung des allgemeinen Gutes, des Geldes, ist *zugleich Bedingung und Beschränkung* der Erzeugung besonderer Waren, der unternehmerischen Verwertung der Arbeitskraft.

3.4.2 Prozessinnovationen, vertikale Integration und Renten

Gesellschaftliche Arbeitsteilung setzt unter den gegebenen Umständen voraus, den Profit im Gleichgewicht als Lohnkostenaufschlag statt in Gestalt einer Verzinsung des Materialaufwands zu kalkulieren. Diese Einsicht erlaubt es, eine Frage aufzurollen, der sich Ronald Coase bereits in den 30er Jahren gewidmet hat: „... why the allocation of resources is not done directly by the price mechanism.“[9] – Warum gibt es Unternehmen? Als Antwort präsentiert Coase „... a cost of using the price mechanism.“[10] Seines Erachtens begründen Transaktionskostenersparnisse die

---

[8] Vgl. dazu Helmedag, F., Getrennt marschieren, vereint schlagen: Nationale Geldpolitik im Euro-Raum, in: Ohr, R. (Hrsg.), Internationalisierung der Wirtschaftspolitik, Berlin 2009, S. 39-51 und Helmedag, F., Europäische Geldpolitik in der Krise, in: Finanzkrise und Divergenzen in der Wirtschaftsentwicklung als Herausforderungen für die Europäische Währungsunion, hrsg. v. Chaloupek, G., Kromphardt, J., Schriften der Keynes-Gesellschaft, Bd. 3, Marburg 2009, S. 108-121.

[9] Coase, R., The Nature of the Firm, in: Economica, Bd. 4 (1937), S. 386-405, S. 393.

[10] Ebenda, S. 390.

Unternehmung als eine dauerhafte ökonomische Institution. Innerhalb der Neuen Institutionenökonomik rangiert diese Thematik ganz oben.[11]

Selbst wenn man die Tragfähigkeit des Ansatzes prinzipiell hoch einschätzen sollte, knickt er unweigerlich ein, sofern die vertikale Integration *ausschließlich* auf Marktbenutzungskosten gestützt wird. Auch Oliver E. Williamson als einer der namhaftesten Vertreter der Neuen Institutionenökonomik berücksichtigt zusätzlich Produktionskostenunterschiede bei der Erörterung der Faktoren, welche die Ausdehnung der vertikalen Integration determinieren.[12] Dabei baut der im Jahr 2009 mit dem Preis der Zentralbank Schwedens für die ökonomische Wissenschaft (vulgo: Nobelpreis) bedachte Laureat – wie zahlreiche andere Autoren – auf Plausibilitätsüberlegungen auf, deren neoklassische Provenienz nicht zu leugnen ist. Die in dieser Arbeit gewonnenen Resultate gestatten es, die Argumentation auf einer festeren Plattform zu errichten.

In einer Welt, in der alle Unternehmen die gleiche lineare Technik einsetzen könnten, machten interindustrielle Lieferverflechtungen keinen Sinn: Sämtliche Endprodukte würden völlig integriert gefertigt werden. Jedes Unternehmen benutzte die arbeitskostenminimierende Technik zur Erzeugung der Produktionsmittel auf dem erforderlichen Niveau, ohne einen Zulieferer einzuspannen.

Das widerspricht den wirklichen Verhältnissen: Es *bringt* offenbar Vorteile, bestimmte Inputs von anderen Unternehmen zu beziehen. In dieser Studie wurde die Bedingung formuliert, die eine vertikale Arbeitsteilung hervorruft. In einer zweistufigen Wirtschaft, die sich in eine Vor- und eine Endproduktindustrie schichtet, rentiert sich der Fremdbezug, falls der Marktpreis der zugekauften Leistungen den Personalaufwand bei völlig integrierter Eigenfertigung im Konsumgutsektor unterschreitet. Der Lieferant wendet dann eine arbeitssparendere Technik an als jene, über die der Weiterverarbeiter verfügt. Dies gilt *mutatis mutandis* ebenso für tiefer gegliederte Ökonomien. Die Prämisse konstanter Skalenerträge über den ganzen Bereich alternativer Outputs muss daher aufgegeben werden.

---

[11] Vgl. als Überblick Richter, R., Sichtweise und Fragestellung der Neuen Institutionenökonomik, in: Zeitschrift für Wirtschafts- und Sozialwissenschaften, 110. Jg. (1990), S. 571-591 sowie ausführlich Erlei, M., Leschke, M., Sauerland, D., Institutionenökonomik, 3. Aufl., Stuttgart 2016.

[12] Vgl. Williamson, O. E., Die ökonomischen Institutionen des Kapitalismus (amerikanisch 1985), Tübingen 1990, S. 104 ff.

Außerdem konfligieren durchgängig lineare Skalenerträge aus einem weiteren Grund mit der Funktionsweise moderner Wirtschaften. Genau besehen dürfte bei solchen Verhältnissen keine unfreiwillige Arbeitslosigkeit auftauchen: Alle Einkommensuchenden könnten in ihrer eigenen Mini-Fabrik werkeln, um anschließend die Früchte ihres Tuns zu den herrschenden Wettbewerbspreisen abzusetzen: „Involuntary unemployment is logically impossible in a strict constant-returns-to-scale-world of one-person firms.“[13] Stünde es jedem frei, sich auf *beliebiger* Skala der arbeitsminimierenden Technik zu bedienen, fiele die Geschäftsbasis der Trennung von Lohnarbeit und Kapital weg: Jedermann wäre in der Lage, seine Arbeitskraft selbstständig zu realisieren. Auf die Bereitstellung von Produktionsmitteln durch andere wäre er nicht angewiesen; es gäbe keine ‚doppelt freien' (vgl. S. 176) Lohnarbeiter.

Das Motiv für die Prozessinnovationen ist in der Steigerung der Arbeitsproduktivität zu vermuten – und zu erkennen. Zu dem empirischen Befund gesellt sich nun die theoretische Fundierung: Überlegenes Know-how, wirksame Anreizsysteme, geringerer Verwaltungsaufwand, Skalen- und Verbundvorteile usw. schlagen sich in einer Erhöhung der Arbeitsproduktivität und somit im individuellen Gewinn nieder. Die Wertrechnung gewährleistet einerseits die temporäre Aneignung von Produktivitätsvorsprüngen, andererseits verlangt diese Kalkulationsweise im Zuge des Konkurrenzprozesses die permanente Steigerung der Arbeitseffizienz.

Die von der Jagd nach Profiten angespornte Konkurrenz zwischen den Unternehmern hebt, soweit die neuen Kombinationen den Produktionsprozess berühren, *notwendigerweise* die Arbeitsergiebigkeit. Gerade dieses Antriebsmoment zur Entfaltung der Produktivkräfte bremst man ab, wenn die Arbeitswertlehre, die *genuin* eine Theorie kapitalistischer Wettbewerbswirtschaften ist, einer zentralen Verwaltungswirtschaft bloß begrifflich übergestülpt wird. Von dieser Warte betrachtet war das ökonomische Scheitern programmiert, den Kapitalismus in seinen Stammlanden überflügeln zu wollen, ohne dessen Energiequellen anzuzapfen: Arbeitsproduktivitätszuwächse lassen sich nur beschränkt per Dekret verordnen; den stärksten Druck erzeugen die ökonomischen Zwänge der Konkurrenz.

Der Kapitalismus hat das seit jeher mehr oder weniger ausgeprägte Erwerbsstreben legitimiert, kanalisiert und institutionalisiert: Auch *da-*

---

13 Weitzmann, M. L., Increasing Returns and the Foundations of Unemployment Theory: Rejoinder, in: The Economic Journal, Bd. 98 (1988), S. 172-174, S. 173.

rum gibt es Unternehmen. Das Ausmaß der vertikalen Integration orientiert sich weniger an Marktbenutzungskosten, sondern hauptsächlich an der Arbeitsproduktivität beim Zulieferer im Vergleich zu der bei Eigenfertigung. Solange eine Differenz gegenüber der gesellschaftlich (sonst) notwendigen Arbeit (noch) vorliegt, fährt die spezialisierte Produktion Extragewinne ein, die den Charakter einer *Rente* tragen. Es hängt von der Wettbewerbsintensität und vom Zugang zur produktiveren Technik ab, ob und wie schnell diese Rente abgeschmolzen wird.

In der Wirklichkeit existieren neben der Arbeit weitere originäre, d. h. nicht kapitalistisch produzierte Inputs wie Boden und Rohstoffe. Nachdem in der Modellanalyse das Rätsel gelöst wurde, welche Technik in einem Szenario gewählt wird, in dem lediglich Arbeit und produzierte Produktionsmittel in die Herstellungsprozesse eingehen, lassen sich die Renten der natürlichen Ressourcen ermitteln. Dazu bedarf es der Kategorien Angebot und Nachfrage: Auf diesem Gebiet gilt das Gesetz der Knappheit.

Ganz im Stil der klassischen Rententheorie markiert die nächstbeste Alternative, die sich einem Käufer bietet, das obere Limit der Preise für Bodenschätze oder Energiequellen. Da die Natur der menschlichen Arbeit stärker oder schwächer unter die Arme greift, können jene, denen ihre Kräfte gehören, eine Rente beanspruchen. Analoges gilt für spezifische Einsatzgüter. Senkt z. B. ein bestimmtes Material den Personalaufwand, ergibt sich der Höchstpreis, den ein Nachfrager dafür zu zahlen bereit ist, aus der Kostenersparnis gegenüber dem Verfahren, das ohne den alternativen Grundstoff betrieben wird.

An diesen Ort verfrachtet, erfüllt die Allgemeine Gleichgewichtstheorie ihre Funktion. Die fehlende Integration der Reproduktion der Produktionsmittel und die Prämisse exogener Erstausstattungen prädestinieren sie als *Ergänzung* der Arbeitswerttheorie: Die Allgemeine Gleichgewichtstheorie ist im Kern eine Verallgemeinerung der klassischen Theorie nichtreproduzierbarer Ressourcen.[14]

Rentenphänomene treten nicht nur in Unternehmen und in Verbindung mit natürlichen Beständen auf den Plan. Auch die einzelne Arbeitsleistung kennzeichnet sich vielfach durch nicht beliebig produzierbare Attribute. In dieser Studie wurde, wie es gang und gäbe ist, meist mit homogener Arbeit operiert, wenngleich das leistungsgerechte Entgelt für unterschiedlich produktive Arbeit im Rahmen des Theorems der komparativen Kostenvorteile thematisiert wurde (vgl. S. 163 f.). Tatsächlich sind zahl-

[14] Vgl. ebenso Huth, Th., a.a.O., S. 238.

reiche verschiedene Arbeitsqualitäten und Entlohnungssätze zu beobachten. Allerdings wird die Reduktion auf einfache Arbeit durch das Faktum erschwert, dass keineswegs immer die höhere Ergiebigkeit oder die umfassendere Ausbildung als Wägungsschema geeignet sind. So versagen solche Ansätze bei der Erklärung der geschlechtsspezifischen Einkommensdiskriminierung.[15] Aus diesem Grund wurde hier häufig mit Arbeitskosten und nicht mit Arbeitsmengen argumentiert. Dennoch springt die längerfristig ziemlich konstante Lohn*struktur* ins Auge. Die wesentlichen Erkenntnisse der vorgetragenen Analyse bleiben daher bewahrt, obwohl sie unter der Voraussetzung eines einheitlichen Vergütungssatzes abgeleitet worden sind.

3.4.3 Lohnsatz, Technikwahl und Beschäftigung

Dem oft anzutreffenden Glauben, ein Lohnzuwachs führe zu einer Substitution von Arbeit durch ‚Kapital' und bereits *deshalb* zu einem Rückgang der Beschäftigung, muss angesichts der erzielten Ergebnisse mit Skepsis begegnet werden. Die gewinnmaximale Technik ist – unabhängig vom Lohnsatz – jene, welche die Arbeitsproduktivität maximiert oder, was auf dasselbe hinausläuft, die notwendige Arbeit minimiert. Aus einzelwirtschaftlicher Perspektive wird eine alte Anlage, beispielsweise ein Wasserrad, von einer neuen Technik, etwa einer Dampfmaschine, abgelöst, falls die vollen Stückkosten der neuen Anlage die variablen Durchschnittskosten der alten unterschreiten.

Ein Lohnanstieg *beschleunigt* höchstens den technischen Fortschritt, denn die variablen Stückkosten des überholten Verfahrens nehmen stärker zu als die gesamten Durchschnittskosten der progressiveren Technik. Aber die Prozessinnovationen gewännen früher oder später selbst ohne Entgelterhöhung die Oberhand. Jedenfalls ist ihre Wirkungsrichtung niemals umkehrbar: Sobald die Zeit reif ist, verdrängt die Dampfmaschine das Wasserrad. In dem seit Ricardo immer wieder aufgeflammten Disput, welchen Beschäftigungseffekt die Mechanisierung verursacht[16], lässt sich Stellung beziehen: „Bleibt das Gesamtquantum des maschi-

[15] Siehe als Überblick Lorenz, W., Wright, R., Die Messung geschlechtsspezifischer Einkommensdiskriminierung, in: Wirtschaftswissenschaftliches Studium (WiSt), 19. Jg. (1990), S. 573-577.

[16] Vgl. Mettelsiefen, B., Technischer Wandel und Beschäftigung, Rekonstruktion der Freisetzungs- und Kompensationsdebatten, Frankfurt a. M. / New York 1981.

nenmäßig produzierten Artikels gleich dem Gesamtquantum des von ihm ersetzten handwerks- oder manufakturmäßig produzierten Artikels, so vermindert sich die Gesamtsumme der angewandten Arbeit."[17]

Dieser Logik gehorchend haben sich, wie erwähnt, im Laufe der kapitalistischen Entwicklung die arbeitskommandierenden Preise der Güter, ihre Realpreise, teilweise drastisch verringert (vgl. S. 114 Fn.). Die dominierende Inflationsmessung mittels der Kaufkraft des Geldes anstatt der Kaufkraft der Lohnminute verstellt den Blick auf diese empirische Tatsache. Abermals verdrängt die vom Geld beherrschte, kapitalistische Beurteilung das auf die Arbeits- und Unternehmerleistung bezogene Denken.

Die ‚wage unit' ist weit mehr als eine alternative Methode zur Abschätzung der Teuerung. Im modernen Wirtschaftsleben werden Reichtum und seine Mehrung selten am Besitz von Gebrauchswerten beurteilt, sondern meist am Eigentum an Tauschwerten. Der Wert des Geldes beruht indes letzten Endes darauf, welche Menge der Urform der Ware – Arbeitskraft – für eine Währungseinheit erworben werden *kann.*[18] Mithin ist es sinnvoll, wie das hier manchmal geschehen ist, die Preise im Arbeitsentgelt auszudrücken, d. h. den Lohnsatz zur Zähleinheit zu erheben. Aber das Geld ist heute kein Produkt der Arbeit mehr.[19] Kasse verkörpert lediglich eine *potenzielle* Mobilisierung von Arbeitskraft; ihre *realisierte* Ausübung bestimmt die Beschäftigung. Diese Überlegung lässt sich in die makroökonomische Analyse einbringen.

---

[17] Marx, K., Das Kapital, 1. Bd., a.a.O., S. 466. Freilich gilt nach Marx dieses „absolute" Gesetz im Kapitalismus nur beschränkt: „Für das Kapital wird diese Produktivkraft gesteigert, nicht wenn überhaupt an der lebendigen Arbeit, sondern nur, wenn an dem *bezahlten* Teil der lebendigen Arbeit mehr erspart als an vergangener Arbeit zugesetzt wird …" Marx, K., Das Kapital, 3. Bd., a.a.O., S. 272. Auch nach Ricardo macht die Arbeitsersparnis das Wesen der Maschinerie aus: „… these mute agents are always the produce of much less labour than that which they displace …" Ricardo, D., On the Principles …, a.a.O., S. 42. Siehe außerdem Wicksell, K., Vorlesungen …, a.a.O., S. 196.

[18] Die Idee, Reichtum als Verfügungs*möglichkeit* über die Arbeitskraft anderer zu deuten, stammt von Adam Smith. Vgl. Rosner, P., Arbeit und Reichtum, Ein Beitrag zur Geschichte ökonomischer Theorie, Frankfurt a. M. / New York 1982, S. 87 ff.

[19] Vgl. Helmedag, F., Geld: Einführung und Überblick, in: Knapps Enzyklopädisches Lexikon des Geld-, Bank- und Börsenwesens, Artikel-Nr. 4390, Frankfurt am Main 2007 und Helmedag, F., Monetäre (Un-)Ordnung …, a.a.O, S. 187 ff.

In der ersten Annäherung mögen die Löhne völlig ausgegeben werden. Die Geldvermögensbildung speist sich dann ausschließlich aus den Profiten. Daraufhin determiniert die ‚Luxusgüterproduktion', also die Nachfrage aus diesen Einkommen, die Gesamtbeschäftigung einer geschlossenen Konkurrenzwirtschaft ohne ökonomische Aktivität des Staates.[20] Der Arbeitseinsatz in der Lohngüter- oder ‚Basisindustrie' wird sich nämlich gerade so einpendeln, dass bei der gegebenen Mehrproduktion eines dort Erwerbstätigen über seinen Eigenverbrauch hinaus das Personal in der Überschussbranche versorgt werden kann.[21]

In diesem Licht verliert eine Beschäftigungspolitik, die hauptsächlich auf Anreize zur Kapazitätsvergrößerung baut, ihren Glanz. Ausschlaggebend für den Einsatz von Arbeitskraft ist der Bedarf letzterer Verwendung, vor allem seine autonomen Komponenten: Früher oder später muss der Konsum Erweiterungen des Produktionspotenzials ‚bestätigen'. Mit einer wachsenden Endnachfrage gehen Investitionen einher, sie bedürfen keiner zusätzlichen Stimulation.

Eine erfolgreiche Bekämpfung unfreiwilliger Arbeitslosigkeit staatlicherseits – wird sie denn wirklich angestrebt – sollte in erster Linie die beschäftigungsunabhängigen Bestandteile des Verbrauchs stärken bzw. das Angebot öffentlicher Güter ausweiten. Gegebenenfalls sind diese Maßnahmen um eine individuelle Arbeitszeitverkürzung zu ergänzen, damit die beschäftigungssenkende Wirkung von Prozessinnovationen kompensiert wird.[22] Tatsächlich lassen theoretische und empirische Indizien den Schluss zu, eine pauschale Subventionierung von Sachanlagen fördere das Gegenteil der verkündeten Absicht: Rationalisierung mündet in einer Reduktion gesellschaftlich notwendiger Arbeit. Unbeschadet

---

[20] Die Verwandtschaft dieses Ansatzes mit dem physiokratischen Klassenmodell ist offenkundig. Dort ist die Arbeit der sterilen Klasse zwar Einkommen schaffend, erzeugt jedoch kein Mehrprodukt. Vgl. Quesnay, F., Tableau économique (französisch 1759), hrsg. v. Kuczynski, M., Berlin 1965. Die Bedeutung des Konsums der von abhängiger Arbeit befreiten Schichten zur Entfaltung des Kapitalismus, namentlich den Lebensstil des Adels, hebt Sombart hervor. Vgl. Sombart, W., Liebe, Luxus und Kapitalismus, Über die Entstehung der modernen Welt aus dem Geist der Verschwendung (1922), Berlin o. J.

[21] Eine entsprechende Modellierung bietet Helmedag, F., Principles …, a.a.O. sowie Helmedag, F., Principles of capitalistic commodity production: a rejoinder, in: European Journal of Economics and Economic Policies: Intervention, Bd. 10 (2013), S. 282-285.

[22] Vgl. Helmedag, F., Nur mehr Stundenlohn …, a.a.O.

dessen können Investitionshilfen selbstverständlich aus *anderen* Gründen sinnvoll sein.

Sosehr sich die Arbeitswertlehre als Theorie der Bedingungen gesellschaftlicher Arbeitsteilung bewährt hat und sosehr sie als Fundament einer Beschäftigungstheorie taugt, sowenig eignet sie sich für gewisse Zwecke, die traditionell mit ihr verknüpft werden. Das Konzept des ökonomischen Tausches bringt es mit sich, dass ‚Ausbeutung' als *analytischer* Begriff der Wirtschaftstheorie wenig hergibt. Der ökonomische Tausch ist freiwillig, jeder Mitwirkende stellt sich durch ihn besser. Dies gilt auch für den abhängig Beschäftigten, der seine Arbeitskraft zu Markte trägt. Dabei beeinflusst die ‚Anfangsausstattung', wozu die Einbettung in ein mehr oder weniger eng geflochtenes soziales Netz gehört, die Untergrenze der Tauschbereitschaft.

Eine andere Frage ist, wie sich der Wohlfahrtsgewinn zwischen den Partnern aufschlüsselt.[23] Nach den hier erlangten Erkenntnissen sind die Aussichten der Werktätigen jedoch trübe, bei *gegebener* Arbeitsproduktivität ihren Reallohn zu steigern. Die Tarifparteien verhandeln über Nominallöhne.[24] Wird der Lohnaufschlag voll weitergewälzt – wogegen zunächst nichts spricht –, dann führen wachsende Nominallohnsätze zu höheren absoluten Preisen. Infolgedessen bleiben die arbeitskommandierenden Preise unverändert. Die Kaufkraft des Geldes vermindert sich aber um den Preisniveauanstieg. So gesehen besteht ein Interessenkonflikt zwischen vermögenbesitzenden Kapitalisten einerseits sowie den Unselbstständigen und Unternehmern andererseits.

Der in diesem Abschnitt entworfene Umriss der Anwendungsmöglichkeiten der Arbeitswerttheorie weist noch einige weiße Flecken auf. Die tiefere Untersuchung der gesamtwirtschaftlichen Zusammenhänge, insbesondere die Rolle des Staates, erfordert eine eigenständige Darstellung. In dem Konzept spielt die früher schon erwähnte Kompatibilität der

---

[23] Ein Vorschlag ‚gerechter' Entlohnung findet sich in Helmedag, F., Fair Wages and Social Welfare, in: Journal of Income Distribution, Bd. 19 (2010), No. 3-4, S. 3-8.

[24] Der Basissektor, der den Warenkorb für die Belegschaften der gesamten Ökonomie liefert, determiniert die realen Lohnstückkosten. Vgl. Helmedag, F., Möglichkeiten und Grenzen einer beschäftigungsfördernden Lohnpolitik, in: Zur aktuellen Finanz-, Wirtschafts- und Schuldenkrise, hrsg. v. Kromphardt, J., Schriften der Keynes-Gesellschaft, Bd. 6, Marburg 2013, S. 145-158. Die erwähnte Bestimmung der Arbeitsvergütung in der Lohngutindustrie wird in den nachfolgenden Ausführungen genauer erläutert.

Arbeitswerttheorie mit der ‚echten' Keynesschen Lehre (vgl. S. 104 Fn.) eine tragende Rolle. Deshalb sei nochmals an diesen Anknüpfungspunkt im Werk des großen Ökonomen erinnert:

> „I sympathise, therefore, with the … doctrine that everything is *produced* by *labour*, aided by what used to be called art and is now called technique, by natural resources which are free or cost a rent according to their scarcity or abundance, and by the results of past labour, embodied in assets, which also command a price according to their scarcity or abundance."[25]

Immerhin ist der vorgelegten Skizze zu entnehmen, dass sich einer ökonomischen Theorie, die sich auf das Wertgesetz verlassen darf, weiterführende Perspektiven eröffnen.

---

[25] Keynes, J. M., The General Theory …, a.a.O., S. 213. Vgl. auch Helmedag, F., Die Beschäftigungstheorie …, a.a.O.

3.5 Wertgesetz und Wirtschaftspolitik

Frühere Auflagen dieses Buchs endeten mit der im letzten Absatz des vorherigen Abschnitts geäußerten Erwartung, dank der Arbeitswertlehre die wissenschaftliche Beratung zur Gestaltung der ökonomischen Verhältnisse verbessern zu können. Die Revision für den Neudruck erlaubte es auch, mit dem folgenden Kapitel Ergänzungen anzubringen, die belegen, dass die damals angedeuteten Aussichten unterdessen an Profil gewonnen haben.

Wie die vorangegangene Analyse ans Licht gebracht hat, erfordert die gesellschaftliche Arbeitsteilung in einer (idealtypischen) Welt freier Konkurrenz die Übereinstimmung der Profit- mit der Mehrwertrate. Neben anderem wurden in der vorliegenden Ausgabe dem Kapitel über Karl Marx Überlegungen hinzugefügt, wonach eine optimale Profitrate in Höhe von 100 % die divergierenden Interessen im Unternehmerlager ausbalanciert (vgl. S. 205 ff.). Nun werden die dort gemachten Voraussetzungen verallgemeinert, um ein denkbar einfaches ‚kanonisches' Zwei-Sektorenmodell zu präsentieren, das gleichwohl geeignet scheint, als Fundament einer funktionellen, d. h. zielführenden Wirtschaftspolitik zu dienen.[1] Auf arbeitswerttheoretischer Basis zeichnen sich wohlfahrtsfördernde Richtlinien für die Beschäftigungs-, Fiskal- und Geldpolitik ab.

---

[1] Schon in der Erstausgabe des eingangs erwähnten internationalen Lehrbuch-Bestsellers von Samuelson (vgl. S. 9) stellt der Verfasser gleichfalls eine Zweiteilung der Wirtschaft vor, die von vielen anderen Autoren übernommen wurde: Eine auf der ‚Produktionsmöglichkeiten-' oder ‚Transformationsgrenze' operierende Gesellschaft müsse sich zwischen gegenläufigen Produktionsmengen von Butter oder Kanonen entscheiden. Vgl. Samuelson, P. A., Economics, New York 1948, S. 18 f. In späteren Auflagen repräsentiert im dazugekommenen Diagramm der auf der Abszisse abgetragene Brotaufstrich weniger ein Lohngut, sondern eher den Verbrauch schlechthin. Die Ordinate misst die Anzahl der Geschütze, die wegen fehlender Rivalität im und unmöglicher Ausschließbarkeit vom Konsum nicht stellvertretend für Surplusartikel stehen, sondern öffentliche Güter versinnbildlichen. Die Bewegung auf dem zum Ursprung konkaven Funktionsverlauf impliziert neben voller Auslastung des Produktionspotenzials zunehmende Opportunitätskosten bei fortgesetzter Substitution des einen Guts durch das andere. Die Korrespondenz zu den in der Mikroökonomik weit verbreiteten steigenden Angebotskurven liegt auf der Hand, welche im Fall beliebig vermehrbarer Waren jedoch die Ausnahme und nicht die Regel sind (vgl. S. 94 Fn.). Im Übrigen war in Deutschland „… spätestens im Herbst 1936 .. die Formel ‚Kanonen statt Butter' überall fest etabliert." Schanetzky, T., Kanonen statt Butter, Wirtschaft und Konsum im Dritten Reich, München 2015, S. 9.

3.5.1 Optimale Lohnstückkosten

Zu Beginn wird die Gesamtnachfrage in schon bekannter Manier dichotomisiert. Gedanklich wird eine (primäre) Lohngüter- oder Basisbranche von einer (sekundären) Luxus- oder Mehrproduktindustrie abgegrenzt. Dabei kommt es nicht auf die physische Gestalt der erzeugten Güter bzw. die Art der konkreten Dienstleistungen an, entscheidend ist vielmehr die Finanzierungsquelle der Ausgaben: Alle Waren, die mit Arbeitsentgelt gekauft werden, konstituieren den Lohngutsektor, der Rest des Gesamtabsatzes gehört zur Surpluserzeugung (vgl. S. 209 f).[2]

Der Rohprofit in der Basisindustrie (P_B) ergibt sich gemäß Arbeitswertlehre aus der nach Maßgabe einer Profitrate (r) verwerteten Lohnsumme des Produktionszweigs (W_B). Dieser Gewinn entspricht der Differenz zwischen den Erlösen – das ist der heimische Konsum aus den verfügbaren Löhnen – und den Kosten einer vertikal integrierten Erzeugung, die dem Personalaufwand der virtuellen Branche entspricht. W_X symbolisiert das Entgelt in der Luxusindustrie, c bzw. t stehen für die Binnenkonsumquote respektive die Steuerquote bzw. den einheitlichen Steuersatz.[3] Der Gewinn in der Basisabteilung beläuft sich somit auf:

$$P_B = rW_B = c(1-t)\left(W_B + W_X\right) - W_B \quad \text{mit} \quad 0 < c,t < 1 \qquad \text{(III.105)}$$

Im gesamtwirtschaftlichen Gleichgewicht halten sich die expansiven und kontraktiven Kräfte die Waage. Kreislauferweiternd wirken einerseits autonomen Ausgaben (A) in Form von nicht einkommensabhängigen Investitionen der Privaten und der Exporte. Andererseits ist der Primärsaldo des Staates zu berücksichtigen. Ein Defizit (Überschuss) liegt vor, wenn die an den Sekundärsektor fließenden öffentlichen Ausgaben (G) größer (kleiner) sind als die Steuereinnahmen (T).[4] Der positive bzw. negative Betrag deckt sich mit der aktuellen Veränderung der Staats-

---

[2] Keynes hat in seiner Auseinandersetzung mit der Unterbeschäftigungstheorie von Arther Cecil Pigou eine derartige Aufspaltung ebenfalls gutgeheißen, aber nicht von der Nachfrageseite her abgegrenzt: „... we can identify Professor Pigou's wage-goods with my consumption-goods, and his ‚other goods' with my investment-goods ..." Keynes, J. M., The General Theory ..., a.a.O., S. 273.

[3] Soweit Beiträge auf Arbeitsentgelte die Sozialversicherungssysteme finanzieren, zirkulieren sie in der Basisindustrie. Sonstige Abgaben an den Fiskus bleiben im Surplusbereich.

[4] Von öffentlichen Ausgaben, die ins Ausland fließen, wird vorläufig abgesehen. Der Aspekt wird später noch aufgegriffen.

schuld (ΔD) abzüglich des Schuldendienstes, dem Produkt aus einem einheitlichen Zins- inklusive Tilgungssatz (i) auf den Schuldenstand (D). Annahmegemäß sei der gesamte expansive Effekt der autonomen Nachfrage (GA) positiv:

$$GA \equiv A + G - T = A + \Delta D - iD > 0 \quad \text{(III.106)}$$

Steuern auf das Brutto-Nationaleinkommen ($t(1 + r)(W_B + W_X)$) sowie die Importe nebst der Geldvermögensbildung aus den verfügbaren Löhnen und Gewinnen verengen hingegen den volkswirtschaftlichen Kreislauf. Demnach gilt im Gleichgewicht:

$$GA = (1-t)(1-c)(1+r)\left(W_B + W_X\right) \quad \text{(III.107)}$$

Umformung der Gleichung (III.107) liefert die aggregierte Lohnsumme

$$W_B + W_X = \frac{GA}{(1-t)(1-c)(1+r)} \quad \text{(III.108)}$$

Die Substitution des Ausdrucks (III.108) in Gleichung (III.105) bringt:

$$P_B = rW_B = c(1-t)\frac{GA}{(1-t)(1-c)(1+r)} - W_B = c\frac{GA}{(1-c)(1+r)} - W_B \quad \text{(III.109)}$$

Aus der Gleichung (III.109) ermittelt man die Lohnsumme im Basissektor:

$$W_B = \frac{c}{1-c}\left(\frac{GA}{(1+r)^2}\right) \quad \text{(III.110)}$$

Der Profit in der Lohngutsparte beträgt somit:

$$P_B = rW_B = \frac{cGA}{(1-c)}\left(\frac{r}{(1+r)^2}\right) \quad \text{(III.111)}$$

Löhne und Gewinne im Basissektor steigen mit der Binnenkonsumquote c und den autonomen Gesamtausgaben GA, während die Steuerquote t keinen Einfluss auf die Bezüge in dieser Branche ausübt. Ein Blick auf Gleichung (III.105) führt vor Augen, dass ein variierender Steuersatz offenbar eine exakt kompensierende Lohnsummenveränderung in der

Sekundärabteilung hervorruft, um die Konstanz des Arbeitsentgelts im Primärbereich zu gewährleisten. Die notwendige Bedingung zur Profitmaximierung in diesem Wirtschaftszweig lautet:

$$\frac{\partial P_B}{\partial r}=\frac{cGA}{(1-c)}\left(\frac{(1+r)^2-2r(1+r)}{(1+r)^4}\right)\overset{!}{=}0 \Rightarrow 1+r-2r\overset{!}{=}0 \qquad \text{(III.112)}$$

Als optimale Profitrate (r^*)[5] resultiert:

$$r^*=1 \triangleq 100\,\% \qquad \text{(III.113)}$$

Ein früheres Ergebnis (vgl. S. 213) wird damit in einem weiter gespannten Rahmen bestätigt: Der Lohngutsektor strebt eine hundertprozentige Verwertung des Arbeitsentgelts an. Sofern dies gelingt, dient die Hälfte der Produktion dem Unterhalt der gesellschaftlichen Arbeitskraft, die andere Hälfte umfasst die Surpluserzeugung.[6]

Was lässt sich über den Sekundärbereich sagen? Die Substitution der Lohnsumme im Basissektor (III.110) in die Gleichung für das gesamte Arbeitsentgelt (III.108) liefert die Bezahlung in der Luxusbranche:

$$W_X=\frac{1+r-c(1-t)}{(1+r)^2}\left(\frac{GA}{(1-c)(1-t)}\right) \qquad \text{(III.114)}$$

Der Gewinn in der Sekundärsparte (P_X) beläuft sich auf:

$$P_X=rW_X=\frac{r(1+r-c(1-t))}{(1+r)^2}\left(\frac{GA}{(1-c)(1-t)}\right) \qquad \text{(III.115)}$$

Wie schon bemerkt, steigt im Unterschied zur Basisabteilung die Lohnsumme und damit der Gewinn der Luxusbranche mit zunehmender Steuerquote t, da der Zähler des Bruchs auf der rechten Seite des Ausdrucks (III.115) wächst, während der Nenner schrumpft. Die gleiche Wirkung

---

[5] Wegen der negativen zweiten partiellen Ableitung des Basisprofits nach der Profitrate ist die hinreichende Bedingung für ein Maximum erfüllt.

[6] Damit findet die von Adam Smith genannte Surplusrate von 100 % (vgl. S. 124, Fn.), eine theoretische Unterfütterung. Zur Erinnerung: „.. when … the labour of one family can provide food for two, the labour of half the society becomes sufficient to provide food for the whole. The other half, therefore … can be employed in providing other things …“ Smith, A., An Inquiry …, a.a.O., S. 180.

entfaltet eine höhere Binnenkonsumquote c sowie größere autonome Gesamtausgaben GA. Der Gewinn im Sekundärsektor ist mit der Profitrate ebenfalls positiv korreliert:

$$\frac{\partial P_X}{\partial r} = \frac{1-c+r+cr(1-t)+ct}{(1+r)^3}\left(\frac{GA}{(1-c)(1-t)}\right) > 0 \qquad \text{(III.116)}$$

Allerdings übernimmt die Luxusbranche im Gleichgewicht die von der Basisindustrie vorgelegte Profitrate $r^* = 1$. Diese Sparte determiniert zudem die realen Lohnstückkosten (h) als Verhältnis zwischen nominaler Lohnsumme und Gesamteinkommen dieses Wirtschaftszweigs:

$$h = \frac{W_B}{(1+r)W_B} = \frac{1}{1+r} \qquad \text{(III.117)}$$

Die im Lohngutsektor fixierte Profitrate $r^* = 100\,\%$ erzeugt reale Lohnstückkosten in Höhe von $h^* = 50\,\%$. Damit bestimmt diese Branche auch das Produktionspreisniveau im Gleichgewicht (π^*) als Kehrwert der realen Lohnstückkosten bzw. des Werts der Arbeitskraft (vgl. S. 210):

$$\pi^* = 1 + r^* = \frac{1}{h^*} = 2 \triangleq 200\,\% \qquad \text{(III.118)}$$

Die genannten Relationen sind keineswegs abstrakt, sondern lassen sich den volkswirtschaftlichen Gesamtrechnungen entnehmen, die das statistische Material für den Praxistest der theoretischen Herleitungen liefern.

3.5.2 Empirische Evidenz

Schon ein kursorischer Blick auf die Wirklichkeit zeigt, dass die hier vorgenommene Bestimmung der hundertprozentigen Profitrate im Lohngutsektor als Schlüsselgröße des Systems durchaus faktenkompatibel ist. Betrachten wir zunächst die auf der nächsten Seite in Abbildung III.10 wiedergegebenen Verhältnisse in der Europäischen Union.

Wie man an der oberen dunkelroten Kurve sieht, beträgt als Durchschnitt der jetzt 27 Mitgliedsländer das Einkommen der Werktätigen inklusive Sozialversicherungsbeiträge über 20 Jahre hinweg knapp die Hälfte des Bruttoinlandsprodukts. Trotz aller konjunkturellen Auf und Abs sind die makroökonomischen realen Lohnstückkosten länder- und dezennienübergreifend auf diesem Niveau nahezu stabil geblieben. Der

Befund bestätigt schlagend das nach Arthur L. Bowley benannte „Gesetz der konstanten Lohnquote".[7] Neben anderen Größen gehört die Stabilität der funktionalen Verteilung zu Kaldors berühmten „stylized facts"[8].

Abbildung III.10: Evolution of the main income components (% of GDP, 2003-2023)

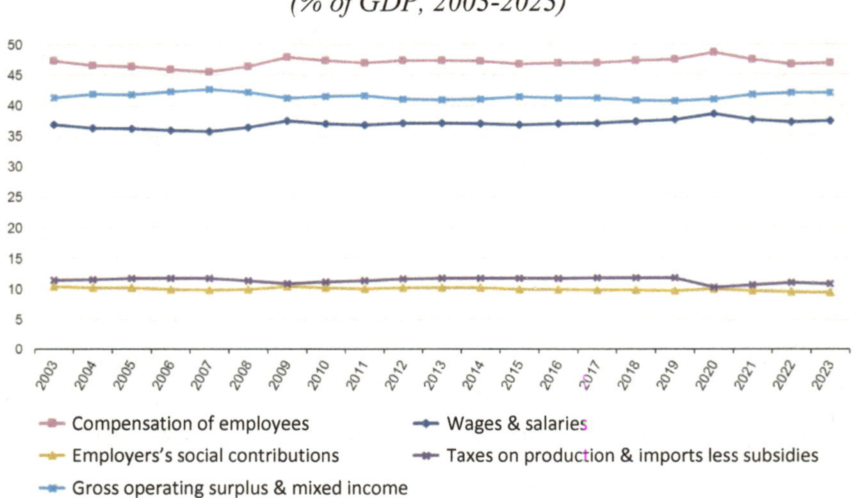

Quelle: Eurostat, https://ec.europa.eu/eurostat/statistics-explained/images/2/22/Evolution_of_the_main_income_components_in_the_EU_%28%25_of_GDP%2C_2003-2023%29_EU.png.

Zwar gibt es zwischen den einzelnen Nationalstaaten geringfügige Differenzen, aber die Verhältnisse in zwei ‚entwickelten' Volkswirtschaften mit etablierten Institutionen wie Tarifparteien und Wettbewerbsbehörden bestätigen die abgeleiteten realen Lohnstückkosten von fast genau 50 %.

---

[7] Vgl. Bowley, A. L., Wages and Income in the United Kingdom since 1860, Cambridge 1937. Vgl. zur Namensgebung Krämer, H., Bowley's Law: The Diffusion of an Empirical Supposition into Economic Theory, in: Papers in Political Economy, Bd. 61 (2011), H. 2, S. 19-49, S. 24 ff.

[8] Kaldor zählt sechs empirische Regelmäßigkeiten auf, von denen keine „... can be plausibly ‚explained' by the theoretical constructions of neo-classical theory." Aber auch die von ihm mit genannte stabile Profitrate widerspreche der von klassischen Ökonomen unterstellten Abnahme dieses Verwertungsfaktors im Zeitablauf: „... Adam Smith, Ricardo, Marx alike with Böhm-Bawerk and Wicksell, predicted a steady fall in the rate of profit with economic progress." Kaldor, N., Capital Accumulation and Economic Growth, in: The Theory of Capital, hrsg. v. Lutz, F. A., Hague, D. C., London 1961, S. 177-222, S. 179.

Die Abbildung III.11 zeigt den Verlauf der Lohnquote in Deutschland, das eine eher industriegeprägte Ökonomie repräsentiert.

Abbildung III.11: Prozentualer Anteil der Lohnsumme inklusive Abgaben am Bruttoinlandsprodukt in Deutschland 2010-2022

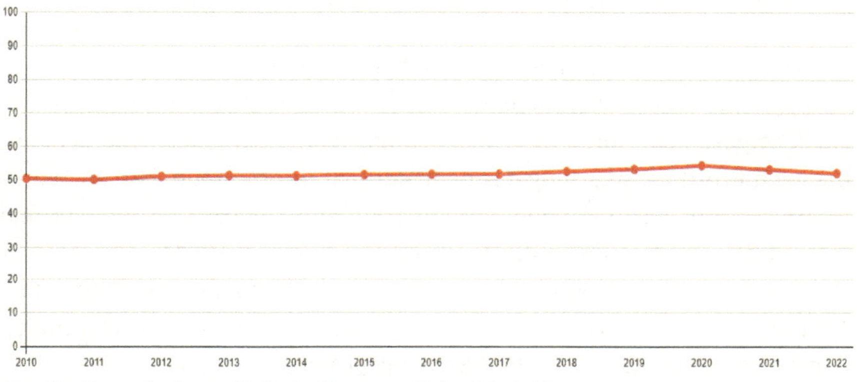

Quelle: Destatis, https://sdg-indikatoren.de/en/10-4-1/

Das Diagramm weist für die Jahre 2010 bis 2022 ein praktisch unverändertes Verhältnis in Höhe von 50 % zwischen den Löhnen vor Abgaben inklusive der Arbeitgeberbeiträge zur Sozialversicherung und dem Bruttoinlandsprodukt auf. Die empirische Evidenz stimmt mit den theoretisch hergeleiteten makroökonomischen realen Lohnstückkosten überein, die der optimalen Profitrate $r^* = 1$ entsprechen. Das Gleiche trifft auf Abbildung III.12 zu, welche die Faktenlage für das stärker durch Dienstleistungen gekennzeichnete Vereinigte Königreich wiedergibt.

Abbildung III.12: Prozentualer Anteil der Lohnsumme inklusive Abgaben am Bruttoinlandsprodukt im Vereinigten Königreich 2000-2022

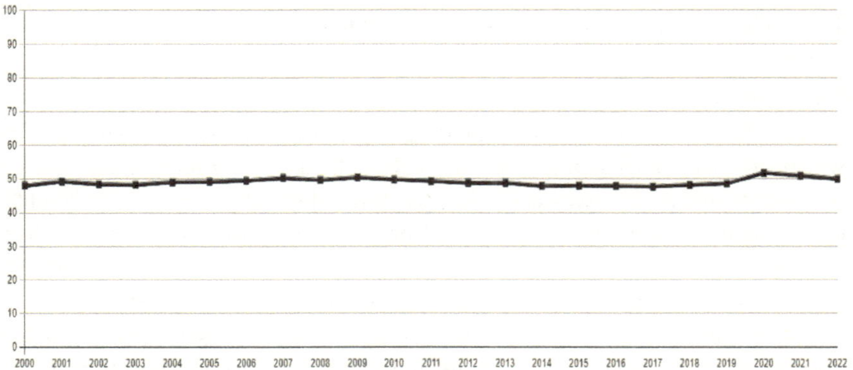

Quelle: Office for National Statistics (ONS), https://sdgdata.gov.uk/10-4-1/

Augenscheinlich gilt nach wie vor das Diktum von Keynes:

> „... the stability of the proportion of the national dividend accruing to labour, irrespective apparently of the level of output as a whole and the phase of the trade cycle .. is one of the most surprising, yet best-established facts in the whole range of economic statistics ...“[9]

Allerdings räumt Keynes ein, „... the result remains a bit of a miracle.“[10] Das Wunder beruht aber nicht auf der Einwirkung übernatürlicher Kräfte, sondern geschieht durch das Entscheidungsverhalten jener Unternehmer, die nach Profitmaximierung aus dem Verkauf ihrer Erzeugnisse an Werktätige streben. Der optimale Zuschlag auf die Lohnkosten der vertikal integrierten Produktion in der Basisindustrie beträgt 100 %, weshalb der Rohgewinn – das Gesamteinkommen aus Unternehmertätigkeit und Vermögen – in der Praxis entwickelter Volkswirtschaften seit Dezennien nahezu exakt die Hälfte des Bruttoinlandsprodukts ausmacht.[11]

Die Konstanz der auf das Bruttoinlandsprodukt bezogenen funktionalen Verteilung über Raum und Zeit hinweg liefert eine tragfähige Datenbasis, die den Vergleich mit sonst beigebrachten empirischen Abstützungen anderer Lehrsätze der Wirtschaftswissenschaften keineswegs zu scheuen braucht, im Gegenteil. Da zudem das Niveau dieser Relation in Höhe von 50 % entscheidungstheoretisch begründet wurde, liegt ein exaktes ökonomisches Gesetz vor, das die in dieser Schrift formulierten Bedingungen an solche Aussagen erfüllt. Solche schon öfter erwähnten ‚Erklärungen des Prinzips‘ oder ‚Mustervoraussagen‘ müssen logisch stets wahr sein und dürfen nicht an der Realität scheitern (vgl. S. 36).[12] So gewappnet wenden wir uns abschließend der Praxisgestaltung zu.

---

[9] Keynes, J. M., Relative Movements of Real Wages and Output (1939), wieder in: The Collected Writings of John Maynard Keynes, Bd. VII, Cambridge 1978, S. 394-412, S. 408 f.

[10] Ebenda, S. 409.

[11] In der Literatur gibt es Bemühungen, das „Gesetz der konstanten Lohnquote“ zu widerlegen, indem der Zähler des Bruchs ebenfalls das (mehr oder minder fiktive) Arbeitseinkommen der (schwankenden Zahl an) Selbständigen bzw. ihrer beschäftigten Familienmitglieder umfasst. Den Nenner bildet meist das Nettonationaleinkommen, womit sich systematisch höhere Prozentwerte als die hier abgeleiteten 50 % ergeben. Vgl. z. B. Krämer, H., Bowley's Law ..., a.a.O., S. 21 ff.

[12] Unterschiede der tatsächlichen Profitrate zu 100 % lassen sich erklären, indem man für den Arbeitslohn bzw. das Einkommen aus Unternehmertätigkeit und Vermögen spezifische Steuersätze (t_W) und (t_P) sowie differierende Binnenkonsumquo-

3.5.3 Opportunes Handeln

Die vorangegangenen Ergebnisse eignen sich als Fundament, um die Brücke zu einer wohlfahrtsfördernden Fiskalpolitik zu schlagen Aus Gleichung (III.108) (vgl. S. 331) berechnet man nach Auflösung der Definition (III.106) das Bruttoinlandsprodukt (*BIP*) allgemein zu:

$$BIP=(1+r)\left(W_B+W_X\right)=\frac{GA}{(1-t)(1-c)}=\frac{A+\Delta D-iD}{(1-t)(1-c)} \qquad \text{(III.119)}$$

Wie die rechte Seite der Gleichungskette (III.119) zeigt, üben die Profitrate r bzw. die realen Lohnstückkosten h keinen Einfluss auf die Größe des Bruttoinlandsprodukts aus, aber der Verwertungsfaktor bestimmt die funktionale Verteilung: Für die optimale Profitrate $r^* = 100$ gemäß (III.113) (vgl. S. 332) geht das Gesamtprodukt halbpart an Lohnabhängige und Kapitalisten. Laut Ausdruck III.118 stimmt der Profitfaktor $(1 + r^*)$ mit dem Produktionspreisniveau im Gleichgewicht überein. Darum entspricht die gesamte Lohnsumme $(W_B + W_X)$ dem *realen* Bruttoinlandsprodukt, das damit die Hälfte des nominalen Bruttoinlandsprodukts ausmacht.[13]

Außerdem zeigt die Gleichung (III.119), dass eine Besteuerung das verfügbare Gesamteinkommen ($(1 - t)BIP$) im Gegensatz zur landläufigen Meinung nicht schmälert:

$$(1-t)BIP=(1-t)\frac{A+\Delta D-iD}{(1-t)(1-c)}=\frac{A+\Delta D-iD}{(1-c)} \qquad \text{(III.120)}$$

---

ten (c_W) und (c_P) unterstellt. Jedoch beträgt auch in einem solchen Rahmen die Profitrate genau $r^* = 100\,\%$, sofern $(1 - t_W)(1 - c_W) = (1 - t_P)(1 - c_P)$ gilt. Vgl. Helmedag, F., Marx and Keynes: from exploitation to employment, in: European Journal of Economics and Economic Policies: Intervention, Bd. 16 (2019), S. 260-271, S. 265. Die genannte Bedingung trifft in der Wirklichkeit häufig mit praktisch keinen Abweichungen zu; sie ist zudem schwächer als die Voraussetzung jeweils identischer Steuersätze respektive Binnenkonsumquoten, also $t_W = t_P$ sowie $c_W = c_P$.

[13] Es gibt stichhaltige Gründe, den Real- oder Güterzins mit der Veränderungsrate des nominalen Inlands- oder Sozialprodukts zu approximiern. Vgl. Helmedag, F., Grundsätzliches zur Geldkapitalverwertung in der Realwirtschaft und im Finanzsektor, in: Kapital in Recht und Wirtschaft, Festschrift der Fakultät für Wirtschaftswissenschaften der TU Chemnitz für Ludwig Gramlich zum 70. Geburtstag, hrsg. v. Gesmann-Nuissl, D., Korte, S., Göttingen 2021, S. 127-140.

Andererseits wurde auf die positive Korrelation zwischen Steuersatz und Bruttoinlandsprodukt verwiesen, weil die Löhne und Profite in der Luxusabteilung bei Konstanz in der Lohngutsparte steigen. Mit einem Blick hinter die Kulissen wird klar, wie der Prozess genau abläuft: Die Steuereinnahmen fließen zunächst in den Sekundärsektor und erhöhen dort die Lohnsumme (W_X) in einem solchen Maß, dass der Proft in der Basisindustrie (P_B) trotz höherem Steuersatz gleichbleibt (vgl. die Gewinnberechnung (III.105), S. 330). Die zunehmende Abgabenbelastung in der Surplusbranche wird durch die Mehrnachfrage des Fiskus kompensiert: Der Staat nimmt mit der rechten Hand, was er mit der Linken zurückgibt. Das disponible Gesamteinkommen der Privaten ändert sich demnach nicht.

Allerdings ziehen nicht alle Zensiten im Gegenzug einen entsprechenden Nutzen aus öffentlichen Gütern oder Transfers. Für die zu kurz gekommenen Steuerpflichtigen handelt es sich um Zahlungen *à fonds perdu*. Mit zunehmenden regulären Staatseinnahmen geht außerdem ein Strukturwandel einher, denn der größer werdende administrierte Teil der Wirtschaftsaktivität wächst im Verhältnis zur Leistungserstellung für den privaten Gebrauch.

Wie viele Arbeitsstunden sind in der volkswirtschaftlichen Lohnsumme enthalten? Um diese Frage zu beantworten, greifen wir auf die Analyse in Abschnitt 2.4.3 zurück. Dort wurde in Abbildung II.3 (vgl. S. 213) demonstriert, dass der Wert der Arbeitskraft – das Produkt aus dem Arbeitswert einer Basisguteinheit v_B mit dem Reallohn w – in Höhe von 50 % den Gesamtprofit hälftig auf die Sektoren verteilt und mit der Profitrate $r^* = 1$ korrespondiert. In moderner Terminologie stimmt dieser Anteil gemäß Gleichung (III.118) (vgl. S. 333) mit den realen Lohnstückkosten überein:

$$h^* = \frac{1}{1+r^*} = \frac{1}{\pi^*} = \frac{1}{2} = wv_B \Rightarrow w = \frac{1}{2v_B} \qquad \text{(III.121)}$$

Andererseits resultiert der Reallohn pro Stunde (w) aus der Division des Nominallohns (w_{nom}) durch das Produktionspreisniveau für $r^* = 1$ (π^*):

$$w = \frac{w_{nom}}{\pi^*} = \frac{1}{2v_B} \qquad \text{(III.122)}$$

Somit erhält man aus Gleichung (III.122) für die in einer monetären Zähleinheit ausgedrückte Vergütung:

$$w_{nom} = \frac{\pi^*}{2v_B} = \frac{1+r^*}{2v_B} = \frac{1}{v_B} \tag{III.123}$$

Der Nominallohn w_{nom} ist doppelt so hoch wie der Reallohn w und entspricht unter den obwaltenden Umständen der Produktivität im Primärsektor, die sich reziprok zum Arbeitswert des Lohnguts verhält. Damit sind die Löhne durch das Gewinnmaximierungsstreben im Basissektor an die dortige Entwicklung der Arbeitsergiebigkeit geknüpft, was zum tatsächlichen Ablauf passt. Die von den Klassikern angenommene Subsistenzentlohnung bzw. das „eherne Lohngesetz" von Ferdinand Lassalle gründen sich auf nicht mehr haltbaren Vorstellungen über die Funktionsweise des Wettbewerbs auf dem Arbeitsmarkt.

Vor dem Hintergrund der empirisch gestützten und theoretisch abgeleiteten Stabilität der funktionalen Verteilung – mit dem Ergebnis eines in der Basisindustrie idealiter gezahlten produktivitätsorientierten Arbeitsentgelts – erfordert die angemessene Gewerkschaftsstrategie bei Unterbeschäftigung einen Kampf an zwei Fronten. Einerseits geht es im Tarifstreit neben den Vergütungsfragen vor allem auch um die Verkürzung der ‚normalen' Vollarbeitszeit.[14] Andererseits sollten die Interessenvertreter der abhängig Beschäftigten im politischen Raum als Forderung an die Regierung auf eine stärkere (selbstverständlich umweltschonende) Wachstumsförderung drängen. Welche Maßnahmen sind hierfür zu empfehlen?

Das makroökonomische Arbeitsvolumen (N) ergibt sich, indem man die gesamte Lohnsumme durch den Geldlohn pro Stunde w_{nom} teilt:

$$N = \frac{W_B + W_X}{w_{nom}} = v_B\left(W_B + W_X\right) = \frac{v_B BIP}{2} \tag{III.124}$$

Die Beschäftigung hängt offenbar neben dem Bruttoinlandsprodukt allein von der Produktivität im Basissektor ab, Prozessinnovationen in der Primärindustrie führen systematisch zu einem sinkenden Arbeitswert des Lohnguts v_B. Der Stand der Technik in der Surplusabteilung beeinflusst demgegenüber das Arbeitsvolumen bei gegebenem Umsatz dieser Branche nicht, eine Verbilligung des Luxusguts im Zuge von Prozessinnovationen wird *ceteris paribus* durch Mehrabsatz kompensiert. Das totale Differential der Beschäftigungsformel (III.124) lautet:

---

[14] Vgl. Helmedag, F., Von der Sozialen Marktwirtschaft …, a.a.O., S. 130 ff.

$$dN = \frac{\partial N}{\partial v_B} dv_B + \frac{\partial N}{\partial BIP} dBIP = \frac{BIP}{2} dv_B + \frac{v_B}{2} dBIP \qquad \text{(III.125)}$$

Als Veränderungsrate des Arbeitsvolumens resultiert:

$$\frac{dN}{N} = \frac{dv_B}{v_B} + \frac{dBIP}{BIP} \qquad \text{(III.126)}$$

Offenbar gilt die „Scherentheorie“: Beschäftigungsveränderungen rühren von unterschiedlichen Entwicklungen der Arbeitsproduktivität und des Bruttoinlandsprodukts her.[15] Wenn der Arbeitswert des Basisguts v_B mit einem gewissen (im Zeitablauf schwankenden) Prozentsatz sinkt, dann muss das Bruttoinlandsprodukt mit einer entsprechenden Rate zunehmen, um die Beschäftigung zu halten. Die Behauptung der sog. Goldenen Lohnregel, wonach mit der Produktivität steigende Stundenlöhne arbeitsplatzneutral seien, entpuppt sich als falsch: Obwohl sowohl der Real- als auch der Nominallohn Produktivitätsveränderungen widerspiegelt, taucht keiner dieser Entgeltsätze in der Beschäftigungsformel (III.124) und dem Ausdruck für das Bruttoinlandsprodukt (III.119) (vgl. S. 337) auf.[16]

Zum Abbau einer bestehenden Arbeitslosigkeit ist ein noch stärkeres Wachstum erforderlich, das den arbeitssparenden technischen Fortschritt in der Basisindustrie überkompensiert. Die Fiskalpolitik kann hierfür an zwei Schrauben drehen: der Steuerquote t und der Neuverschuldung ΔD.

Aus Gleichung (III.119) entnimmt man sofort den Multiplikator (m) einer Veränderung der autonomen Gesamtausgaben aufgrund einer zusätzlichen Kreditaufnahme der öffentlichen Hand:

$$m = \frac{1}{(1-t)(1-c)} > 1 \qquad \text{(III.127)}$$

Der Multiplikator steigt mit der verhaltensdeterminierten Binnenkonsumquote c und dem politisch gestaltbaren (durchschnittlichen) Steuersatz t. Allerdings hat die Berechnung der Lohnsummen im Basis- und

---

[15] Vgl. Helmedag, F., Industrielle Revolution(en)…, a.a.O., S 213 ff.

[16] Vgl. Helmedag, F., Nur mehr Stundenlohn …, a.a.O. und Helmedag, F., Kein Streit um des Kaisers Bart, Eine Replik zum schwelenden Diskurs über die Goldene Lohnregel, individuelle Arbeitszeit und Beschäftigtenzahl, in: Makroskop, 22.12. 2017, https://www.tu-chemnitz.de/wirtschaft/vwl2/downloads/paper/helmedag/Kein_Streit_um_des_Kaisers_Bart_makroskop.pdf.

Luxussektor gezeigt, dass Steuern die Löhne und Gewinne in der Primärindustrie nicht beeinflussen (vgl. die Gleichungen (III.110) und (III.111), S. 331), während die Bezüge in der Sekundärbranche positiv mit der Steuerbelastung korreliert sind (vgl. die Gleichungen (III.114) und (III.115), S. 332). Die Gesamtwirkung einer Besteuerungsvariation auf das Bruttoinlandsprodukt rührt demnach allein von den geänderten Vergütungen in der Surplusabteilung her, die aber, wie in Gleichung (III.120) (vgl. S. 337) demonstriert, das disponible Gesamteinkommen nicht tangieren.

Vor diesem Hintergrund erhebt sich die Frage, ob und unter welchen Bedingungen eine Selbstfinanzierung einer Kreditaufnahme des Fiskus möglich ist.[17] Hierfür müssen die Steuermehreinnahmen (ΔT) infolge des Multiplikatorprozesses die Zunahme der Staatsschuld (ΔD) übertreffen:

$$\Delta T = tm\Delta D > \Delta D \tag{III.128}$$

Die Bedingung ist erfüllt für:

$$tm = \frac{t}{(1-t)(1-c)} > 1 \tag{III.129}$$

Aus dem Ausdruck (III.129) ermittelt man:

$$t \geq t_{SF} = \frac{1-c}{2-c} \quad \text{mit} \quad 0 < t_{SF} < \frac{1}{2} \tag{III.130}$$

Augenscheinlich kann der Fiskus Kredite mit einem durchschnittlichen Steuersatz t_{SF} unter 50 % finanzieren. Aber nicht nur wegen des bei steigender Steuerbelastung zunehmenden Abgabenwiderstands derjenigen Zensiten, die im Gegenzug gar nicht oder kaum von zusätzlichen öffentlichen Leistungen profitieren (vgl. S. 50), ist es fraglich, ob eine Neuverschuldung völlig aus regulären Einnahmen gedeckt werden sollte.

Prinzipiell verbessert eine sachgerechte Schuldenpolitik die Wohlfahrt der Bürger, weil ihr disponibles Gesamteinkommen wächst und individuell gewiss nicht schrumpft. Steuersatzvariationen, gleich in welche Richtung, berühren das Aggregat der verfügbaren Lohn- und Gewinnsummen

[17] Vgl. zum Folgenden Helmedag, F., Schulden dulden, Kredit genießen: Zur Beständigkeit und Bedeutung von Budgetdefiziten, in: Wirtschaftsdienst, 95. Jg. (2015), S. 347-349 und Helmedag, F., Steuern und Budgetdefizite als Determinanten des Sozialprodukts, in: Wirtschaftsdienst, 102. Jg. (2022), S. 229-235, S. 233 ff.

zwar nicht, aber Steuererhöhungen können, wie bereits bemerkt, einzelne Zensiten schlechter stellen, wenn bei ihnen als ‚gefühlte Rendite' in Form von zusätzlichen öffentlichen Gütern, höheren Transfers oder geschaffener Arbeitsplätze zu wenig ankommt.

Vor diesem Hintergrund ist es vor allem bei Unterbeschäftigung sinnvoll, wenn der Fiskus ein tragfähiges permanentes Primärdefizit anstrebt, d. h. die Bevölkerung bekommt mehr an geldwerten Leistungen vom Staat, als die Abgabepflichtigen an ihn abführen.[18] Dabei ist sicherzustellen, dass mindestens die Zahlungen des Staates an das Ausland – etwa als Mitglied internationaler Organisationen oder im Rahmen der Entwicklungs- und Militärhilfe – ausgeglichen werden, um betragsmäßig immerhin die regulären Einnahmen dem Binnenkreislauf zuzuführen. Die Bedingung (III.106) (vgl. S. 331) ist somit schärfer zu fassen, wobei die Staatsausgaben (G) jetzt auch Abflüsse ins Ausland umfassen:

$$G - T = \Delta D - iD = \frac{\Delta D}{D} D - iD = \left(g_D - i\right) D > 0 \qquad \text{(III.131)}$$

Sofern die Wachstumsrate der öffentlichen Schuld (g_D) den Zinssatz auf den Bestand an Altkrediten übertrifft, entsteht ein Primärdefizit, das kreislaufanregend wirkt. Damit rückt ein zusätzliches Instrument des Staates in den Blick. Die Aufgabe einer ‚akkommodierenden' Geldpolitik sollte darin bestehen, bei Bedarf dem Fiskus für die Bereitstellung öffentlicher Güter sowie zur Krisenbekämpfung Finanzierungskonditionen zu verschaffen, die es erlauben, die Ungleichung (III.131) zu erfüllen. Gelingt es ferner, mit den initiierten Multiplikatorprozessen eine entsprechende prozentuale Zunahme des Inlandsprodukts hervorzurufen, bleibt die Schuldenquote konstant oder geht sogar zurück.

Ohne hier auf weitere Einzelheiten der wirtschaftspolitischen Steuerung einzugehen, steht als zentrales Ergebnis dieser Studie fest, dass sich das Wertgesetz gegen alle Anfechtungen behauptet hat. Die Arbeitswertlehre bietet der mikro- sowie der makroökonomischen Analyse ein tragfähiges Fundament und zeigt zudem wohlfahrtsfördernde Gestaltungsoptionen auf. Diese Erkenntnis konstituiert schließlich jenen wissenschaftlichen Fortschritt, dessen die Disziplin seit je dringend bedurfte.

---

[18] Vgl. Helmedag, F., Staatsschulden als permanente Einnahmequelle, in: Wirtschaftsdienst, 90. Jg. (2010), S. 611-615.

Literaturverzeichnis[1]

Albert, H., Ökonomische Ideologie und politische Theorie, Göttingen 1954 [5]

Albin, P. S., Reswitching: An Empirical Observation, a Theoretical Note, and an Environmental Conjecture, in: Kyklos, Bd. 28 (1975), S. 149-153 [269]

Andreae, W., Geld und Geldschöpfung, Stuttgart / Wien 1953 [41, 57]

Arni, J.-L., Die Kontroverse um die Realitätsnähe der Annahmen in der Oekonomie, Grüsch 1989 [29]

Aristoteles, Politik, Stuttgart 1989 [51]

Backhouse, R., A History of Modern Economic Analysis, Oxford / New York 1985 [268]

Bairoch, P., Die Landwirtschaft und die Industrielle Revolution 1700-1914, in: Cipolla, C. M., Borchardt, K. (Hrsg.), Europäische Wirtschaftsgeschichte, Bd. 3, Die Industrielle Revolution, Stuttgart / New York 1985, S. 297-332 [18, 19]

Baisch, H., Wert, Preis und Allokation, Eine Verallgemeinerung des Marxschen Reproduktionsmodells, Meisenheim am Glan 1976 [171]

Balassa, B. A., Karl Marx and John Stuart Mill, in: Weltwirtschaftliches Archiv, Bd. 83 (1959), S. 147-165 [83]

Baldone, S., Fixed Capital in Sraffa's Theoretical Scheme, in: Pasinetti, L. (Hrsg.), Essays on the Theory of Joint Production, London / Basingstoke 1980, S. 88-137 [284]

Bartels, H. G., Was ist dran am Rationalprinzip?, in: das wirtschaftsstudium (wisu), 17. Jg. (1988), S. 135-137 [8]

Baudin, L., Der sozialistische Staat der Inka, Reinbek bei Hamburg 1956 [40]

Baumol, W. J., The Transformation of Values: What Marx „Really" Meant (An Interpretation), in: Journal of Economic Literature, Bd. 12 (1974), S. 51-62 [171]

Bellofiore, R., Carter, S., Introduction, in: Towards a New Understanding of Sraffa, Insights from Archival Research, hrsg. v. Bellofiore, R., Carter, S., Palgrave Macmillan 2014, S. 1-8 [XIV]

[1] Eckige Klammern enthalten die Seitenangaben, wo in Fußnoten auf die jeweilige Quelle verwiesen wird. Insoweit dient das Literaturverzeichnis auch als Personenregister.

Belshaw, C. S., Traditional Exchange and Modern Markets, Englewood Cliffs 1965 [16, 43]

Bharadwaj, K., Classical Political Economy and Rise to Dominance of Supply and Demand Theories, 2. Aufl., London 1986 [108]

——, On the Maximum Numbers of Switches Between Two Production Systems, in: Schweizerische Zeitschrift für Volkswirtschaft und Statistik, 106. Jg. (1970), S. 409-429 [257 f., 265]

Blaich, F., Die Epoche des Merkantilismus, Wiesbaden 1973 [52]

Blaug, M., Economic Theory in Retrospect, 5. Aufl., Cambridge 1997 [134]

Bliss, C. J., Capital Theory and the Distribution of Income, Amsterdam / Oxford / New York 1975 [97, 244, 249]

Böhm-Bawerk, E. v., Zum Abschluß des Marxschen Systems (1896), wieder in: Eberle, F. (Hrsg.), Aspekte der Marxschen Theorie 1, Zur methodischen Bedeutung des 3. Bandes des „Kapital", Frankfurt a. M. 1973, S. 25-129 [174]

Boos, M., Die Wissenschaftstheorie Carl Mengers, Graz / Wien 1986 [30]

Bowley, A. L., Wages and Income in the United Kingdom since 1860, Cambridge 1937 [334]

Bortis, H., Structure and Change Within the Circular Theory of Production, in: Baranzini, M., Scazzieri, R. (Hrsg.), The Economic Theory of Structure and Change, Cambridge u. a. 1990, S. 64-92 [212]

Bortkiewicz, L. v., Wertrechnung und Preisrechnung im Marxschen System, Erster Artikel, in: Archiv für Sozialwissenschaft und Sozialpolitik, Bd. 23 (1906), S. 1-50 (Erster Artikel); Bd. 24 (1907), S. 10-51 (Zweiter Artikel) und S. 445-488 (Dritter Artikel) [184, 186, 191, 214]

—, Zur Berichtigung der grundlegenden theoretischen Konstruktion von Marx im dritten Band des „Kapital", in: Jahrbücher für Nationalökonomie und Statistik, Bd. 34 (1907), S. 319-335 [186, 189, 190, 191, 192, 201, 203]

Brems, H., An Attempt at an Rigorous Restatement of Ricardo's Long-Run Equilibrium, in: The Canadian Journal of Economics and Political Science, Bd. 26 (1960), S. 74-86 [123]

Bronstein, I. N., Semendjajew, K. A., Taschenbuch der Mathematik, 20. Aufl., Leipzig 1981 [144]

Brunner, O., Die alteuropäische „Ökonomik", in: Zeitschrift für Nationalökonomie, Bd. 13 (1950), S. 114-139 [14, 15, 16, 17]

——, Hausväterliteratur, in: Handwörterbuch der Staatswissenschaften, Bd. 5, Stuttgart / Tübingen / Göttingen 1956, S. 92 f. [15]

Buchanan, J. M., The Limits of Liberty, Between Anarchy and Leviathan, Chicago 1975 [41]

Burmeister, E., Synthesizing the Neo-Austrian and Alternative Approaches to Capital Theory: A Survey, in: Journal of Economic Literature, Bd. 12 (1974), S. 413-456 [232]

——, On the Social Significance of the Reswitching Controversy, in: Revue d'Economie Politique, 87. Jg. (1977), S. 335-350 [268]

——, Capital Theory and Dynamics, Cambridge 1980 [264]

Burmeister, E., Kuga, K., The Factor-Price Frontier, Duality and Joint Production, in: Review of Economic Studies, Bd. 37 (1970), S. 11-19 [305]

Caravale, G. A. (Hrsg.), The Legacy of Ricardo, Oxford 1985 [117]

Casarosa, C., A New Formulation of the Ricardian System, in: Oxford Economic Papers, Bd. 30 (1978), S. 38-63 [123]

Cassel, G., Theoretische Sozialökonomie (1918), 5. Aufl., Leipzig 1932 [200]

Champernowne, D. G., A Note on J. v. Neumann's Article on „A Model of Economic Equilibrium" (1945/6), wieder in: Readings in the Theory of Growth, hrsg. v. Hahn, F., London / Basingstoke 1971, S. 10-18 [301]

Cipolla, C. M., Borchardt, K. (Hrsg.), Europäische Wirtschaftsgeschichte, Bd. 3, Die Industrielle Revolution, Stuttgart / New York 1985 [13, 17, 18]

Coase, R., The Nature of the Firm, in: Economica, Bd. 4 (1937), S. 386-405 [320]

——, The Problem of Social Cost, in: The Journal of Law and Economics, Bd. 3 (1960), S. 1-44 [49]

Coddington, A., Keynesian Economics: The Search for First Principles, in: Journal of Economic Literature, Bd. XIV (1976), S. 1258-1273 [104]

Codere, H., Verteilungsmodus und Gesellschaftsform, in: Schlicht, E. (Hrsg.), Einführung in die Verteilungstheorie, Reinbek bei Hamburg 1976, S. 73-84 [40]

Cogoy, M., Wertstruktur und Preisstruktur, Die Bedeutung der linearen Produktionstheorie für die Kritik der politischen Ökonomie, Frankfurt a. M. 1977 [190, 295]

——, Traditionelle und neue Arbeitswerttheorie, in: Gesellschaft, Beiträge zur Marxschen Theorie 13, Frankfurt a. M. 1979, S. 115-139 [300]

——, Produktion, Markt und technischer Fortschritt, in: Analyse und Kritik, 4. Jg. (1982), S. 39-70 [266, 267]

Cournot, A., Recherches sur les principes mathématiques de la théorie des richesses, Paris 1838 [102]

Dantzig, G. B., linear programming, in: The New Palgrave, Bd. 3, London / New York / Tokyo 1987, S. 203-206 [303]

De Quincey, Th., Dialogues of Three Templars on Political Economy (1824), in: De Quincey's Collected Writings, Bd. IX, London 1897, S. 37-112 [30]

De Vivo, G., Robert Torrens and Ricardo's ‚corn-ratio' theory of profits, in: The Cambridge Journal of Economics, Bd. 9 (1985), S. 89-92 [117]

——, Ricardo, David, in: The New Palgrave, Bd. 4, London / New York / Tokyo 1987, S. 183-198 [116]

Dmitriev, V. K., Economic Essays on Value, Competition and Utility (russisch 1904), hrsg. v. Nuti, M. D., Cambridge 1974 [125, 135, 232, 242, 253]

Dobb, M., Wert- und Verteilungstheorien seit Adam Smith, Frankfurt a. M. 1977 [215]

Dorfman, R., Samuelson, P. A., Solow, R. M., Linear Programming and Economic Analysis, New York / Toronto / London 1958 [242, 244]

Duden, Deutsches Universalwörterbuch, hrsg. v. Drosdowski, G., Mannheim / Wien / Zürich 1983 [3]

Duménil, G., Lévy, D., The dynamics of competition: a restoration of the classical analysis, in: Cambridge Journal of Economics, Bd. 11 (1987), S. 133-164 [98]

Eatwell, J., own rates of interest, in: The New Palgrave, Bd. 3, London / New York / Tokyo 1987, S. 786 f. [98]

Eberle, F., (Hrsg.), Aspekte der Marxschen Theorie 1, Zur methodischen Bedeutung des 3. Bandes des „Kapital", Frankfurt a. M. 1973 [174]

——, Methodisches zur Wert-Preis-Transformation, in: Gesellschaft, Beiträge zur Marxschen Theorie 13, Frankfurt a. M. 1979, S. 140-173 [171]

Eckstein, G., Die vierfache Wurzel des Satzes vom unzureichenden Grunde der Grenznutzentheorie. Eine Robinsonade, in: Die neue Zeit, XX. Jg. (1902), Bd. II, S. 810-816, (Neudruck Glashütten 1973) [43]

Ehnts, D. H., Helmedag, F., The Present State of Economics: Errors and Omissions Excepted, in: Feraboli, O., Morelli, C. (Hrsg.), Post-Crash Economics, Plurality and Heterodox Ideas in Teaching and Research, Palgrave Macmillan 2018, S. 149-172 [XV]

Einzig, P., Primitive Money, Its Ethnological, Historical and Economic Aspects, 2. Aufl., Oxford u. a. 1966 [58]

Engels, F., Rezension des Ersten Bandes „Das Kapital" für die „Düsseldorfer Zeitung" (16.11.1867), in: Marx Engels Werke, Bd. 16, Berlin 1975, S. 216-218 [170]

——, Vorwort zu Marx, K., Das Kapital, 2. Bd., Der Zirkulationsprozeß des Kapitals (1885), hrsg. v. Engels, F., in: Marx Engels Werke, Bd. 24., Berlin 1975, S. 7-27 [178, 179]

Erlei, M., Leschke, M., Sauerland, D., Institutionenökonomik, 3. Aufl., Stuttgart 2016 [321]

Eucken, W., Die Grundlagen der Nationalökonomie, 5. Aufl., Godesberg 1947 [9, 11, 34, 79]

Faber, M., Manstetten, R., Der Ursprung der Volkswirtschaftslehre als Bestimmung und Begrenzung ihrer Erkenntnisperspektive, in: Schweizerische Zeitschrift für Volkswirtschaft und Statistik, 124. Jg. (1988), S. 97-121 [11 f., 16, 105]

Farmer, K., Kubin, I., Marktpreise und natürliche Preise: Adam Smiths Konzeption und ihre gegenwärtige Bedeutung aus neoricardianischer und neowalrasianischer Sicht, in: Adam Smith (1723-1790), hrsg. v. Kurz, H. D., Marburg 1990, S. 203-236 [108]

Fees-Dörr, E., Die Redundanz der Mehrwerttheorie, Ein Beitrag zur Kontroverse zwischen Marxisten und Neoricardianern, Marburg 1989 [237]

Flaschel, P., Sraffa's Standard Commodity: No Fulfillment of Ricardo's Dream of an „Invariable Measure of Value", in: Journal of Theoretical and Institutional Economics, Bd. 142 (1986), S. 588-602 [268]

——, The Standard Commodity as a Tool of Economic Analysis: A Reply to Schefold, in: Journal of Theoretical and Institutional Economics, Bd. 142 (1986), S. 623-625 [268]

Forstmann, A., Geld und Kredit, I. Teil, Göttingen 1952 [57, 63, 84]

Fourastie, J., Schneider, J., Warum die Preise sinken, Produktivität und Kaufkraft seit dem Mittelalter, Frankfurt a. M. 1989 [114]

Frey, B. S., Stroebe, W., Ist das Modell des Homo Oeconomicus „unpsychologisch"?, in: Zeitschrift für die gesamte Staatswissenschaft, Bd. 136 (1980), S. 82-97 [92]

——, Der Homo Oeconomicus ist entwicklungsfähig, in: Zeitschrift für die gesamte Staatswissenschaft, Bd. 137 (1981), S. 293-294 [92]

Fröhlich, N., Die Aktualität der Arbeitswertlehre, Theoretische und empirische Aspekte, Marburg 2009 [137, 237]

Fujimori, Y., Modern Analysis of Value Theory, Berlin / Heidelberg / New York 1982 [296]

Fujimoto, T., Duality and the Uniqueness of Growth Equilibrium, in: International Economic Review, Bd. 16 (1975), S. 781-791 [305]

Furness, W. H., The Island of Stone Money: Uap of the Carolines, Philadelphia / London 1910 [61]

Galbraith, J. K., Wirtschaft, Friede und Gelächter (amerikanisch 1971), München / Zürich 1974 [143]

Gale, D., The Theory of Linear Economic Models, New York / Toronto / London 1960 [246, 247]

Galtung, J., Violence, Peace and Peace Research, in: Journal of Peace Research, Bd. 6 (1969), S. 167-191 [47]

Garegnani, P., Heterogeneous Capital, the Production Function and the Theory of Distribution, in: Review of Economic Studies, Bd. 37 (1970), S. 407-436 [265]

——, On a Change in the Notion of Equilibrium in Recent Work on Value and Distribution, in: Brown, M., Sato, K., Zarembka, P. (Hrsg.), Essays in Modern Capital Theory, Amsterdam / New York / Oxford 1976, S. 25-45 [97]

——, Value and Distribution in the Classical Economists and Marx, in: Oxford Economic Papers, Bd. 36 (1984), S. 291-325 [91, 209, 232]

——, surplus approach to value and distribution, in: The New Palgrave, Bd. 4, London / New York / Tokyo 1987, S. 560-574 [90]

——, Kapital, Einkommensverteilung und effektive Nachfrage, hrsg. v. Kurz, H. D., Marburg 1989 [98, 265]

Georgescu-Roegen, N., The Aggregate Linear Production Function and Its Applications to von Neumann's Economic Model, in Koopmans, T. C. (Hrsg.), Activity Analysis of Production and Allokation, New York / London / Sydney 1951, S. 98-115 [245]

Gerloff, W., Die Entstehung des Geldes und die Anfänge des Geldwesens, 3. Aufl., Frankfurt a. M. 1947 [52, 59 f., 63, 79, 83]

——, Geld und Gesellschaft, Frankfurt a. M. 1952 [55, 57, 59, 60, 62 f., 64, 82]

Gossen, H., Entwicklung der Gesetze des menschlichen Verkehrs und der daraus fließenden Regeln für menschliches Handeln, Braunschweig 1854 [102]

Graf, H. G., „Muster-Voraussagen" und „Erklärungen des Prinzips" bei F. A. von Hayek, Tübingen 1978 [36]

Grözinger, G., Konkurrenzpreise und Arbeitswerte, Ein Input-Output-Modell für die Bundesrepublik Deutschland 1960-1984, Marburg 1989 [137]

Haberler, G., Der internationale Handel, Berlin 1933 [316]

Hagemann, H., Kurz, H. D., Schäfer, W. (Hrsg.), Die Neue Makroökonomik, Marktungleichgewicht, Rationierung und Beschäftigung, Frankfurt a. M. / New York 1981 [107]

Hahn, F., Revival of Political Economy: The Wrong Issues and the Wrong Argument, in: Economic Record, Bd. 51 (1975), S. 360-364 [97]

——, The neo-Ricardians, in: Cambridge Journal of Economics, Bd. 6 (1982), S. 353-374 [97, 271]

Harcourt, G. C., The Rate of Profits in Equilibrium Growth Models: A Review Article, in: Journal of Political Economy, Bd. 81 (1973), S. 1261-1277 [237]

Hart, K., barter, in: The New Palgrave, Bd. 1, London / New York / Tokyo 1987, S. 196-198 [51]

Hartfield, G., Wissenschaftliche und soziale Rationalität, Stuttgart 1968 [30]

Hax, H., Rentabilitätsmaximierung als unternehmerische Zielsetzung, in: Zeitschrift für handelswissenschaftliche Forschung, Jg. 13 (1963), S. 337-344 [317]

Hayek, F. A. v., The Pure Theory of Capital (1941), 2. Aufl., London 1950 [96 f.]

——, Three Elucidations of the Ricardo Effect (1969), wieder in: Hayek, F. A. v., New Studies in Philosophy, Politics, Economics and the History of Ideas, Chicago 1978, S. 165-178 [134]

——, The Fatal Conceit, The Errors of Socialism, in: The Collected Works of F. A. Hayek, Bd. 1, hrsg. v. Bartley III, W. W. London 1988 [41]

Heckscher, E. F., Der Merkantilismus, Bd. 2, Jena 1932 [52]

Heilbronner, R. L., Die Entstehung von Märkten und Produktionsfaktoren, in: Schlicht, E., Einführung in die Verteilungstheorie, Reinbek bei Hamburg 1976, S. 85-99 [93]

Helmedag, F., Die Technikwahl bei linearer Einzelproduktion oder Die dritte Krise der Profitrate, Frankfurt a. M. / Bern / New York 1986 [96, 215, 231, 265, 270]

——, Technikwahl, Profitstruktur und Arbeitsproduktivität, in: Jahrbücher für Nationalökonomie und Statistik, Bd. 203 (1987), S. 408-421[2]

——, (Rezension von) Postkeynesianismus, Ökonomische Theorie in der Tradition von Keynes, Kalecki und Sraffa, Marburg 1987, in: Zeitschrift für Wirtschafts- und Sozialwissenschaften, 109. Jg. (1989), S. 148-154 [91]

——, Profit-Raten mittels Profitraten, in: Jahrbücher für Nationalökonomie und Statistik, Bd. 207 (1990), S. 67-83 [272]

——, Lohn- und Profitkurven, in: Wirtschaftswissenschaftliches Studium (WiSt), 20. Jg. (1991), S. 408-412 [97]

——, Zur Berechtigung der grundlegenden theoretischen Konstruktion von Marx im ersten Band des „Kapital“, in: Jahrbücher für Nationalökonomie und Statistik, Bd. 212 (1993), S. 442-450 [186, 187]

——, Ohne Fleiß kein Preis: Nochmals zur Erklärungskraft der Arbeitswertlehre, in: Jahrbücher für Nationalökonomie und Statistik, Bd. 214 (1995), S. 470-482 [200]

——, Geldfunktionen, in: das wirtschaftsstudium (wisu), 24. Jg. (1995), S. 711-717, 729 [78]

——, Die arbeitsteilungskompatible Kalkulation von Produktionspreisen, in: das wirtschaftsstudium (wisu), 26. Jg. (1997), S. 573-582 [221]

[2] Die Aufsätze aus meiner Feder sind fast alle als PDF-Dateien über folgenden Link verfügbar: https://www.tu-chemnitz.de/wirtschaft/vwl2/personal/helmedagold.php.

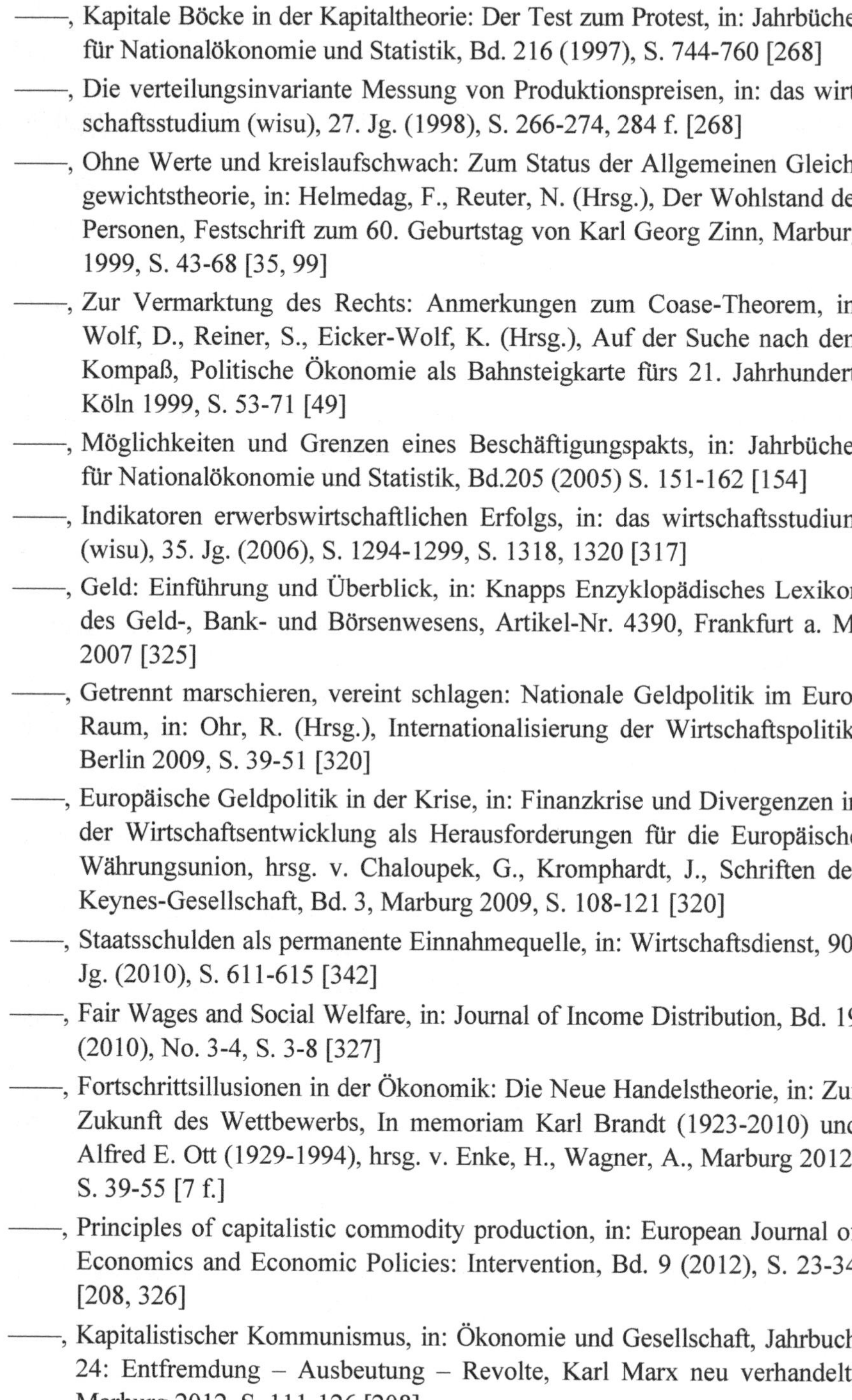

——, Kapitale Böcke in der Kapitaltheorie: Der Test zum Protest, in: Jahrbücher für Nationalökonomie und Statistik, Bd. 216 (1997), S. 744-760 [268]

——, Die verteilungsinvariante Messung von Produktionspreisen, in: das wirtschaftsstudium (wisu), 27. Jg. (1998), S. 266-274, 284 f. [268]

——, Ohne Werte und kreislaufschwach: Zum Status der Allgemeinen Gleichgewichtstheorie, in: Helmedag, F., Reuter, N. (Hrsg.), Der Wohlstand der Personen, Festschrift zum 60. Geburtstag von Karl Georg Zinn, Marburg 1999, S. 43-68 [35, 99]

——, Zur Vermarktung des Rechts: Anmerkungen zum Coase-Theorem, in: Wolf, D., Reiner, S., Eicker-Wolf, K. (Hrsg.), Auf der Suche nach dem Kompaß, Politische Ökonomie als Bahnsteigkarte fürs 21. Jahrhundert, Köln 1999, S. 53-71 [49]

——, Möglichkeiten und Grenzen eines Beschäftigungspakts, in: Jahrbücher für Nationalökonomie und Statistik, Bd.205 (2005) S. 151-162 [154]

——, Indikatoren erwerbswirtschaftlichen Erfolgs, in: das wirtschaftsstudium (wisu), 35. Jg. (2006), S. 1294-1299, S. 1318, 1320 [317]

——, Geld: Einführung und Überblick, in: Knapps Enzyklopädisches Lexikon des Geld-, Bank- und Börsenwesens, Artikel-Nr. 4390, Frankfurt a. M. 2007 [325]

——, Getrennt marschieren, vereint schlagen: Nationale Geldpolitik im Euro-Raum, in: Ohr, R. (Hrsg.), Internationalisierung der Wirtschaftspolitik, Berlin 2009, S. 39-51 [320]

——, Europäische Geldpolitik in der Krise, in: Finanzkrise und Divergenzen in der Wirtschaftsentwicklung als Herausforderungen für die Europäische Währungsunion, hrsg. v. Chaloupek, G., Kromphardt, J., Schriften der Keynes-Gesellschaft, Bd. 3, Marburg 2009, S. 108-121 [320]

——, Staatsschulden als permanente Einnahmequelle, in: Wirtschaftsdienst, 90. Jg. (2010), S. 611-615 [342]

——, Fair Wages and Social Welfare, in: Journal of Income Distribution, Bd. 19 (2010), No. 3-4, S. 3-8 [327]

——, Fortschrittsillusionen in der Ökonomik: Die Neue Handelstheorie, in: Zur Zukunft des Wettbewerbs, In memoriam Karl Brandt (1923-2010) und Alfred E. Ott (1929-1994), hrsg. v. Enke, H., Wagner, A., Marburg 2012, S. 39-55 [7 f.]

——, Principles of capitalistic commodity production, in: European Journal of Economics and Economic Policies: Intervention, Bd. 9 (2012), S. 23-34 [208, 326]

——, Kapitalistischer Kommunismus, in: Ökonomie und Gesellschaft, Jahrbuch 24: Entfremdung – Ausbeutung – Revolte, Karl Marx neu verhandelt, Marburg 2012, S. 111-126 [208]

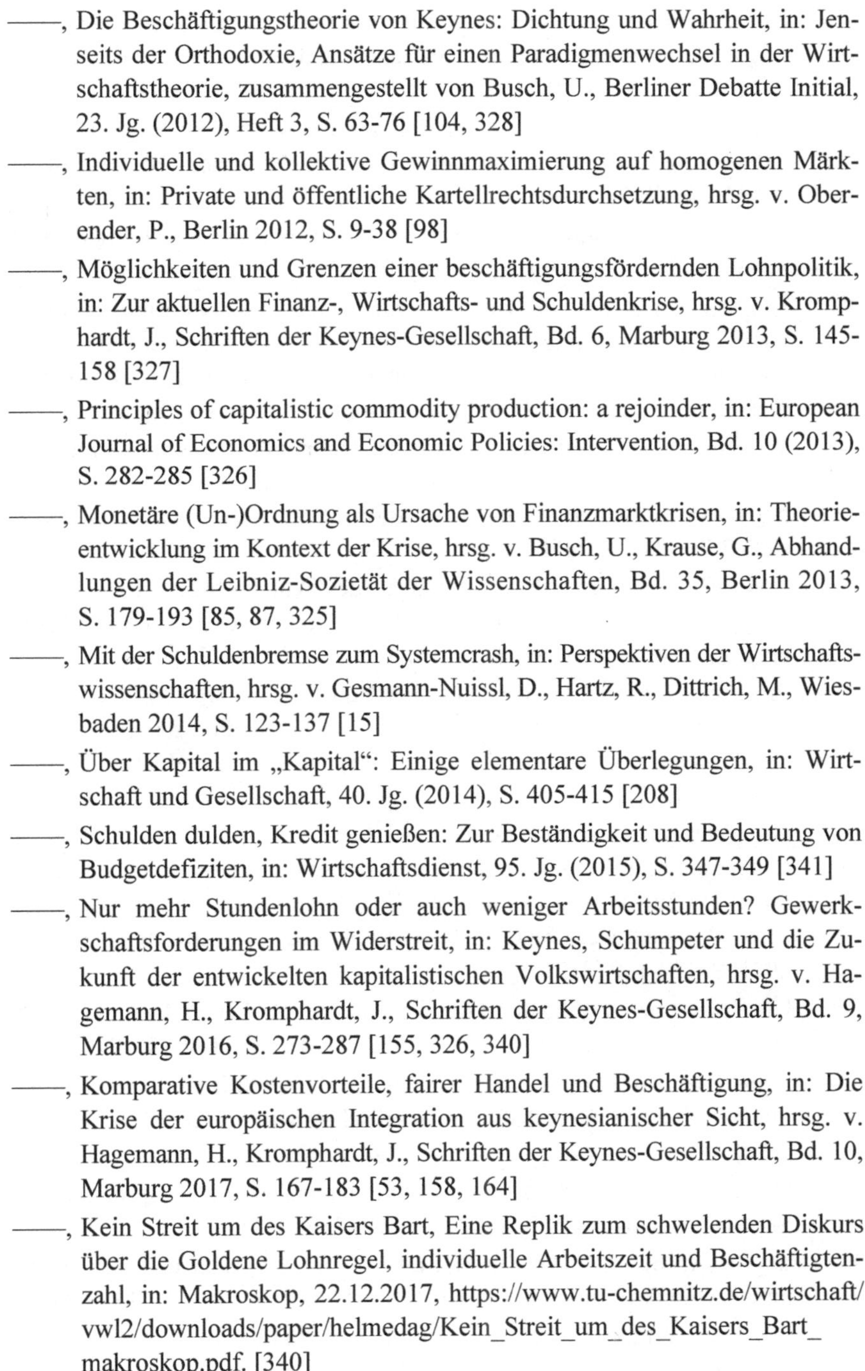

——, Die Beschäftigungstheorie von Keynes: Dichtung und Wahrheit, in: Jenseits der Orthodoxie, Ansätze für einen Paradigmenwechsel in der Wirtschaftstheorie, zusammengestellt von Busch, U., Berliner Debatte Initial, 23. Jg. (2012), Heft 3, S. 63-76 [104, 328]

——, Individuelle und kollektive Gewinnmaximierung auf homogenen Märkten, in: Private und öffentliche Kartellrechtsdurchsetzung, hrsg. v. Oberender, P., Berlin 2012, S. 9-38 [98]

——, Möglichkeiten und Grenzen einer beschäftigungsfördernden Lohnpolitik, in: Zur aktuellen Finanz-, Wirtschafts- und Schuldenkrise, hrsg. v. Kromphardt, J., Schriften der Keynes-Gesellschaft, Bd. 6, Marburg 2013, S. 145-158 [327]

——, Principles of capitalistic commodity production: a rejoinder, in: European Journal of Economics and Economic Policies: Intervention, Bd. 10 (2013), S. 282-285 [326]

——, Monetäre (Un-)Ordnung als Ursache von Finanzmarktkrisen, in: Theorieentwicklung im Kontext der Krise, hrsg. v. Busch, U., Krause, G., Abhandlungen der Leibniz-Sozietät der Wissenschaften, Bd. 35, Berlin 2013, S. 179-193 [85, 87, 325]

——, Mit der Schuldenbremse zum Systemcrash, in: Perspektiven der Wirtschaftswissenschaften, hrsg. v. Gesmann-Nuissl, D., Hartz, R., Dittrich, M., Wiesbaden 2014, S. 123-137 [15]

——, Über Kapital im „Kapital“: Einige elementare Überlegungen, in: Wirtschaft und Gesellschaft, 40. Jg. (2014), S. 405-415 [208]

——, Schulden dulden, Kredit genießen: Zur Beständigkeit und Bedeutung von Budgetdefiziten, in: Wirtschaftsdienst, 95. Jg. (2015), S. 347-349 [341]

——, Nur mehr Stundenlohn oder auch weniger Arbeitsstunden? Gewerkschaftsforderungen im Widerstreit, in: Keynes, Schumpeter und die Zukunft der entwickelten kapitalistischen Volkswirtschaften, hrsg. v. Hagemann, H., Kromphardt, J., Schriften der Keynes-Gesellschaft, Bd. 9, Marburg 2016, S. 273-287 [155, 326, 340]

——, Komparative Kostenvorteile, fairer Handel und Beschäftigung, in: Die Krise der europäischen Integration aus keynesianischer Sicht, hrsg. v. Hagemann, H., Kromphardt, J., Schriften der Keynes-Gesellschaft, Bd. 10, Marburg 2017, S. 167-183 [53, 158, 164]

——, Kein Streit um des Kaisers Bart, Eine Replik zum schwelenden Diskurs über die Goldene Lohnregel, individuelle Arbeitszeit und Beschäftigtenzahl, in: Makroskop, 22.12.2017, https://www.tu-chemnitz.de/wirtschaft/vwl2/downloads/paper/helmedag/Kein_Streit_um_des_Kaisers_Bart_makroskop.pdf. [340]

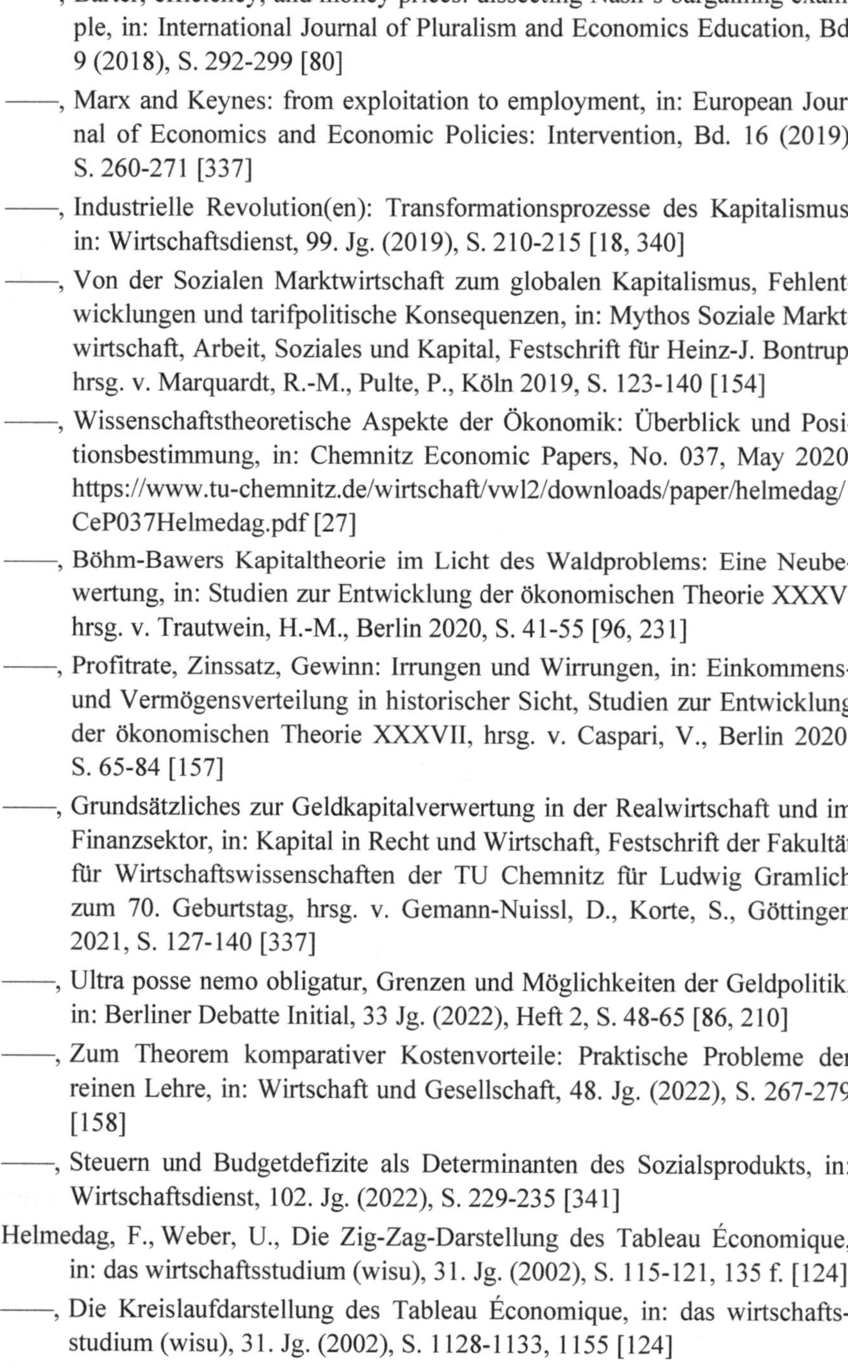

——, Barter, efficiency, and money prices: dissecting Nash's bargaining example, in: International Journal of Pluralism and Economics Education, Bd. 9 (2018), S. 292-299 [80]

——, Marx and Keynes: from exploitation to employment, in: European Journal of Economics and Economic Policies: Intervention, Bd. 16 (2019), S. 260-271 [337]

——, Industrielle Revolution(en): Transformationsprozesse des Kapitalismus, in: Wirtschaftsdienst, 99. Jg. (2019), S. 210-215 [18, 340]

——, Von der Sozialen Marktwirtschaft zum globalen Kapitalismus, Fehlentwicklungen und tarifpolitische Konsequenzen, in: Mythos Soziale Marktwirtschaft, Arbeit, Soziales und Kapital, Festschrift für Heinz-J. Bontrup, hrsg. v. Marquardt, R.-M., Pulte, P., Köln 2019, S. 123-140 [154]

——, Wissenschaftstheoretische Aspekte der Ökonomik: Überblick und Positionsbestimmung, in: Chemnitz Economic Papers, No. 037, May 2020, https://www.tu-chemnitz.de/wirtschaft/vwl2/downloads/paper/helmedag/CeP037Helmedag.pdf [27]

——, Böhm-Bawers Kapitaltheorie im Licht des Waldproblems: Eine Neubewertung, in: Studien zur Entwicklung der ökonomischen Theorie XXXV, hrsg. v. Trautwein, H.-M., Berlin 2020, S. 41-55 [96, 231]

——, Profitrate, Zinssatz, Gewinn: Irrungen und Wirrungen, in: Einkommens- und Vermögensverteilung in historischer Sicht, Studien zur Entwicklung der ökonomischen Theorie XXXVII, hrsg. v. Caspari, V., Berlin 2020, S. 65-84 [157]

——, Grundsätzliches zur Geldkapitalverwertung in der Realwirtschaft und im Finanzsektor, in: Kapital in Recht und Wirtschaft, Festschrift der Fakultät für Wirtschaftswissenschaften der TU Chemnitz für Ludwig Gramlich zum 70. Geburtstag, hrsg. v. Gemann-Nuissl, D., Korte, S., Göttingen 2021, S. 127-140 [337]

——, Ultra posse nemo obligatur, Grenzen und Möglichkeiten der Geldpolitik, in: Berliner Debatte Initial, 33 Jg. (2022), Heft 2, S. 48-65 [86, 210]

——, Zum Theorem komparativer Kostenvorteile: Praktische Probleme der reinen Lehre, in: Wirtschaft und Gesellschaft, 48. Jg. (2022), S. 267-279 [158]

——, Steuern und Budgetdefizite als Determinanten des Sozialprodukts, in: Wirtschaftsdienst, 102. Jg. (2022), S. 229-235 [341]

Helmedag, F., Weber, U., Die Zig-Zag-Darstellung des Tableau Économique, in: das wirtschaftsstudium (wisu), 31. Jg. (2002), S. 115-121, 135 f. [124]

——, Die Kreislaufdarstellung des Tableau Économique, in: das wirtschaftsstudium (wisu), 31. Jg. (2002), S. 1128-1133, 1155 [124]

——, Entwicklungslinien und Schwankungen des Sozialprodukts im Überblick, in: Wirtschaftswissenschaftliches Studium (WiSt), 33. Jg. (2004), S. 80-87 [14]

Helmreich, Th., Das Geldwesen in den deutschen Schutzgebieten, 1. Teil, Neu-Guinea, Fürth 1912 [66]

——, Das Geldwesen in den deutschen Schutzgebieten, 2. Teil, Mikronesien, Fürth 1913 [61]

Hennings, K. H., The Exchange Paradigm and the Theory of Production and Distribution, in: Foundations of Economics, hrsg. v. Baranzini, M., Scazzieri, R., Oxford 1986, S. 221-243 [89, 91]

Herskovits, M. J., Economic Anthropology – A Study in Comparative Economics, New York 1952 [16]

Hicks, J. R., Value and Capital (1939), 2. Aufl., Oxford 1946 [89]

——, Linear Theory (1960), wieder in: Surveys of Economic Theory, Bd. III (Resource Allocation), London u. a. 1966, S. 75-113 [234]

Hildenbrand, K., Hildenbrand, W., Lineare ökonomische Modelle, Berlin / Heidelberg / New York 1975 [246]

Hödl, E., Müller, G. (Hrsg.), Die Neoklassik und ihre Kritik, Frankfurt a. M. 1986 [217]

Hofmann, W. (Hrsg.), Wert- und Preislehre, 2. Auflage, Berlin 1971 [102]

Homans, G. C., Social Behavior as Exchange, in: Homans, G. C., Sentiments and Activities, London 1962, S. 278-293 [42]

——, Elementarformen sozialen Handelns, Köln / Opladen 1968 [42]

Huth, Th., Kapital und Gleichgewicht, Zur Kontroverse zwischen neoklassischer und neoricardianischer Theorie des allgemeinen Gleichgewichts, Marburg 1989 [97, 98, 323]

Hüther, M., Die „Sattelzeitgerechte" Entstehung der Nationalökonomie, Ein Beitrag zur Dogmengeschichte, in: Jahrbücher für Nationalökonomie und Statistik, Bd. 205 (1988), S. 150-162 [16-18, 23]

Hymer, S., Robinson Crusoe and the secret of primitive accumulation, in: Monthly Review, Bd. 23 (1971), S. 11-36, wieder abgedruckt in: Grapard, U., Hewitson, G. (Hrsg.), Robinson Crusoe's Economic Man, A construction and deconstruction, London / New York 2011, S. 42-61 [44]

Immler, H., Natur in der ökonomischen Theorie, Teil 1: Vorklassik – Klassik – Marx, Opladen 1985 [104]

Issing, O., Einführung in die Geldtheorie, 7. Aufl., München 1990 [87]

Jevons, W. St., The Theory of Political Economy, 2. Aufl., London 1879 [26, 88, 284]

Kaldor, N., Alternative Theories of Distribution, in: Review of Economic Studies, Bd. 23 (1955/56), S. 83-100 [119]

——, Capital Accumulation and Economic Growth, in: The Theory of Capital, hrsg. v. Lutz, F. A., Hague, D. C., London 1961, S. 177-222 [334]

Kant, I., Prolegomena zu einer jeden künftigen Metaphysik, die als Wissenschaft wird auftreten können (1783), hrsg. v. Schmid, R., Leipzig 1944 [2]

Kaufmann, F.-X., Wirtschaftssoziologie I: Allgemeine, in: Handwörterbuch der Wirtschaftswissenschaft, Bd. 9, Stuttgart / Tübingen / Göttingen 1982, S. 239-267 [38]

Kesting, H., Produktionspreise, Wachstum und Verteilung, Marburg 1990 [223, 248]

Keynes, J. M., The General Theory of Employment, Interest and Money (1936), in: The Collected Writings of John Maynard Keynes, Bd. VII, Cambridge 1978 [28, 104, 328, 330]

——, Relative Movements of Real Wages and Output (1939), wiederabgedruckt in: The Collected Writings of John Maynard Keynes, Bd. VII, Cambridge 1978, S. 394-412 [336]

King, J. E., David Ricardo, Houndmills / New York 2013 [158]

Kirsch, G., Zwang, Tausch und Geschenk, in: das wirtschaftsstudium (wisu), 17. Jg. (1988), S. 221-226 [46]

Knapp, G. F., Staatliche Theorie des Geldes (1905), 3. Aufl., München / Leipzig 1921 [69, 84]

Knie, A., Das Konservative des technischen Fortschritts – Zur Bedeutung von Konstruktionstraditionen, Forschungs- und Konstruktionsstilen in der Technikgenese, Wissenschaftszentrum Berlin 1989 (FS II 89-101) [20]

Knight, F. H., The Ricardian Theory of Production and Distribution, in: The Canadian Journal of Economics and Political Science, Bd. 1 (1935), S. 171-196 [223]

Koch, H., Das Wirtschaftlichkeitsprinzip als betriebswirtschaftliche Maxime, in: Zeitschrift für handelswirtschaftliche Forschung, 3. Jg. (1951), S. 160-170 [252]

Köhler, M., Akkulturation in der Südsee, Die Kolonialgeschichte der Karolinen-Inseln im pazifischen Ozean und der Wandel ihrer sozialen Organisation, Frankfurt a. M. / Bern 1982 [60 f.]

Koopmans, J. G., Zum Problem des „neutralen“ Geldes, in: Beiträge zur Geldtheorie, hrsg. v. Hayek, F. A. v., Wien 1933, S. 211-359 [80]

Koopmans, T. C. (Hrsg.), Activity Analysis of Production and Allocation, New York / London / Sydney 1951 [245]

Kratena, K., Produktion, Umweltpolitik und Einkommensverteilung, in: Jahrbücher für Nationalökonomie und Statistik, Bd. 207 (1990), S. 417-431 [217]

Krause, U., Geld und abstrakte Arbeit, Über die analytischen Grundlagen der Politischen Ökonomie, Frankfurt a. M. / New York 1979 [73]

——, Elemente einer multisektoralen Analyse der Arbeit, in: Gesellschaft, Beiträge zur Marxschen Theorie 13, Frankfurt a. M. 1979, S. 15-53 [296]

Krelle, W., Die kapitaltheoretische Kontroverse, Test zum Reswitching-Problem, in: Zeitschrift für Wirtschafts- und Sozialwissenschaften, 98. Jg. (1978), S. 1-31 [265]

Krämer, H., Bowley's Law: The Diffusion of an Empirical Supposition into Economic Theory, in: Papers in Political Economy, Bd. 61 (2011), Heft 2, S. 19-49 [334, 336]

Kromphardt, J., Wirtschaftswissenschaft II: Methoden und Theoriebildung in der Volkswirtschaftslehre, in: Handwörterbuch der Wirtschaftswissenschaft, Bd. 9, Stuttgart / Tübingen / Göttingen 1982, S. 904-936 [92]

——, Analysen und Leitbilder des Kapitalismus von Adam Smith bis zum Finanzmarktkapitalismus, Marburg 2015 [19]

Kubin, J., Neoricardianische Gleichgewichtsmodelle und Änderungen in der Zusammensetzung der Nachfrage, Marburg 1989 [91]

Kurz, H. D., Adam Smiths Komponententheorie der relativen Preise und ihre Kritik, in: Zeitschrift für die gesamte Staatswissenschaft, Bd. 132 (1976), S. 691-709 [114, 235]

——, Zur neoricardianischen Theorie des Allgemeinen Gleichgewichts der Produktion und Zirkulation, Berlin 1977 [32, 257, 258, 292]

——, Rent Theory in a Multisectoral Model, in: Oxford Economic Papers, Bd. 36 (1978), S. 16-37 [284]

——, Sraffa After Marx, in: Australien Economic Papers, Bd. 18 (1979), S. 52-70 [291, 296, 314 f.]

——, Zum Problem der Rente in der Wert- und Produktionspreistheorie, in: Gesellschaft, Beiträge zur Marxschen Theorie 13, Frankfurt a. M. 1979, S. 174-200 [238, 298]

——, Classical and Early Neoclassical Economists on Joint Production, in: Metroeconomica, Bd. 36 (1986), S. 1-37 [283]

——, capital theory: debates, in: The New Palgrave, Bd. 1, London / New York / Tokyo 1987, S. 357-363 [97]

——, Adam Smith, die Regel der freien Güter und die „vent for surplus"-Begründung des Außenhandels, in: Kurz, H., D. (Hrsg.), Adam Smith (1723-1790), Marburg 1990, S. 237-260 [282]

——, Don't treat too ill my Piero! Interpreting Sraffa's papers, in: Cambridge Journal of Economics, Bd. 36 (2012), S. 1535-1569 [XIV]

——, Ökonomisches Denken in drei Jahrhunderten, Band 1: Bedeutende Ökonomen, Band 2: Ausgewählte Felder und Themen, Marburg 2021 [206]

Kurz, H. D., Kalmbach, P., Elemente einer neuklassischen Analyse von Verteilung, Wert, Akkumulation und Beschäftigung: eine Skizze, in: Wirtschaftstheorie und Wirtschaftspolitik, Gedenkschrift für Erich Preiser, hrsg. v. Mückl, W. J., Ott, A. E., Passau 1981, S. 283-311 [217 f.]

Lancaster, K., Mathematical Economics, New York 1968 [247]

Landshut, S., Historische Analyse des Begriffs des „Ökonomischen" (1969), in: Wehler, H.-U. (Hrsg.), Geschichte und Ökonomie, Köln 1973, S. 40-53 [12 f., 25, 42]

Laum, B., Heiliges Geld, Eine historische Untersuchung über den sakralen Ursprung des Geldes, Tübingen 1924 [45, 57, 62, 65-69]

Leach, J. W., Leach, E. (Hrsg.), The Kula, New Perspectives on Massim Exchange, Cambridge u. a. 1983 [70]

Lehner, H., Meran, G., Möller, J., De Statu Corruptionis, Entscheidungslogische Einübungen in die Höhere Amoralität, Konstanz / Litzelstetten 1980 [6]

Leontief, W., The Structure of the American Economy 1919-1935, An Empirical Application of Equilibrium Analysis, 2. Aufl., New York 1960 [245]

Levhari, D., A Nonsubstitution Theorem and Switching of Techniques, in: The Quarterly Journal of Economics, Bd. 79 (1965), S. 98-105 [249]

Levhari, D., Samuelson, P. A., The Nonswitching Theorem is False, in: Quarterly Journal of Economics, Bd. 80 (1966), S. 518-519 [249]

Lilley, S., Technischer Fortschritt und die Industrielle Revolution 1700-1914, in: Cipolla, C. M., Borchardt, K. (Hrsg.), Europäische Wirtschaftsgeschichte, Bd. 3, Die Industrielle Revolution, Stuttgart / New York 1985, S. 119-163 [17, 20 f.]

Lorenz, W., Wright, R., Die Messung geschlechtsspezifischer Einkommensdiskriminierung, in: Wirtschaftswissenschaftliches Studium (WiSt), 19. Jg. (1990), S. 573-577 [324]

Luhmann, N., Knappheit, Geld und die bürgerliche Gesellschaft, in: Jahrbuch für Sozialwissenschaft, Bd. 23 (1972), S. 186-210 [10]

Mainwaring, L., Value and Distribution in Capitalist Economies, Cambridge 1984 [246]

Malinowski, B., Argonauten des westlichen Pazifik, Ein Bericht über Unternehmungen und Abenteuer der Eingeborenen in den Inselwelten von Melanesisch-Neuguinea (englisch 1922), Frankfurt a. M. 1979 [70]

Malthus, Th. R., Brief an Ricardo, 5. August 1814, in: The Works and Correspondence of David Ricardo, hrsg. v. Sraffa, P., Bd. VI, Cambridge 1973, S. 115-118 [128]

——, Brief an Ricardo, 10. März 1815, in: The Works and Correspondence of David Ricardo, hrsg. v. Sraffa, P., Bd. VI, Cambridge 1973, S. 181-183 [127]

——, Brief an Ricardo, 12. März 1815, in: The Works and Correspondence of David Ricardo, hrsg. v. Sraffa, P., Bd. VI, Cambridge 1973, S. 185 f. [128]

——, Brief an Horner, 14. März 1815, in: The Works and Correspondence of David Ricardo, hrsg. v. Sraffa, P., Bd. VI, Cambridge 1973, S. 186-188 [129]

Manara, C. F., Sraffa's Model for the Joint Production of Commodities by Means of Commodities (italienisch 1968), in: Pasinetti, L. (Hrsg.), Essays on the Theory of Joint Production, London / Basingstoke 1980, S. 1-15 [287]

Maneschi, A., Ricardo's Four Magic Numbers, in: The Elgar Companion to David Ricardo, hrsg. v. Kurz, H. D., Salvadori, N., Cheltenham / Northampton 2015, S. 482-489 [159]

Marglin, S., Was tun die Vorgesetzten? Ursprünge und Funktionen der Hierarchie in der kapitalistischen Produktion, in: Duve, F. (Hrsg.), Technologie und Politik, Bd. 8, Die Zukunft der Arbeit 1, Reinbeck bei Hamburg 1977, S. 148-203 [20]

Marshall, A., Principles of Economics (1890), 8. Aufl., London 1952 [26 f., 32, 108, 116, 214]

——, Handbuch der Volkswirtschaftslehre, Stuttgart / Berlin 1905 [27]

Marx, K., Brief an Friedrich Engels, 30. April 1868, in: Marx-Engels Werke, Bd. 32, Berlin 1974, S. 70-75 [212]

—— Das Elend der Philosophie (französisch 1847), in: Marx Engels Werke, Bd. 4, Berlin 1977, S. 63-182 [299]

——, Zur Kritik der Politischen Ökonomie (1859), in: Marx Engels Werke, Bd. 13, Berlin 1978, S. 1-160 [21, 169]

——, Das Kapital, 1. Bd., Der Produktionsprozeß des Kapitals (1867), in: Marx Engels Werke, Bd. 23, Berlin 1977 [15, 31, 70, 81 f., 89 f., 169, 172-180, 182, 195, 208, 325]

——, Das Kapital, 2. Bd., Der Zirkulationsprozeß des Kapitals (1885), hrsg. v. Engels, F., in: Marx Engels Werke, Bd. 24, Berlin 1975 [113, 180, 205, 208]

——, Das Kapital, 3. Bd., Der Gesamtprozeß der kapitalistischen Produktion (1894), hrsg. v. Engels, F., in: Marx Engels Werke, Bd. 25, Berlin 1976, englisch: Capital, Vol. III, Chicago 1909 [173, 176, 179, 180-182, 184-186, 204, 206, 208, 229, 325]

——, Theorien über den Mehrwert, 1. Teil, in: Marx Engels Werke, Bd. 26.1, Berlin 1974 [178]

——, Theorien über den Mehrwert, 2. Teil, in: Marx Engels Werke, Bd. 26.2, Berlin 1974 [83, 140, 173, 197]

——, Theorien über den Mehrwert, 3. Teil, in: Marx Engels Werke, Bd. 26.3, Berlin 1976 [31, 172, 199]

Mathes, M. (Hrsg.), Geschichte der Technik, Düsseldorf 1983 [22]

Mathias, P., Wer entfesselte Prometheus? Naturwissenschaft und technischer Wandel von 1600-1800, in: Industrielle Revolution, hrsg. v. Braun, R. u. a., Köln 1972, S. 121-138 [21]

Matschoss, C., Die Entwicklung der Dampfmaschine, 2 Bände, Berlin 1908 [21]

Mauss, M., Die Gabe (französisch 1923/24), 2. Aufl., Frankfurt a. M. 1984 [38-40]

McKenzie, R. B., Tullock, G., The New World of Economics – Explorations Into Human Experience, 2. Aufl., Homewood 1978, deutsch: Homo Oeconomicus, Ökonomische Dimensionen des Alltags, Frankfurt a. M. / New York 1984 [6]

Menger, C., Geld, in: Handwörterbuch der Staatswissenschaften, Bd. IV, 3. Aufl., Jena 1909, S. 555-610 [57]

——, Grundsätze der Volkswirtschaftslehre (1871), 2. Aufl., hrsg. v. Menger, K., Wien / Leipzig 1923 [37, 72, 88, 90]

——, Untersuchungen über die Methode der Socialwissenschaften und der Politischen Ökonomie insbesondere (1883), in: Gesammelte Werke, hrsg. v. Hayek, F. A. v., Bd. 2, Tübingen 1969 [29, 31, 32, 37]

Mettelsiefen, B., Technischer Wandel und Beschäftigung, Rekonstruktion der Freisetzungs- und Kompensationsdebatten, Frankfurt a. M. / New York 1981 [324]

Mill, J., Brief an Ricardo, 23. August 1815, in: The Works and Correspondence of David Ricardo, hrsg. v. Sraffa, P., Bd. VI, Cambridge 1973, S. 250-254 [129]

——, Brief an Ricardo, 22. Dezember 1815, in: The Works and Correspondence of David Ricardo, hrsg. v. Sraffa, P., Bd. VI, Cambridge 1973, S. 337-341 [130]

——, Elements of Political Economy, London 1821 [74]

Mill, J. St., Einige ungelöste Probleme der politischen Ökonomie, hrsg. v. Nutzinger, H. G., Frankfurt a. M. 1976 (Neuauflage Marburg 2008) [31]

——, Über die Definition der politischen Ökonomie und die ihr angemessene Forschungsmethode, in: Mill, J. St., Einige ungelöste Probleme der politischen Ökonomie (englisch 1844), hrsg. v. Nutzinger, H. G., Frankfurt a. M. 1976, S. 146-184 [31, 35, 37]

Minsky, H. P., John Maynard Keynes (amerikanisch 1975), Marburg 1990 [318]

Mirrlees, J. A., The Dynamic Nonsubstitution Theory Theorem, in: Review of Economic Studies, Bd. 36 (1969), S. 67-76 [248 f.]

Morel, J. u. a., Soziologische Theorie, Abriß der Ansätze ihrer Hauptvertreter, München / Wien 1989 [42]

Morishima, M., Refutation of the Nonswitching Theorem, in: Quarterly Journal of Economics, Bd. 80 (1966), S. 520-525 [249]

——, Marx's Economics: A Dual Theory of Value and Growth, Cambridge 1973 [171, 190, 240]

——, Marx in the Light of Modern Economic Theory, in: Econometrica, Bd. 42 (1974), S. 611-632 [296 f.]

——, Positive Profits With Negative Surplus Value – A Comment, in: The Economic Journal, Bd. 86 (1976), S. 599-603 [297 f.]

Morishima, M., Catephores, G., Value, Exploitation and Growth, London 1978 [297]

Morishima, M., Seton, F., Aggregation in Leontief Matrices and the Labour Theory of Value, in: Econometrica, Bd. 29 (1961), S. 203-220 [190]

Napoleoni, C., Ricardo und Marx, hrsg. V. Pennavaja, C., Frankfurt a. M. 1974 [115, 184]

Nash, J., The bargaining problem, in: Econometrica, Bd. 18 (1950), S. 155-162 [80]

Needham, J., Science and Civilization in China, 7 Bände, Cambridge 1954 ff. (Reprint 1972 ff.) [22]

Neumann, J. v., Über ein ökonomisches Gleichungssystem und eine Verallgemeinerung des Brouwerschen Fixpunktsatzes (1937), wieder in: Mathematische Wirtschaftstheorie, hrsg. v. Beckmann, M. J., Sato, R., Köln 1975, S. 172-181, englisch: A Model of General Economic Equilibrium (1945/6), wieder in: Readings in the Theory of Growth, hrsg. v. Hahn, F., London / Basingstoke 1971, S. 1-9 [301, 302]

Neumann, J. v., Morgenstern, O., Spieltheorie und wirtschaftliches Verhalten (amerikanisch 1943), 2. Aufl., Würzburg 1967 [217]

Neumann, M., Theoretische Volkswirtschaftslehre II, Produktion, Nachfrage und Allokation, München 1982 [52]

Newman, P., Production of Commodities by Means of Commodities, in: Schweizerische Zeitschrift für Volkswirtschaft und Statistik, 98. Jg. (1962), S. 58-75 [255, 257]

——, Brief an Sraffa, 8. Juni 1962, abgedruckt bei: Bharadwaj, K., On the Maximum Numbers of Switches Between Two Production Systems, in: Schweizerische Zeitschrift für Volkswirtschaft und Statistik, 106. Jg. (1970), S. 409-429, S. 426 f. [258]

Nikaido, H., Introduction to Sets and Mappings in Modern Economics, Amsterdam / London 1970 [303]

Nobel, K., Außenhandelseffekte in linearen Wachstumsmodellen, Berlin 1982 [217]

North, D. C., Structure and Change in Economic History, New York / London 1981 [16]

Nowoshilow, W., Arbeitswerttheorie und Mathematik, in: Sowjetwissenschaften, 1965, S. 1029-1047 [247]

Nutzinger, H. G., Concepts of Value in Linear Economic Models, in: Operations Research Verfahren, Bd. 26 (1977), S. 717-724 [237]

Nutzinger, H. G., Wolfstetter, E. (Hrsg.), Die Marxsche Theorie und ihre Kritik, Bd. I, Frankfurt a. M. / New York 1974 [171]

Okishio, N., A Mathematical Note on Marxian Theorems, in: Weltwirtschaftliches Archiv, Bd. 91 (1963) S. 287-299, deutsch in: Nutzinger, H. G., Wolfstetter, E. (Hrsg.) Die Marxsche Theorie und ihre Kritik, Bd. II, Frankfurt a. M. / New York 1974, S. 39-53 [190]

Ott, A. E., Wirtschaftstheorie, Eine erste Einführung, Göttingen 1989 [46]

Pareto, V., Manual of Political Economy (Übersetzung der französischen Ausgabe von 1927), London / Basingstoke 1971 [89]

Pasinetti, L., A Mathematical Formulation of the Ricardian System, in: Review of Economic Studies, Bd. 27 (1960), S. 78-98 [118, 145]

——, On „non-substitution“ in production models, in: Cambridge Journal of Economics, Bd. 1 (1977), S. 389-394 [251]

——, The Unpalatability of the Reswitching of Techniques, in: Revue d'Economie Politique, 89. Jg. (1979), S. 637-642 [269]

——, The Notion of Vertical Integration in Economic Analysis, wieder in: Pasinetti, L. (Hrsg.), Essays on the Theory of Joint Production, London / Basingstoke 1980, S. 16-43 [234]

——, Introductory Note: Joint Production, in: Pasinetti, L. (Hrsg.), Essays on the Theory of Joint Production, London / Basingstoke 1980, S. xii-xvii [285]

——, Structural Change and Economic Growth, A theoretical essay on the dynamics of the wealth of nations, Cambridge u. a. 1981 [102]

——, Vorlesungen zur Theorie der Produktion (italienisch 1975), Marburg 1988 [145, 187, 220, 223, 267]

Patinkin, D., Money, Interest and Prices, 2. Aufl., New York u. a. 1965 [84]

Paulinyi, A., Die industrielle Revolution, in: Troitzsch, U., Weber, W. (Hrsg.), Die Technik, Stuttgart 1987, S. 232-281 [20]

Peter, H., Einführung in die politische Ökonomie, Stuttgart / Köln 1950 [8]

Petrovic, P., The deviation of production prices from labour values: some methodology and empirical evidence, in: Cambridge Journal of Economics, Bd. 11 (1987), S. 197-210 [137]

Petry, F., Der soziale Gehalt der Marxschen Werttheorie, Jena 1916. Teilweise wiederabgedruckt in: Nutzinger, H. G., Wolfstetter, E. (Hrsg.), Die Marxsche Theorie und ihre Kritik, Bd. I, Frankfurt a. M. / New York 1974, S. 197-228 [171]

Pichler, E., Vollautomatische Güterproduktion, Marburg 1990 [242]

Pigou, A. C., The Economics of Welfare (1920), 4. Aufl., London 1952 [49]

Polanyi, K., The Great Transformation, New York / Toronto 1944 [25]

——, The Economy as Instituted Process, in: Polanyi, K., Arensberg, C. M., Pearson, H. W. (Hrsg.), Trade and Market in the Early Empires, Glencoe 1957, S. 243-270 [39]

——, Reziprozität, Redistribution und Tausch, wieder in: Schlicht, E. (Hrsg.), Einführung in die Verteilungstheorie, Reinbeck bei Hamburg 1976, S. 66-72 [39, 40]

——, Ökonomie und Gesellschaft, Frankfurt a. M. 1979 [16, 39, 54, 60, 69]

Polanyi, K., Arensberg, L. M., Pearson, H. W. (Hrsg.), Trade and Market in the Early Empires, Glencoe 1957 [16]

Preiser, E., Wachstum und Einkommensverteilung, 3. Aufl., Heidelberg 1970 [230]

Quesnay, F., Tableau économique (französisch 1759), hrsg. v. Kuczynski, M., Berlin 1965 [326]

Quiggin, A. H., A Survey of Primitive Money, The Beginning of Currency (1949), New York / London 1970 [58]

Radwitzky, G., Bernholz, P. (Hrsg.), Economic Imperialism, The Economic Approach Applied Outside the Field of Economics, New York 1987 [7]

Recktenwald, H. C., Würdigung des Werkes, in: Smith, A., Der Wohlstand der Nationen, Eine Untersuchung seiner Natur und seiner Ursachen, aus dem Englischen von Recktenwald, H. C., München 1978, S. XV-LXXIX [111, 200]

Ricardo, D., Brief an Malthus, 17. August 1813, in: The Works and Correspondence of David Ricardo, hrsg. v. Sraffa, P., Bd. VI, Cambridge 1973, S. 94-95 [117]

——, Brief an Trower, 8. März 1814, in: The Works and Correspondence of David Ricardo, hrsg. v. Sraffa, P., Bd. VI, Cambridge 1973, S. 103-105 [125]

——, An Essay on the Influence of a low Price of Corn on the Profits of Stock (1815), in: The Works and Correspondence of David Ricardo, hrsg. v.

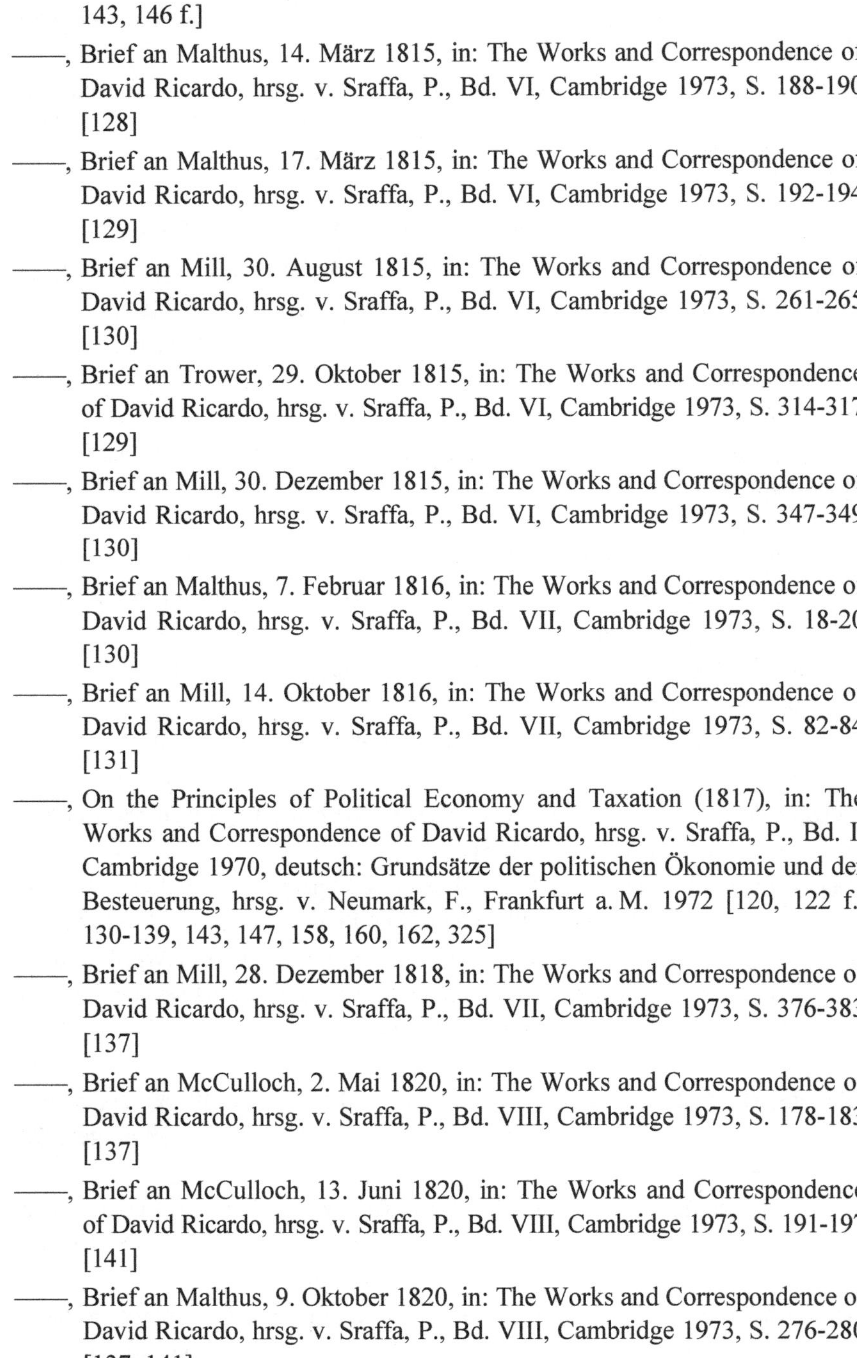

Sraffa, P., Bd. IV, Cambridge 1951, S. 9-41 [117 f., 122, 124-126, 137, 143, 146 f.]

——, Brief an Malthus, 14. März 1815, in: The Works and Correspondence of David Ricardo, hrsg. v. Sraffa, P., Bd. VI, Cambridge 1973, S. 188-190 [128]

——, Brief an Malthus, 17. März 1815, in: The Works and Correspondence of David Ricardo, hrsg. v. Sraffa, P., Bd. VI, Cambridge 1973, S. 192-194 [129]

——, Brief an Mill, 30. August 1815, in: The Works and Correspondence of David Ricardo, hrsg. v. Sraffa, P., Bd. VI, Cambridge 1973, S. 261-265 [130]

——, Brief an Trower, 29. Oktober 1815, in: The Works and Correspondence of David Ricardo, hrsg. v. Sraffa, P., Bd. VI, Cambridge 1973, S. 314-317 [129]

——, Brief an Mill, 30. Dezember 1815, in: The Works and Correspondence of David Ricardo, hrsg. v. Sraffa, P., Bd. VI, Cambridge 1973, S. 347-349 [130]

——, Brief an Malthus, 7. Februar 1816, in: The Works and Correspondence of David Ricardo, hrsg. v. Sraffa, P., Bd. VII, Cambridge 1973, S. 18-20 [130]

——, Brief an Mill, 14. Oktober 1816, in: The Works and Correspondence of David Ricardo, hrsg. v. Sraffa, P., Bd. VII, Cambridge 1973, S. 82-84 [131]

——, On the Principles of Political Economy and Taxation (1817), in: The Works and Correspondence of David Ricardo, hrsg. v. Sraffa, P., Bd. I, Cambridge 1970, deutsch: Grundsätze der politischen Ökonomie und der Besteuerung, hrsg. v. Neumark, F., Frankfurt a. M. 1972 [120, 122 f., 130-139, 143, 147, 158, 160, 162, 325]

——, Brief an Mill, 28. Dezember 1818, in: The Works and Correspondence of David Ricardo, hrsg. v. Sraffa, P., Bd. VII, Cambridge 1973, S. 376-383 [137]

——, Brief an McCulloch, 2. Mai 1820, in: The Works and Correspondence of David Ricardo, hrsg. v. Sraffa, P., Bd. VIII, Cambridge 1973, S. 178-183 [137]

——, Brief an McCulloch, 13. Juni 1820, in: The Works and Correspondence of David Ricardo, hrsg. v. Sraffa, P., Bd. VIII, Cambridge 1973, S. 191-197 [141]

——, Brief an Malthus, 9. Oktober 1820, in: The Works and Correspondence of David Ricardo, hrsg. v. Sraffa, P., Bd. VIII, Cambridge 1973, S. 276-280 [137, 141]

——, Absoluter Wert und Tauschwert, in: Ökonomische Klassik im Umbruch, hrsg. v. Schefold, B., Frankfurt a. M. 1986, S, 15-33 [136]

Richter, R., Sichtweise und Fragestellung der Neuen Institutionenökonomik, in: Zeitschrift für Wirtschafts- und Sozialwissenschaften, 110. Jg. (1990), S. 571-591 [321]

Robbins, L., An Essay on the Nature and Significance of Economic Science (1932), 2. Aufl., London 1952 [5, 10, 48]

Robertson, D. H., Das Geld, Berlin 1924 [61]

Robinson, J., The Production Function and the Theory of Capital, in: The Review of Economic Studies, Bd. 21 (1953/54), S. 81-106 [215]

——, Ideology and Analysis, wieder in: The Subtle Anatomy of Capitalism, hrsg. v. Schwartz, J., Santa Monica 1977, S. 364-370 [204]

——, Introduction, in: Walsh, V., Gram, H., Classical and Neoclassical Theories of General Equilibrium New York / Oxford 1980, S. xi-xvi [8]

Roemer, J. E., Analytical Foundations of Marxian Economic Theory, Cambridge 1981 [240]

——, Value, Exploitation and Class, Chur u. a. 1986 [170, 241]

Roncaglia, A., Sraffa and the Theory of Prices, Chichester u. a. 1978 [232 f.]

Rosner, P., Arbeit und Reichtum, Ein Beitrag zur Geschichte ökonomischer Theorie, Frankfurt a. M. / New York 1982 [325]

Rothschild, K. W., Wie nützlich ist der Homo Oeconomicus? Bemerkungen zu einem Aufsatz von Bruno S. Frey und Wolfgang Stroebe, in: Zeitschrift für die gesamte Staatswissenschaft, Bd. 137 (1981), S. 289-292 [92]

Salvadori, N., Existence of Cost-Minimizing Systems within the Sraffa Framework, in: Zeitschrift für Nationalökonomie, Bd. 42 (1982), S. 281-298 [288]

——, Switching in Methods of Production and Joint Production, in: The Manchester School, Bd. 53 (1985), S. 156-178 [288]

Salvadori, N., Signorino, R., From stationery state to endogenous growth: international trade in the mathematical formulation of the Ricardian system, in: Cambridge Journal of Economics, Bd. 40 (2016), S. 895-912 [145]

Samuelson, P. A., Economics, New York 1948 [239]

——, Abstract of a Theorem Concerning Substitutability in Open Leontief Models, in: Koopmans, T. C. (Hrsg.), Activity Analysis of Production and Allocation, New York / London / Sydney 1951, S. 142-146 [245]

——, A New Theorem on Nonsubstitution, in: Money, Growth and Methodology and Other Essays in Economics in Honor of Johan Åkerman, hrsg. v. Hegeland, H., Lund 1961, S. 407-423 [245]

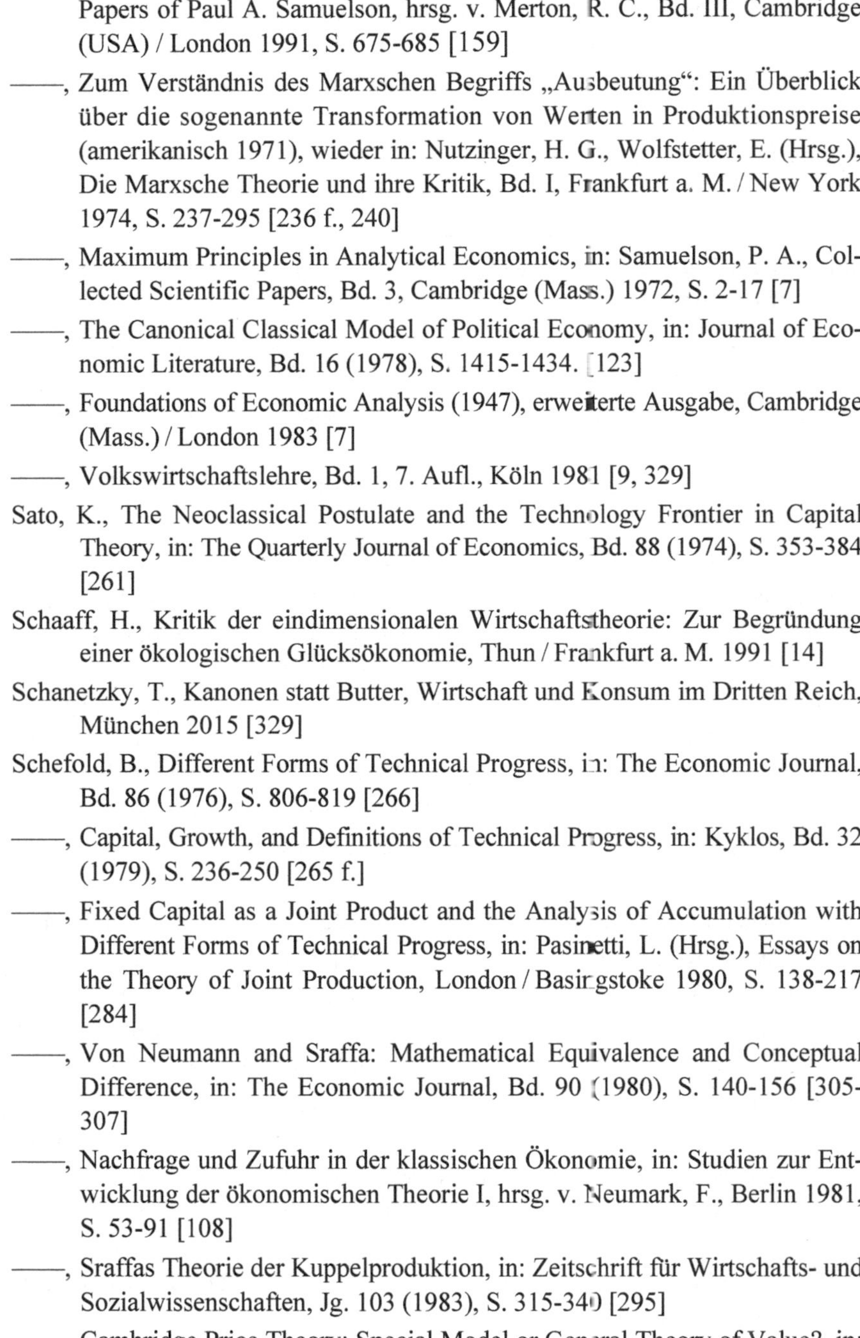

——, The Way of an Economist (1969), wieder in: The Collected Scientific Papers of Paul A. Samuelson, hrsg. v. Merton, R. C., Bd. III, Cambridge (USA) / London 1991, S. 675-685 [159]

——, Zum Verständnis des Marxschen Begriffs „Ausbeutung“: Ein Überblick über die sogenannte Transformation von Werten in Produktionspreise (amerikanisch 1971), wieder in: Nutzinger, H. G., Wolfstetter, E. (Hrsg.), Die Marxsche Theorie und ihre Kritik, Bd. I, Frankfurt a. M. / New York 1974, S. 237-295 [236 f., 240]

——, Maximum Principles in Analytical Economics, in: Samuelson, P. A., Collected Scientific Papers, Bd. 3, Cambridge (Mass.) 1972, S. 2-17 [7]

——, The Canonical Classical Model of Political Economy, in: Journal of Economic Literature, Bd. 16 (1978), S. 1415-1434. [123]

——, Foundations of Economic Analysis (1947), erweiterte Ausgabe, Cambridge (Mass.) / London 1983 [7]

——, Volkswirtschaftslehre, Bd. 1, 7. Aufl., Köln 1981 [9, 329]

Sato, K., The Neoclassical Postulate and the Technology Frontier in Capital Theory, in: The Quarterly Journal of Economics, Bd. 88 (1974), S. 353-384 [261]

Schaaff, H., Kritik der eindimensionalen Wirtschaftstheorie: Zur Begründung einer ökologischen Glücksökonomie, Thun / Frankfurt a. M. 1991 [14]

Schanetzky, T., Kanonen statt Butter, Wirtschaft und Konsum im Dritten Reich, München 2015 [329]

Schefold, B., Different Forms of Technical Progress, in: The Economic Journal, Bd. 86 (1976), S. 806-819 [266]

——, Capital, Growth, and Definitions of Technical Progress, in: Kyklos, Bd. 32 (1979), S. 236-250 [265 f.]

——, Fixed Capital as a Joint Product and the Analysis of Accumulation with Different Forms of Technical Progress, in: Pasinetti, L. (Hrsg.), Essays on the Theory of Joint Production, London / Basingstoke 1980, S. 138-217 [284]

——, Von Neumann and Sraffa: Mathematical Equivalence and Conceptual Difference, in: The Economic Journal, Bd. 90 (1980), S. 140-156 [305-307]

——, Nachfrage und Zufuhr in der klassischen Ökonomie, in: Studien zur Entwicklung der ökonomischen Theorie I, hrsg. v. Neumark, F., Berlin 1981, S. 53-91 [108]

——, Sraffas Theorie der Kuppelproduktion, in: Zeitschrift für Wirtschafts- und Sozialwissenschaften, Jg. 103 (1983), S. 315-340 [295]

——, Cambridge Price Theory: Special Model or General Theory of Value?, in: The American Economic Review, Bd. 75 (1985), S. 140-145 [98]

——, Sraffa and Applied Economics: Joint Production, in: Political Economy, Bd. 1 (1985), S. 17-40 [286]

——, The Standard Commodity as a Tool of Economic Analysis: A Comment on Flaschel, in: Journal of Institutional and Theoretical Economics, Bd. 142 (1986), S. 603-622 [286]

——, Über Änderungen in der Zusammensetzung des Endprodukts, in: Postkeynesianismus, Ökonomische Theorie in der Tradition von Keynes, Kalecki und Sraffa, Marburg 1987, S. 119-164 [91]

——, (unter Mitarbeit von Weihrauch, P.), Ricardo – Marshall – Sraffa, Ökonomische Theorie als Geschichte der Ricardo-Interpretation, in: das wirtschaftsstudium (wisu), 16. Jg. (1987), S. 383-387 und S. 462-467 [116, 143]

——, The dominant technique in joint production systems, in: Cambridge Journal of Economics, Bd. 12 (1988), S. 97-123 [289 f.]

——, Mr Sraffa on Joint Production and Other Essays, London 1989 [286]

Schilcher, R., Geldfunktionen und Buchgeldschöpfung, 2. Aufl., Berlin 1973 [55, 84]

Schlicht, E. (Hrsg.), Einführung in die Verteilungstheorie, Reinbek bei Hamburg 1976 [39, 40]

Schlicht, E., Einleitung, in: Schlicht, E. (Hrsg.), Einführung in die Verteilungstheorie, Reinbek bei Hamburg 1976, S. 12-64 [39, 93]

Schmölders, G., Geldpolitik, 2. Aufl., Tübingen / Zürich 1968 [54, 58, 61, 79, 83, 85]

Schneider, D., Geschichte betriebswirtschaftlicher Theorie, München / Wien 1981 [5]

——, Allgemeine Betriebswirtschaftslehre, 2. Aufl. der Geschichte betriebswirtschaftlicher Theorie, München / Wien 1985 [5, 42-45]

Schneider, E., Einführung in die Wirtschaftstheorie, I. Teil, Theorie des Wirtschaftskreislaufs, 14. Aufl., Tübingen 1969 [71]

——, Einführung in die Wirtschaftstheorie, II. Teil, Wirtschaftspläne und wirtschaftliches Gleichgewicht in der Verkehrswirtschaft, 13. Aufl., Tübingen 1972 [76]

——, Einführung in die Wirtschaftstheorie, IV. Teil, Ausgewählte Kapitel der Geschichte der Wirtschaftstheorie, 1. Bd., Tübingen 1962 [72]

Schneider, J., Der Beitrag der Arbeitswertlehre zur Theorie der kapitalistischen Warenproduktion, Frankfurt a. M. / New York 1980 [241]

——, Die Fortsetzung eines Irrwegs, Replik, in: Arbeit für alle ist möglich, hrsg. v. Matzner, E., Kregel, J., Roncaglia, A., Berlin 1987, S. 35-38 [216]

Schneider, O., Muschelgeld-Studien, Dresden 1905 [66]

Schopenhauer, A., Parerga und Paralipomena (1851), 2. Bd., 1. Teilband, Zürich 1977 [34]

Schumpeter, J. A., Wesen und Hauptinhalt der theoretischen Nationalökonomie (1908), Neudruck Berlin 1970 [41]

——, Theorie der wirtschaftlichen Entwicklung (1912), 6. Aufl., Berlin 1964 [319]

——, Geschichte der ökonomischen Analyse, Bd. 1., Göttingen 1956 [15, 41, 55, 105, 318]

Schütte, F., Die ökonomischen Studien von V. K. Dmitriev, http://monarch.qucosa.de/fileadmin/data/qucosa/documents/5136/data/start.html (2002) [125]

Shaikh, A., Neo-Ricardian Economics, A Wealth of Algebra, A Poverty of Theory, in: Review of Radical Political Economics, Bd. 14 (1982), S. 67-83 [170, 237]

Siegenthaler, H., Industrielle Revolution, in: Handwörterbuch der Wirtschaftswissenschaft, Bd. 4., Stuttgart / Tübingen / Göttigen 1978, S. 142-159 [22]

Simmel, G., Philosophie des Geldes (1907), 5. Aufl., München / Leipzig 1930 [47]

Singer, K., Oikonomia: An Inquiry into Beginnings of Economic Thought and Language, in: Kyklos, Bd. 11 (1958), S. 29-57 [14 f.]

Skourtos, M., Der „Neoricardianismus", V. K. Dmitriev und die Kontinuität in der klassischen Tradition, Pfaffenweiler 1985 [125]

Smith, A., An Inquiry into the Nature and Causes of the Wealth of Nations (1776), Bd. I, Indianapolis 1981, deutsch: Der Wohlstand der Nationen, Eine Untersuchung seiner Natur und seiner Ursachen, aus dem Englischen von Recktenwald, H. C., München 1978 [51, 79, 106-115, 124, 332]

Solow, R. M., Review of „Capital and Time" by J. Hicks, in: The Economic Journal, Bd. 84 (1974), S. 189-192 [234]

Sombart, W., Der moderne Kapitalismus, Erster Band, Die Genesis des Kapitalismus, Leipzig 1902 [23 f., 157]

——, Der moderne Kapitalismus, Bd. 1, 2. Aufl., München / Leipzig 1916

——, Liebe, Luxus und Kapitalismus, Über die Entstehung der modernen Welt aus dem Geist der Verschwendung (1922), Berlin o. J. [326]

Sraffa, P., An Alleged Correction of Ricardo, in: The Quarterly Journal of Economics, Bd. 44 (1930), S. 539-544 [165]

——, Introduction, in: The Works and Correspondence of David Ricardo, hrsg. v. Sraffa, P., Bd. I, Cambridge 1951, S. xiii-lxii [117, 130 f.]

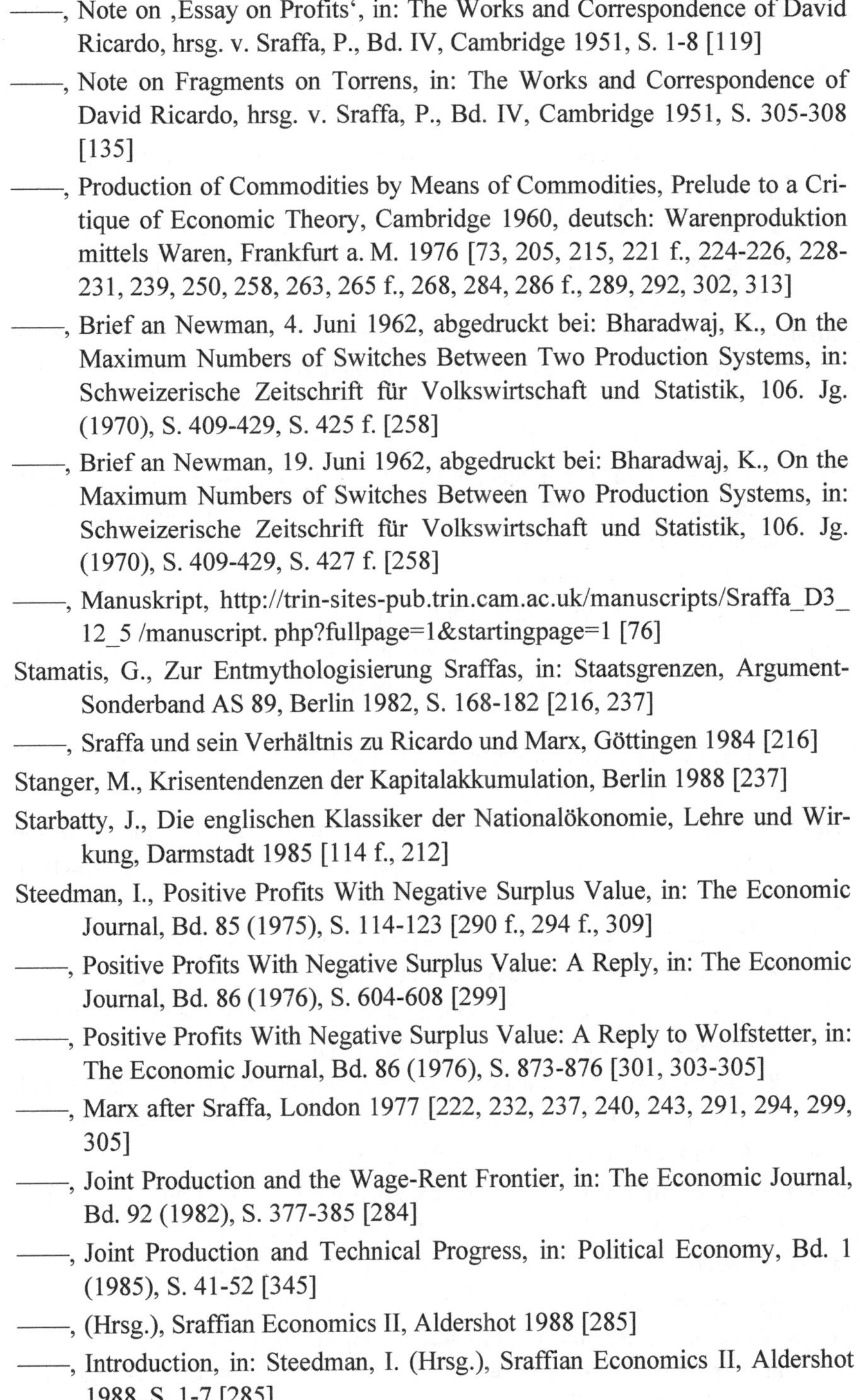

——, Note on ‚Essay on Profits‘, in: The Works and Correspondence of David Ricardo, hrsg. v. Sraffa, P., Bd. IV, Cambridge 1951, S. 1-8 [119]

——, Note on Fragments on Torrens, in: The Works and Correspondence of David Ricardo, hrsg. v. Sraffa, P., Bd. IV, Cambridge 1951, S. 305-308 [135]

——, Production of Commodities by Means of Commodities, Prelude to a Critique of Economic Theory, Cambridge 1960, deutsch: Warenproduktion mittels Waren, Frankfurt a. M. 1976 [73, 205, 215, 221 f., 224-226, 228-231, 239, 250, 258, 263, 265 f., 268, 284, 286 f., 289, 292, 302, 313]

——, Brief an Newman, 4. Juni 1962, abgedruckt bei: Bharadwaj, K., On the Maximum Numbers of Switches Between Two Production Systems, in: Schweizerische Zeitschrift für Volkswirtschaft und Statistik, 106. Jg. (1970), S. 409-429, S. 425 f. [258]

——, Brief an Newman, 19. Juni 1962, abgedruckt bei: Bharadwaj, K., On the Maximum Numbers of Switches Between Two Production Systems, in: Schweizerische Zeitschrift für Volkswirtschaft und Statistik, 106. Jg. (1970), S. 409-429, S. 427 f. [258]

——, Manuskript, http://trin-sites-pub.trin.cam.ac.uk/manuscripts/Sraffa_D3_12_5 /manuscript. php?fullpage=1&startingpage=1 [76]

Stamatis, G., Zur Entmythologisierung Sraffas, in: Staatsgrenzen, Argument-Sonderband AS 89, Berlin 1982, S. 168-182 [216, 237]

——, Sraffa und sein Verhältnis zu Ricardo und Marx, Göttingen 1984 [216]

Stanger, M., Krisentendenzen der Kapitalakkumulation, Berlin 1988 [237]

Starbatty, J., Die englischen Klassiker der Nationalökonomie, Lehre und Wirkung, Darmstadt 1985 [114 f., 212]

Steedman, I., Positive Profits With Negative Surplus Value, in: The Economic Journal, Bd. 85 (1975), S. 114-123 [290 f., 294 f., 309]

——, Positive Profits With Negative Surplus Value: A Reply, in: The Economic Journal, Bd. 86 (1976), S. 604-608 [299]

——, Positive Profits With Negative Surplus Value: A Reply to Wolfstetter, in: The Economic Journal, Bd. 86 (1976), S. 873-876 [301, 303-305]

——, Marx after Sraffa, London 1977 [222, 232, 237, 240, 243, 291, 294, 299, 305]

——, Joint Production and the Wage-Rent Frontier, in: The Economic Journal, Bd. 92 (1982), S. 377-385 [284]

——, Joint Production and Technical Progress, in: Political Economy, Bd. 1 (1985), S. 41-52 [345]

——, (Hrsg.), Sraffian Economics II, Aldershot 1988 [285]

——, Introduction, in: Steedman, I. (Hrsg.), Sraffian Economics II, Aldershot 1988, S. 1-7 [285]

Stigler, G. J., Ricardo and the 93% Labor Theory of Value, in: The American Economic Review, Bd. 48 (1958), S. 357-367 [137]

Stiglitz, J. E., Non-Substitution Theorems With Durable Capital Goods, in Review of Economic Studies, Bd. 37 (1970), S. 543-553 [249]

Stobbe, A., Volkswirtschaftslehre II, Mikroökonomik, Berlin u. a. 1983 [6]

Stollberg, G., Zur Geschichte des Begriffs „Politische Ökonomie", in: Jahrbücher für Nationalökonomie und Statistik, Bd. 192 (1977/78), S. 1-35 [26]

Stoltenberg, H. L., Zur Geschichte des Wortes Wirtschaft, in: Jahrbücher für Nationalökonomie und Statistik, Bd. 148 (1938), S. 555-561 [14]

Streißler, E., Adam Smith – Der Adam oder nur Wachstum? Paradoxa einer wissenschaftlichen Revolution, in: Studien zur Entwicklung der ökonomischen Theorie I, hrsg. v. Neumark, F., Berlin 1980, S. 9-52 [172]

Takayama, A., Mathematical Economics, 2. Aufl., Cambridge u. a. 1985 [256]

Thünen, J. H. v., Der isolierte Staat in Beziehung auf Landwirtschaft und Nationalökonomie (1842), 3. Aufl., Berlin 1875, neu hrsg. v. Breuer, W., Gerhardt, E., Darmstadt 1966 [32]

Troitzsch, U., Ansätze technologischen Denkens bei den Kameralisten des 17. und 18. Jahrhunderts, Berlin 1966 [53]

Trower, H., Brief an Ricardo, 21. September 1815, in: The Works and Correspondence of David Ricardo, hrsg. v. Sraffa, P., Bd. VI, Cambridge 1973, S. 278-281 [127]

Tucker, G. S. L., The Origin of Ricardo's Theory of Profits, in: Economica, Bd. 21 (1954), S. 320-331 [117]

Varri, P., Prices, Rate of Profit and Life of Machines in Sraffa's Fixed-Capital Model, in: Pasinetti, L. (Hrsg.), Essays on the Theory of Joint Production, London / Basingstoke 1980, S. 55-87 [284]

Veblen, Th., Theorie der feinen Leute (amerikanisch 1899), München 1971 [59]

Veit, O., Reale Theorie des Geldes, Tübingen 1966 [59, 72, 80, 84]

Vogel, G., Die Ökonomik des Xenophon, eine Vorarbeit für die Geschichte der griechischen Ökonomik, Erlangen 1895 [14]

Vogt, W., Die Angst des kritischen Ökonomen vor der Neoklassik, in: Hickel, R. (Hrsg.), Radikale Neoklassik, Opladen 1986, S. 103-113 [93]

Wagner, A., Mikroökonomik, 5. Aufl., Marburg 2009 [54]

Walras, L., Elemente of Pure Economics, übersetzt nach der Edition Définitive (1926) von Jaffé, W., 2. Aufl., Homewood 1965 [96, 113]

Webb, S., Webb, B., The History of Trade Unionism, London 1920, https://en.wikisource.org/wiki/The_History_of_Trade_Unionism [154]

Weber, M., Die protestantische Ethik und der Geist des Kapitalismus (1904/05), in: Die protestantische Ethik I, hrsg. v. Winckelmann, J., 4. Aufl., Hamburg 1975, S. 27-277 [24]

——, Wirtschaftsgeschichte, München / Leipzig 1923 [24, 52, 62]

——, Kritische Studien auf dem Gebiet der kulturwissenschaftlichen Logik (1906), in: Weber, M., Gesammelte Aufsätze zur Wissenschaftslehre, hrsg. v. Winckelmann, J., 3. Aufl., Tübingen 1968, S. 215-290 [30]

Weitzman, M., On Choosing an Optimal Technology, in: Management Science, Bd. 19 (1967), S. 413-428 [248]

Weitzmann, M. L., Increasing Returns and the Foundations of Unemployment Theory: Rejoinder, in: The Economic Journal, Bd. 98 (1988), S. 172-174 [332]

Weizsäcker, C. C. v., Steady State Capital Theory, Berlin / Heidelberg / New York 1971 [249]

——, On Ricardo and Marx, in: Paul Samuelson and Modern Economic Theory, hrsg. v. Brown, E. C., Solow, R. M., New York u. a. 1983, S. 203-210 [316]

Whately, R., Introductory Lectures on Political Economy, London 1831 [41, 44, 51]

Wicksell, K., Vorlesungen über Nationalökonomie auf Grundlage des Marginalprinzips (1913), 1. Bd., Neudruck Aalen 1969 [96, 325]

Wiese, L. v., Mill, John Stuart, in: Handwörterbuch der Staatswissenschaften, Bd. 7, Stuttgart / Tübingen / Göttingen 1961, S. 343-346 [32]

Wieser, F. v., Geld (Theorie des Geldes), in: Handwörterbuch der Staatswissenschaften, Bd. IV, 4. Aufl., Jena 1927, S. 681-717 [57]

Wilken, F., Die Phänomenologie des Geldwertbewußtseins, in: Archiv für Sozialwissenschaft und Sozialpolitik, 56. Bd. (1926), S. 417-469 [84]

Williamson, O. E., Die ökonomischen Institutionen des Kapitalismus (amerikanisch 1985), Tübingen 1990 [321]

Winch, D., Das Aufkommen der Volkswirtschaftslehre als Wissenschaft 1750-1870, in: Cipolla, C. M., Borchardt, K. (Hrsg.), Europäische Wirtschaftsgeschichte, Bd. 3, Die Industrielle Revolution, Stuttgart / New York 1985, S. 333-377 [13, 18, 26, 105]

Winternitz, J., Values and Prices: A Solution of the So-Called Transformation Problem, in: The Economic Journal, Bd. 58 (1948), S. 276-280 [191, 193]

Wöhe, G., Einführung in die Allgemeine Betriebswirtschaftslehre, 21. Aufl., München 2002 [4]

Wolfstetter, E., Wert, Mehrwert und Produktionspreis, in: Jahrbuch für Sozialwissenschaft, Bd. 24 (1973), S. 117-144 [171]

——, Positive Profits With Negative Surplus Value: A Comment, in: The Economic Journal, Bd. 86 (1976), S. 864-872 [300]

——, Wert, Profitrate und Beschäftigung, Frankfurt a. M. 1977 [236 f.]

Woll, A., Volkswirtschaftslehre, 15. Aufl., München 2007 [9, 38, 54]

World Trade Organziation, The case for open trade, https://www.wto.org/english/thewto_e/whatis_e/tif_e/fact3_e.htm [159]

Xenophon, Die sokratischen Schriften, Stuttgart 1956 [14]

——, Ökonomische Schriften, Berlin 1992 [15]

Zaghini, E., On Non-Basic Commodities, in: Schweizerische Zeitschrift für Volkswirtschaft und Statistik, 103. Jg. (1967), S. 257-266 [256 f.]

Zinn, K. G., Wirtschaft und Wissenschaftstheorie, Herne / Berlin 1976 [33]

——, Politische Ökonomie, Apologien und Kritiken des Kapitalismus, Opladen 1987 [11, 26, 28, 35, 93, 103]

——, Kanonen und Pest, Über die Ursprünge der Neuzeit im 14. und 15. Jahrhundert, Opladen 1989 [21 f.]

Zorn, W., Wirtschaftsgeschichte, in: Handwörterbuch der Wirtschaftswissenschaft, Bd. 9, Stuttgart / Tübingen / Göttingen 1980, S. 55-82 [22]

Symbolverzeichnis

Skalare

A	Private autonome Nachfrage plus Exporte
a_{0i}, b_{0j}	Direkte Arbeit zur Herstellung einer Einheit der Ware j bei Einsatz von Technik A bzw. B
a_{ij}, b_{ij}	Einsatzmenge einer Ware i in eine Einheit der Ware j bei Einsatz von Technik A bzw. B
B	Menge des Basisprodukts (Lohngutmenge)
BIP	Bruttoinlandsprodukt
c	Konstantes Kapital bzw. Binnenkonsumquote
c_i	Konstantes Kapital des Sektors i
C	Summe aller sektoralen konstanten Kapitalien
D	Staatsschuldenstand
ΔD	Neuverschuldung des Staates
e	Profitfaktor $(1 + \varepsilon)$ im Rahmen der Wertkalkulation
E	Eisen
f_i	v_i/c_i
$f(N)$	Produktionsmenge von Weizen (X) abhängig vom Arbeitseinsatz (N)
f_N	Grenzertrag der Arbeit in der Weizenwirtschaft
f_{NN}, f_{NNN}	Höhere Ableitungen von $f(N)$ nach N
g	Wachstumsrate
g_D	Wachstumsrate der Staatsschuld
g_i	$(v_i + c_i + m_i)/c_i$
G	Geld
ΔG	Zuwachs an Geld
G'	$G + \Delta G$
GA	Gesamte autonome Nachfrage inklusive Primärsaldo des Staates

GG	Gesamtgewinn
G_i	Gewinn des Sektors i
$G_{1\max}^{A}$	Maximaler Gewinn des Sektors 1 bei Einsatz von Technik A
$G_{1\max}^{B}$	Maximaler Gewinn des Sektors 1 bei Einsatz von Technik B
h	Reale Lohnstückkosten
h^*	Optimale reale Lohnstückkosten für $r^* = 1$
i	Ganzzahliger, nicht-negativer Index bzw. Zinssatz
j	Ganzzahliger, nicht-negativer Index
k	Kapitalintensität
K	Kapital
l_i	Arbeitsmenge, um i herzustellen bzw. Sraffa-Steedman Arbeitswert der Ware i
L	Lohnsumme
L_{EA}	Englische Lohnsumme in Tuch bei Autarkie
L_{PA}	Portugiesische Lohnsumme in Tuch bei Autarkie
L_{ES}	Englische Lohnsumme in Tuch bei gegebenem Gesamtprofit in Wein
L_{PS}	Portugiesische Lohnsumme in Tuch bei gegebenem Gesamtprofit in Wein
L_S	Englische und portugiesische Lohnsumme in Tuch bei gegebenem Gesamtprofit in Wein
m	Mehrwert bzw. Zahl der Aktivitäten
m_i	Mehrwert des Sektors i
m'	Mehrwertrate
M	Summe aller sektoralen Mehrwerte
n	Zahl der Waren bzw. der Prozesse
N	Arbeitseinsatz, Arbeitsvolumen oder Beschäftigung
N^*	Beschäftigung, welche die Summe von Löhnen und Profiten maximiert
N_B	Beschäftigung im Basissektor
N_P	Profitmaximale Beschäftigung

N_{EA}	Gesamtbeschäftigung in England bei Autarkie
N_{ES}	Beschäftigung in England bei gegebenen Gesamtprofiten
N_{WE}	Arbeitseinsatz für eine Weineinheit in England
N_{WP}	Arbeitseinsatz für eine Weineinheit in Portugal
N_{PA}	Gesamtbeschäftigung in Portugal bei Autarkie
N_{PS}	Beschäftigung in Portugal bei gegebenen Gesamtprofiten
N_S	Beschäftigung im stationären Zustand ($f_N = w_S$) bzw. Gesamtbeschäftigung bei gegebenen Profiten
N_{TE}	Arbeitseinsatz für eine Tucheinheit in England
N_{TP}	Arbeitseinsatz für eine Tucheinheit in Portugal
N_X	Beschäftigung im Luxussektor
p	Eisenpreis in Weizeneinheiten
p_{TW}*	Leistungsgerechter Preis des Tuchs in Weineinheiten
p_B	Preis des Basisguts
p_X	Preis des Luxusguts
p_E, p_S, p_W	Eisen-, Schweine- oder Weizenpreis
p_i	Preis der Ware *i*
p_{TW}	Tuchpreis in Weineinheiten
$p_{TW\max}$	Maximaler Tuchpreis in Weineinheiten
$p_{TW\min}$	Minimaler Tuchpreis in Weineinheiten
p_{TWS}	Tuchpreis in Weineinheiten bei stationären Profiten
p'	Profitrate (Marx)
P	Profit
P_B	Profit im Basissektor in Lohnguteinheiten
P_W	Profit beim Lohnsummenmaximum
P_X	Profit im Luxussektor in Lohnguteinheiten
q	Sektorale organische Zusammensetzung des Kapitals (c/v)
q_j^A, q_j^B	Bruttoproduktion des Sektors *j* bei Einsatz von Technik *A* bzw. Technik *B*
Q	Summe von Löhnen und Profiten bzw. gesamtwirtschaftliche Zusammensetzung des Kapitals
r	Profitrate

r^*	Im Lohngutsektor bestimmte gewinnmaximierende Profitrate in Höhe von 100 %
$r_{\max A}$	Maximale Profitrate der Technik *A*
$r_{\max B}$	Maximale Profitrate der Technik *B*
$r_{\max}^{E}$	Maximale Profitrate der Eisenherstellung
r_P	Profitrate im Gewinnmaximum
R	Rente bzw. maximale Profitrate
s	Profitfaktor $(1 + r)$
S	Schwein(e)
t	Steuersatz
t_{SF}	Steuersatz zur Selbstfinanzierung von Krediten
t_i	Produktionszeit der Ware *i*
t_{0j}	Direkte Arbeit in Aktivität *j*
ΔT	Tuchzuwachs bei Spezialisierung
T^A, T^B, T^C	Technik *A*, *B* oder *C*
v	Variables Kapital
v_B	Arbeitswert des Basisguts
v_i	Variables Kapital im Sektor *i*
v_X	Arbeitswert des Luxusguts
V	Summe aller sektoralen variablen Kapitalien
w	Realer bzw. nominaler (bei Sraffa) Lohnsatz
$w^{(j)}$	Lohnsatz, gemessen in Einheiten der Ware *j*
w_E	Englischer Reallohn in Tuch
w_P	Portugiesischer Reallohn in Tuch
$w_{\max}$	Maximallohn
$w_{\min}$	Minimallohn
$w_{\max B}$	Maximaler Lohnsatz der Technik *B*
w_{nom}	Nominallohnsatz (in Zählguteinheiten pro Zeiteinheit)
w_S	Subsistenzlohn
w_W	Lohnsummenmaximaler Lohnsatz
W	Ware, Wert des Warenaggregats, Weizen oder Wein

ΔW	Weinzuwachs bei Spezialisierung
W_B	Lohnsumme im Basissektor in Lohnguteinheiten
W_X	Lohnsumme im Luxussektor in Lohnguteinheiten
X	Weizenausstoß $(X = f(N))$ bzw. Menge des Luxusguts
x	Preis-Wert-Verhältnis in Sektor 1
y	Preis-Wert-Verhältnis in Sektor 2
y_1	Nettooutput an Ware 1
z	Preis-Wert-Verhältnis in Sektor 3 bzw. portugiesischer Anteil am Mehrprodukt
z^*	Leistungsgerechter Anteil Portugals am Mehrprodukt
α	Expansionskoeffizient im v. Neumann-Modell
β	Zinsfaktor im v. Neumann-Modell
ε	Profitrate im Rahmen der Wertkalkulation
λ	Eigenwert einer Matrix
$\lambda_{\max}$	Maximaler Eigenwert einer Matrix
π_i	Produktivitätsindex der Arbeit in Sektor i
Π	Preis einer Wareneinheit
ρ	Profitrate (Bortkiewicz)
σ	Profitfaktor $(1 + \rho)$
τ	Abgabeanteil der zusätzlichen Tuchproduktion
ω	Abgabeangeil der zusätzlichen Weinproduktion

Vektoren und Matrizen

$\mathbf{a}_0$	Zeilenvektor mit den Elementen a_{0j}, die den direkten Arbeitseinsatz pro Einheit einer Ware j angeben
$\mathbf{A}$	Koeffizienten- oder Direktbedarfsmatrix mit den Elementen a_{ij}, welche die Einsatzmenge einer Ware i in eine Einheit der Ware j angeben; $i, j = 1, 2, \dots n$
$\mathbf{B}$	Outputmatrix bei Kuppelproduktion
$\mathbf{d}$	Spaltenvektor des Reallohns
$\mathbf{e}$	Summationsvektor, dessen Elemente ausschließlich aus Einsen bestehen
$\mathbf{e}_j$	Einheitsvektor, dessen j-tes Element Eins ist und der sonst nur Nullen enthält
$\mathbf{H}$	Pasinetti-Matrix $\mathbf{AL}$, welche die gesamten in die Herstellung der Produktionsmittel eingehenden Waren enthält
$\mathbf{l}$	Zeilenvektor der Sraffa-Steedman Werte
$\mathbf{L}$	Gesamtbedarfsmatrix oder Leontief-Inverse $[\mathbf{I}-\mathbf{A}]^{-1}$
$\mathbf{I}$	Einheitsmatrix
$\mathbf{M}$	Um den Arbeiterkonsum angereicherte Direktbedarfsmatrix $\mathbf{A}+\mathbf{da}_0$
$\mathbf{p}$	Zeilenvektor der Preise
$\mathbf{p}^*$	Zeilenvektor der arbeitskommandierenden Preise, d. h. der Lohnsatz dient als Numéraire
$\mathbf{q}$	Spaltenvektor der Bruttoproduktion
$\mathbf{S}$	Sraffa-Inverse $[\mathbf{I}-(1+r)\mathbf{A}]^{-1}$
$\mathbf{t}_0$	Zur Technologiematrix passender Zeilenvektor des Arbeitseinsatzes
$\mathbf{T}$	$n \times m$ Technologiematrix, wobei m Aktivitäten zur Herstellung von n Waren zur Verfügung stehen; $m \geqq n$
$\mathbf{v}$	Zeilenvektor der Arbeitswerte
$\mathbf{y}$	Spaltenvektor des Nettoausstoßes
$\mathbf{y}_1$	Spaltenvektor mit dem Nettooutput des Subsystems der Ware 1, der außer y_1 nur Nullen enthält

Sachregister